Diercke Geografie

Das Schweizer Geografiebuch für die Sekundarstufe I

Kommentarband für Lehrpersonen

Autorin:
Anja Mevs

westermann

Auf verschiedenen Seiten dieses Buches befinden sich Verweise (Links) auf externe Internet-Adressen.
Haftungshinweis: Trotz sorgfältiger inhaltlicher Kontrolle wird die Haftung für die Inhalte der externen Seiten ausgeschlossen. Für den Inhalt dieser externen Seiten sind ausschliesslich deren Betreiber verantwortlich. Sollten Sie bei dem angegebenen Inhalt des Anbieters dieser Seite auf kostenpflichtige, illegale oder anstössige Inhalte treffen, so bedauern wir dies ausdrücklich und bitten Sie, uns umgehend per E-Mail unter www.westermann.de davon in Kenntnis zu setzen, damit beim Nachdruck der Verweis gelöscht wird.

Von den im Lehrerband ausgewiesenen Kopiervorlagen (COPY) ist die Vervielfältigung für den eigenen Unterrichtsgebrauch gestattet. Eine weitergehende Verwendung ist nur mit vorheriger und ausdrücklicher Einwilligung des Bildungshauses Schulbuchverlage Westermann Schroedel Diesterweg Schöningh Winklers GmbH, Braunschweig, zulässig.

© 2011 Bildungshaus Schulbuchverlage
Westermann Schroedel Diesterweg
Schöningh Winklers GmbH, Braunschweig
www.westermann.de

Das Werk und seine Teile sind urheberrechtlich geschützt. Jede Nutzung in anderen als den gesetzlich zugelassenen Fällen bedarf der vorherigen schriftlichen Einwilligung des Verlages.
Hinweis zu § 52a UrhG: Weder das Werk noch seine Teile dürfen ohne eine solche Einwilligung gescannt und in ein Netzwerk eingestellt werden. Dies gilt auch für Intranets von Schulen und sonstigen Bildungseinrichtungen.

Druck A^6 / Jahr 2014

Verlagslektorat: Katrin Götz, Berlin, Lektorat Eck
Layout und Herstellung: Meike Lorenz, Berlin, Lektorat Eck
Druck und Bindung: westermann druck GmbH, Braunschweig

ISBN 978-3-14-**194900**-1

Inhalt

Vorwort 5

Der Planet Erde 7

Doppeltopic 7
Die Erde im Weltall 7
Die Atmosphäre 8
Kontinente und Ozeane / Gewusst wie: Daten grafisch darstellen 9
Kontinente und Ozeane 9
Das Gradnetz 11
Orientierung im Gelände 11
Der Atlas 12
Der Atlas 13
Der Atlas 14
Weitere Darstellungsformen der Erde 15
Gewusst wie: Mit Satellitenbildern arbeiten 15
Erdrotation und Erdrevolution 16
Folgen der Erdbewegung 16
Zeitzonen 18
Geschichte der Geografie 18
Alles klar? Der Planet Erde 20
Literatur 20
Internet-Adressen 20
Kopiervorlagen
Das Gradnetz der Erde (leicht) 23
Das Gradnetz der Erde (schwer) 25
Wir basteln das Gradnetz der Erde 27
Mit Magellan auf Weltreise 29

Lebensraum Europa 31

Doppeltopic 31
Europa kreuz und quer 31
Europa – räumliche Orientierung 32
Die Naturräume Europas 33
Einheit in kultureller Vielfalt 35
Völker ohne Staaten 36
Die Wirtschaft in Europa 37
Eine Reise den Rhein entlang 38
Eine Reise den Rhein entlang – Landwirtschaft 39
Eine Reise den Rhein entlang – Landwirtschaft 40
Eine Reise den Rhein entlang – Industrie 40
Eine Reise den Rhein entlang – Industrie 41
Eine Reise den Rhein entlang – Dienstleistungen .. 43
Eine Reise den Rhein entlang – Dienstleistungen .. 44
Gewusst wie: Eine thematische Karte auswerten .. 45
Metropolen Europas 45
Metropolen Europas 46
Gewusst wie: Bilder auswerten 47
Periphere Räume Europas 48
Periphere Räume Europas 49
Verkehrsverbindungen 50
Verkehrsverbindungen 51
Tourismus in Europa 52
Tourismus in Europa 53
Tourismus in Europa 54
An den Küsten Europas 55
An den Küsten Europas 56
Karst 57
Europäische Union 58
Europäische Union 60
Gewusst wie: Handskizzen zeichnen 61
Alles klar? Europaspiel 61
Literatur 62
Internet-Adressen 62
Kopiervorlagen
Unterwegs in London (leicht) 63
Unterwegs in London (schwer) 65
Verkehrsverbindungen in Europa 67
Europa-Rätsel 69

Klima- und Vegetationszonen 71

Doppeltopic 71
Wetter und Klima 71
Wetter und Klima 72
Wetter und Klima 72
Gewusst wie: Klimadiagramme lesen und zeichnen .. 73
Extreme Wettererscheinungen 74
Der Treibhauseffekt 75
Klima- und Vegetationszonen im Überblick 76
Ausgewählte Klima- und Vegetationszonen 76
Ausgewählte Klima- und Vegetationszonen 77
Ausgewählte Klima- und Vegetationszonen 78
Ausgewählte Klima- und Vegetationszonen 79
Alles klar? Grübeln und Tüfteln 80
Literatur 81
Internet-Adressen 81
Kopiervorlagen
Das Wetter – Einen Versuch wert 1 83
Das Wetter – Einen Versuch wert 2 85
Spiel: Wie wird das Wetter? 87
Pflanzen des Mittelmeerraumes 89

Lebensräume der Menschen 91

Doppeltopic 91
Die Polargebiete 91
Die Polargebiete 91
Die Polargebiete 92
Die Polargebiete 93
Die Polargebiete 93
Die Polargebiete 94
Die Polargebiete 95
Gewusst wie: Texte zusammenfassen und auswerten .. 96
In der subpolaren Zone 96
Gewusst wie: Andere informieren 98
Naturraum tropischer Regenwald 98
Naturraum tropischer Regenwald 99
Naturraum tropischer Regenwald 100
Leben im tropischen Regenwald 101
Nutzung des tropischen Regenwaldes 101
Nutzung des tropischen Regenwaldes 103
Nutzung des tropischen Regenwaldes 103
Nutzung des tropischen Regenwaldes 104
Schutz des tropischen Regenwaldes 105
Gewusst wie: Ein Streitgespräch führen 106
Natur- und Lebensraum wechselfeuchte Tropen .. 106
Natur- und Lebensraum wechselfeuchte Tropen .. 107
Natur- und Lebensraum wechselfeuchte Tropen .. 108
Natur- und Lebensraum wechselfeuchte Tropen .. 109
Natur- und Lebensraum wechselfeuchte Tropen .. 110
Natur- und Lebensraum wechselfeuchte Tropen .. 111
Gewusst wie: Ein Rollenspiel durchführen 112
Natur- und Lebensraum Wüste 112
Natur- und Lebensraum Wüste 113
Natur- und Lebensraum Wüste 113
Natur- und Lebensraum Wüste /
Gewusst wie: Satellitenbilder auswerten 115
Natur- und Lebensraum Wüste 115

Natur- und Lebensraum Wüste	117
Natur- und Lebensraum Wüste	117
Natur- und Lebensraum Wüste	119
Alles klar? Grübeln und Tüfteln	120
Literatur	120
Internet – Adressen	120
Kopiervorlagen	
Der Naturraum des tropischen Regenwaldes (einfach)	123
Der Naturraum des tropischen Regenwaldes (schwer)	125
Ausbreitung der Wüste	127
Vorlage für ein Quartett	129

Die Erde – Wandel durch Entwicklung ... 130

Doppeltopic	130
Amerika – Abgrenzung des Doppelkontinents	130
Nordamerika	131
Nordamerika	132
Nordamerika	133
Wirtschaftsmacht USA	134
Wirtschaftsmacht USA	135
Wirtschaftsmacht USA	137
Wirtschaftsmacht USA	138
Asien – Kontinent der Rekorde	139
Japan – ein Wirtschaftsgigant	140
Japan – ein Wirtschaftsgigant	141
Gewusst wie: Raumanalyse	142
Weltmacht China	142
Weltmacht China	143
Weltmacht China	144
Weltmacht China	145
Indien erwacht	146
Indien erwacht	147
Indien erwacht	148
Indien erwacht	149
Die Weltbevölkerung	151
Das Bevölkerungswachstum auf der Erde	151
Gewusst wie: Bevölkerungspyramiden auswerten	152
Ursachen des Bevölkerungswachstums	153
Ursachen des Bevölkerungswachstums	154
Verstädterung – ein weltweites Phänomen	154
Verstädterung – ein weltweites Phänomen	155
Gewusst wie: Eine Karikatur auswerten	156
Merkmale von Entwicklungsländern	156
Merkmale von Entwicklungsländern	157
Merkmale von Entwicklungsländern	158
Merkmale von Entwicklungsländern	158
Merkmale von Entwicklungsländern	159
Merkmale von Entwicklungsländern	160
Merkmale von Entwicklungsländern	160
Merkmale von Entwicklungsländern	161
Alles klar? Grübeln und Tüfteln	162
Literatur	163
Internet-Adressen	163
Kopiervorlagen	
Arm und reich – ein Ländervergleich	165
Der neue chinesische Drache	167
Leben in der Einen Welt (einfach)	169
Leben in der Einen Welt (schwer)	171
Kaffeehandel	173

Die Erde – ein unruhiger Planet ... 175

Doppeltopic	175
Das (un-)bekannte Erdinnere	175
Theorie der Plattentektonik	176
Beispiele für Vorgänge an den Plattengrenzen	177
Beispiele für Vorgänge an den Plattengrenzen	177
Tsunami – Gefahr aus der Tiefe	177
Erdbeben in der Schweiz	178
Alpenfaltung und Oberrheingraben	179
Gewinnung von Erdwärme (Geothermie) / Gewusst wie: Internetrecherche	180
Gesteine – im Entstehen und Vergehen / Gewusst wie: Bestimmen von Gesteinen	180
Vulkane – gefürchtet und verehrt	181
Typische Vulkane	182
Alles klar? Grübeln und Tüfteln	182
Literatur	183
Internet-Adressen	183
Kopiervorlagen	
Wir bauen ein Vulkanmodell	185
Wie sich ein Tsunami ausbreitet	187
San Francisco bebte (einfach)	189
San Francisco bebte (schwer)	191

Globale Herausforderungen ... 193

Doppeltopic	193
„Krankheiten" der Erde	193
Syndromkonzept	194
Das Aralsee-Syndrom	195
Gewusst wie: Eine Kausalkette anfertigen	197
Konfliktstoff Wasser	197
Das Katanga-Syndrom	199
Ökologischer Fussabdruck	199
Lösungsansätze für die Zukunft	200
Alles klar? Grübeln und Tüfteln	201
Literatur	202
Internet-Adressen	202
Kopiervorlagen	
Energiequellen und ihre Nutzung (einfach)	203
Energiequellen und ihre Nutzung (schwer)	205
Das Syndromkonzept	207
Kupferbergbau in Chile	209
Konsumieren auf Kosten der Umwelt? Schultest	211

Lösungen zu den Arbeitsblättern ... 213

1. Kapitel: Planet Erde	213
2. Kapitel: Lebensraum Europa	213
3. Kapitel: Klima- und Vegetationszonen	213
4. Kapitel: Lebensräume der Menschen	214
5. Kapitel: Wandel durch Entwicklung	214
6. Kapitel: Unruhige Erde	215
7. Kapitel: Globale Herausforderungen	215

Lösungen zu den Diercke Geografie Arbeitsheften 1–3 ... 217

Arbeitsheft 1	217
Arbeitsheft 2	219
Arbeitsheft 3	222

Vorwort

Kernanliegen des Schülerbuches ist es, das Konzept der **gemeinsamen Grundbildung** in der Sekundarstufe I mithilfe der **Binnendifferenzierung** zu verwirklichen. Das Buch ist als Lern- und Arbeitsbuch konzipiert.

Der Aufbau der sieben **Hauptkapitel** des Schülerbandes entspricht dem gegenwärtigen fachdidaktischen Stand. Er orientiert sich an den lernpsychologischen Prinzipien von Motivation/Problematisierung, Erarbeitung, Transfer sowie Ergebnissicherung. Zur Umsetzung der Binnendifferenzierung sind die Aufgaben auf den Doppelseiten in unterschiedlichen Farben nummeriert. Von Grün über Gelb zu Rot steigt das Aufgabenniveau und damit der Anforderungsbereich.

Die **doppelseitigen Titelbilder** in Form von grossen, aussagekräftigen Abbildungen sollen Interesse für die Kapitelinhalte wecken, neugierig machen, Vorwissen aktivieren und einen Fragehorizont aufbauen. Hier sind die Überschriften der Teilkapitel und die Inhaltsverzeichnisse der Kapitel noch einmal aufgeführt.

Die **thematischen abgeschlossenen Doppelseiten** mit vielfältigen, aktuellen, anschaulichen und altersgemässen Materialien lassen ein hohes Mass an selbstständiger Erarbeitung zu. Ein Grossteil der für das Grundwissen relevanten Sachinformationen und Begriffe wird in den Texten mit dem Signet „Info" schülerverständlich aufbereitet. Auf jeder Doppelseite werden die wichtigsten Inhalte als **„Merke-Texte"** und **Grundbegriffe** noch einmal zusammengefasst. Sie unterstützen als weiteres Modul die Selbsttätigkeit der Schülerinnen und Schüler und sind hilfreich bei der Überprüfung und Evaluation.

Die Seiten **„Alles klar?"** ermöglichen ein Überprüfen ausgewählter Unterrichtsinhalte der einzelnen Kapitel in spielerischer Form. Hier sind auch noch einmal alle Grundbegriffe des Kapitels in alphabetischer Reihenfolge aufgeführt.

Bei der Gestaltung des Schülerbuches wurde auf Atlaskompatibilität geachtet („Diercke- Weltatlas"). So enthalten die **Karten** des Buches zumeist nur die Informationen, die für das Verständnis der Texte und zum Lösen der dazugehörigen Aufgaben notwendig sind. Sollen weitere Informationen erarbeitet werden, weist ein Vermerk auf geeignete Atlaskarten hin.

Zur Erarbeitung eines **Methodenkonzeptes** dienen die Seiten mit der Überschrift **„Gewusst wie"**. Zahlreiche Arbeitsweisen werden in dem Band eingeführt. Dazu bietet das Buch methodische Einführungen sowie Materialien zur Anwendung des Gelernten. Diese Seiten sind in die Kapitel integriert, das heisst an geeignete Themen angebunden.

Am **Schluss** des Schülerbuches befinden sich eine Übersicht über die Klima- und Vegetationszonen der Erde, eine Auswahl an Klimadaten, ein Minilexikon und eine Kurzerklärung der wichtigen Operatoren. Sie können bei der Beantwortung der Arbeitsaufträge nützlich sein. Auf der vorderen inneren Einbandseite des Schülerbuches befindet sich eine physische Karte, auf der hinteren inneren Einbandseite ein Abriss der Erdzeitalter.

Der **Lehrerband** ist folgendermassen aufgebaut:
Am Anfang jeden Kapitels sind die **Kompetenzen** aufgeführt, die von den Schülerinnen und Schülern jeweils erworben werden sollen.

Für jede Doppelseite werden dann zuerst die im Buch verwendeten **Abbildungen** erläutert. Hierzu werden häufig auch weitere **Hintergrundinformationen** angeboten, die für den unterrichtlichen Einsatz nützlich sein können.

Daran schliessen sich die **Aufgabenlösungen**, Lösungsvorschläge und Beispiellösungen an. Bei vielen Themen stehen **Zusatzaufgaben** für besonders schnelle bzw. leistungsstarke Schüler und Schülerinnen zu Verfügung.

Am Kapitelende folgen Hinweise auf weiterführende **Literatur und Materialien**. Ferner befinden sich hier **Kopiervorlagen**, deren Vervielfältigung für den eigenen Unterrichtsgebrauch gestattet ist. Die Binnendifferenzierung wird möglich entweder durch Versuche und Spiele, die allen Schülern und Schülerinnen ihnen gemässe Aktivitäten ermöglichen oder durch eine Kopiervorlage pro Kapitel, die eine einfachere und eine anspruchsvollere Variante eines Themas bietet. Am Ende des Lehrerbandes sind die **Lösungen für die Kopiervorlagen** zusammengestellt.

Weitere Arbeitsblätter stehen in den auf das Schülerbuch abgestimmten **Arbeitsheften 1 bis 3** zur Verfügung.

Um den Lesefluss zu vereinfachen, wird in diesem Lehrerband die Pluralform Schüler verwendet.

Viel Erfolg und Freude beim Einsatz von Schüler- und Lehrerband wünschen

Autorin, Lektorat und Verlag

Der Planet Erde

Schülerbuch Seiten 8–41

Kompetenzen

Nach der Bearbeitung des Kapitels verfügen die Schüler über folgende Kompetenzen:
- Sie kennen die grundlegenden Merkmale der Erde und des Sonnensystems.
- Sie können sich auf einer Karte und im Gelände nach den Himmelsrichtungen orientieren.
- Sie können sich auf einer Karte mithilfe des Gradnetzes orientieren.
- Sie können einen geografischen Sachverhalt mit eigenen Worten erklären.

Landeanflug auf die Erde S. 3

Dargestellt ist die Erde aus der Vogelperspektive eines Fallschirmspringers. Auf seinen Oberschenkeln sind verschiedene Geräte befestigt, die die Orientierung ermöglichen sowie die Höhe über dem Erdboden und die Fallgeschwindigkeit anzeigen.

Doppeltopic

Schülerbuch Seiten 8–9

M1 Die Planeten unseres Sonnensystems
Die Zeichnung bildet links am Bildrand die Sonne ab und in den passenden Grössenrelationen dazu die Planeten gemäss ihrer Umlaufbahnen. Der Sonne am nächsten steht Merkur, es folgen Venus, Erde, Mars, Jupiter, Saturn, Uranus und Neptun.

Die Erde im Weltall

Schülerbuch Seiten 10–11

Grundbegriffe: Weltall, Galaxie, Galaxis, Sonnensystem

Abbildungen

M1 Weltall und Galaxie
M1 vermittelt einen Eindruck der Grössenverhältnisse im Weltall. Das Weltall umfasst ca. 300 Trilliarden Kilometer (= 300 Tausend Trillionen Kilometer). Unsere Galaxis, die nur eine von über 100 Mrd. Galaxien darstellt, dehnt sich auch schon 10 Trillionen Kubikkilometer (= 1 Million x 1 Million x 1 Million) aus. Diese Zahlen belegen eindrucksvoll, warum weite Reisen durch den Raum bislang der Fantasie vorbehalten blieben.

M2 Die Planeten unseres Sonnensystems
Die Tabelle bietet verschiedene Informationen zu den Planeten unseres Sonnensystems. Neben dem Durchmesser des Planeten und der Zahl der bisher bekannten Monde wird die Entfernung zur Sonne angegeben (die Zahlen sind gerundet).

Seit dem 24. August 2006 gilt Pluto nicht mehr als Planet, sondern nur noch als „Zwergplanet", da er der auf der Vollversammlung der Internationalen Astronomischen Union (IAU) verabschiedeten ersten wissenschaftlichen Definition des Begriffs „Planet" damit nicht mehr entspricht. Planeten sind definiert als: „Objekte, die die Sonne umkreisen, genug Masse haben, damit ihre eigene Schwerkraft sie zu annähernd kugelförmiger Gestalt zusammenpresst und ihre kosmische Nachbarschaft von anderen Objekten freigeräumt haben." Da Pluto sich im sogenannten Kuiper – Gürtel mit vielen anderen Himmelskörpern bewegt, trifft dieser Teil der Definition nicht auf ihn zu und bewirkte seine Herabstufung.

M3 Die Erde im Sonnensystem
M3 ordnet den Planeten Erde und seinen Trabanten, den Mond, in seiner Lage im Weltall ein. Es wird deutlich sichtbar, dass die Erde nur ein winzig kleines Staubkorn im Weltall darstellt.

Je weiter man den Blickwinkel fasst (von der unteren zur oberen Abbildung) desto grösser werden die Zahlenangaben zu den Entfernungen. Hieran können den Schülerinnen und Schülern die grossen Entfernungen verdeutlicht werden.

Während die Entfernung von der Erde zum Mond mit 390 Tausend Kilometern noch verhältnismässig gering ausfällt, umfasst unser Sonnensystem schon 12 Milliarden Kilometer.

M4 Eine Eselsbrücke
Mithilfe der Eselsbrücke lassen sich die Namen und die Reihenfolge der Planeten, von der Sonne aus gesehen, erschliessen. Die Anfangsbuchstaben der Namen sind jeweils fett gedruckt.

Aufgabenlösungen

10 (1) *Ergänze die Begriffe Planet, Weltall, Stern, Trabant und übertrage den Text in dein Heft.: „Der Mond ist ein … der Erde. Die Erde ist ein … der Sonne. Die Sonne ist ein … der Milchstrasse. Unsere Milchstrasse ist eine Galaxis im …".*
(Die einzusetzenden Begriffe stehen in Klammern)
Der Mond ist ein (Trabant) der Erde. Die Erde ist ein (Planet) der Sonne. Die Sonne ist ein (Stern) der Milchstrasse. Unsere Milchstrasse ist eine Galaxis im (Weltraum).

Zusatzaufgaben

Aufgabe 1
Werte die Tabelle M2 aus:
a) Ordne die Planeten nach ihrer Grösse. Beginne mit dem kleinsten Planeten.
b) Welcher Planet hat die meisten Monde?

a) Merkur, Mars, Venus, Erde, Neptun, Uranus, Saturn, Jupiter
b) Saturn hat die meisten Monde. Abweichend von der Tabelle im Buch sind mittlerweile 23 Monde bekannt.

Aufgabe 2
Zeichnet die Planeten des Sonnensystems (M2) auf eine 5m lange Tapete. (Entfernung der Planeten vom linken gelb markierten Rand (= Sonne): 10 Mio. km entsprechen 1 cm; Grösse der Planeten: 10 000 km entsprechen 1 cm).

Individuelle Lösung. Mit dem angegebenen Massstab gelten folgende Entfernungen von der Sonne:
- Merkur: 5,8 cm
- Venus: 10,8 cm
- Erde: 15 cm
- Mars: 22,8 cm
- Jupiter: 78 cm
- Saturn: 1,43 m
- Uranus: 2,88 m
- Neptun: 4,51 m

Zusatzinformationen
Durchmesser der Sonne: 1 392 000 km

Planet	Umlaufzeit um die Sonne	Aggregatzustand; Temperatur (°C)
Merkur	88 Tage	Fest; -183 bis +467
Venus	226 Tage	Fest; +480
Erde	365 Tage	Fest; -70 bis +56
Mars	686 Tage	Fest; -150 bis +20
Jupiter	12 Jahre	Gasförmig -130
Saturn	29 Jahre	Gasförmig, -150
Uranus	84 Jahre	Gasförmig, -183
Neptun	164 Jahre	Gasförmig, -160
Sonne		Gasförmig, +5785

Die Atmosphäre
Schülerbuch Seiten 12–13

Grundbegriffe: Atmosphäre, Sternschnuppe

Abbildungen

M1 Sternschnuppe am Himmel
Das Foto zeigt einen in der Atmosphäre verglühenden Meteoriten. Die von ihm beim Absturz hinterlassene Leuchtspur wird als Sternschnuppe bezeichnet.

M2 Meteoritenkrater auf der Mondoberfläche
Zu sehen sind die zahlreichen Krater auf der erdzugewandten Seite der Mondoberfläche. Da der Mond keine Atmosphäre hat, gibt es hier auch keine Verwitterungsprozesse, welche die Krater wieder einebnen, wie es im Laufe der Erdgeschichte auf der Erde geschehen ist.

M3 Die Discovery im Landeanflug
M3 zeigt eine Teilansicht der Erde aus der Sicht einer Raumfähre. Der grösste Teil ist unter einer Wolkendecke verborgen, sodass der Ort der Aufnahme nicht bestimmt werden kann.
  Ausgehend von dem Farbkontrast angestrahlte Erde – schwarzes Weltall lässt sich die Bezeichnung „Erde, der blaue Planet" thematisieren. (siehe Aufgabe 14 (2)).

M4 Meteoritenkrater im Canyon Diabolo in Arizona (USA)
Das Foto zeigt den 170m tiefen und etwa 1200m weiten Krater eines Meteoriteneinschlages, der vor ca. 50 000 Jahren in Arizona erfolgte. Die Grösse des Kraters ist der hohen Geschwindigkeit des Einschlags zu verdanken, denn der Durchmesser des Meteoriten selbst betrug wohl nur ca. 25 m.

Aufgabenlösungen

13 (1) *Auf der Mondoberfläche gibt es eine Menge Krater von Meteoriteneinschlägen. Betrachte sie bei Nacht mit einem Teleskop oder einem Fernglas. Notiere deine Beobachtungen.*
Individuelle Lösung.

Lösungsvorschlag: Der Mond hat keine Atmosphäre, in der die Meteoriten verglühen könnten. Sein Gravitationsfeld zieht Gesteinsbrocken an, die dann auf der Mondoberfläche einschlagen. So ist der Mond mit Kratern übersät. Allein auf der erdzugewandten Seite existieren über 300 000 Krater, die über einen Kilometer Durchmesser haben. Viele grössere Krater weisen durch nachrutschendes Gesteinsmaterial an den Hängen stufenförmige Terrassen auf. Da der Kraterboden häufig tiefer liegt als die Umgebung des Kraters, werden die Krater auch als Ringgebirge bezeichnet. Im Inneren findet man im Zentrum manchmal eine Erhöhung (vgl. M2). Haben die Krater Durchmesser von mehr als 300 km, spricht man auch von Wallebenen. Deren Wände sind durch erneute Einschläge häufig abgerundet und durchbrochen, das Kraterinnere ist ebenfalls zerfurcht.

13 (2) *Recherchiere Orte, wo Meteoriten eingeschlagen haben (andere Medien).*
Auf der Erde schlagen, bedingt durch die schützende Atmosphäre, nur wenige grosse Gesteinsbrocken ein. Plattentektonische Bewegungen und die ständige Wirkung der Erosion durch Wind und Wasser haben im Laufe der Jahrtausende viele der Krater wieder verschwinden lassen. So sind heute nur wenige Krater als solche erkennbar.

Beispiele dafür sind:

Name des Kraters	Lage	Durchmesser	Geschätztes Alter
Sudbury Becken	Ontario, Kanada	ca. 200 km	1,85 Mrd. Jahre
Popigai	Sibirien, Russland	Ca. 100 km	35 Mio. Jahre
Silian	Schweden	Ca. 50 km	360 Mio. Jahre
Nördlinger Ries	Bayern, Deutschland	24 km	14,6 Mio. Jahre
Steinheimer Becken	Baden-Württemberg, Deutschland	Ca. 4 km	14,6 Mio. Jahre
Kamil	Ägypten	45 m	5000 Jahre

13 (3) *Suche Namen von Raumfähren und finde heraus, welche Länder am Programm dieser Raumfähren beteiligt waren (andere Medien).*
Raumfähren der Nasa (USA): Discovery, Atlantis, Endeavour (alle werden im Laufe des Jahres 2011 ihren Betrieb einstellen)
Private Raumfähren (USA): Dream Chaser der Firma SpaceDev (ersetzt die Shuttleflotte der Nasa)
Raumfähren der GUS: Sojus (gelten als erprobt und sehr sicher)
Raumfähre der europäischen Weltraumorganisation ESA: Jules Verne (unbemannter automatischer Raumtransporter, der auf dem Rückweg in der Atmosphäre verglüht).

13 (4) *Informiere dich über die Internationale Raumstation ISS (andere Medien).*
Raumfähren werden überwiegend als Transportfahrzeuge verwendet, um die bemannte Raumstation ISS, die sich seit 1998 im Aufbau befindet, zu versorgen.
  Die ISS wird als Gemeinschaftsprojekt von den ESA-Staaten, den USA und Kanada, Russland und Japan betrieben.
  Mittlerweile haben private Unternehmen den Weltraum als touristischen Anziehungspunkt entdeckt und wollen Flüge und Aufenthalte anbieten. Ein Prototyp eines aufblasbaren Wohnmoduls befindet sich im Orbit in der Erprobung.

Kontinente und Ozeane / Gewusst wie: Daten grafisch darstellen

Schülerbuch Seiten 14–15

Grundbegriffe: Kontinent, Ozean

Abbildungen

M1 Die olympischen Ringe
M1 zeigt symbolisch die bewohnten Kontinente. Der nicht ständig bewohnte Kontinent ist die Antarktis.
Siehe auch Aufgabenlösung zu 14 (1).

M2 Westhalbkugel
M3 Osthalbkugel
Auf den beiden Kugelhälften sind die Kontinente und Ozeane verortet. Zusätzlich werden in den Kreisen die jeweiligen Namen und Grössenangaben eingeblendet.

M4 Einteilung der Erde in Nord- und Südhalbkugel
Die Erdkugel in M4 zeigt, dass sich auf der Nordhalbkugel die Landflächen konzentrieren und auf der Südhalbkugel die Wasserflächen dominieren.

Methodenbox: Diagrammarten
Kurven-, Säulen-, Kreis- und Balkendiagramm werden beschrieben und ihre Vewendungsmöglichkeiten genannt. In einer kurzen Schrittfolge wird die Auswertung eines Diagramms angewiesen.

Aufgabenlösungen

14 (1) *Erkläre die Bedeutung der fünf olympischen Ringe.*
Die miteinander verschlungenen Ringe in den Farben blau, gelb, schwarz, grün und rot auf weissem Grund sind das Wahrzeichen der internationalen olympischen Bewegung und sollen die Verbundenheit der Menschen der einzelnen Kontinente miteinander darstellen. Die olympische Fahne wurde das erste Mal 1914 in Paris gehisst.

14 (2) *Erkläre, warum die Erde „Blauer Planet" genannt wird.*
Da die Erdoberfläche zu 70 Prozent von Wasser bedeckt ist, erscheint sie aus dem Weltall überwiegend in blauer Farbe. Die blaue Farbe ist auf die atmosphärische Zusammensetzung zurückzuführen. In der Lufthülle wird das kurzwelligere blaue Sonnenlicht stark in alle Richtungen gestreut, während das langwelligere rote Licht weitgehend die Atmosphäre durchdringen kann.

14 (3) *Notiere die Kontinente der Grösse nach und unterscheide Ihre Lage auf der Erdkugel. a) Ost- oder Westhälfte der Erdkugel b) Nord-oder Südhälfte der Erde c) Was fällt dir dabei auf?*

Name	Grösse (in Mio. km²)	Lage auf der Nord- oder Südhalbkugel	Lage auf der Ost- oder Westhälfte
Asien	44	Nord	Ost
Afrika	30	Nord und Süd	Ost
Nordamerika	24	Nord	West
Südamerika	18	Nord und Süd	West
Antarktika	12	Süd	Ost und West
Europa	10	Nord	Ost
Australien	8	Süd	Ost

c) Ausschliesslich auf der Nordhalbkugel liegen Nordamerika und Europa. Ausschliesslich auf der Südhalbkugel liegen Australien und die Antarktis. Auf beiden Halbkugeln liegen Afrika, Asien und Südamerika.

15 (4) *Zeichne ein Säulendiagramm der Kontinente, sortiere nach deren Grössen (M2, M3).*

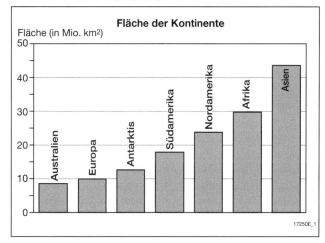

15 (5) *Stelle die Flächengrössen der Ozeane in einem Kreisdiagramm dar (M2, M3).*

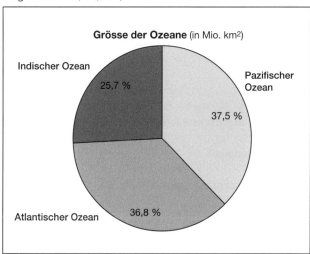

Anhand der Aufgaben 15 (4) und 15 (5) kann an einem übersichtlichen Beispiel die Auswertung einer Grafik/eines Diagramms eingeübt werden. Auf erhöhtem Anforderungsniveau lassen sich (abweichend vom Buchtext) folgende Gliederungspunkte verwenden:
1. Nennen der Überschrift/ des Themas.
2. Angaben auf den Achsen (Einheiten).
3. Beschreibung des Inhaltes (Informationen, Verteilung)
4. Gesamtaussage der Grafik.

Kontinente und Ozeane

Schülerbuch Seiten 16–17

Abbildungen

M1 Das Tote Meer in Israel
Das Foto zeigt die salzbedeckten Uferbereiche des Toten Meeres. Der Salzgehalt beträgt bis zu 34 % (Mittelmeer: ca. 4 %). Das Tote

Meer erhält sein Wasser aus dem Jordan, hat aber keinen Abfluss. Das aride Klima fördert die Verdunstung und damit die Anreicherung von Mineralien im Wasser. Sein Wasserspiegel liegt infolge der voranschreitenden Austrocknung schon um die 400 m unter dem Meeresspiegel. Damit ist das Tote Meer der salzigste See und sein Ufer der weltweit tiefstgelegene Punkt der frei zugänglichen Erdoberfläche. Siehe auch Aufgabenlösung zu 16 (3).

M2 Das Amazonastiefland
Das Foto zeigt den mäandrierenden Amazonasfluss inmitten des grössten zusammenhängenden Regenwaldgebietes der Erde. Der Amazonas ist nach dem Nil mit 6450 km Länge der zweitlängste Fluss, übertrifft den Nil aber in Bezug auf die transportierte Wassermenge um ein Vielfaches (2800 m^3/sec im Vergleich zu 180 000 m^3/sec). Diese Abflussmenge wird von keinem anderen Fluss übertroffen. Siehe auch Aufgabenlösung zu 16 (3).

M3 Himalaya – höchstes Gebirge der Welt
Dieses ausgedehnte Gebirgssystem in Asien ist etwa 3000 km lang. Im Hintergrund ist einer der hoch aufragenden Berge der Region zu sehen, im Vordergrund flattern tibetische Gebetsfahnen. Insgesamt findet man im Himalaya zehn der höchsten Berge der Erde. Siehe auch Aufgabenlösung zu 16 (3).

M4 Die Westsibirische Tiefebene
Die ca. 2,5 Mio. km^2 grosse Westsibirische Tiefebene erstreckt sich zwischen dem Uralgebirge und dem Mittelsibirischen Bergland. Das riesige Gebiet ist von Sümpfen durchzogen und fast flächendeckend von Nadelbäumen bedeckt. Siehe auch Aufgabenlösung zu 16 (3).

M5 Oberflächengestalt der Erde
Die Karte verortet die Lage der Hoch- und Tiefländer sowie der grossen Gewässer der Erde. Siehe Aufgabenlösung zu 16 (1).

Aufgabenlösungen

16 (1) *Löse die stumme Karte (M5, Atlas).*

Kontinente		Gebirge		Ozeane		Flüsse	
I	Europa	1	Rocky Mountains (Kordilleren)	A	Atlantischer Ozean	a	Mississippi
II	Asien	2	Anden	B	Pazifischer Ozean	b	Amazonas
III	Afrika	3	Brasilianisches Bergland	C	Indischer Ozean	c	Nil
IV	Nordamerika	4	Alpen			d	Kongo
V	Südamerika	5	Kaukasus			e	Donau
VI	Australien	6	Himalaya			f	Wolga
VII	Antarktika	7	Hindukusch			g	Ganges
		8	Altai			h	Indus
		9	Drakensberge			k	Ob
		10	Ostafrikanisches Seenhochland / Zentralafrikanische Schwelle			l	Jenisej
		11	Hochland von Äthiopien			m	Lena
		12	Australisches Bergland			n	Huang He
						o	Jangtsekiang
						p	Mekong
						q	Rhein

16 (2) *Ordne die Rekorde im Infokasten den Kontinenten zu.*

Rekorde	Kontinent
Himalaya	Asien
Mount Everest	Asien
Witjas-Tief	Asien
Ufer des Toten Meeres	Asien
Titicacasee	Südamerika
Rocky Mountains / Anden	Nord- und Südamerika
Nil	Afrika
Baikalsee	Asien
Grönland	Nordamerika
Arabien	Asien
Asien	Asien
Kaspisches Meer	Asien
Totes Meer	Asien
Cotopaxi	Südamerika

Die Aufgabe 16 (2) eignet sich gut zum Aufbau eines geografischen Allgemeinwissens. Mit den Angaben zu den Rekorden der Erde können diese Grundkenntnisse und anhand von M5 die topografische Einordnung der angegebenen Orte eingeübt werden.

Vorschläge für Lernspiele:
Variante 1: Die Rekorde werden auf Karteikarten geschrieben (Vorderseite: Frage, Rückseite: Antwort).
Variante 2: Die Rekorde werden auf Karteikarten geschrieben (Vorderseite: Frage, Rückseite: Antwort auf eine andere Frage). Die Karten werden nummeriert, ein Spielleiter erhält die richtigen und den Nummern zugeordneten Lösungen.
Variante 3: Die Rekorde werden als Memorykarten mit Bild- und Wortkarten erstellt.

16 (3) *Bestimme die Lage von M1 – M4 (Atlas).*
Das Tote Meer in Israel liegt an der Grenze zu Jordanien und dem palästinensischen Autonomiegebiet Westjordanland. Sein Wasser ist von Natur aus sehr salzhaltig, der Salzgehalt erhöht sich seit Jahren ständig, da israelische Bewässerungsprojekte den Wasserzufluss in das Tote Meer immer weiter verringern.

Der Himalaya liegt in Asien an der Nordgrenze Indiens und ist das höchste Gebirge der Welt. Plattentektonische Prozesse schieben die indische Platte weiterhin nach Norden, sodass das Gebirge auch heute noch wächst.

Das Amazonastiefland im Norden Brasiliens bildet mit seinen Nebenflüssen das ausgedehnteste Flusssystem der Welt. Bis vor wenigen Jahrzehnten war es flächendeckend vom Regenwald bedeckt und kaum erforscht.

Die Westsibirische Tiefebene ist eine Permafrostlandschaft im Norden Russlands. Boreale Nadelwälder bilden die vorherrschende

Vegetation. Im Sommer taut der Boden oberflächlich auf und verwandelt Sibirien in eine riesige Sumpflandschaft.

Das Gradnetz
Schülerbuch Seiten 18–19

Grundbegriffe: Gradnetz, Äquator, Nullmeridian, Breiten- und Längengrad

Abbildungen

M1 Die Erde im Netz
Die Erde ist in ein Netz eingepackt, das oben von einer Hand zusammengehalten wird. Dies zeigt, dass die Längen- und Breitenkreise des gedachten Gradnetzes der Erde in den Polbereichen zusammengeführt werden. Der Umfang der Breitenkreise wird also bis zu den Polen immer kleiner und alle Längenkreise treffen sich an den Polen.

M2 Das Gradnetz der Erde
M2 zeigt die Erde im Gradnetz. Angegeben sind in Abständen von je zwanzig Grad jeweils die Längen- und Breitengrade. Verortet wird auch die Lage von Greenwich als Schnittpunkt mit dem Nullmeridian.

M3 Verlauf der Breitengrade
M4 Verlauf der Längengrade
In den Abbildungen und erklärenden Texten werden die wichtigsten Begriffe und Kennzeichen der Breiten- und Längengrade eingeführt.

M5 Der Verlauf des Nullmeridians durch Greenwich
Das Bild zeigt „Flamsteed House", den ursprünglichen Teil des Observatoriums in Greenwich bei London.

Verschiedene Nationen verwendeten lange Zeit für den Nullmeridian verschiedene Bezugspunkte, da eine natürliche Nullmarke nicht existiert. Erst 1884 wurde auf einer Konferenz in Washington eine Linie durch den Mittelpunkt des Telekops des Observatoriums in Greenwich verbindlich als Nullmeridian festgeschrieben. Ein Metallstreifen auf dem Boden und ein Farbstreifen am Haus verdeutlichen den Verlauf des Längengrades.

M6 Der gesuchte Ort
Das Foto zeigt die Stadt Zürich.

M7 Am Äquator in Ecuador
In Südamerika verläuft der längste Breitengrad, der Äquator, unter anderem durch Ecuador. Das Land verdankt diesem Umstand auch seinen Namen. Das Foto zeigt den Verlauf des Äquators durch das Äquatormonument in der Nähe der Hauptstadt Quito.

Aufgabenlösungen

18 (1) *Finde weitere Orte, die auf dem Nullmeridian oder auf dem Äquator liegen.*
Orte auf dem Nullmeridian (Auswahl, angenäherte Lage): Le Havre, Le Mans (Frankreich), Denia (Spanien), Saida (Algerien), Accra (Ghana), Prinzessin-Martha Küste (Antarktika).

Orte auf dem Äquator (Auswahl, angenäherte Lage): Macapa (Brasilien), Libreville (Gabun), Kampala (Uganda), Tembilahan (Sumatra), Pontianak (Borneo).

18 (2) *Welche Orte liegen auf diesen Koordinaten:*
49° n.B.; 2° ö.L.; 60° n.B.; 25° ö.L.; 39° n.B.; 90° w.L.; 35° s.B.; 150° ö.L.
Paris, Helsinki, St. Louis, Sydney.

18 (3) *Welche Inselgruppe liegt zwischen folgenden Koordinaten: 0° B. und 20° n.B.;*
60° ö.L. und 80° ö.L.
Malediven

19 (4) *Bestimme die geografische Lage folgender Orte: Moskau, Kapstadt, Rio de Janeiro und San Francisco.*
Alle Angaben gerundet: Moskau: 56° n.B., 37° ö.L., Kapstadt: 34° s.B., 18° ö.L., Rio de Janeiro: 23° s.B., 48° w.L., San Francisco: 39° n.B., 122° w.L.

19 (5) *Zwischen welchen Koordinaten liegt die Schweiz?*
46° n.B. bis 48° n.B., 6° ö.L. bis 10° ö.L.

Zusatzaufgaben

Aufgabe 1
Führt folgendes Spiel zu zweit mit der Karte der Schweiz im Atlas durch: Ein Spieler nennt den Namen einer Stadt über 10 000 Einwohner. Der Mitspieler sucht und nennt die Breitengrade und Längengrade, zwischen denen die Stadt liegt.
Individuelle Lösung

Aufgabe 2:
Der Tanker „Ocean Oil" ist gekentert und funkt SOS. Seine Position ist 10° n.Br. und 60° ö.L.
a) Bestimme die Lage des Öltankers auf der Weltkarte.
b) Zwei Schiffe haben den Notruf empfangen. Ihre Position:
1. Schiff: 80° n.B., 60° ö.L.
2. Schiff: 23° s.B., 100° ö.L.
Lokalisiere die Positionen der Schiffe auf der Weltkarte und gib an, welches Schiff sich näher bei der „Ocean Oil" befindet.

a) Der Tanker befindet sich im Indischen Ozean zwischen dem Horn von Afrika und der Südspitze Indiens.
b) Das erste Schiff befindet sich im Nordpolarmeer nördlich der Inseln Nowaja Semlja und Sewernaja Semlja.
Das zweite Schiff befindet sich vor der Nordwestküste Australiens.

Orientierung im Gelände
Schülerbuch Seiten 20–21

Grundbegriffe: Windrose, Kompass, Polarstern

Abbildungen

M1 Die Windrose
Eine Windrose zeigt die Haupthimmelsrichtungen und die eingetragenen Nebenhimmelsrichtungen. Eine Himmelsrichtung ist die zu einem beliebigen Punkt des Horizonts der Erde führende Richtung. Sie heisst auch Himmelsgegend oder Weltgegend. Norden und Süden beziehen sich auf den geografischen Nordpol und Südpol. Westen und Osten sind die rechtwinklig dazu verlaufenden Richtungen. Die Haupthimmelsrichtungen entsprechen der Stellung der Sonne zur Aufgangs-, Mittags-, Untergangs- und Mitternachtszeit. Man be-

zeichnet sie daher auch gelegentlich als Morgen, Mittag, Abend und Mitternacht. Die Begriffe Morgenland und Abendland bezeichnen die Lage von Weltgegenden aus der Perspektive des Betrachters in Bezug auf die Richtung der auf- und untergehenden Sonne. Dem Begriff „Orientierung" liegt lateinisch orientare (= sich nach dem Sonnenaufgang richten) zugrunde. Orientierung ist daher zunächst das Zurechtfinden im Raum, indem man sich der aufgehenden Sonne zuwendet und damit Osten als Himmelsrichtung erkennt.

M2 Die Position des Polarsterns am Nachthimmel
Siehe auch Aufgabenlösung zu 21 (4).

M3 Orientierungshilfe
Die Abbildung macht deutlich, wie zu verschiedenen Tageszeiten mithilfe des Sonnenstandes und des Stundenzeigers jeweils die Himmelsrichtung „Süden" ermittelt werden kann. Digitale Uhren sind zu diesem Zweck selbstverständlich nicht geeignet.

M4 Kompass
Die einfachste Bestimmung der Nord-Süd-Linie ist mithilfe des Kompasses möglich. Er arbeitet nach folgendem Prinzip: Eine leicht drehbar gelagerte Magnetnadel pendelt sich durch das magnetische Feld der Erde etwa in Nord-Süd-Richtung ein. Der Kompass enthält in der Regel eine Unterteilung des Horizontes in 32 Abschnitte. Diese Skala bezeichnet man als Windrose. In der Seemannssprache werden diese 32 Windrichtungen „Striche" genannt.

M5 Die Funktionsweise eines GPS-Gerätes
Das amerikanische Navigationssystem GPS ist ein ursprünglich für das Militär entwickeltes Ortungssystem. Es wird heute auch von Privatleuten verwendet und ersetzt in vielen Fällen das Kartenmaterial in Papierform.

Aufgabenlösungen

20 (1) *Benenne die Himmelsrichtungen der roten Pfeile.*
a) Süden
b) Südosten
c) Nordosten
d) Osten
e) Westen
f) Nordwesten
g) Norden
h) Südwesten

21 (2) *Viele Ortsangaben beinhalten Himmelsrichtungen, zum Beispiel Nordwestschweiz, Ostschweiz, Zürich Nordring usw. Nenne weitere Beispiele.*
Individuelle Lösung

21 (3) *Wo ist in deinem Schulzimmer Süden und in welche Richtung zeigt der Eingang deiner Schule? Nimm einen Kompass zur Hilfe.*
Individuelle Lösung

21 (4) *Erkläre, mit welchen Sternbildern du die Himmelsrichtung bestimmen kannst.*
Bei klarer Nacht lassen sich die Sternbilder des Grossen und des Kleinen Wagens erkennen. Die Deichselspitze des Kleinen Wagens ist der Polarstern. Er zeigt immer Norden an.

21 (5) *Nenne die Vorteile eines GPS-Gerätes.*
Das Gerät erleichtert allen Fahrzeugen die Orientierung in fremdem Gelände. Auf hoher See fehlen sowieso Anhaltspunkte, anhand derer sich der momentane Standort bestimmen liesse. Mit dem GPS entfallen umständliche Positionsbestimmungen mit dem Sextanten. Im Auto ersetzt das GPS die Strassenkarte und den Stadtplan. Im Flugzeug kann neben der Position im Gradnetz auch noch die Höhe über dem Erdboden bestimmt werden.

Sportler brauchen so kein schweres Kartenmaterial als Gepäck mehr mitzunehmen.

Wissenschaftler können so die genauen Orte wiederfinden, an denen sie z. B. Ausgrabungen vorgenommen haben oder seltene Pflanzen oder Tiere gesichtet haben.

Zusatzaufgaben

Aufgabe 1
Erkläre, weshalb man bei der Bestimmung der Südrichtung mithilfe der Armbanduhr während der Sommerzeit besonders aufmerksam sein muss.
Während der Sommerzeit stellen wir unsere Uhr vor. Also ist es um 11 Uhr am Morgen während der Sommerzeit eigentlich erst 10 Uhr. Dadurch weicht die mit der Uhr ermittelte Südrichtung um 15° in Richtung Osten von der eigentlichen Südrichtung ab.

Für den Betrachter, der in Richtung Süden blickt, befindet sich die Sonne also zur Sommerzeit um diese 15° versetzt nach links von der eigentlichen Südrichtung.

Aufgabe 2
Zeichne, ausgehend von einem bestimmten Punkt auf deinem Schulhof, eine Schatzkarte bis zu einem genau von dir bestimmten Punkt. Benutze zur Wegbeschreibung ausschliesslich die Himmelsrichtungen und die Anzahl von Schritten in eine Richtung. Damit sollte eine Mitschülerin oder ein Mitschüler deinen „Schatz" finden können.
Individuelle Lösung

Aufgabe 3
Schreibe folgenden Merksatz in dein Heft und ergänze ihn um die richtigen Himmelsrichtungen.
Die einzusetzenden Begriffe stehen in Klammern.
Im _____ (Osten) geht die Sonne auf. Im _____ (Süden) steigt sie hoch hinauf. Im _____ (Westen) wird sie untergehen. Im _____ (Norden) ist sie nie zu sehen.

Der Atlas
Schülerbuch Seiten 22–23

Grundbegriffe: Atlas, Karte

Abbildungen

M1 Aufbau Atlas
Die Zeichnung zeigt die Gliederung des Atlas nach Kartenübersicht, Inhaltsverzeichnis/Kartenverzeichnis, Kartenteil und Register.

M2 Planquadrat
Das Planquadrat zeigt an, welche Bedeutung die Zahlen und Buchstaben an den Kartenseiten haben.

Hier kann darauf hingewiesen werden, dass bei den Angaben zur besseren Orientierung mit den Begriffen „rechts" und „links" gearbeitet wird. Bei der Benennung der Planquadrate mit Zahlen und Buchstaben im Gitternetz kann das Spiel „Schiffe versenken" als Verständnishilfe gespielt werden.

M3 Schweiz physisch
Die physische Karte der Schweiz ist neben den Gradnetzangaben mit den Zahlen und Buchstaben für die Planquadrate versehen.

Aufgabenlösungen

22 (1) *Nimm den Atlas und arbeite mit dem Inhaltsverzeichnis. Auf welcher Seite findest du eine Karte von a) Zürich, b) Frankreich, c) Moskau, d) Asien politisch, e) China, f) Amerika, g) der Antarktis, h) der Erde im Weltall. Schlage die Seitenzahl nach und erkläre, was die Karten aussagen.*
(Die folgenden Seitenangaben beziehen sich auf den Diercke Weltatlas Schweiz 2008)
16/17: physische Karte der Schweiz mit der Stadt Zürich.
75: physische Karte Frankreichs
86: Stadtübersicht und Stadtplan von Moskau
88/89: Grösse und Lage der Staaten Asiens
112/113: Wirtschaft in China
142/143; 156/157: Physische Übersicht über Amerika
163: Eisverhältnisse, Lebensräume und Bodenschätze der Antarktis
211/212: Karten zu Mond, Gezeiten, Erde, Sonne, Sternenhimmel, Planeten, Galaxis, Universum

22 (2) *Suche diese Orte im Atlas. Verfahre genauso wie im Beispiel Tarasp (M2):*
- *Finsteraarhorn*
- *Iquitos*
- *Qiqihar*
- *Südsandwich-Inseln*
- *Hopfensee*
- *Christmas-Insel*
- *Chifeng*

(Die folgenden Seitenangaben beziehen sich auf den Diercke Weltatlas Schweiz 2008)
a) 16, D2
b) 156 B3
c) 111, G2
d) 163, 4 R3
e) 17, F1
f) 164, D7
g) 111, F2

23 (3) *Suche ausgefallene Ortsnamen im Atlasregister. Finde sie dann auf den entsprechenden Karten im Kartenteil des Atlas.*
Individuelle Lösung

23 (4) *Suche im Register deines Atlas selbst nach Orten auf verschiedenen Karten. Stelle diese Aufgabe einer Mitschülerin oder einem Mitschüler und lass dir die Orte im Atlas zeigen.*
Individuelle Lösung

Der Atlas
Schülerbuch Seiten 24–25

Grundbegriffe: Massstab, Legende

Abbildungen

M1 Massstabsleisten
M1 zeigt verschiedene Massstabsleisten, die häufig auf Karten zu finden sind. Mit ihrer Hilfe kann die Entfernung zwischen zwei Orten direkt abgelesen werden, ohne dass eine Massstabsrechnung erfolgen muss. Der Kasten M3 auf der S. 24 im Schülerbuch gibt für die Anwendung dieser Methode eine Hilfestellung.

Eine wichtige Unterscheidung ist zwischen „grossem" und „kleinem" Massstab zu treffen. Der Massstab ist umso grösser, je grösser/detaillierter die in der Karte abgebildete Landschaft dargestellt ist. Für viele Schülerinnen und Schüler ist die Zuordnung von grossem und kleinem Massstab mit Schwierigkeiten verbunden, weil sie einen kleinen Landschaftsausschnitt (gross dargestellte Landschaft) mit kleinem Massstab gleichsetzen und einen grossen Landschaftsausschnitt (klein dargestellte Landschaft) mit grossem Massstab.

Bei zunehmend kleiner werdenden Massstäben wird auch eine zunehmende Generalisierung notwendig. Generalisierung bedeutet die vereinfachte Wiedergabe der Wirklichkeit durch Auswahl, Vereinfachung und Zusammenfassung geografischer Sachverhalte und Merkmale.

M2 Massstäbe unterscheiden
Hier wird vermittelt, wie die Massstabszahlen in Worte gefasst werden können. Weiterhin ist erläutert, dass grosse Zahlen kleine Massstäbe bedeuten und umgekehrt. Siehe auch Aufgabenlösung zu 24 (1).

M3 Massstab 1:100
Die geforderten Antworten stehen in Klammern.
M3 zeigt einen Spielplatz mit verschiedenen Spielgeräten. Die Abbildung hat den Massstab 1:100. Ein Zentimeter auf dem Plan des Spielplatzes entspricht.... (100) cm oder .... (1) m in der Wirklichkeit.
Miss:
Breite Klettergerüst: ... (1,7 cm auf der Karte, dies entspricht 170 cm oder 1,7 m in der Wirklichkeit).
Länge der Skaterbahn: ...(4,4 cm auf der Karte, dies entspricht 440 cm oder 4,4 m in der Wirklichkeit).
Länge Sandkasten: ...(2 cm auf der Karte, dies entspricht 200 cm oder 2 m in der Wirklichkeit).

M4 Beispiele für Legenden
Der Kasten zeigt Beispiele für die Legenden zu einer physischen und auf einer politischen Karte. Siehe auch Aufgabenlösung zu 25 (2) und 25 (3).

Aufgabenlösungen

24 (1) *Suche im Atlas Karten mit ganz grossen und möglichst kleinen Massstäben. Beschreibe die Ausmasse der Gebiete, die dargestellt werden.*
Individuelle Lösung

25 (2) *Vergleiche die beiden Legenden (M4). Begründe, warum es diese Unterschiede gibt.*

Der Planet Erde

Formen und Farben der Symbole einer Legende sind je nach Kartenart überwiegend unterschiedlich So lassen sich die Symbole den Kartenarten leicht erkennbar zuordnen. Andererseits ist es möglich, dass gleich aussehende Symbole in beiden Kartenarten unterschiedliche Bedeutungen aufweisen, wie z. B. die nicht ausgefüllten Kreise einmal Städte und einmal Beschäftige darstellen können. Dies ermöglicht, mit wenigen Symbolen viele Aussagen treffen zu können.

25 (3) *Suche im Atlas Legenden, die andere Signaturen haben als die in M4 dargestellten. Was zeigen die Karten? Mache dir Notizen dazu.*
Individuelle Lösung.
Lösungsvorschlag: Stadtpläne, politische Karten, Flächennutzungskarten, geologische Karten, Klimakarten.

25 (4) *Berechne, welche Länge vier Zentimeter auf der Karte in Wirklichkeit sind bei einem Massstab von:*
a) 1 : 100
b) 1 : 50 000
c) 1 : 3 000 000
d) 1 : 12 000 000
a) 4 m
b) 2000 m oder 2 km
c) 120 000 m oder 120 km
d) 480 000 m oder 480 km

25 (5) *Berechne folgende Strecken in Kilometern:*
a) Bern – Beijing
b) Paris – Brasília
c) Rom – Stockholm
d) Berlin – Canberra
e) Wien – Buenos Aires
a) 8070 km
b) 8470 km
c) 1980 km
d) 15 700 km
e) 11 660 km

Zusatzaufgaben

Aufgabe 1
Rechne für die folgenden Massstäbe aus, welche Länge fünf Zentimeter auf der Karte in Wirklichkeit haben:
a) Massstab 1 : 1 000 000.
b) Massstab 1 : 40 000 000.
c) Massstab 1 : 50 000
d) Massstab 1 : 10 000,
e) Massstab 1 : 500 000
5 cm auf der Karte entsprechen in Wirklichkeit:
a) 50 km
b) 2000 km
c) 2,5 km
d) 0,5 km
e) 25 km

Aufgabe 2
Zeichne den Grundriss deines Zimmers (wahlweise ein anderes Zimmer deines Zuhauses) mit den Möbeln. Wähle den folgenden Massstab: 2 cm = 1 m.
Individuelle Lösung

Der Atlas
Schülerbuch Seiten 26–27

Grundbegriffe: physische Karte, thematische Karte

Abbildungen

M1 Ausschnitt aus der Karte der Schweiz, physisch und thematisch
M1 zeigt Ausschnitte aus der physischen und einer thematischen (Wirtschaft Schweiz) Karte der Schweiz jeweils im Massstab 1 : 1 000 000.

M2 So entstehen die Höhenfarben
Die Begriffe Höhenlinien, Höhenschichten und Schummerung sind in einzelnen Blockbilddarstellungen veranschaulicht. Deren Verebnung ist in eine Kartendarstellung übertragen worden.

Die Geländeform soll anschaulich und zugleich messbar dargestellt werden. Dieses wird durch die Kombination verschiedener Verfahren erreicht. Möglich sind Höhenlinien und Höhenschichten. Höhenlinien werden auch Isohypsen genannt. Sie verbinden Punkte gleicher Höhenlage, sodass eine messbare Wiedergabe der Geländeform möglich ist. In einer Karte ergeben sie nur bei einem stärker bewegten Relief ein anschauliches Bild, da bei flachem Gelände der Abstand zwischen den einzelnen Höhenlinien sehr gross ist.

Höhenschichten sind von Höhenlinien begrenzte Flächen, die mit einer bestimmten Farbgebung versehen sind. Sie sollen eine Höhengliederung des Geländes ermöglichen und werden häufig mit Schummerungsdarstellungen kombiniert. Die Farbgebung wechselt mit zunehmender Höhe von grün über gelb, hellbraun, dunkelbraun bis rot und violett. Es ist darauf zu achten, dass von den Schülerinnen und Schülern die Farben nicht falsch interpretiert werden. Es kommt häufig vor, dass grün mit Wiesen gleichgesetzt wird.

M3 Höhenmessung vom Meeresspiegel aus
M1 erläutert, wie die Höhenangabe auf einer Karte zu verstehen ist. So bedeutet z. B. die Angabe 811 m, dass dieser Ort 811 m über dem Meeresspiegel liegt. Hiermit wird die absolute Höhe gekennzeichnet. Absolut meint die Höhe über dem Meeresspiegel.

Aufgabenlösungen

26 (1) *Nenne Industriezweige, die in Basel und Umgebung angesiedelt sind (Atlas).*
Chemie und Kunststoffe, Maschinenbau.

26 (2) *Erkläre die mattgelbe Färbung der Umgebung beim Zusammenfluss von Aare und Saane (M1).*
Auf der physischen Karte ist damit die Landhöhe dargestellt. Sie beträgt laut Legende im Schülerbuch S.27, M2 zwischen 100 und 350 m.

Auf der thematischen Karte ist die Umgebung beige/rosafarben. Dies zeigt, das die Region für den Ackerbau genutzt wird.

26 (3) *Suche im Atlas Karten, die durch dunkle Höhen- und Tiefenfarben auffallen. Notiere dir die Orte und Kontinente.*
Karten (Auswahl: bezieht sich auf Diercke Weltatlas Schweiz 2008)):
Mitteleuropa-physisch, S. 54/55; Niederlande/Belgien/Luxemburg, S. 68; Afrika südlicher Teil-physisch, S. 128/129; Asien-physische Übersicht, S. 88/89 u. a.

Weitere Darstellungsformen der Erde
Schülerbuch Seiten 28–29

M1 Reliefbild der Erde
Das mit Höhen- und Tiefenangaben versehene Reliefbild der Osthälfte der Erde zeigt deutlich die sehr grossen Höhenunterschiede. Zwischen dem Witjas-Tief mit -11034 m und dem 4750 m hohen Vulkan Kljutschewskaja Sopka liegen fast 16 km Höhenunterschied. Erkennbar ist hier auch, dass der Meeresboden ein ähnlich abwechslungsreiches Relief aufweist wie die Landflächen.

M2 Blockbild der Schweiz von Süden nach Norden mit Höhenprofil
Das Blockbild zeigt einen Teil der Schweiz vom Hochgebirge der Walliser Alpen im Süden über das Mittelland bis zum Schweizer Jura nach Norden. Das eingearbeitete Höhenprofil veranschaulicht die von Süden nach Norden flacher werdende Landschaft.

M3 Panoramakarte der Schweiz
Die Panoramakarte ist von Norden her gezeichnet und zeigt als Schrägluftkarte die Höhenverhältnisse südlich von Luzern. Siehe auch Aufgabenlösung zu 28 (2).

28 (1) *Löse die Übungskarte (M1)*
1- Asien
2- Afrika
3- Australien
4- Antarktika
5- Nordamerika
A- Beringmeer
B- Ochotskisches Meer
C- Japanisches Meer (Ostmeer)
D- Gelbes Meer/Ostchinesisches Meer
E- Südchinesisches Meer
F- Korallensee
G- Tasmansee

28 (2) *Vergleiche das Blockbild (M2) und das Panoramabild (M3). Was kannst du bei beiden Abbildungen gut erkennen und was weniger.*
Gut zu erkennen ist bei beiden Abbildungen der Anstieg der Landhöhen in Richtung Hochalpen. Der Bildausschnitt des Blockbildes ist kleiner als der der Panoramakarte, aber hier sind auf der gesamten Karte die Örtlichkeiten erkennbar. Auf der Panoramakarte lassen sich im Bildvordergrund die Orte gut erkennen, je weiter im Bildhintergrund ein Ort sich befindet, desto schlechter ist er durch den Blickwinkel der Karte sichtbar.

Gewusst wie: Mit Satellitenbildern arbeiten
Schülerbuch Seiten 30–31

Abbildungen

M1 Umlaufbahn von Landsat
Die Zeichnung verdeutlicht, dass der Satellit zu den Polarbahnsatelliten gehört. Damit dreht sich die Erde unter ihm weg und er kann einen stetig wechselnden Erdausschnitt abtasten. Siehe auch Aufgabenlösung zu 30 (1) und 30 (2).

M2 Aufnahmeprinzip (Landsat)
Hier wird das Aufnahmeprinzip eines Satelliten dargestellt. Er fotografiert die unter ihm liegende Fläche nicht, sondern sendet elektromagnetische Strahlung verschiedener Wellenlängen aus. Je nach Wellenlänge werden bestimmte Strukturen wahrgenommen. Diese Werte werden zur Erde übertragen und dort von Computern ausgewertet, zu grossen Bildern zusammengesetzt und farblich aufbereitet.

M3 Landsat
Die Zeichnung zeigt in vereinfachter Form den Aufbau des Satelliten, bestehend aus dem Scanner zum Abtasten der Erdoberfläche bzw. der Atmosphäre, der Antenne zur Übersendung der Daten an die Bodenstation und Solarzellen zur Energiebereitstellung.

M4 Aufnahme vom Fernerkundungssatelliten Landsat aus einer Höhe von 705 km (22.10.2002)
Auf seinen Erdumkreisungen überfliegt Landsat auch die Schweiz. Dieses Satellitenbild zeigt das Land und einen Teil der umgebenden Staaten. Siehe auch Aufgabenlösung zu 30 (3).

Aufgabenlösungen

30 (1) *Suche weitere technische Daten zu Landsat (andere Medien).*
Landsat 7 als neuestes Modell (seit 1999) überfliegt die Erde in der Höhe von 705 km. Jedes Gebiet wird immer wieder zur gleichen Uhrzeit überflogen, so bleiben die Aufnahmevoraussetzungen möglichst gleich. Pro Tag umfliegt Landsat 7 die Erde 14 Mal, jede Umkreisung dauert also etwa 100 Minuten.
Die gescannte Fläche umfasst pro Pixel 30 x 30 m^2, der Scanner erfasst den Spektralbereich von Blau-Grün bis zum mittleren Infrarot. Zusätzlich zeichnen ein Thermalkanal und ein panchromatischer Kanal Daten auf.

30 (2) *Informiere dich über weitere Fernerkundungssatelliten (andere Medien).*
Satellitenbilder können auch von Satelliten wie z.B. Meteosat, der in ca. 37000 km Höhe über dem Schnittpunkt des Äquators mit dem Nullmeridian steht, aufgenommen werden. Solch ein Satellit ist geostationär und hat entsprechend eine Umlaufzeit von 24 Stunden. Alle 30 min sendet der Satellit die über diesem Ausschnitt aufgefangene elektromagnetische Strahlung aus dem Infrarotbereich zur Erde, wo diese IR – Bilder von Computern der Wetterdienste ausgewertet werden. Zwecks leichterer Interpretation werden die Bilder mit folgenden Farben versehen: Die Bewölkung wird weiss dargestellt, ebenso Schnee- und Gletscher, wolkenfreies Land braun bis gelb, Vegetation grün und wolkenfreies Gewässer blau.
Um die Erde kreisen mittlerweile viele Satelliten mit verschiedenen Aufgaben militärischer und wissenschaftlicher Natur. Fernerkundungssatelliten erforschen z.B. die Aerosoldichte der Atmosphäre, die chemische Zusammensetzung der oberen Atmosphäre, Ozonschicht und Strahlungshaushalt, die Wolken- und Luftbewegungen über den Ozeanen und erkunden die Meeresoberflächen u.a.

30 (3) *Werte das Satellitenbild der Schweiz nach der vorgegebenen Methode aus.*
Die Aufnahme stammt von Landsat 5 vom 22.10.2002. Dargestellt werden die Schweiz und ein Teil der sie umgebenden Staaten.
Die Aufnahme ist nach Norden ausgerichtet. Deutlich sind an der weissen Farbe die schneebedeckten Gipfel der Alpen erkennbar. Sie

Der Planet Erde

bedecken den südlichen Teil der Schweiz. In den nördlichen Bereichen des Landes ist kein Schnee erkennbar, obwohl es schon Ende Oktober ist. Die Landschaft erscheint grün, d h. von Vegetation bedeckt. Links im Bild ist an seiner Form deutlich der Genfer See zu erkennen. Er ist schwarz eingefärbt. Siedlungen werden auf dieser Satellitenaufnahme nicht dargestellt.

31 (4) *Suche weitere Satellitenbilder und werte sie aus (andere Medien).*
Individuelle Lösung

Erdrotation und Erdrevolution
Schülerbuch Seiten 32–33

Grundbegriffe: Erdrotation, Erdrevolution

M1 Tag und Nacht
Dargestellt ist die Tagsituation auf der Erdseite, die der Sonne zugewandt ist und die Nachtsituation auf der abgewandten Seite. Deutlich wird hier auch, dass die Neigung der Erdachse Polartag und Polarnacht verursacht (vgl. Schülerbuch S. 34).

M2 Die Erde dreht sich von West nach Ost
Die Zeichnung verdeutlicht die Sonnenbahn im Tagesverlauf, ausgehend vom Betrachter auf der Erdoberfläche.

M3 Die Umlaufbahn der Erde um die Sonne
Die Zeichnung zeigt die Umlaufbahn der Erde um die Sonne im Verlauf eines Jahres. Die Pfeile kennzeichnen die Laufrichtung. Deutlich erkennbar ist die Schrägstellung der Erdachse, die sich beim Umlauf um die Sonne nicht ändert. So ist im Jahresverlauf jeweils entweder mehr die Nordhalbkugel der Sonne zugewandt oder die Südhalbkugel. Die Jahreszeitenanfänge sind dann die auf der Halbkugel dort jeweils längsten Tage (21.6. und 21.12.). Frühlings - und Herbstanfang (21.3. und 23. 9.) sind durch gleiche Tag- und Nachtdauer gekennzeichnet.

Die immer wieder als Begründung für die Entstehung der Jahreszeiten genannte Entfernung Erde – Sonne ist falsch, denn im Nordwinter beträgt die Entfernung zur Sonne nur ca. 147 Mio. km (perihel), im Nordsommer dagegen 152 Mio. km (aphel).

In der Abbildung werden die astronomischen Jahreszeitenanfänge genannt. Die Weltwetterorganisation, eine Unterorganisation der UNO, hat den meteorologischen Wechsel der Jahreszeiten jeweils um etwa drei Wochen auf die Monatsanfänge vorverlegt, denn ein Jahreszeitenwechsel mitten im Monat ist unpraktisch für die Erstellung der Statistiken.

M4 Warum gibt es unterschiedliche Tageslängen? Der Text erläutert die Entstehung der Tageslängen. Siehe auch Aufgabenlösung zu 32(1).

Aufgabenlösungen

32 (1) *Erkläre die Entstehung von Tag und Nacht.*
Die Erde dreht sich von West nach Ost um die eigene Achse (Rotation). Sie benötigt dafür 24 Stunden. So ist immer nur ein Teil der Erdkugel der Sonnenstrahlung zugewandt. Da sie um 23,5° aus der Senkrechten gekippt ist, werden die beiden Halbkugeln auf ihrem Weg um die Sonne unterschiedlich lang beschienen. So variieren die Tageslängen zwischen den Jahreszeiten.

32 (2) *Nimm einen Globus und eine Taschenlampe. Stelle nun dar, wo Tag und wo Nacht ist. Überlege dir, in welche Richtung du den Globus drehen musst.*
Leuchtet man den Globus mit der Taschenlampe an, so muss er nach rechts gedreht werden, um den Tagesverlauf zu simulieren.

32 (3) *Suche selbst Jahreszahlen, bei denen mindestens eine Regel aufgehoben wurde (Info-Box).*
1901, 1801, 1701 waren beispielsweise keine Schaltjahre, da die Jahreszahl nicht ohne Rest durch 4 teilbar ist. 1900, 1800 und 1700 waren trotz Teilbarkeit durch 4 keine Schaltjahre, da diese Regel aufgehoben ist, denn die Jahreszahlen sind durch 100 teilbar. Die Jahre 1600 (erste durch 100 und 400 teilbare Jahreszahl nach Einführung des Gregorianischen Kalenders 1582) und 2000 hingegen waren Schaltjahre, da die Jahreszahl durch 400 teilbar ist und dies die Regel 1 aufhebt.

32 (4) *Erkläre, ob das Jahr 1900 ein Schaltjahr war (Info-Box).*
1900 ist durch 4 teilbar → Schaltjahr
1900 ist durch 100 teilbar → Regel 1 wird aufgehoben, kein Schaltjahr
1900 ist nicht durch 400 teilbar → Regel 2 bleibt bestehen
Das Jahr 1900 war kein Schaltjahr.

Folgen der Erdbewegung
Schülerbuch Seiten 34–35

Grundbegriffe: Zenit, Polartag, Polarnacht

Abbildungen

M1 Einfallswinkel der Sonnenstrahlen
In der Zeichnung ist erkennbar, dass der Einstrahlungswinkel mit Zunahme der geografischen Breite abnimmt. Da dadurch nun von der gleichen Menge an Strahlung eine grössere Fläche beschienen wird, verteilt sich die Intensität der Strahlung auch entsprechend. So erhält ein Quadratmeter in den nördlichen Breiten weniger Strahlung als ein Quadratmeter am Äquator, was dazu führt, dass es im Norden kälter ist. Siehe auch Aufgabenlösung zu 34 (1).

M2 Umwandlung von Strahlenenergie in Wärmeenergie
Die Zeichnung verdeutlicht in einfacher Form den Weg der Strahlung von der Sonne durch die Atmosphäre bis zur Erdoberfläche und zurück in die Atmosphäre. Erkennbar ist, dass ein Teil der Strahlung als (langwellige) Wärmestrahlung an den Wolken reflektiert wird, ein anderer Teil in den Weltraum entweicht.

M3 Beleuchtungszonen der Erde
Dargestellt sind in den Farben 1. Blau bis Grün, 2. Grün bis Gelb und 3. Gelb bis Orange die drei Beleuchtungszonen der Erde jeweils von den Polen bis zum Äquator. In der Legende werden sie benannt als Polarzone, gemässigte Zone und Tropenzone. Die einfallenden Sonnenstrahlen werden durch Pfeile dargestellt.

Die am unteren Bildrand eingeblendete Grafik zeigt den Zenitstand der Sonne zu Beginn der vier Jahreszeiten. Der Senkrechtstand (=Zenitstand) tritt nur zwischen 23,5° N und 23,5° S auf. Am 21.06 steht die Sonne senkrecht über 23,5° N, hier wendet die Sonne ihren scheinbaren Lauf, d. h. es ist Sommersonnenwende, danach wandert sie scheinbar wieder in Richtung südlicher Wendekreis, den sie zur Wintersonnenwende am 21.12. erreicht. Siehe auch Aufgabenlösung zu 34 (2).

M4 Die Entstehung von Jahreszeiten

Die Grafik zeigt die unterschiedlichen Beleuchtungsverhältnisse während des Sommers und während des Winters. Die Neigung der Erdrotationsachse um 23,5° aus der senkrechten Erdbahnebene (=Schiefe der Ekliptik) verursacht beim Umlauf um die Sonne einen täglichen Wechsel der Einfallswinkel der Sonnenstrahlen. Dabei wird am stärksten, d.h. mit dem grössten Einfallswinkel und dem geringsten Weg durch die Atmosphäre, die Äquatorregion beschienen. In Richtung der Pole wird der Einfallswinkel kleiner und der Weg durch die Atmosphäre entsprechend länger. Am 21.06. erhält die Nordhalbkugel ihre maximale Zustrahlung, am 21.12. trifft dies auf die Südhalbkugel zu. Siehe auch Aufgabenlösung zu 34 (3).

Aufgabenlösungen

34 (1) *Die Erdoberfläche wird unterschiedlich stark erwärmt. Erkläre.*

Die Bestrahlung der Erde durch die Sonne erfolgt in unterschiedlicher Intensität. Die Intensität ist abhängig von der geneigten Erdachse und der geografischen Breite. Der Einfallswinkel der Sonnenstrahlen nimmt zu den Polen hin ab. Durch die Erdrotation ergibt sich zusätzlich der Wechsel von warmer Tagseite und kalter Nachtseite.

34 (2) *Nenne die Merkmale der unterschiedlichen Beleuchtungszonen*

In den drei Beleuchtungszonen treffen die Sonnenstrahlen in einem unterschiedlichen Einstrahlungswinkel auf der Erdoberfläche auf. Wie gross der Einstrahlungswinkel ist, hängt von der Breitenlage ab. Der Winkel ist für die Merkmale der drei Zonen verantwortlich:

Polarzone: Sie ist abgegrenzt nach Süden bzw. nach Norden auf der Südhalbkugel durch die Polarkreise (66,5°). Jenseits des nördlichen bzw. südlichen Polarkreises erhält die Erde die geringste Insolation im Jahr, der Einstrahlungswinkel liegt unter 23,5°. So wird nur ein geringer Energiebetrag pro Flächeneinheit empfangen, die Temperaturen sind folglich gering.

Gemässigte Zone: Dies ist die Zone zwischen dem Polar- und Wendekreis, der Einstrahlungswinkel liegt zwischen 23,5° und 66,5°. Damit verursacht die Erdkrümmung hier durch den im Jahresverlauf ständig wechselnden Einfallswinkel der Strahlen eine deutliche Unterteilung in vier Jahreszeiten mit unterschiedlichen Tageslängen bei durchschnittlich mittleren Temperaturen.

Tropenzone: Diese Zone liegt zwischen den Wendekreisen (23,5°) und ist am stärksten beschienen und damit erwärmt. Der Einfallswinkel der Sonnenstrahlen bewegt sich im Jahresverlauf zwischen 66,5° und 90°, die Energieübertragung erreicht deshalb hier Maximalwerte. Die Tageslängen unterscheiden sich im Jahresverlauf nur geringfügig. Am Äquator gibt es keine Jahreszeiten, die Beleuchtungsunterschiede sind hier am geringsten.

35 (3) *Begründe die Temperaturunterschiede zwischen Sommer und Winter.*

Die Erde bewegt sich in einer Ellipse um die Sonne herum. Sie verändert ihren Neigungswinkel von 23,5° bei diesem Umlauf nicht. Aufgrund der Drehung der Erde um die Sonne und der Neigung der Erdachse zur Horizontalen der Erdumlaufbahn ist im Jahresverlauf entweder die Nord- oder die Südhalbkugel der Sonne mehr zugewandt. Dadurch verändert sich auch die Tagessumme der Sonneneinstrahlung, es wird wärmer und kälter und die Tageslängen sind unterschiedlich. Am 21.12. steht die Sonne über dem südlichen Wendekreis im Zenit. An diesem Tag ist bei uns auf der Nordhalbkugel Winterbeginn und die Südhalbkugel ist an diesem Tag der Sonne maximal zugewandt. Bis zum 21.3. ist die Einstrahlung auf der Südhalbkugel stärker, dann „überquert" die Sonne den Äquator und auf der Nordhalbkugel werden die Temperaturen höher und die Tage länger. Am 21.06. ist die Nordhalbkugel der Sonne maximal zugeneigt, es ist hier Sommer und damit am wärmsten.

35 (4) *Stelle dir vor, die Erdachse wäre nicht geneigt, sondern senkrecht. Erkläre die Auswirkungen auf die Jahreszeiten.*

Ohne geneigte Achse wäre der Einstrahlungswinkel auf jedem Punkt der Erdoberfläche immer gleich. Jede Region der Erde hätte das ganze Jahr über ein konstantes Klima und die gleiche Tageslänge. Jahreszeiten gäbe es dann nicht.

Zusatzaufgaben

Aufgabe 1

Erkläre den Zusammenhang zwischen dem Einfallswinkel der Sonnenstrahlen und der Temperatur. Formuliere eine Regel: „Je steiler/flacher die Sonnenstrahlen auf die Erde fallen, desto …" (Versuch, Text, M2).

Die Sonnenstrahlen treffen in unterschiedlichem Winkel auf die Erde. Ja näher die Sonnenstrahlen am Äquator auf die Erde gelangen, desto senkrechter treffen sie auf. Dort ist die auftreffende Strahlungsmenge am grössten. Zudem haben hier die Sonnenstrahlen den kürzesten Weg durch die Lufthülle der Erde. Da die Lufthülle die Einstrahlung dämpft, wird in den Polarzonen auch aus diesem Grund die Erde dort weniger stark erwärmt.

Je steiler/flacher die Sonnenstrahlen auf die Erde fallen, desto höher/geringer ist die Erwärmung der Erdoberfläche.

Aufgabe 2

Wie oft steht die Sonne im Zenit über:
a) dem Äquator
b) dem südlichen Wendekreis
c) Basel?

a) Zweimal im Jahr
b) Einmal im Jahr
c) Niemals

Aufgabe 3

Schreibe die Anfänge der Jahreszeiten und deren Namen für die Südhalbkugel auf.

23.09: Frühlingsanfang
21.12: Sommeranfang
21.03: Herbstanfang
21.06: Winteranfang

Aufgabe 4

Erkläre mit eigenen Worten Polartag und Polarnacht.

Am geografischen Nordpol dauert der Polartag ein halbes Jahr, vom 21.3. bis zum 23.9. Je weiter man nach Süden kommt, desto kürzer wird der Polartag. Am nördlichen Polarkreis (bei 66,5 Grad nördlicher Breite) dauert er noch genau einen Tag. Am Polartag, dem 21. Juni, geht die Sonne nicht unter. Genau um Mitternacht berührt sie den Horizont, man spricht dann von Mitternachtssonne.

Am 22. Dezember ist es umgekehrt. In der Polarnacht steigt die Sonne nicht über den Horizont. Selbst mittags herrscht nur eine fahle Dämmerung, sonst bleibt es den ganzen Tag dunkel. Nach Norden wird die Zahl dieser Tage immer grösser. Am geografischen Nordpol dauert die Polarnacht dann entsprechend vom 24.9. bis zum 20.3.

Der Planet Erde

Zeitzonen
Schülerbuch Seiten 36–37

Grundbegriff: Zeitzone

Abbildungen

M1 Weltzeituhr in Berlin
Auf dem Foto ist die Weltzeituhr am Berliner Alexanderplatz abgebildet. Sie zeigt an Beispielen grosser Städte der jeweiligen Zeitzone deren Uhrzeit.

M2 Verschiedene Zeitzonen
Die Karte verdeutlicht die Einteilung der Zeitzonen entlang der Meridiane. Deutlich werden durch die Farbgebung auch Abweichungen von der Regel, z. B. durch den Verlauf der Zeitzonen entlang der Ländergrenzen. Siehe auch Aufgabenlösungen zu 36 (1) bis 37 (6).

M3 Sommerzeit
Die analoge Uhr zeigt die Umstellung auf die Sommerzeit. Am letzten Sonntag im März wird in der Nacht um 2 Uhr die Uhr vorgestellt. Es ist dann also schon 3 Uhr.

M4 Winterzeit
Die analoge Uhr zeigt die Umstellung auf die Winterzeit. Am letzten Sonntag im Oktober wird in der Nacht um 2 Uhr die Uhr zurückgestellt. Es ist dann also erst 1 Uhr.

Aufgabenlösungen

36 (1) *Wenn du nach Osten reist, musst du dann die Uhr vor- oder zurückstellen? Begründe.*
Da die Sonne im Osten aufgeht und so dort der Tag früher beginnt als im Westen, ist es dort schon später als im Westen. Also muss bei einer Reise nach Osten die Uhr vorgestellt werden.

36 (2) *Du fliegst von Zürich nach London. Wie viele Stunden musst du deine Uhr vor- oder zurückstellen.*
Da es in London eine Stunde früher als in Zürich ist, muss die Uhr entsprechend zurückgestellt werden.

36 (3) *In der Schweiz ist es 14.00 Uhr. Wie spät ist es in San Francisco (M2)?*
Dann ist es in San Francisco 5 Uhr am Morgen.

37 (4) *Um 19.00 Uhr rufst du Freunde in Tokio an. Was könnten sie gerade tun? Begründe.*
Da es jetzt in Tokio 3 Uhr am Morgen ist, werden die Freunde schlafen.

37 (5) *Ermittle eine Reiseroute, die es möglich macht, in einem Jahr zweimal Silvester zu feiern?*
Die Route muss von Westen nach Osten in den Pazifik führen. Überschreitet man hier die Datumsgrenze, gewinnt man einen Tag hinzu, kann also am Abend noch einmal den Jahreswechsel feiern.

37 (6) *Erläutere, warum die Datumsgrenze im Pazifik und nicht in Amerika oder Europa verläuft.*
Da diese Region sehr dünn besiedelt ist, verursacht der Datumswechsel hier die geringsten Abstimmungsprobleme. Es wäre verwirrend und z. B. für Geschäftsvorgänge ungünstig, wenn in einem Land zwei Daten gleichzeitig Gültigkeit haben.

Geschichte der Geografie
Schülerbuch Seiten 38–39

Grundbegriffe: Physische Geografie, Humangeografie

Abbildungen

M1 Eine Erde – vier Weltbilder
Das Schaubild zeigt das sich verändernde Weltbild von 600 v. Chr. bis zum Jahr 2000. Die erste Vorstellung von der Welt wurde von dem griechischen Mathematiker und Philosophen Thales von Milet entwickelt. Die Erde wurde von ihm als Scheibe gesehen, an deren Rändern sich ein grosses Meer (Urozean) ausdehnt. Im Norden der Erdscheibe sollte ein hoher Berg liegen, hinter dem am Abend die Sonne untergeht. Über die Erde wölbte sich der Himmel wie eine Kuppel. Nach dem Weltbild jener Zeit wurden Himmel und Erde von Säulen getragen. Die Unterwelt, das Reich des Todes und unbekannter Mächte, vermutete man unter der festen Erdoberfläche.

Schon um 150 n. Chr. mutmasste Ptolemäus, ein griechischer Astronom, Geograf und Mathematiker, dass die Erde eine Kugel sei. Bestätigt wurde diese Vermutung erst durch die Weltumsegelung Magellans 1519–1522.

Auch glaubten die Menschen damals, dass die Erde in der Mitte des Weltalls liege. Dieses antike geozentrische Weltbild entsprach den damals von der Erde zu machenden Beobachtungen. Astronomische Studien von Kopernikus führten im 16. Jh. zu einer neuen Sichtweise (Kopernikanisches Weltsystem). Durch exakt vermessene Himmelsbewegungen (Kepler), durch genauere Beobachtung mithilfe von Fernrohren (Galilei) und durch die Erklärung der physikalischen Kräfte (Newton) wurde zunächst das heliozentrische Weltbild begründet. Durch die moderne Entwicklung der Teleskope konnte auch der Standort der Sonne im Weltall genauer beschrieben und das heutige universale Weltbild entwickelt werden. Hubble z. B. entdeckte 1929 den sogenannten Hubble-Effekt zur Entfernungsmessung entlegener Galaxien.

M2 Weltbild im Altertum
Die Zeichnung verdeutlicht das Weltbild des Altertums. Die Erde ist als Scheibe dargestellt, die vom Himmel überspannt wird. Der kniende Mann sieht durch dieses Himmelsgewölbe auf den mit Sonnen und Wolken bedeckten Aussenbereich. Wagt man sich an den Rand, so kann man herunterfallen. Siehe auch Ausführungen zu M1.

M3 Die „Geografiekommode" – Teilbereiche der Geografie
Mit den Begriffen auf den Schubladen soll veranschaulicht werden, dass die Geografie aus verschiedenen Teildisziplinen besteht. Dabei sind die linken Schubladen grün gefärbt. Sie symbolisieren Teilgebiete der physischen Geografie. Die rechten rot gefärbten Schubladen stehen für die Teilgebiete der Humangeografie.
Oberflächenformen:
Relief der Erde; Berge und Täler; Bezugsfläche für alle Höhenmessungen ist Meter über dem Meer. Dies ist in der Schweiz ausgerichtet am Mittelwasser des Marseiller Pegels. Andere Staaten haben z.T. andere Bezugspunkte, deswegen können sich amtliche Höhenangaben geringfügig unterscheiden, z. B. sind die schweizerischen Höhen grenznah 0,6 bis 7,5 cm höher als die auf der österreichischen Seite.

Gesteine, Mineralien:
Mineralien sind alle als Bestandteile der Erdkruste vorkommende strukturell, chemisch und physikalisch homogenen Körper.

Gesteine sind Gemenge von Mineralien, gelegentlich auch nur aus einer Mineralart bestehend. Sie bilden in sich wesensgleiche Teile der Erdkruste. Man unterscheidet Erstarrungsgesteine, die aus Magma entstehen (Granit, Basalt), Sedimentgesteine aus Ablagerungen vorher zerstörter Gesteine und organischer Reste (Sandstein, Kalkstein, Tonschiefer) und metamorphe Gesteine, die durch Umwandlung unter hohen Druck- und Temperaturbedingungen innerhalb der Erdkruste entstehen (kristalliner Schiefer, Gneis).

Gewässer:
Alle fliessenden und stehenden Wassermassen, wie Flüsse, Bäche, Kanäle, Seen, Tümpel, Sümpfe, Moore und Meere.

Klima:
Der allgemeine Charakter des täglichen oder jährlichen Ablaufs der meteorologischen Erscheinungen eines Ortes oder eines Gebietes, wie er sich für einen längeren Zeitraum als Durchschnitt ergibt. Bestimmt wird das Klima durch die Klimaelemente wie Temperatur, Niederschlag, Bewölkung, Luftdruck, Wind, Luftfeuchte, Ein- und Ausstrahlung. Daneben wirken die durch die geografischen Tatsachen bestimmten Klimafaktoren mit, wie geografische Breite, Meeresnähe, Höhenlage, Geländeneigung, Bodenbeschaffenheit, Vegetation z. B.

Industrie:
Sekundärer Sektor; Verarbeitung von Rohstoffen und Halbfertigwaren zu Konsum- und Investitionsgütern in grossen Mengen unter Zuhilfenahme von Maschinen.

Verkehr:
Alle Arten von Fortbewegung: zu Fuss, mit dem Fahrrad, Auto, Zug, Motorrad, Schiff, Flugzeug.

Tourismus:
Erholung, Bildung, Geschäfte und Abenteuer als Reisegründe; Tourismus bietet Arbeitsplätze für die einheimische Bevölkerung, verursacht aber auch ökologische Probleme.

Städte:
Vereinbarungsgemäss wird in der Statistik die Mindestgrösse einer Stadt mit 10 000 Einwohnern veranschlagt. Die Schweiz hat nach dieser Definition 230 Städte.

Der geografische Stadtbegriff nach Hofmeister benennt folgende Kennzeichen einer Stadt: kompakter Siedlungskörper, hohe Wohn- und Arbeitsplatzdichte, breiter Berufsfächer, hoher Grad an innerer Differenzierung, Wachstum durch Wanderungsgewinne, Kleinfamilien, gute Verkehrsanbindungen, künstliche Umweltgestaltung.

Landwirtschaft:
Primärer Sektor; Ackerbau und Viehwirtschaft zur Erzeugung von Nahrungsmitteln.

Bevölkerung:
Gesamtzahl der Einwohner einer Stadt, eines Gebietes, eines Staates, eines Kontinentes etc.

M4 Die Beispiele für Teilbereiche der Geografie
Die Tabelle nimmt die in M3 angesprochenen Teilgebiete wieder auf und untergliedert sie in die verschiedenen geografischen Teildisziplinen.

M5 Alexander von Humboldt
Das Gemälde zeigt den Universalgelehrten, der von 1769 bis 1859 lebte, im Jahre 1843. Humboldt unternahm zahlreiche Forschungsreisen, bereitete diese intensiv vor und arbeitete als Erster streng wissenschaftlich. Er gilt auch als Mitbegründer der Geografie als empirische Wissenschaft. Er publizierte aber auch in zahlreichen anderen Fachrichtungen.

Aufgabenlösungen

39 (1) *Nenne Beispiele für die Bedeutung der Geografie in der heutigen Zeit.*
Die Geografie als übergreifende Wissenschaft vermittelt zwischen vielen verschiedenen Fachrichtungen, wie z. B. Physik (Klima), Geologie (Gesteine/Mineralien), Stadtentwicklung (Raumplanung/Architektur, Verkehrsentwicklung, Bevölkerung), Biologie (Lebensraum von Pflanzen und Tieren, Biosphäre), Landwirtschaft (Bodenkunde, wirtschaftliche Nutzung verschiedener Regionen).

Mithilfe der Geografie kann ein Sachverhalt aus vielen verschiedenen Blickwinkeln vernetzt betrachtet werden. Dies ermöglicht eine fundierte Aussage, z. B. bei der Planung von grossen Verkehrsprojekten oder Entscheidungen, die die kommunale Infrastruktur betreffen.

39 (2) *Diskutiert über die zukünftigen Aufgaben der Geografie.*
Die künftigen Aufgaben werden in der Erforschung und Erarbeitung von Strategien zur Bewältigung der Ernährungsprobleme, des Klimawandels und des regional unterschiedlichen Bevölkerungswachstums bzw. -schrumpfens und in entsprechender Beratung von Entscheidungsträgern bestehen.

Zusatzaufgabe

Verfasse eine Kurzbiografie der folgenden Entdecker:
David Livingstone, Henry Morton Stanley, Heinrich Harrer

David Livingstone (1813 – 1873): Entdecker und Erforscher des zentralen tropischen Afrikas
1841 – 1856 (Erste Reisezeit): Kapstadt, Kalahari, Ngami-See, mittlerer Sambesi, Oberlauf des Sambesi, Durchquerung von Angola, Atlantikküste bei Sao Paulo de Loanda, Durchquerung Afrikas bis zur Küste von Mosambik, dabei Entdeckung der Viktoria-Fälle.
1858 – 1864 (Zweite Reisezeit): Auffinden des Njassa-Sees, abschliessende Kartierung des Sambesi aufwärts bis zu den Viktoria-Fällen.
1865 – 1873 (Dritte Reisezeit): Entdeckung des Oberlaufs des Kongo (Lualaba), Erforschung des Nordteils des Tanganjika – Sees mit Henry Morton Stanley zusammen, Entdeckung des Bangweolo – Sees, wo er verstarb.

Henry Morton Stanley (1841 – 1904): Der letzte Konquistador
1871 – 72 (erste Reise): Von der Ostküste Afrikas bei Bagamojo bis zum Nordteil des Tanganjika-Sees.
1874 – 77 (zweite Reise): Von der Ostküste Afrikas bei Bagamojo aus Umrundung des Viktoria-Sees, Albert-See, Ruwenzori, Nordtanganjika-See, Lualaba entlang bis zur Kongomündung bei Boma am Atlantik.
1887 – 89 (dritte Reise): Durchquerung Afrikas von Bagamojo, Südrand des Viktoria-Sees, zwischen Ruwenzori und Edward – See zum Albert – See, entlang des Ituri und Kongo bis Boma.

Heinrich Harrer (1912 – 2006): Bergsteiger, Geograf und Forschungsreisender
(Auswahl der Reisen):
1939: Himalaya – Expedition zum Nanga Parbat
1944 – 1952: Tibet
1953: Südamerika
1955: Alaska

Der Planet Erde

1961/62: West - Neuguinea
1969: Französisch – Guayana
1971: Sudan
1972: Borneo
1975: Andamanen
1980: Bhutan

Als weitere Entdecker können z. B. Marco Polo, James Cook, und Alfred Wegener genannt werden.

Alles klar? Der Planet Erde
Schülerbuch Seiten 40–41

40 (1) *Wer kennt sich aus?*
Lösungswort: Sternwarte

41 (2) *Experten gesucht!*
1. Europa, Australien, Antarktis, Afrika, Atlantik, Pazifik, Indik
2. Europa, Australien, Antarktis, Afrika, Asien, Nordamerika, Südamerika
3. Pazifik, Atlantik, Indik
4. Individuelle Lösung
5. Fernando Magellan
6. Nil

41 (3) *Dringend Hilfe erforderlich!*
Der Tanker befindet sich im Indik vor der Küste Indiens, nordwestlich von Mumbai.
  Schiff 1 befindet sich ebenfalls im Indik, zwischen Somalia und den Malediven. Schiff 2 fährt im Pazifik weit vor der Westküste Südamerikas. Näher bei der „Tasman Spirit" befindet sich also Schiff 1.

41 (4) *Sonne und Erde*
1. Die Erde ist der Sonne zugeneigt, es herrscht also Sommer in Europa.
2. Die beleuchtete Hälfte mit Europa zeigt in Richtung Sonne, es ist also Tag.
3. Die Sonnenstrahlen fallen fast senkrecht ein und ihr Weg durch die Atmosphäre ist kurz. So ist es dort immer warm.
4. An den Polen ist der Einfallswinkel der Strahlen sehr flach und der Weg durch die Atmosphäre weit. So ist es dort immer kalt.
5. UTC bedeutet „Universal Time Coordinated", koordinierte Weltzeit, ausgerichtet nach dem Nullmeridian.
6. Die Erdrehung verursacht unterschiedliche Beleuchtungsverhältnisse und damit verschiedene Tag- und Nachtrhythmen. Weltweit vereinbarte Zeitzonen erleichtern die weltweite Kommunikation. Die Datumsgrenze legt einheitlich das Datum fest, dies vermeidet Irrtümer z. B. bei Flugplänen.
7. Sie befindet sich im Pazifik.

Literatur
Atlas – Rallye. In: Praxis Geografie, 4/2001.
Boonstra, R.: Energizer im Geografieunterricht. Spielen zum Einstieg, Erlernen und Prüfen. In: Praxis Geografie, 7–8/2010.
Claassen, K.: Praxis-Blatt: Erde und Sonnensystem, 1 bis 4. In: Praxis Geografie, 10/1999.
Claassen, K.: Praxis-Blatt: Erde und Sonnensystem, 5. Tageslängen. In: Praxis Geografie, 3/2000.
Claassen, K.: Praxis-Blatt: Wie man die richtige Karte findet. In: Praxis Geografie, 2/2010.
Es geht auch ohne Kompass; Wo ist Süden? In: Praxis Geografie, 1/2004.
Hüttermann, A.: Kartenarbeit – ganz nebenbei. In: Geografie heute, 199/2002.
Kollar, I., u. a.: Faszination Fernerkundung: Satellitenbildeinsatz im Geografieunterricht. In: Praxis Geografie 4/2008.
Nebel, J.: Start in die Kartenwelt. Braunschweig 2002.
Nebel, J.: Lehrerband mit Kopiervorlagen zu Start in die Kartenwelt. Braunschweig 2002.
Praxis Geografie: Themenheft Kompetenzbereich: Räumliche Orientierung, 11/2009.
Schleicher, Y. (Hrsg.): Diercke – Multimediale Methoden, Braunschweig 2010.

Internet-Adressen
http://www.humboldt-foundation.de/kosmos/titel/2005_005.htm
http://www.kosmos-bote.de/lexikon/daten/geoid.php
http://www.informatik.uni-leipzig.de/~sosna/karten/refell.html
http://www.hh.shuttle.de/hh/iser/entdecke/entdecke.htm (Entdeckungen, von Schülern erstellt)
http://www.univie.ac.at/Voelkerkunde/apsis/oceania/magellan.htm (Magellan)
http://www.landkartenindex.de/ratgeber/rargeber.htm (Karte lesen)
http://www.maps.ethz.ch (Karten)
http://www.uni-kiel.de/ewf/geogrphie/forum/unerric/material/gradnetz_welcome.htm (Material zur Positionsbestimmung und zum Gradnetz)
http://www.gw.eduhi.at/didaktik/woess/domino.htm (Spiel zum Gradnetz)
http://www.erdkunde-wissen.de/erdkunde/koordinaten/eingabe.html (Datenbank)
http://landkartenindex.blogspot.com/ (Karten und Satellitenbilder weltweit)
http://www.planetenkunde.de/p012/p01204/p01204090000.htm (Namen der Meteoritenkrater auf dem Mond)
http://geografy2.blogspot.com/2005/11/listing-of-virtual-globes.html (Liste virtueller Globen)
http://www.kugelerde.de (Deutschsprachiges Google Earth Portal)
http://earth.google.de (Deutschsprachige Homepage)

http://www.nord-com.net/uj.pfeiffer/bewegung1.html (Erdbewegungen)
http://schulen.eduhi.at/riedgym/physik/11/jahreszeit/start_jahreszeit.htm (ausführlicher schülergerechter Beitrag zur Entstehung der Jahreszeiten)
www.jgiessen.de/ErdeSonne/projekte/jahreszeiten.html (Jahreszeiten, Anregungen, Aufgaben, Projekte)
http://www.planetenkunde.de/p012/p01204/p01204090000.htm (Name der Meteoritenkrater auf dem Mond)
http://landkartenindex.blogspot.com/ (Karten und Satellitenbilder weltweit)

Diercke Geografie – Das Schweizer Geografiebuch für die Sekundarstufe I

Arbeitsblatt: Das Gradnetz der Erde (einfach)

Aufgaben:

1. Setze folgende Begriffe richtig in den Lückentext ein:

   Breitengrade, südliche, 180, Gradnetz, Äquator (3 x), nördliche, Längengrade (2 x), östliche, 360, westliche.

   Das _____ ist ein Netz aus gedachten Linien, das die Erde umgibt.
   Der Äquator teilt die Erde in eine _____ und _____-Hälfte.
   Der _____ ist der längste Breitengrad.
   Die _____ sind alle gleich lang.
   Die Abstände der _____ voneinander sind überall gleich gross.
   Die Breitengrade verlaufen parallel zum _____.
   Alle _____ verlaufen über die Pole.
   Der 0°-Längengrad teilt die Erde in eine _____ und _____ Hälfte.
   Der Abstand der Längengrade voneinander ist am _____ am grössten.
   Es gibt _____ (Anzahl) Längengrade.
   Es gibt _____ (Anzahl) Breitengrade.

2. Beschrifte in der Skizze
   - den Äquator,
   - die beiden Pole,
   - die Breitengrade,
   - die Längengrade,
   - die Nord- und Südhalbkugel.

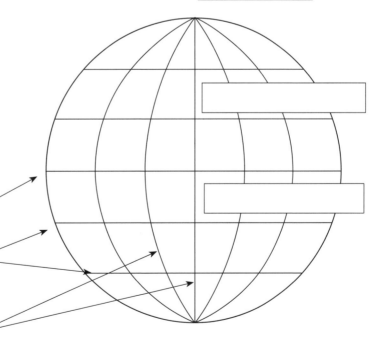

Arbeitsblatt: Das Gradnetz der Erde (schwer)

Aufgaben:

1. Ergänze den Lückentext mit den angegebenen Worten!

Meridiane, Punkte, Nord, nummeriert, kleiner, Süd, Längenhalbkreises, 180°, Polen, 0°, Greenwich, 90°, Äquator, westlicher, s.B., nördlicher, südlicher, Ort, östlicher, parallel, Südpol, Nullmeridian, Breitenkreises, grössten, w.L.

Der Äquator ist der Name des _____ – Breitenkreises. Er teilt die Erde in _____ halbkugel und _____ halbkugel. Die Breitenkreise verlaufen _____ zum Äquator, man spricht von _____ und _____ Breite. Diese Begriffe werden mit n.B. und _____ abgekürzt. Vom Äquator bis zum Nord- und Südpol sind es _____ . Der Umfang des Breitenkreises ist am _____ am grössten und wird bis zu den _____ immer _____ . An den Polen sind es jeweils nur noch _____ . Die Längenhalbkreise verlaufen vom Nordpol zum _____ . Sie werden auch _____ genannt. Der 0°-Längenhalbkreis heisst entsprechend auch _____ . Er verläuft durch die Sternwarte in _____ bei London. Von hier aus zählt man nach Osten und Westen jeweils _____ , man spricht von _____ und _____ Länge. Diese Begriffe werden mit ö.L. und _____ abgekürzt. Der Abstand der Längenkreise voneinander ist am Äquator am _____ . Alle Breiten- und Längenhalbkreise sind _____ . So kann man durch Angabe von zwei Gradzahlen, nämlich einmal der des _____ und zum zweiten der des _____ jeden _____ auf der Erde finden.

2. Beschrifte in der Skizze den Äquator, die Pole, die Breitenkreise, die Längenkreise, die Nord- und Südhalbkugel.

Diercke Geografie – Das Schweizer Geografiebuch für die Sekundarstufe I   27

Arbeitsblatt: Wir basteln das Gradnetz der Erde

Wir brauchen:
1 Styroporkugel (12 cm Durchmesser)
1 Zahnstocher
5 Stecknadeln mit Kopf
2 Baumwollbänder in verschiedenen Farben (120 cm, 75 cm)
8 Fotoklebepunkte
Tesafilm, Klebestift

Zum Ausschneiden:

| 90. nördl. Breitengrad (= Nordpol) | |

| 0°-Längengrad (= Nullmeridian) | |

| 180°-Längengrad | |

| 0°-Breitengrad (= Äquator) | |

Lies erst den gesamten Text der Bastelanleitung durch, bevor du die Kästchen ausschneidest!
Verfahre dann nach folgenden Schritten:

1. Schneide das Kästchen Nordpol aus! Vorsichtig, die senkrechte Linie in der Mitte ist nur die Umbruchlinie!
2. Klebe das Kästchen als Fahne um den oberen Teil des Zahnstochers!
3. Markiere auf deiner Styroporkugel jetzt mit dem Zahnstocher den Nordpol, indem du den Zahnstocher hier in die Kugel steckst.
4. Stecke nun eine Stecknadel halbtief auf die entgegengesetzte Seite der Kugel. Das ist dein Südpol!
5. Nun kannst du das rote Band vom Nordpol zum Südpol so wickeln, dass vier gleich grosse Viertel auf der Kugel entstehen! Verknote das Band am Nordpol und lasse dabei das überschüssige Band am Zahnstocher überstehen!
6. Damit die Bänder nicht verrutschen, steckst du jetzt auf der Höhe des Äquators jeweils eine Stecknadel (insgesamt also vier!) halbtief durch die Bänder in die Kugel!
7. Nun nimmst du das blaue Band und wickelst es als Äquator um die Erdmitte. Wenn du es in jedem Viertel um eine Stecknadel laufen lässt, verrutscht es nicht!
8. Nun kannst du die Nadeln ganz in die Kugel drücken!
9. Schneide nun die restlichen Kästchen aus! Achte auf die Umbruchlinien!
10. Die Kästchen mit den senkrechten Umbruchlinien in der Mitte klebst du mit dem Klebestift um die entsprechenden Bänder!
11. Die anderen Kästchen klebst du mit den Klebepunkten auf die entsprechenden Bereiche der Erdkugel!

Damit ist dein Modell fertig und du kannst es zu Hause an dem Band aufhängen!

| südliche Breite | westliche Länge | nördliche Breite |

| südliche Breite | westliche Länge | nördliche Breite |

| östliche Länge | östliche Länge |

Arbeitsblatt: Mit Magellan auf Weltreise

Mit Magellan auf Weltreise

1. Am 20. September 1519 stach von einem spanischen Hafen eine Flotte von fünf Schiffen in See, um die Erde zu umsegeln. Im Dezember erreichten die Schiffe die Bucht von Rio de Janeiro. Hier versorgte sich die Mannschaft unter Kapitän Magellan mit neuen Lebensmitteln, bevor die Fahrt ins Ungewisse begann.

   • Wie heisst der Kontinent, den Magellan zuerst erreichte?

   _____

   • Stelle mithilfe des Atlas fest, in welchem Land Rio de Janeiro liegt.

   _____

2. Auf der Suche nach einer Durchfahrt durch den südamerikanischen Kontinent kam Magellan an eine grosse, trichterförmige Flussmündung. Diese liegt zwischen dem heutigen Uruguay und Argentinien.

   • Wie heisst der Fluss, der hier mündet?

   _____

3. Magellan segelte nicht um die Südspitze Südamerikas, sondern fand eine Verbindung zwischen Atlantischem Ozean und Pazifischem Ozean, die durch den Süden des Kontinents führt.

   • Wie heisst diese Durchfahrt?

   _____

4. Magellan wurde auf seiner Weltumsegelung von Eingeborenen auf den Philippinen getötet. Die restliche Mannschaft segelte weiter um die Südspitze Afrikas zurück nach Spanien.

   • Wie heisst das Kap an der Südspitze Afrikas, das sie umsegelten?

   _____

5. Auf seiner Reise durchsegelte Magellans Mannschaft mehrere Ozeane und fuhr an mehreren Kontinenten vorbei.

   • Welche Ozeane durchsegelte Magellans Mannschaft?

   _____

   • Welche Kontinente berührte die Flotte auf ihrer Weltreise nicht?

   _____

Lebensraum Europa

Schülerbuch Seiten 42 – 105

Kompetenzen

Nach der Bearbeitung des Kapitels verfügen die Schüler über folgende Kompetenzen:

- Sie können Europa nach verschiedenen Möglichkeiten abgrenzen und gliedern.
- Sie können beschreiben, wo in Europa Völker ohne eigene Staaten leben.
- Sie können zwischen den drei Wirtschaftssektoren unterscheiden.
- Sie können den Begriff „Strukturwandel" erklären.
- Sie können europäische Metropolen beschreiben und deren aktuelle Probleme verstehen.
- Sie können mögliche Lösungen für die Probleme der peripheren Regionen in Europa formulieren.
- Sie können Probleme des Transitverkehrs im Alpenraum verstehen.
- Sie können Vor- und Nachteile sowie die Formen des Tourismus nennen und beschreiben.
- Sie können europäische Küsten- und Landschaftsformen beschreiben
- Sie können die Entstehung der EU beschreiben und die europäischen Staaten in EU-Mitglieder und EU-Nichtmitglieder einteilen.

Doppeltopic

Schülerbuch Seiten 42 – 43

M1 Europa bei Nacht
Das Bild zeigt eine Satellitenaufnahme von Europa bei Nacht. Neben dem Kontinent Europa sind Teile Nordafrikas, des Nahen Ostens und Asiens zu erkennen.

Europa kreuz und quer

Schülerbuch Seiten 44 – 45

Abbildungen

Unsere Route durch Europa
Die Karte verortet die im Text und den Bildern der Randspalten angesprochenen 10 Reisestationen. Siehe auch Aufgabenlösung zu 45 (1).

M1 Matterhorn
Das Wahrzeichen der Schweiz liegt in den Walliser Alpen an der schweizerisch-italienischen Grenze. Das Matterhorn ist 4478 m hoch und damit einer der höchsten Berge der Alpen. Seine Erstbesteigung im Jahr 1865 gilt als Beginn des Alpentourismus in der Schweiz.

M2 Brandenburger Tor
Das Wahrzeichen Berlins steht seit 1791 am Pariser Platz in Berlin-Mitte. Es war jahrzehntelang ein Teil der Grenzanlagen zwischen Ost- und Westberlin und damit ein Symbol des Kalten Krieges. Seit der Grenzöffnung 1989 steht es als Symbol für die Wiedervereinigung der beiden deutschen Staaten.

M3 Big Ben und Houses of Parliament
Der Westminster-Palast mit dem Uhrenturm gilt als eines der Wahrzeichen Londons. Sein ältester noch erhaltener Raum, die Westminster Hall, stammt aus dem Jahr 1097, daneben gibt es etwa 1100 weitere Räumlichkeiten, die überwiegend aus dem 19.Jh. stammen. In dem Palast tagen die beiden Kammern des britischen Parlaments, das Ober- und Unterhaus, deshalb wird er auch als Houses of Parliament bezeichnet. Im Uhrenturm befinden sich fünf Glocken, deren grösste den Namen Big Ben trägt. Häufig wird der Name aber auch für den Turm selbst verwendet.

M4 Eiffelturm
Der Eiffelturm gilt als eines der Wahrzeichen von Paris und steht auf dem Marsfeld direkt an der Seine. Die 300 m hohe und etwa 10 000 Tonnen wiegende Stahlkonstruktion wurde anlässlich der Weltausstellung 1889 von Gustave Eiffel erbaut. Er hat sich zu einer der grössten Touristenattraktionen von Paris entwickelt und wird jährlich von über 6 Mio. Besuchern erklettert.

M5 Costa Brava
Die „Wilde Küste" steht als Synonym für den spanischen Mittelmeertourismus. Die Costa Brava erstreckt sich auf ca. 230 km Länge am Mittelmeer von den südlichen Ausläufern der Pyrenäen bis ca. 50 km nördlich von Barcelona. Die Küstenlandschaft ist sehr abwechslungsreich. Sie reicht von zerklüfteter Felsenküste mit kleinen Badebuchten bis zu flachen und breiten Küsten mit Sandstränden. Die Landschaft und das auch im Sommer noch angenehme, nicht zu heisse Klima sowie Wassertemperaturen von bis zu 25°C ziehen viele Touristen an.

M6 Petersdom
Der Petersdom ist eines der Wahrzeichen Roms und bildet das Zentrum des Vatikanstaats. Er ist mit etwa 15 000 m^2 eine der grössten Kirchen der Welt, bis zu 20 000 Menschen können hier Platz finden. Erbaut wurde der Petersdom zwischen 1506 – 1626 auf dem Platz der tausend Jahre alten Basilika, die zu diesem Zweck abgerissen wurde.

Vor der Peterskirche erstreckt sich als Oval der 240 m breite Petersplatz, gesäumt von Kolonnaden. In der Platzmitte steht ein original ägyptischer Obelisk. Er stand in der Antike in dem Circus, in dem Petrus hingerichtet worden ist.

M7 Akropolis
Sie ist das Wahrzeichen der Stadt Athen. Ursprünglich diente sie auf dem höchstgelegenen Platz einer Stadt als Festung zur Verteidigung. Im Laufe der Jahrhunderte wandelte sich ihre Bedeutung zu einer religiösen Stätte mit verschiedenen Heiligtümern. Die 406 v. Chr. fertig gestellte Tempelanlage besteht aus Propyläen, Erechtheion, Niketempel und dem weithin sichtbaren Parthenontempel. Alle sind aus hellem Marmor. Nutzungsänderungen, Kriegshandlungen, umfangreiche Beschädigungen und unsachgemässe Baumassnahmen haben dem UNESCO-Weltkulturerbe seit dem Mittelalter stark zugesetzt. Seit den 1980-er Jahren läuft ein Restaurierungsprogramm, das die Tempel so weit möglich wieder herstellen soll.

M8 Goldenes Horn
Eines der Wahrzeichen Istanbuls ist die Bucht des Bosporus, die das Goldene Horn genannt wird. Der Name geht auf die Zeit des Römischen Reiches zurück, als die Herrscher ihre auf der Halbinsel südlich der Bucht stehenden Paläste mit reichlich Gold verzierten. Das Goldene Horn war früher ein wichtiger Hafen und ist heute eine der Sehenswürdigkeiten Istanbuls.

M9 Basiliuskathedrale
Sie ist eines der Wahrzeichen Moskaus. Der verschachtelte Backsteinbau wurde 1561 fertiggestellt. Er besteht aus einer zentralen

Kirche mit goldener Kuppel, um die herum sich acht weitere Kirchen gruppieren, jeweils mit verschiedenfarbigen Kuppeln. Die Kathedrale ist seit 1929 keine Kirche mehr, heute dient sie als Museum. Der gesamte Komplex wurde zwischen 1990 und 2006 restauriert. Seit 1990 finden hier wieder Gottesdienste statt.

M10 Ferienhäuser
Die Ferienhäuser befinden sich in Finnland. Es gehört zu den am nördlichsten liegenden Ländern der Erde, ist etwa acht Mal grösser als die Schweiz und mit knapp 5,3 Mio. Einwohnern sehr dünn besiedelt. Die meisten Einwohner leben im wirtschaftlich stärkeren Süden des Landes. Das Mobilfunkunternehmen Nokia ist das grösste Unternehmen des Landes. Wirtschaftlich bedeutend ist auch der Tourismus. Nordfinnland bietet gute Wintersportmöglichkeiten, in vielen ländlichen Gegenden weiter südlich verbringen die Sommergäste ihren Urlaub in einem der zahlreichen Sommerhäuser an einem der vielen Tausend Seen des Landes.

Aufgabenlösungen

45 (1) *Nenne alle Länder und Hauptstädte, welche in den Texten vorgestellt wurden. Erkläre, woran du sie erkannt hast.*
Schweiz – Bern, Deutschland – Berlin, Grossbritannien – London, Frankreich – Paris, , Spanien – Madrid, Italien – Rom, Griechenland – Athen, Türkei – Ankara, Russland – Moskau, Finnland – Helsinki.
Begründungen: Individuelle Lösung.

45 (2) *Erstelle eine Reiseplanung für eine vierwöchige Europareise. Welche Länder/Städte möchtest du gerne besuchen?*
Individuelle Lösung.

Europa – räumliche Orientierung
Schülerbuch Seiten 46–47

Grundbegriffe: Grossraum, Binnenland, Küstenland

Abbildungen

M1 Lage Europas
Der Globus verortet die Lage Europas. Siehe auch Aufgabenlösung zu 46(1).

M2 Bevölkerung der Kontinente
Das Kreisdiagramm veranschaulicht die Bevölkerungszahl Europas in Mio. im Vergleich zu den anderen Kontinenten.

M3 Blick auf Europa
Der Text thematisiert die Bevölkerungsdichte in Europa. Siehe auch Aufgabenlösung zu 46(2).

M4 Europäische Grossregionen und Staaten
Die Karte zeigt die Gliederung Europas in verschiedene Nationalstaaten. Angegeben sind die Autokennzeichen der Staaten sowie die farblich unterschiedlich gestalteten Grossregionen. Zusätzlich ist die Abgrenzung Europas zu erkennen.

M5 Juf (Graubünden) – höchstgelegene Siedlung in Europa (2126 m)
Das Foto des Schweizer Ortes liefert ein Beispiel für Rekorde in Europa, die in dem Info-Kasten aufgelistet sind. Siehe Aufgabenlösung zu 47 (4) und 47 (5).

M6 Jungfraujoch – höchstgelegene Bahnstation Europas (3454m)
Das Foto der Schweizer Bahnstation liefert ein Beispiel für Rekorde in Europa, die in dem Info-Kasten aufgelistet sind. Siehe Aufgabenlösung zu 47 (4) und 47 (5).

M7 Klimadiagramm von Crkvice, dem regenreichsten Gebiet Europas
Der Ort liegt auf 42°58`N und 18°33`O auf 940 m Höhe. Hier liegen die Niederschläge bei 4926 mm pro Jahr. Bei Temperaturen von durchschnittlich 9,7 °C ist das Klima das ganze Jahr hindurch humid. Die regenreichsten Monate liegen in den Herbst- und Wintermonaten. Der Dezember ist mit etwa 850 mm der regenreichste Monat. Im Dezember und Januar ist es mit ca. 1 °C auch am kältesten. Im Frühjahr und im Sommer fallen zunehmend weniger Niederschläge. Der Juli ist mit knapp 90 mm der regenärmste Monat. Im Juli und August werden mit etwa 20 °C auch die höchsten monatlichen Durchschnittstemperaturen gemessen.

Aufgabenlösungen

46 (1) *Beschreibe die Lage Europas (M1).*
Europa ist der westlichste Teil des eurasischen Kontinents. Streng genommen ist es ein Subkontinent, wird aber aufgrund seiner Geschichte und Kultur als eigener Kontinent aufgefasst. Er gehört überwiegend zur Zone des gemässigten Klimas.

Europa liegt zwischen Franz-Josef-Land (ca. 82°N) und Kreta (ca. 35°N) sowie zwischen der Westküste Irlands (ca. 10°W) und dem Uralgebirge (ca. 67°O). Vom Nordkap bis Kreta beträgt die Nord-Süd-Ausdehnung ca. 4000 km, die Ost-West-Ausdehnung von Gibraltar bis zum Ural ca. 5100 km.

Von Osten über Süden nach Westen und Norden verläuft die Grenze folgendermassen: Uralgebirge, Uralfluss, Nordufer des Kaspischen Meeres, Manytschniederung, Schwarzes Meer, Ägäisches Meer, südliches Mittelmeer bis zur Strasse von Gibraltar, Küsten europäischer Staaten zum Atlantik (Spanien, Portugal, Frankreich, Irland, Grossbritannien, Faröer, Island, Norwegen), europäische Länder mit ihren Küsten zum Nordmeer (Finnland, Russland bis Nowaja Semlja).

46 (2) *Europa – der leuchtende Kontinent. Erläutere diese Bezeichnung.*
Anhand der Verteilung der Lichtmuster (siehe S. 42/43) kann auf die Bevölkerungsverteilung geschlossen werden. Die Metropolen erstrahlen als helle Lichtflecke, Städte wie London, Paris, Berlin und Moskau lassen sich daher leicht lokalisieren. Dicht besiedelte Räume erscheinen als Lichtbänder, z.B. die Mittelmeerküste Spaniens über Frankreich bis Italien und die Nordseeküste Frankreichs, Belgiens und der Niederlande. Deutlich erkennbar auch, dass Mitteleuropa fast flächendeckend dicht besiedelt ist, selbst die Gebirgsregionen sind davon kaum ausgenommen.

In Richtung Westen (Frankreich) und Südwesten (Spanien) sowie in Richtung Osten (Weissrussland) und Südosten (Balkanhalbinsel) sind die Lichtpunkte breiter gestreut, die Regionen damit auch dünner besiedelt. Im Norden ist deutlich die Verdichtung der Besiedlung an den Küsten bzw. im Süden der skandinavischen Halbinsel (Südschweden, Südfinnland) zu sehen. Der Norden der skandinavischen Halbinsel ist vergleichsweise dünn besiedelt, ihre zentralen Gebirgsregionen sind so gut wie unbewohnt.

Im Vergleich zu den anderen Kontinenten ist Europa insgesamt ausgesprochen dicht besiedelt. In Nordafrika und im Nahen Osten gilt dies nur für die Küstengebiete bzw. das Niluter.

46(3) *Beschreibe die Lage von Crkvice innerhalb Europas (M7, Atlas).*
Crkvice liegt in Südosteuropa im Staat Montenegro an der Bucht von Kotor in etwa 1000 m Höhe. Seit 1888 gibt es hier Wetteraufzeichnungen. Diese belegen, dass der Ort in der regenreichsten Region Europas liegt. Der Durchschnittsniederschlag beträgt 4926 mm im Jahr, wobei auch schon mehr als 8000 mm in einem Jahr gemessen wurden.

47(4) *Erstelle eine Liste mit weiteren europäischen Rekorden.*
Individuelle Lösung
Lösungsbeispiele:
- Land mit der grössten Fläche: Russland: 17 075 400 km² (davon 3 952 550 in Europa)
- Land mit der kleinsten Fläche: Vatikanstadt/-staat: 0,44 km²
- Land mit der höchsten Bevölkerungsdichte: Monaco 16 337 Einwohner pro km²
- Land mit der niedrigsten Bevölkerungsdichte: Island: 3,0 Einwohner pro km²
- Land mit der höchsten Einwohnerzahl: Russland: 142 100 000 Einwohner (davon 104 600 000 in Europa)
- Land mit der niedrigsten Einwohnerzahl: Vatikanstadt/-staat: 700 Einwohner
- Tiefster See: Hornindalsvatnet, Norwegen: 514 m
- Längster und wasserreichster Fluss: Wolga, Russland: 3 531 km

47(5) *Suche Juf auf einer passenden Karte. Bestimme die Koordinaten im Gradnetz.*
Individuelle Lösungen.

Zusatzaufgaben

Aufgabe 1
Lege eine Tabelle mit den folgenden vier Spalten an: Grossregion, Land, Hauptstadt, Autokennzeichen. Fülle die Tabelle aus.

Grossregion	Land	Autokennzeichen	Hauptstadt
Nordeuropa	Island	IS	Reykjavik
	Norwegen	N	Oslo
	Schweden	S	Stockholm
	Finnland	FIN	Helsinki
	Dänemark	DK	Kopenhagen
	Estland	EST	Reval (Tallinn)
	Lettland	LV	Riga
	Litauen	LT	Wilna (Vilnius)
Westeuropa	Irland	IRL	Dublin
	Grossbritannien	GB	London
	Frankreich	F	Paris
	Niederlande	NL	Amsterdam
	Belgien	B	Brüssel
	Luxemburg	L	Luxemburg
	Monaco	MC	Monaco
Mitteleuropa	Deutschland	D	Berlin
	Polen	PL	Warschau
	Tschechische Republik	CZ	Prag
	Slowakei	SK	Pressburg (Bratislava)
	Schweiz	CH	Bern
	Liechtenstein	FL	Vaduz
	Österreich	A	Wien
	Ungarn	H	Budapest
Südeuropa	Portugal	P	Lissabon
	Spanien	E	Madrid
	Andorra	AND	Andorra la Vella
	Italien	I	Rom
	San Marino	RSM	San Marino
	Vatikanstadt	V	--
	Albanien	AL	Tirana
	Griechenland	GR	Athen
	Zypern	CY	Nikosia
	Malta	M	Valetta
	Türkei (anteilig)	TR	Ankara
Südosteuropa	Slowenien	SLO	Laibach (Ljubljana)
	Kroatien	HR	Zagreb
	Bosnien/Herzegowina	BIH	Sarajewo
	Jugoslawien	YU	Belgrad
	Makedonien	MK	Skopje
	Rumänien	RO	Bukarest
	Bulgarien	BG	Sofia
Osteuropa	Weissrussland	BY	Minsk
	Ukraine	UA	Kiew
	Moldau	MD	Kischinau
	Russland (anteilig)	RUS	Moskau

Aufgabe 2
Erstelle eine Liste mit allen Binnenländern Europas.
Andorra, Kosovo, Liechtenstein, Luxemburg, Mazedonien, Moldau, Österreich, San Marino, Schweiz, Serbien, Slowakei, Tschechien, Ungarn, Vatikanstadt, Weissrussland.

Aufgabe 3
Plane eine Reise mit dem Auto von Lissabon nach Moskau. Durch welche Länder fährst du? Welche Flüsse musst du überqueren?
Je nach Reiseroute ergeben sich mehrere Lösungen (Flüsse in Klammern), z. B. Lissabon – Spanien (Tajo, Ebro) – Frankreich (Rhône) – Deutschland (Rhein, Main, Elbe) – Polen (Oder, Weichsel) – Weissrussland (Dnjepr) – Moskau.

Aufgabe 4
Welche Länder kannst du aus der Vogelperspektive betrachten, wenn du mit dem Flugzeug auf direktem Weg von Dublin nach Istanbul fliegst?
Zum Beispiel: Irland, Grossbritannien, Niederlande, Belgien, Deutschland, Österreich, Ungarn, Serbien, Bulgarien, Türkei.

Die Naturräume Europas
Schülerbuch Seiten 48–49

Grundbegriffe: Gunstraum, Ungunstraum

Abbildungen

M1 Oberflächengliederung Europas
Das Material bietet eine Möglichkeit, den Umgang mit Karten zu üben. Die Schülerinnen und Schüler können hier die Gewässer, Landhöhen, Inseln/Halbinseln und verschiedene Städte erkennen und benennen.

Die naturräumliche Gliederung Europas ist gekennzeichnet durch drei Höhenstufen der Landschaft und durch das Auftreten vieler Inseln und Halbinseln.

Lebensraum Europa

Nordeuropa ist durch Hochgebirge (Skanden) mit Landhöhen bis über 1500 m gekennzeichnet, daran schliesst sich von West- nach Osteuropa verlaufend ein Tieflandgürtel an, der sich von der französischen Atlantikküste über die Beneluxstaaten und Norddeutschland an der Ostseeküste über Polen und die baltischen Staaten bis nach Russland erstreckt (z. B. Norddeutsches Tiefland, Masuren). Hier herrschen Landhöhen zwischen 0 m und 100 m vor.

Mitteleuropa ist überwiegend von mittleren Landhöhen mit Mittelgebirgscharakter von 200 m bis ca. 1000 m gekennzeichnet.

In Südeuropa steigen die Landhöhen z. B. in den Mittel- und Hochgebirgen der Pyrenäen, Alpen, Karpaten und des Balkan wieder über 1500 m an.

Lösungen zur stummen Karte. Siehe Aufgabenlösungen zu 48 (1), 48 (2).

Gebirge	Flüsse	Meere/Meerenge	Inseln/Halbinseln	Städte
(1) Skanden	a Tejo	A Atlantik	[1] Island	Ls. Lissabon
(2) Uralgebirge	b Ebro	B Europäisches Nordmeer	[2] Skandinavien	Ry. Reykjavik
(3) Pyrenäen	c Loire	C Nordsee	[3] Halbinsel Kola	M. Madrid
(4) Zentralmassiv	d Seine	D Ostsee	[4] Irland	D. Dublin
(5) Deutsche Mittelgebirge	e Rhein	E Der Kanal	[5] England	An. Andorra
(6) Alpen	f Elbe	F Golf von Biscaya	[6] Iberische Halbinsel	Bc. Barcelona
(7) Karpaten	g Oder	G Strasse von Gibraltar	[7] Balearen	Bg. Birmingham
(8) Apenninen	h Weichsel	H Mittelmeer	[8] Italien	L. London
(9) Dinarisches Gebirge	i Dnjepr	I Adriatisches Meer	[9] Korsika	P. Paris
(10) Balkan	j Don	J Ägäisches Meer	[10] Sardinien	Ms. Marseille
	k Donau	K Schwarzes Meer	[11] Sizilien	Br. Brüssel
	l Po	L Bosporus / Marmarameer	[12] Peleponnes	A. Amsterdam
	m Wolga		[13] Kreta	Lx. Luxemburg
	n Nördliche Dwina		[14] Zypern	B. Bern
	o Ural		[15] Krim	Md. Mailand
	p Rhone			Hg. Hamburg
				R. Rom
				N. Neapel
				O. Oslo
				K. Kopenhagen
				Bn. Berlin
				Lj Ljubljana
				P Prag
				Z Zagreb
				W Wien
				Bs Bratislava
				Sj Sarajewo
				Bp Budapest
				S Stockholm
				D Danzig
				Tr – Tirana
				Bl Belgrad
				W Warschau
				Sk Skopje
				At Athen
				Sf Sofia
				R Riga
				H Helsinki
				T Tallin
				V Vilnius
				Bk Bukarest
				Mk Minsk
				S.P. Sankt Petersburg
				Kw Kiew
				I Istanbul
				M Moskau
				An Ankara
				Nk Nikosia

M2 Gunstraum im Schweizer Mittelland. Das Seeland ist die Gemüsekammer der Schweiz
Das Foto zeigt eine ebene, im Hintergrund leicht ansteigende Landschaft mit grossflächigen Gemüsefeldern.

M3 Ungunstraum in den Schweizer Alpen
Das Foto zeigt die schroff und steil aufragenden Gipfel der Alpen. Sie sind teils schneebedeckt. Es gibt keine oder nur eine dünne Bodenschicht, sodass hier kein Anbau möglich ist.

Aufgabenlösungen

48 (1) *Benenne die Gebirge und Inseln/Halbinseln in M1 (Atlas).*

Inseln	Halbinseln	Gebirge
[1] Island	[2] Skandinavien	(1) Skandinavisches Gebirge
[4] Irland	[3] Kola	(2) Ural
[5] Britische Insel	[6] Iberische Halbinsel	(3) Pyrenäen
[9] Korsika	[8] Apenninenhalbinsel	(4) Zentralmassiv
[10] Sardinien	[12] Peloponnes	(5) Deutsche Mittelgebirge
[11] Sizilien	[15] Krim	(6) Alpen
[13] Kreta		(7) Karpaten
[14] Zypern		(8) Apenninen
		(9) Dinarisches Gebirge
		(10) Rhodopen

48 (2) *Nenne die Länder mit Alpenanteil (Atlas).*
Schweiz, Österreich, Italien, Deutschland, Frankreich, Slowenien,

48 (3) *Suche Gunsträume in Nordeuropa für die landwirtschaftliche Nutzung, den Tourismus oder Industrieansiedlungen (Atlas).*

Individuelle Lösung
Lösungsvorschläge (Auswahl):
- Landwirtschaftliche Gunsträume: Seeland; Poebene; Champagne; Elsass; Normandie; Norddeutsches Tiefland; Südostengland, Südfrankreich.
- Touristische Gunsträume: Alpen; Nordseeküste mit vorgelagerten Inseln; Ostseeküste mit vorgelagerten Inseln; Städte wie z. B. Lausanne, Zürich, Paris, Florenz, Venedig, Berlin, München; Mittelmeerküste mit vorgelagerten Inseln; Atlantikküste mit vorgelagerten Inseln; Fjord- und Seenlandschaften Skandinaviens.
- Industrielle Gunsträume: Basel; Lyon; Mailand; Rom; München; Rhein-Ruhr; Madrid; Paris; Warschau, GOP; Donezbecken; Stockholm; London; Mittelengland; Randstad.

48 (4) *Suche Ungunsträume in Mitteleuropa (Atlas).*
Individuelle Lösung.
Lösungsvorschläge (Auswahl):
Gebirgsregionen der Schweiz, Österreichs, Deutschlands, der Slowakei; Gebiete mit wenig fruchtbaren Böden in Mittel- und Ostpolen, Nordwestdeutschland (Niedersachsen); Ostdeutschland (Brandenburg).

Einheit in kultureller Vielfalt
Schülerbuch Seiten 50–51

Grundbegriff: Kultur

Abbildungen

M1 Sprachfamilien
Hier werden die romanische, germanische und slawische Sprachfamilie an einem Beispiel vorgestellt. Die Verteilung der einzelnen Sprachfamilien in Europa ist regional verschieden. In folgenden Ländern ist die jeweilige Sprachfamilie vertreten:
- Romanische Sprachen: Rumänien, Italien, (Sardinien), Frankreich, (Korsika), Spanien, Portugal.
- Germanische Sprachen: Österreich, Schweiz, Deutschland, Frankreich (Elsässisch), Luxemburg, Belgien (Flämisch), Niederlande, Dänemark, Schweden, Norwegen, England, Island.
- Slawische Sprachen: Russland, Ukraine, Weissrussland, Bulgarien, Slowakei, Tschechische Republik, Polen, Kroatien, Serbien, Slowenien, Deutschland (Sorbisch im Spreewald).
- Baltische Sprachen: Lettland und Litauen.

M2 Karikatur
Die Karikatur zeigt eine Frau, die in einem Kochtopf mit der Aufschrift „EU" rührt. Umgeben ist sie von vielen Kindern, die verschiedene Gerichte nennen, die sie gern essen möchten. Drei Kinder tragen ein T-Shirt mit der Länderkennung ihres Heimatlandes. Untertitelt ist die Karikatur mit „Mutter Europa und ihre Kinder".

Europa ist kein „Einheitsbrei", sondern besteht aus vielen unterschiedlichen Regionen mit ihren Eigenheiten in Bezug auf Gepflogenheiten und Essgewohnheiten.

M3 Sieger des Eurovision Song Contest seit 1956
Die Tabelle zeigt die verschiedenen Gewinner des europäischen Gesangswettbewerbs zwischen 1956 und 2010. Mit sieben Siegen steht Irland an der Spitze der Gewinner, die Schweiz gewann den Wettbewerb zweimal. 1969 teilten sich den Sieg vier Staaten: Frankreich, Irland, Grossbritannien und Spanien. Siehe auch Aufgabenlösung zu 51(2).

M4 Teilnehmer des Eurovision Song Contest
Die Karte verortet mit Flaggen die Lage der Staaten der teilnehmenden Staaten. Siehe auch Aufgabenlösung zu 51(3).

Aufgabenlösungen

50 (1) *Finde andere Begriffe (M1), die in verschiedenen europäischen Sprachen ähnlich geschrieben oder ausgesprochen werden, zum Beispiel „Guten Tag".*
Lösungsbeispiel:

Sprache	Guten Tag	Mutter	Herzlich Willkommen
Dänisch	Goddag / God eftermiddag	Mok	Hjertlig velkommen
Englisch	Good afternoon	Mother	Welcome
Französisch	Bonjour	Mere	bienvenue
Griechisch	Kalimera / kalispera	mitera	kalos orisate
Isländisch	Góðan daginn	modir	velkominn
Italienisch	Buon giorno	Madre	benvenuti
Lettisch	Labdien	mate	Laipni ldzam
Niederländisch	Goedemiddag	Moeder	Hartelijk Welkom
Litauisch	Laba diana	motina	Sveiki atvyk
Polnisch	Dzie dobry!	Matka	serdecznie witamy
Portugiesisch	Bom dia	mae	Bem vindo
Russisch	Dóbry djen	matj	Dobro pogalowar
Schwedisch	Goddag	Mokr	Hjärtlig välkommen
Spanisch	Buenos días	Madre	bienvenidos

51 (2) *Beschreibe die Lage der Staaten, die den Eurovision Song Contest gewannen (M3, Atlas).*
- In Nordeuropa liegen folgende Gewinnerstaaten: Dänemark, Schweden, Norwegen, Finnland, Estland, Lettland.
- In Mitteleuropa liegen folgende Gewinnerstaaten: Schweiz, Österreich, Deutschland.
- In Westeuropa liegen folgende Gewinnerstaaten: Niederlande, Frankreich, Luxemburg, Belgien, Grossbritannien, Irland, Monaco.
- In Osteuropa liegen folgende Gewinnerstaaten: Russland, Ukraine.
- In Südeuropa liegen folgende Gewinnerstaaten: Italien, Spanien, Griechenland.
- In Südosteuropa liegen folgende Gewinnerstaaten: Jugoslawien/Serbien.
- Ganz oder zum grossen Teil ausserhalb Europas liegen folgende Gewinnerstaaten: Israel, Türkei, 2011 Aserbaidschan.

51 (3) *Benenne die Teilnehmer des Eurovision Songcontests anhand der Flaggen (M4). Recherchiere die dir unbekannten Flaggen.*
Albanien, Andorra, Armenien, Aserbaidschan, Belgien, Bosnien und Herzegowina, Bulgarien, Dänemark, Deutschland, Estland, Finnland, Frankreich, Georgien, Grossbritannien, Griechenland, Italien, Irland, Island, Israel, Kroatien, Lettland, Litauen, Luxemburg, Malta, Marokko, Mazedonien, Moldau, Monaco, Montenegro, Niederlande, Norwegen, Österreich, Polen, Portugal, Republik Zypern, Rumänien, Russland, San Marino, Schweiz, Schweden, Serbien, Slowakei, Slowenien, Spanien, Tschechien, Türkei, Ungarn, Ukraine, Weissrussland.

51 (4) *Wie verändert sich beispielsweise durch den Musikwettbewerb „Eurovision Song Contest" die Definition von „Europa" im Lauf der Zeit? Ist Humboldts Feststellung heute immer noch gültig? Diskutiere.*
Am „Eurovision Song Contest" können auch nichteuropäische Nationen teilnehmen, sofern sie Mitglied in der Europäischen Rundfunkunion (Eurovision) sind.

Zur Diskussion: Individuelle Lösung.

Zusatzaufgaben

Aufgabe 1
Beschreibe, wie der Kontinent „Europa" zu seinem Namen gekommen sein könnte.
Europa, eine Königstochter aus Phönizien (heute Libanon und Syrien) wurde von Zeus nach Kreta entführt. Damit ging die Weissagung der Göttin Aphrodite in Erfüllung: "Unsterblich sollst du künftig sein, Europa; denn der Erdteil der dich aufgenommen hat, soll für alle Zeiten deinen Namen tragen".

Aufgabe 2
„Europa fängt im Kopf an." Was bedeutet dieser Satz?
Die Europäer sind untereinander verbunden durch Werte wie das Bekenntnis zur Freiheit und Menschenwürde sowie Werte aus den christlichen Religionen. Die europäische Kunst, Musik und Architektur wirken ebenfalls völkerverbindend, da z. B. in der Architektur Elemente der Antike in verschiedenen Zeitaltern, Regionen und Völkern aufgegriffen werden.

Aufgabe 3
Nenne Länder, die Anteil an Europa und an Asien haben.
Russland, Türkei, Kasachstan

Völker ohne Staaten
Schülerbuch Seiten 52–53

Grundbegriffe: Volk, Minderheit

Abbildungen

M1 Anteil der Sprachgruppen an der Schweizer Bevölkerung
Die Tabelle gibt die Veränderung der in der Schweiz gesprochenen Sprachen zwischen 1950 und 2009 an. Siehe auch Aufgabenlösung zu 52 (1).

M2 Beispiele für die Verbreitung europäischer Volksgruppen
Die Karte verortet die Wohngebiete verschiedener Minderheiten in den europäischen Staaten. Siehe auch Aufgabenlösung zu 53 (4).

M3 Siedlungsgebiet der Sorben in Deutschland
Auf der Karte sind die zwei nahe beieinander liegenden Siedlungsgebiete in Brandenburg und Sachsen an der Grenze zu Polen und Tschechien verzeichnet. Die Sorben wanderten ab dem 7. Jh. in die von den Germanen zuvor verlassene Region östllich der Elbe ein. Heute leben in Brandenburg in der Niederlausitz etwa 20 000 und in der Oberlausitz etwa 40 000 Sorben. Siehe auch Aufgabenlösung zu 53 (3) und 53 (4).

M4 Deutsch-sorbisches Ortsschild
Das Ortsschild steht als Beispiel für die Anerkennung der Minderheiten im öffentlichen Leben. Nicht nur in Deutschland, auch in anderen Staaten geniessen die Minderheiten einen Sonderstatus. So haben beispielsweise die Basken und die Katalanen in Spanien einen begrenzten Autonomiestatus, die Samen in Skandinavien können sich mit ihren Rentierherden über die Landesgrenzen zwischen Norwegen, Schweden und Finnland frei bewegen. Siehe auch Aufgabenlösung zu 4 3(3) und 53 (4).

Aufgabenlösungen

52 (1) *Werte M1 aus und nenne Gründe für dein Ergebnis.*
In der Tabelle wird angegeben, wie viel Prozent der Schweizer Bevölkerung welcher Sprachgruppe angehören. Verglichen werden dabei die Jahre 1950 und 2009. Es wird deutlich, dass sich der Anteil der französisch- und italienischsprachigen Bevölkerung erhöht hat, während der der deutsch- und Rätoromanischsprachigen zurückgegangen ist. Gleichzeitig hat sich der Anteil weiterer Sprachen stark erhöht. Rätoromanisch ist Amtssprache im Kanton Graubünden, wird aber zunehmend von der deutschen und italienischen Sprache verdrängt.

Junge Rätoromanisch Sprechende werden ausserhalb der Gebiete mit entsprechender Primarschule seltener.
Die Schweiz ist in Europa das Land mit der höchsten Bevölkerungszunahme. Dies ist andererseits auf einen Geburtenüberschuss zurückzuführen und andererseits auf die Einwanderung besonders aus Italien, dem ehemaligen Jugoslawien und der Türkei. Diese Bevölkerungsgruppen erhöhen so den Anteil „weiterer Sprachen".

53 (2) *Welche Probleme haben die Fahrenden in der Schweiz (andere Medien)?*
Die Sinti und Roma, auch als „Fahrende" bezeichnet, gehören in Europa zu einer nationalen Minderheit. Mit diesem Begriff ist auch ein rechtlicher Statur verbunden, d. h. im Vergleich zu einer ethnischen Minderheit hat eine nationale Minderheit das Recht auf z. B. Sprachförderung.

In der Schweiz wird hierunter die Bevölkerungsgruppe der Fahrenden mit Schweizer Staatsangehörigkeit zusammengefasst, die eine wirtschaftlich und kulturell auf Nichtsesshaftigkeit ausgerichtete Lebensweise haben. Hierunter fällt sowohl die Gruppe der Sinti (im französischen Sprachraum „manouches" genannt) als auch die Gruppe der Jenischen. Die Jenischen sind eine heterogene Gruppe mit eigener Sprache (Jenisch) und stellen in der Schweiz die grösste Gruppe der Fahrenden (Schätzung: ca. 1500 Personen). Sie werden auch regional unterschiedlich, aber meist abwertend mit anderen Namen belegt. Beispielsweise werden sie „Vazer" (wegen ihrer Herkunft aus Vaz im Kanton Graubünden) genannt. Im Wallis sind sie als „Chorbeni" (Korbmacher), im Mittelland als „Chacheler" (Geschirrmacher) und im Kanton Graubünden und in der Ostschweiz als „Kessler" (Schmiedehandwerker) bekannt.

Probleme der Fahrenden in der Schweiz sind ihre grosse Armut, ihre Diskriminierung durch die sesshafte Bevölkerung, aber auch die Verweigerung der Fahrenden gegenüber Bildung und Ausbildung. Die Vertretung der Jenischen, die „Radgenossenschaft der Landstrasse", fordert für die Fahrenden die Aufhebung des Kinderarbeitsverbots schon ab zwölf Jahren, Erleichterungen für durchreisende Gewerbetreibende und eine angemessene Ausstattung der Standplätze. Eine geregelte Schulbildung lehnt sie für die Fahrenden als unnötig ab. So leben auch die mittlerweile sesshaft gewordenen Fahrenden (Schätzung: ca. 35 000 Personen) mangels Ausbildung und Arbeit weiterhin in grosser Armut. Sie wohnen in sozialen Brennpunkten und sind vielfach seit Generationen auf staatliche Transferleistungen angewiesen. Die Familiensituation ist häufig geprägt durch Alkoholismus und andere Suchterkrankungen sowie mangelnde Fürsorge für die Kinder.

53 (3) *Gruppenarbeit: Diskutiert mögliche Vor- und Nachteile, wenn die Sorben ihre eigene Sprache pflegen.*
Individuelle Lösung.

53 (4) *Erkläre die Begriffe „Staat" und „Volk". Gleiche deine Ergebnisse mit einem Lexikon ab.*
- Volk: Gemeinschaft von Menschen, die die gleiche Sprache, Kultur und ethnische Zugehörigkeit haben. Sie können in unterschiedlichen Regionen der Welt leben und trotzdem einem gemeinsamen Volk angehören.
- Staat: Ein Gebiet mit festgelegten Aussengrenzen. Dieses Gebiet wird nach festgelegten Regeln verwaltet und regiert, die Form der Machtausübung über die im Staatsgebiet lebenden Staatsbürger ist durch die jeweilige politische Ordnung festgelegt. Es gibt verschiedene Staatsformen (Demokratie, Monarchie, Diktatur).

Die Wirtschaft in Europa
Schülerbuch Seiten 54–55

Grundbegriffe: Wirtschaftssektoren, periphere Gebiete

Abbildungen

M1 Beschäftigungsstruktur der Schweiz
Das Diagramm verdeutlicht die Textaussagen. Die Schweiz hat ihre Beschäftigungsstruktur stark in Richtung Dienstleistungssektor verändert.

Besonders der Bankensektor hat dazu beigetragen. Landwirtschaft wird auch in der Schweiz noch betrieben, allerdings arbeiten hier nur noch 3,6 % der Bevölkerung. Sie erwirtschaften 1,2 % des BIP. Siehe auch Aufgabenlösung zu 54 (2) und 54 (3).

M2 Erwerbstätige in den EU-Regionen
Die Karte zeigt die heutige Verteilung der Erwerbstätigen nach Wirtschaftssektoren. Früher (vor dem 19. Jahrhundert) waren sehr viele Menschen in der Landwirtschaft beschäftigt. Durch die im 19. Jahrhundert beginnende Zeit der Industrialisierung fanden immer mehr Menschen einen Arbeitsplatz in den Industriebetrieben. Auch der vermehrte Einsatz von Maschinen innerhalb der Landwirtschaft führte zu Arbeitsplatzverlusten im primären Wirtschaftsbereich. Im 20. Jahrhundert sanken die Beschäftigtenzahlen innerhalb der Landwirtschaft sowie im Bau- und Industriegewerbe immer weiter ab. Die überwiegende Zahl der Menschen fand einen Arbeitsplatz im Handel, bei Banken und anderen Dienstleistungsbetrieben.

Deutlich wird, dass dieser Wandel sich zumeist in den zentral gelegenen Regionen vollzogen hat, die Erwerbstätigen in den peripheren Regionen arbeiten auch heute noch häufig in der Landwirtschaft und das manchmal noch mit viel Handarbeit. Dies liegt z.T. an den fehlenden finanziellen Mitteln für Maschinen, zum anderen aber auch daran, dass beispielsweise in Hanglagen keine Maschinen eingesetzt werden können. Siehe hierzu auch Aufgabenlösung zu Seite 54 (4).

M3 Arme und reiche Regionen in der EU und in der Schweiz
In der EU ist die Wirtschaftskraft ungleich verteilt. Die ärmeren Regionen befinden sich ausserhalb einer Zone grosser Wirtschaftskraft, die sich bananenförmig („Blauen Banane") über Mitteleuropa erstreckt. Die ärmeren Regionen befinden sich in den peripheren Gebieten, die wenig attraktive Standortfaktoren zu bieten haben.

Um Unterschiede im Entwicklungsstand der verschiedenen Regionen zu verringern, erhalten die Regionen Fördergelder aus dem EU-Budget. In den Jahren 2007 bis 2013 sind für diesen Zweck 336 Mrd. Euro vorgesehen. Verkehrsprojekte, Bildung, neue Technologien, Telekommunikationsnetze, Verkehrswege, Umweltschutzprojekte u. a. werden damit gefördert. Die ärmeren Regionen profitieren also von einer Anhebung des materiellen Lebensstandards und einer Verbesserung der Lebensqualität. Die reicheren Regionen schaffen sich auf diese Weise Absatzmärkte für ihre Produkte und sorgen für eine sauberere Umwelt. Siehe auch Aufgabenlösung zu Seite 54 (1).

M4 BIP pro Einwohner in ausgewählten Staaten Europas und weltweit (2008)
Hier wird tabellarisch der im Jahr 2008 erwirtschaftete Wert aller Güter und Dienstleistungen für einige Staaten verglichen. Siehe auch Aufgabenlösung zu Seite 54 (2).

Aufgabenlösungen

54 (1) *Nenne Regionen Europas mit einer besonders geringen beziehungsweise einer besonders hohen Wirtschaftskraft (M3, Atlas).*
Individuelle Lösung
Lösungsmöglichkeit: Eine überdurchschnittliche Wirtschaftskraft von 120 und mehr über dem EU-Durchschnitt von 100 weisen folgende Regionen auf: Schweiz, Lombardei, Ile-de-France, Hamburg, Oberbayern, Groningen, Antwerpen.
Region mit 110 bis 119: Elsass. Dänemark
Regionen mit 90 bis 109: Berlin, Baleares, Lissabon/Tejotal.
Region mit 70 bis 89: Irland, Finnland, Katalonien, Korsika, Wales.
Regionen mit unter 70: Brandenburg, Galizien, Kalabrien.

54 (2) *Vergleiche die Werte des Bruttoinlandprodukts der Staaten (M4). Diskutiere die Unterschiede zwischen der Schweiz und den anderen Staaten.*
Das BIP wird hier pro Einwohner angegeben, so ist der Wert für einzelne Staaten mit unterschiedlicher Bevölkerungszahl vergleichbar. Innerhalb Europas liegt das BIP des kleinen Staates Luxemburgs an erster Stelle. Hierfür ist besonders der Bankensektor verantwortlich. An letzter Stelle der Liste steht als europäisches Land Bulgarien. Dieser Staat gehört genau wie Rumänien erst seit 2007 zur EU und hat als noch stark landwirtschaftlich und von veralteter Industrie geprägtes Land einen grösseren Entwicklungsrückstand aufzuholen. Im Vergleich mit dem äusserst geringen BIP Äthiopiens ist die rumänische Wirtschaftskraft aber hoch.

Die Schweiz hat ein sehr hohes BIP. Das Land liegt verkehrsgünstig in Mitteleuropa. Es ist zwar ein Binnenland, aber über den Rhein mit der Nordsee verbunden und über zahlreiche Strassenverbindungen mit den es umgebenden Staaten. Ein stabiles politisches System und günstige Bedingungen bei der Ansiedlung von Unternehmen verschaffen der Schweiz grosse Standortvorteile. So profitiert sie als Handels- und Bankenplatz von dieser Lage. Auch zahlreiche moderne Industrieunternehmen nutzen diese Standortvorteile.

54 (3) *Nenne zu jedem der drei Wirtschaftssektoren einige typische Berufe.*
Lösungsbeispiele:
- Primärer Wirtschaftsbereich: Fischer, Landwirt, Bergbaukumpel, Forstwirt.
- Sekundärer Wirtschaftsbereich: Tischler, Bauarbeiter, Schweisser, Schlosser, Industriemechaniker.
- Tertiärer Wirtschaftsbereich: Friseur, Schauspieler, Angestellte im öffentlichen Dienst, Arzt, Lehrer, Bankangestellter, Busfahrer.

54 (4) *Welche Farbe hätte die Schweiz in der Karte M2? Nimm das Diagramm aus M1 zu Hilfe.*
Da nach M1 ein grosser Teil der Beschäftigten in der Schweiz im tertiären Sektor tätig ist, muss die Karte für die Schweiz in der entsprechenden Farbe Rosa eingefärbt werden.

Eine Reise den Rhein entlang
Schülerbuch Seiten 56–57

Grundbegriff: Wasserstrasse

Abbildungen

M1 Fischer auf dem Bodensee
Das Foto zeigt einen der noch aktiven 150 Berufsfischer, die im See nach Blaufelche, Egli, Brachse, Seeforelle, Aal und Hecht fischen.

M2 Wasserstrasse Rhein
Der Text verdeutlicht die unterschiedlichen Charaktere des Flusses auf seinem Weg bis zur Mündung in die Nordsee sowie seine Bedeutung als Wirtschaftsraum und Verkehrsweg. Seit dem Abschluss der Wasserbaumassnahmen ist er ganzjährig bis Rheinfelden schiffbar. Siehe auch Aufgabenlösungen zu 56 (1) bis 56 (5).

M3 Ausschnitt aus einer historischen Karte von 1846
Die Karte zeigt den Rheinverlauf bei Basel im vorletzten Jahrhundert. Nördlich von Neudorf verzweigt sich der Fluss noch in verschiedene Arme. Unter Johann Gottfried Tulla, dem badischen Leiter des Flussbauwesens, wurde ab 1826 mit der Begradigung der Mäander begonnen, dadurch wurde z. B. der Oberrhein zwischen Basel und Bingen 81 Kilometer kürzer und seine Fliessgeschwindigkeit erhöht. Siehe auch Aufgabenlösungen zu 56 (5).

M4 Kraftwerk in Rheinfelden
Das neue Laufwasserkraftwerk an der schweizerisch-deutschen Grenze ist seit Dezember 2010 komplett in Betrieb. Es ersetzt das alte, mittlerweile abgerissene Kraftwerk. Das neue steht, wie auf dem Foto erkennbar, mit dem Maschinenhaus nicht mehr längs, sondern quer zum Fluss. Der erzeugte Strom wird zwischen beiden Staaten geteilt und in Deutschland als Ökostrom vermarktet. Siehe auch Aufgabenlösung zu 56 (4).

M5 Stationen den Rhein entlang
Die Karte bietet eine Übersicht über den Verlauf des Rheins und verortet die auf den folgenden Seiten angesprochenen Stationen der Reise entlang des Rheins. Siehe auch Aufgabenlösung zu 56 (4).

M6 Ausflugsschiff auf dem Mittelrhein
Das Foto illustriert die Bedeutung des Mittelrheins als touristisches Ziel. Entlang dieses Rheinabschnittes befinden sich zahlreiche Burgen. Beliebtes Ziel als Ausflugspunkt ist auch die Mündung der Mosel in den Rhein am Deutschen Eck bei Koblenz oder der mit 60 m höchste Kaltwassergeysir der Welt auf der Halbinsel Namedyer Werth bei Andernach. Das obere Mittelrheintal ist seit 2002 UNESCO-Weltkulturerbe. Hier befindet sich bei Sankt Goarshausen auch der Schieferfelsen, die Loreley. Dies war früher eine sehr enge Stelle des Rheins mit gefährlichen Strömungen.

M7 Bürogebäude in Düsseldorf
Direkt am Rhein sind futuristische Bürogebäude entstanden. Dies deutet darauf hin, dass auch in Düsseldorf der tertiäre Sektor überwiegt. Siehe auch Aufgabenlösung zu 56 (4).

Aufgabenlösungen

56 (1) *Verfolge den Lauf des Rheins im Atlas. Nenne alle Staaten und grossen Städte, die er durchfliesst.*
Die folgenden Länder haben Anteil am Rhein. Hier liegen 20 Städte mit mehr als 100 000 Einwohnern. Hinter den Staaten sind die dort liegenden grossen Städte aufgeführt.
Schweiz: Basel
Liechtenstein
Österreich
Deutschland: Karlsruhe, Ludwigshafen, Mannheim, Mainz, Wiesbaden, Koblenz, Bonn, Köln, Leverkusen, Neuss, Düsseldorf, Krefeld, Duisburg, Moers,
Frankreich: Strassburg
Niederlande: Nijmwegen, Utrecht, Leiden, Rotterdam

56 (2) *In welchen Regionen findest du besonders viele Grossstädte am Rhein (Atlas)? Finde Gründe dafür.*
Besonders viele Grossstädte finden sich am Mittelrhein. Hier liegen die Regierungssitze Wiesbaden, Mainz und Düsseldorf. Bonn und Karlsruhe hatten früher ebenfalls Hauptstadtfunktionen. An diesem Rheinabschnitt findet man auch mit den Regionen Frankfurt/Rhein-Main und der Metropolregion Rhein-Ruhr zwei der wirtschaftlichen Zentren Deutschlands. Dies zieht viele Arbeitssuchende an.

56 (3) *Suche im Atlas die Namen, die der Rhein in Holland trägt.*
Nach dem Überschreiten der Grenze zu den Niederlanden teilt sich der Rhein in mehrere Arme auf. Das sogenannte Rhein-Maas-Delta setzt sich zusammen aus den drei Hauptströmen mit unterschiedlichen Benennungen in deren Verlauf. Der nördlichste Arm ist die Ijssel, der mittlere wird von Niederrjin und Lek gebildet, der südlichste Arm ist der Waal – Merwede – Noord – Neue Maas – Neuer Wasserweg.

56 (4) *Plane eine Reise den Rhein entlang und stelle Informationen zu den Stationen in M5 zusammen.*
Planung: Individuelle Lösung.
Informationen zu den in M5 verzeichneten Stationen (Auswahl):
- Quellgebiet: Der Rhein entspringt in der Schweiz, Quelle des Vorderrheins ist der Tomasee auf 2345m Höhe. Das gesamte Quellgebiet reicht vom Gotthardmassiv bis nach Davos. Bei Tamins-Reichenau vereinigen sich Vorderrhein und Hinterrhein zum Alpenrhein.
- Vrin: Hier leben (Ende 2009) nur noch 246 Einwohner. Sie sprechen fast alle Rätoromanisch als Verkehrssprache. Der kleine Ort war wie so viele Dörfer in der Schweiz von der Landflucht betroffen. Ein Modellprojekt, betreut u. a. von der Eidgenössischen Technischen Hochschule Zürich, sah eine Stärkung der dörflichen Infrastruktur und die Ansiedlung neuer Einwohner vor. Die erfolgreiche Dorferneuerung mithilfe des Vriner Architekten Caminada und die gemeindeinterne Flurbereinigung verhalfen dem Projekt zu grossem Erfolg und landesweiter Beachtung. Heute leben die Vriner vom Tourismus, Kleingewerbe, der Berglandwirtschaft und Bundessubventionen.
- Bodensee: Er liegt im nördlichen Alpenvorland und teilt sich in den Obersee mit dem Überlinger See und den Untersee, verbunden durch den Seerhein. 72 km der gesamten Uferlänge von 273 km liegen in der Schweiz. Nach Plattensee und Genfer See ist er, bezogen auf die Fläche, der drittgrösste See Mitteleuropas. Bekannt sind die Inseln Mainau und Reichenau. Reichenau mit Kirchen, die zum UNESCO-Welterbe zählen und mit dem Gemüseanbau, Mainau als touristisches Ziel. Anziehungspunkte für Erholungstourismus bieten auch die zahlreichen Naturschutzgebiete an seinen Ufern und die

gut ausgebaute touristische Infrastruktur. Wichtige wirtschaftliche Funktionen erfüllt der Bodensee auch als Trinkwasserspeicher und als Transportweg.
- Rheinfelden/
- Basel: Basel ist mit ca. 163 000 Einwohnern nach Zürich und Genf die drittgrösste Stadt der Schweiz. Sie liegt grenznah zu Deutschland und Frankreich, in der grenzüberschreitenden Agglomeration wohnen über 800 000 Menschen. Basel ist der Sitz grosser Chemie- und Pharmakonzerne sowie vieler Banken und Versicherungen. Die Stadt ist auch Messezentrum, Universitätsstandort, eines der kulturellen Zentren des Landes, Rheinhafen, betreibt mit Frankreich einen gemeinsamen Flughafen und ist Knotenpunkt wichtiger Strassenverbindungen.
- Region Frankfurt/Rhein-Main: Frankfurt ist mit 676 000 Einwohnern die grösste Stadt Hessens und eine der Kernstädte im Verdichtungsraum Rhein-Main. Sie ist Sitz grosser Dax-Unternehmen, Finanz-, Dienstleistungs- und Industriezentrum, Messestadt und hat eine Hochhausskyline im Stadtteil Westend. Ihre zentrale Lage macht sie zum europäischen Verkehrsknotenpunkt mit Flughafen, Autobahnnetz, Hauptbahnhof.
- Düsseldorf: Hauptstadt des Bundeslandes Nordrhein-Westfalen, bedeutende Wirtschaftszweige sind Mode, Werbung, Messen, Unternehmensberatung, Sitz von Dax-Konzernen, Einkaufsstadt, bekannt für den Karneval, Rheinhafen, Flughafen, Universitätsstadt, kulturelles Zentrum.
- Ruhrgebiet: grösster Verdichtungsraum Deutschlands, bildet mit den Städten am Rhein (Rheinschiene) die Metropolregion Rhein-Ruhr, hier leben ca. 10 Mio. Menschen auf etwa 7000 km^2. Ursprünglich ein Industriegebiet mit Steinkohlebergbau und Hüttenwerken, heute Stahlstandort, Ansiedlung weiterer Industrieunternehmen, Kulturhauptstadt Europas 2010.
- Rotterdam: Grösster Seehafen Europas, Tiefwasserhafen, zweitgrösste Stadt der Niederlande, die Stadt liegt zwei Meter unter dem Meeresspiegel hinter Deichen, Industrie- und Handelszentrum, Universitätsstadt, modernes Stadtbild, viele Hochhäuser.

56 (5) *Vergleiche das Flussbett des Rheins 1846 mit dem aktuellen Kartenbild im Atlas. Benenne und erkläre die Unterschiede.*
Früher wand sich der Rhein in Mäandern mit vielen Seitenarmen langsam fliessend nach Norden. Heute ist der Rhein in diesem Streckenabschnitt kanalisiert. Der Schiffverkehr wird über den gerade verlaufenden Rheinseitenkanal mit Staustufen und Schleusen zur Überwindung des Höhenunterschiedes geführt. Dies dient der Beschleunigung des Schiffsverkehrs. Wasserkraftwerke dienen hier der Energiegewinnung. Das alte Strombett führt nur noch bei Hochwasser mehr Wasser als der neu angelegte Kanal.

Eine Reise den Rhein entlang – Landwirtschaft

Schülerbuch Seiten 58–59

Grundbegriffe: Berglandwirtschaft, Abwanderung

Abbildungen

M1 Entwicklung der Zahl der in der Berglandwirtschaft Erwerbstätigen am Beispiel des Kantons Graubünden

Die Statistik zeigt deutlich den starken Rückgang der Erwerbstätigen in den letzten knapp 140 Jahren. Neben der Mechanisierung ist dafür sicherlich auch die Abwanderung der Bevölkerung verantwortlich.

M2 Auch in der Berglandwirtschaft kommen moderne Maschinen zum Einsatz
Die Fotos verdeutlichen die Schwierigkeiten bei der Bewirtschaftung der zum Teil sehr steilen Hänge. Viele Tätigkeiten können mittlerweile mit Maschinen weniger arbeits- und zeitintensiv erledigt werden, wie der Transport des Heus. Die steile Wiese muss aber nach wie vor mit der Sichel von Hand gemäht werden. Siehe auch Aufgabenlösung zu 58 (4).

M3 Val Lumnezia im Kanton Graubünden
Das Foto zeigt den einsam gelegenen kleinen Ort im „Tal des Lichts" in den Bergen. Siehe auch Aufgabenlösung zu 59 (5).

M4 Ein Bergbauer erzählt
Der Bauer berichtet von den Veränderungen, die sich in den letzten Jahrzehnten ereignet haben und wie die Bewohner sich darauf eingestellt haben. Siehe auch Aufgabenlösungen zu 58 (2) bis 58 (4).

M5 Lage von Vrin
Die Karte verortet das Dorf im Quellgebiet des Rheins zwischen den Quellflüssen Vorderrhein und Hinterrhein.

M6 Einwohnerstatistik von Vrin
Die Tabelle macht deutlich, dass sich die Einwohnerzahl seit 1850 fast halbiert hat. Siehe auch Aufgabenlösung zu 59 (5).

Aufgabenlösungen

58 (1) *Schreibe bei deinem nächsten Einkauf im Lebensmittelgeschäft Produkte auf, deren Herkunft aus der Berglandwirtschaft auf der Verpackung deklariert ist. Was für Produkte werden angeboten?*
Individuelle Lösung.

58 (2) *Nenne Berufe in einem Schweizer Bergdorf im frühen 19. Jahrhundert. Vergleiche mit der Situation heute.*
Frühere Berufe: Schlachter, Bauer, Senner, Bäcker, Stellmacher, Hufschmied, Müller, Gastwirt.
Heutige Berufe: Landwirt mit Direktverkauf der landwirtschaftlichen Erzeugnisse, Skilehrer, Krankenschwester, Gastwirt, Bibliothekar, Hotelier.

58 (3) *Was würde sich verändern, wenn du mit deiner Familie in einem Bergbauerndorf wie Vrin leben würdest (M4)?*
Veränderungen für Vrin: Zunahme und Verjüngung der Bevölkerung, eventuell bringt der Zuzug ein neues Gewerbe in den Ort.
Veränderungen für die/den Jugendliche/n: Wenig Freizeitmöglichkeiten, kaum junge Menschen im Dorf, lange Schulwege, lange Winter.

58 (4) *Erläutere wesentliche Unterschiede zwischen den Arbeitsbedingungen eines Bergbauern in den Alpen und eines Landwirts im Schweizer Mittelland.*
Die Bergbauern bewirtschaften überwiegend kleine Flächen. Diese sind auch häufig sehr steil und dadurch nur mit der Hand zu bearbeiten. Es kann aufgrund der Höhenlage kein Getreide mehr reifen,

sodass die Bergbauern auf Tierhaltung (Almwirtschaft) spezialisiert sind.

Die Landwirte des Mittellandes können aufgrund der günstigen Boden- und Klimabedingungen eine breite Palette von Produkten erzeugen. Neben dem Getreideanbau kommen dem Gemüse- und Obstanbau, dem Weinbau, der Milchwirtschaft sowie der Mastviehhaltung grosse Bedeutung zu.

59 (5) *Beschreibe die Probleme, die für ein Bergdorf entstehen, wenn der jüngere Teil der Bevölkerung zunehmend abwandert.*
Die Bevölkerung überaltert, die Alten haben auch niemanden mehr, der sie bei Bedarf versorgt. Die landwirtschaftlichen Flächen werden nicht mehr bewirtschaftet, sie verwildern. Die Häuser in dem Dorf verfallen, die kommunale Infrastruktur wird sehr teuer zu unterhalten. Es gibt nur noch eine geringe Kaufkraft, die eventuell noch vorhandenen Läden schliessen.

Eine Reise den Rhein entlang – Landwirtschaft
Schülerbuch Seiten 60–61

Grundbegriffe: Gewächshaus, Massentierhaltung

Abbildungen

M1 Die Niederlande in Europa
Die Karte zeigt die Lage der Niederlande in Westeuropa an der Nordseeküste.

M2 Landwirtschaft in niederländischen Gewächshäusern
Die Tabelle gibt Auskunft über die Veränderungen in der Gewächshauslandwirtschaft zwischen 1980 und 2005. Siehe auch Aufgabenlösung zu 61 (2).

M3 Im Gewächshaus: Tomaten in unten offenen Kartons auf künstlichem Boden
Das Foto zeigt, wie Pflanzen im Gewächshaus mit Wasser und Nährstoffen versorgt werden. Siehe auch Aufgabenlösungen zu 61 (3).

M4 Gewächshausflächen in den Niederlanden
Die Karte verortet mit einem Punkt pro ha Gewächshausfläche die Lage der Gewächshäuser innerhalb der Niederlande. Deutlich wird ihre Konzentration im Gebiet zwischen Amsterdam, Rotterdam und Den Haag. Auch im Umfeld der Städte Breda, Emmen und Nimwegen sowie in der Grenzregion zwischen Eindhoven und Deutschland befinden sich viele Unterglaskulturen.

M5 Tulpenzucht bei Amsterdam
Das Foto zeigt die Ausmasse eines Gewächshauses, in dem gerade die Tulpen blühen.

Aufgabenlösungen

60 (1) *Schreibe bei deinem nächsten Einkauf im Lebensmittelgeschäft Produkte auf, die in den Niederlanden hergestellt wurden. Was für Produkte werden angeboten?*
Individuelle Lösung.

61 (2) *Auch die Landwirtschaft in Glashäusern hat sich gewandelt. Erläutere dies mit Beispielen (M2, M3)*
Früher gab es mehr Betriebe, die aber kleiner waren. Heute sind die Gewächshausflächen gestiegen, obwohl die Zahl der Betriebe rückläufig ist. Dies weist auf einen Konzentrationsprozess hin, da auch die Betriebsgrösse sich mehr als verdoppelt hat. Grosse Betriebe können kostengünstiger wirtschaften. So ist der Wert der verkauften Waren auch stark gestiegen. Auch die Art des Anbaus im Gewächshaus hat sich verändert. Heute wird im Anbau nichts mehr dem Zufall überlassen, kontrollierte Wachstumsbedingungen sorgen für einen möglichst hohen Ertrag bei so geringem Einsatz von Dünger und Pestiziden wie möglich.

61 (3) *Erkläre die Vor- und Nachteile des Gewächshaus- bzw. Freilandanbaus.*
Vorteile sind die Unabhängigkeit von den jeweiligen Wetterbedingungen, schnelleres und jahres- und tageszeitenunabhängiges Wachstum der Pflanzen, kontrollierte Wachstumsbedingungen, eine pflegeleichte und Platz sparende Anbaumethode.

Nachteile sind der hohe Energieverbrauch, hohe Kosten für die Anschaffung und Wartung der computergestützten Anlagen, geschmacksarme Erzeugnisse, Verlust der Kenntnisse der Verbraucher über Wachstumszyklen der Pflanzen.

Die Vorteile bzw. Nachteile der Gewächshäuser sind gleichzeitig als Nachteile bzw. Vorteile des Freilandanbaus zu sehen.

Eine Reise den Rhein entlang – Industrie
Schülerbuch Seiten 62–63

Abbildungen

M1 Ansicht von Dortmund
Auf der Stadtansicht von 1596 ist im Hintergrund die mittelalterliche Wallanlage zu erkennen, die die Stadt umschliesst. Im Vordergrund sind bestellte Felder und Wege zu erkennen, die in die Stadt führen. Siehe auch Aufgabenlösung zu 62 (1).

M2 Blick auf Duisburg
Das Bild zeigt mit den rauchenden Schloten der Fabriken und Hüttenwerke eine typische gründerzeitliche Industrielandschaft im Ruhrgebiet. Siehe auch Aufgabenlösung zu 62 (1).

M3 Von der Steinkohle zum Stahl
Die Grafik gibt die einzelnen Stationen der Rohstoffe Kohle und Eisenerz bis zum Endprodukt Stahl wieder. Siehe auch Aufgabenlösung zu 62 (3).

M4 Protestaktion von Bergleuten
Das Foto zeigt Bergleute, die gegen die Schliessung ihrer Zeche protestieren. Zuerst schlossen zahlreiche kleinere Zechen, weil sie keine Gewinne mehr machten, dann folgten auch die grösseren.

Viele Haushalte und Industriebetriebe haben von Steinkohle auf Erdöl oder Erdgas umgestellt. Damit sank die Nachfrage nach Kohle als Heizmaterial. Neue Techniken in der Eisen- und Stahlindustrie führten dazu, dass zur Verhüttung weniger Kohle gebraucht wurde. Früher brauchte man mehr Koks als Erz, heute ist eine Menge von 500–600 kg auf 2000 kg Eisenerz ausreichend. Gleichzeitig sank die Nachfrage nach Stahl, da zum Beispiel in der Automobilindustrie immer mehr Kunststoffe verwendet wurden. In anderen Ländern wurde ebenfalls Kohle gefördert, die auf dem Weltmarkt billiger angeboten wurde. So lohnte die heimische Produktion nicht mehr, die durch die schwierigen Abbaubedingungen und die steigenden

Löhne auch immer teurer wurde. Gleichzeitig erwuchs Deutschland auch Konkurrenz auf dem Stahlmarkt. Länder, die vorher hier Stahl in grösseren Mengen gekauft hatten, produzierten nun selbst und exportierten ihre Produkte dank geringerer Kosten zu günstigeren Preisen als Deutschland.

M5 Das Ruhrgebiet
Die Karte verortet die Ausdehnung des Ruhrgebietes und die Lage der grossen Städte innerhalb der Region.

M6 Standorte von Hüttenwerken und Zechen früher und heute (2010)
Die Karte zeigt die Verteilung der Zechen und Hochöfen im Ruhrgebiet für die Jahre 1956/1965 und 2010. Deutlich wird, dass damals trotz schon vorhandener Absatzprobleme noch eine Vielzahl von Bergwerken und Hüttenwerken in Betrieb war. Von den noch 1956 vorhandenen Zechen sind 2010 nur noch vier in Betrieb. Hüttenwerke findet man ebenfalls nur noch vier entlang des Rheins. Siehe auch Aufgabenlösung zu 62 (4).

M7 Steinkohleförderung im Ruhrgebiet
Die Grafik verdeutlicht die Entwicklung der Steinkohleförderung zwischen 1850 und 2008. Siehe auch Aufgabenlösung zu 62 (2).

Aufgabenlösungen

62 (1) *Bestimme die Zeit, aus der die Fotos stammen (M1, M2 und M4).*
Das Bild M1 stammt aus dem Jahr 1596 und zeigt die Stadt vor Beginn der Industrialisierung. Das Ruhrgebiet entwickelte sich ab Mitte des 19. Jahrhunderts von einem landwirtschaftlich geprägten Gebiet zu einer ausgedehnten Industrieregion. M2 zeigt die Stadt Duisburg gegen Ende des 19. Jahrhunderts. M4 wurde aufgenommen, als immer mehr Zechen wegen mangelnder Rentabilität geschlossen wurden. Dies ist seit Mitte der 1960er-Jahre der Fall.

62 (2) *Beschreibe die Entwicklung der Steinkohleförderung im Ruhrgebiet (M7).*
Die Steinkohlevorkommen im Ruhrgebiet waren die Voraussetzung dafür, dass zahlreiche Zechen entstanden sowie Eisen- und Stahlwerke errichtet wurden. Die Steinkohle (Koks) wurde dafür als Energieträger benötigt und seit 1850 in zunehmendem Masse abgebaut. Erze schaffte man aus dem Siegerland herbei, nachdem man zunächst das wenig ergiebige Raseneisenerz (10 bis 20 cm mächtiger, harter Oxidationshorizont in Staunässeböden mit eisenhaltigem Grundwasser) verwendet hatte. Darüber hinaus gründeten zahlreiche Unternehmer Eisen und Stahl verarbeitende Betriebe. Dass sich das Ruhrgebiet zu einem Zentrum der Montanindustrie entwickelte, war der Erfindung der Dampfmaschine zu verdanken, die viele Arbeitsgänge im Bergbau vereinfachte und mit der man auch das mächtige Deckgebirge durchbohren konnte. Nur unterbrochen durch Wirtschaftskrise und Folgen der Weltkriege wurden bis Mitte der 1960er-Jahre ca. 120 Mio. t Steinkohle im Jahr gefördert.
  Diese Förderung sank bis 2008 auf 17 Mio. t pro Jahr. Durch die Zechenschliessungen gingen im Bergbau bis 2008 rund 94 % der Arbeitsplätze verloren.

62 (3) *Beschreibe den Weg von der Steinkohle zum Stahl (M3).*
Aus der Steinkohle wird in der Kokerei Koks gewonnen, der als Energieträger im Hüttenwerk Verwendung findet. Hiermit wird im Hochofen aus dem Eisenerz das Roheisen herausgeschmolzen und im Stahlwerk zu Rohstahl veredelt. In Walzwerk und Giesserei werden daraus Stahlprodukte hergestellt.

62 (4) *Schreibe auf, wie viele Zechen und Hüttenwerke es früher (1956 bzw. 1965) und heute*
– südlich der Ruhr
– nördlich der Lippe
– westlich des Rheins
– insgesamt
gegeben hat beziehungsweise gibt. (M6)
  Südlich der Ruhr gab es 5 Zechen und 5 Hüttenwerke. Heute haben hier alle Zechen geschlossen und die verbleibenden 2 Hüttenwerke liegen verkehrsgünstig für die Importkohle direkt am Rhein.
  Nördlich der Lippe existierten 5 Bergwerke, Hüttenwerke gab es keine. Heute ist dort keine eigenständige Zeche mehr zu finden.
  Westlich des Rheins lagen 6 Zechen und 2 Hüttenwerke, heute ist nur noch eine Zeche in Betrieb.
  1956/1965 gab es insgesamt 116 Zechen und 18 Hüttenwerke im Ruhrgebiet, heute sind es lediglich noch 4 Zechen und 4 Hüttenwerke.

62 (5) *Erkläre, warum es in der Schweiz keine Industrieregion gibt, die dem Ruhrgebiet ähnlich.*
Das Ruhrgebiet entstand „auf der Kohle", da der Transport wegen des hohen Bedarfs an Kohle bei der Verhüttung zu teuer geworden wäre. In der Schweiz existieren keine Steinkohlevorkommen, über denen ein entsprechendes Industriegebiet hätte entstehen können.

Eine Reise den Rhein entlang – Industrie
Schülerbuch Seiten 64–65

Grundbegriffe: Strukturwandel, Industrialisierung

Abbildungen

M1 Beschäftigte in Bochum 1961 und 2009
Insgesamt hat das Ruhrgebiet seit den 1960er-Jahren an Bedeutung verloren. Es gingen viele Arbeitsplätze im sekundären Sektor verloren. Zwar gab es im tertiären Sektor 2009 etwa 5000 mehr Arbeitsplätze als noch 1961, dies konnte aber den allgemeinen Rückgang nicht aufhalten.

M2 Blick über die Ruhr-Universität Bochum und auf das Opel-Werk
Die Ruhr-Universität wurde erst sehr spät gegründet, da das Ruhrgebiet bis dahin wenig Bedarf an Akademikern hatte. Es bot vorwiegend Arbeitsplätze im Bergbau und den verarbeitenden Folgeindustrien. Heute haben sich die Anforderungen in vielen Berufen stark verändert und setzen häufig eine höhere Bildung voraus. So ziehen Universität und Fachhochschule viele junge Menschen an, die gute Ausbildung vieler Menschen macht das Ruhrgebiet attraktiv für Unternehmensansiedlungen wie z. B. die Opel-Werke.

M3 Passage im „Stücki"
Der Text in Verbindung mit dem erläuternden Text zur Entstehungsgeschichte der Einkaufspassage vermittelt einen Eindruck von der Grösse und Weitläufigkeit des Einkaufscenters. Neben den zwei Malls mit insgesamt 125 Geschäften befinden sich ein Hotel mit 144 Zimmern und ein Business Park mit 5000 m² Büroflächen. Das Center hat durch seine Lage im Dreiländereck und durch seine gute

Verkehrsinfrastruktur ein grosses Einzugsgebiet und damit auch viele potenzielle Kunden. Siehe auch Aufgabenlösung zu 65 (4).

M4 „Campus des Wissens"
Hier wird am Beispiel von Novartis dargelegt, wie sich eine für die Produktion nicht mehr benötigte Fläche sinnvoll nutzen lässt. Die hohen Investitionskosten von 2 Mrd. CHF stützen auch die Wirtschaft der Stadt, die geplante Life Science-Hochschule zieht Wissenschaftler und Studenten an, die wiederum eventuell später bei Novartis einen Arbeitsplatz finden. Siehe auch Aufgabenlösung zu 65 (4).

Aufgabenlösungen

64 (1) *Strukturwandel kann auch im Kleinen stattfinden. Erkundige dich, ob es in deiner Gemeinde Industriegebäude gibt, die heute anders genutzt werden als zur Zeit, als sie gebaut wurden. Notiere deine Resultate in einer Tabelle.*
Individuelle Lösung.

64 (2) *Stelle M1 in einem Säulendiagramm grafisch dar. Was stellst du fest? Erkläre.*

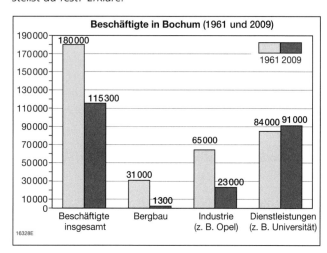

Zwischen 1961 und 2009 hat im Ruhrgebiet die Zahl der Beschäftigten insgesamt stark abgenommen. Besonders viele Arbeitsplätze gingen im Bergbau verloren, da viele Zechen schliessen mussten. Die Zahl der Arbeitsplätze in der Industrie sank ebenfalls, da viele Betriebe ihre Produktion in das billigere Ausland verlagerten. Die Gründung der Ruhr-Universität führte zu einer leichten Erhöhung der Zahl der Arbeitsplätze im tertiären Sektor. Als Arbeitgeber konnte sie aber den umfangreichen Stellenabbau nur unzureichend kompensieren.

65 (3) *Erläutere am Beispiel von Bochum den Strukturwandel im Ruhrgebiet.*
Bis in die 1960er-Jahre war Bochum eine Zechenstadt und eine Stadt der Stahlindustrie. In den Nachkriegsjahren schlossen immer mehr Zechen mangels Nachfrage. Auf dem Gebiet einer Zeche wurde das Opel-Werk errichtet. Diese erste grosse Neuansiedlung eines Industriebetriebes wurde zum Synonym für den Strukturwandel der Region. Seitdem hat sich die Stadt einen Namen als Universitätsstadt, Theater- und Musicalstadt und als Veranstaltungsort gemacht. Die Verkehrsanbindung und Vernetzung mit den umliegenden Städten ist gut und bietet gute Standortbedingungen. Mit sogenannten Technologieparks bietet man ausserdem Jungunternehmern gute Startbedingungen, da hier die Kosten für Ausstattung und Büromieten relativ niedrig sind. So sollen innovative Hightech-Unternehmen angelockt werden.

65 (4) *Vergleiche den Strukturwandel im Ruhrgebiet und in Basel. Nenne Gemeinsamkeiten und Unterschiede.*
Im Ruhrgebiet verloren die Zechen und ihre Folgeindustrien einen grossen Teil der Kunden. Mit der Umstellung auf Zentralheizung (Gas, Öl) und nach dem erfolgten Wiederaufbau der im Krieg zerstörten Infrastruktur sank die Nachfrage nach Kohle und Stahl stark ab. Steigende Förderkosten der im Ruhrgebiet sehr tief liegenden Kohle und immer höhere Personalkosten führten ausserdem dazu, dass der Kohleabbau unrentabel wurde. So verloren viele Bergleute ihre Arbeit, Ersatzarbeitsplätze gab es wenig.

In Basel sind die grossen Pharmakonzerne nach wie vor ansässig. Sie haben allerdings die arbeitskostenintensive Produktion in Billiglohnländer ausgelagert. In der Schweiz konzentrieren sie sich auf den Ausbau der Forschungs- und Entwicklungsstandorte und bieten hier viele hochspezialisierte Arbeits- und Ausbildungsplätze. Unternehmen der Textilbranche konnten diesen Wandel nicht vollziehen. Diese sogenannten paläotechnischen Industrien sind in der Schweiz ebenso wenig wie im Rest Mitteleuropas noch konkurrenzfähig.

Zusatzaufgabe

Du bist ein Mitglied des Regionalverbandes Ruhr, der unter anderem für die Förderung von Wirtschaft und Tourismus im Ruhrgebiet zuständig ist.
a) Schreibe eine Werbeanzeige, in der für die Ansiedlung von Unternehmen im Ruhrgebiet geworben wird. Stelle dabei die besonderen Vorteile der Region heraus.
oder
b) Schreibe eine Werbeanzeige, in der für Tourismus im Ruhrgebiet geworben wird. Stelle dabei die touristischen Attraktionen heraus.
a) Individuelle Lösung.
Vorteile sind für die Unternehmen die zahlreichen möglichen Zulieferunternehmen. Denn im Ruhrgebiet sind zahlreiche Wirtschaftszweige aus den verschiedensten Bereichen vertreten, wie zum Beispiel Eisenverhüttung, Stahlherstellung, Buntmetallverhüttung, Metallverarbeitung, Maschinenbau, Kfz-Bau, Erölraffinerie, Kraftwerke, Stromindustrie, chemische Industrie, Kunststoffindustrie, Nahrungsmittelindustrie und Hightechindustrie (z. B. Elektronik-, Elektroindustrie, Medizintechnik). Gleichzeitig verfügt das Ruhrgebiet über eine entsprechend gut ausgebaute Infrastruktur mit vielen Autobahnen, einem leistungsfähigen, verzahnten Nahverkehrssystem (Schiene und Bus) sowie zahlreichen Wasserwegen.

Darüber hinaus gibt es als Standortfaktoren ein breites Dienstleistungsangebot (z. B. CentrO Oberhausen, Flughäfen, Universitäten) sowie eine Vielzahl von Freizeit- und Erholungseinrichtungen (z. B. Freizeitparks, Musical und Theater, Museen, Zeche Zollverein, Landschaftspark Duisburg, viele Sportstätten).
b) Individuelle Lösung:
Die unter a) genannten Freizeiteinrichtungen lassen sich auch hier nennen, ergänzt um die „Route Industriekultur" und um die Natur als Anziehungsfaktor.

Eine Reise den Rhein entlang – Dienstleistungen

Schülerbuch Seiten 66–67

Grundbegriffe: Dienstleistungsstandort, Skyline

Abbildungen

M1 Region Frankfurt/Rhein-Main
Die Karte verortet Frankfurt und die Rhein-Main-Region in der westlichen Mitte Deutschlands im Grenzbereich der Bundesländer Hessen, Rheinland-Pfalz und Bayern. Die Stadt liegt direkt am Main. Die Landeshauptstädte Wiesbaden und Mainz befinden sich in direkter Nachbarschaft.

M2 Schrägluftbild von Frankfurt am Main
Das Foto zeigt einen Ausschnitt des Bankenviertels Frankfurts im Kontrast zur alten, niedrigen Bebauung aus den vergangenen Jahrhunderten im Hintergrund. Die dichte Bebauung und die Höhe der Gebäude assoziieren ein breites Berufsspektrum im tertiären Sektor.

M3 Beschäftigungsstruktur Frankfurt/Rhein-Main
Das Kreisdiagramm stellt die Anteile der verschiedenen Sektoren an der Beschäftigungsstruktur dar. Auffällig ist das starke Übergewicht des tertiären Sektors. In den anderen beiden Sektoren zusammen sind lediglich 27,5 % der Beschäftigten tätig. Siehe auch Aufgabenlösung zu 66 (2).

M4 Bedeutung des Flughafens Frankfurt am Main
Der Text unterstreicht die Bedeutung des Flughafens für die Wirtschaft von Stadt und Region.

Mit 68 000 Beschäftigten in ca. 500 Betrieben ist der Frankfurter Flughafen die grösste Arbeitsstelle in Deutschland (siehe auch Zusatzmaterial). Viele verschiedene Branchen leben vom Flughafen und dem damit verbundenen Passagier- und Frachtaufkommen.
Der Frankfurter Flughafen ist für den Luftfrachtverkehr der grösste Flughafen Europas und liegt bei der Passagierzahl auf Platz drei (mehr als 80 000 Personen pro Tag). Er wird von zahlreichen Fluggesellschaften angeflogen. Da viele Passagiere in Frankfurt das Flugzeug wechseln, denn viele internationale Flüge starten aus Deutschland nur von hier aus, kann man Frankfurt als Verkehrsdrehscheibe bezeichnen.

Zusatzmaterial

Der Flughafen Frankfurt in Zahlen:
Lage: 17 km südwestlich der City gelegen – Grösse: 15,6 km^2
Grösster lokale Arbeitgeber Deutschlands: rund 71 000 Beschäftigte (2009)
Passagiere (2009): 50,94 Mio. – Fracht (2009): 2 Mio. t
Starts- und Landungen pro Tag: 1 343
Flugzeugbewegungen (2009): 463 111
386 Check-In-Schalter – Autoparkplätze: 14 500
Jede Woche verbinden 119 Fluggesellschaften mit über 4 400 Flügen die Mainmetropole mit 304 Zielorten in 110 Ländern
(Quelle: http://frankfurt-interaktiv.de/frankfurt/wirtschaft/airport/flughafen.html)

M5 Ein internationaler Branchenmix
Die Texte beschreiben die vielfältigen Branchen, denen die ansässigen Unternehmen entstammen. Siehe auch Aufgabenlösung zu 66 (4).

Aufgabenlösungen

66 (1) *Beschreibe das Bild der Frankfurter Skyline (M2). Kennst du ähnliche Bilder aus anderen Städten?*
Das Foto zeigt eine Besonderheit Frankfurts. Die Stadt besitzt Wolkenkratzer, die zu den höchsten in Europa gehören. Das Schrägluftbild zeigt einige dieser Gebäude von oben. Sie werden als Banken- oder Unternehmenssitze genutzt. Im Hintergrund ist die ältere Bebauung sichtbar, die aus sehr viel niedrigeren Gebäuden besteht. Ähnliche Gebäudekomplexe in der City findet man in London, New York, Sydney, Tokio und Shanghai.

66 (2) *Ordne die Kategorien in M3 den drei Wirtschaftssektoren zu.*
Primärer Sektor: Land- und Forstwirtschaft
Sekundärer Sektor: Baugewerbe
Tertiärer Sektor: Handel, Gastgewerbe, Verkehr und Nachrichten, Kredite und Versicherungen, Grundstückswesen, Vermietungen, Dienstleistungen für Unternehmen, öffentliche Verwaltung, sonstige öffentliche und private Dienstleistungen.

66 (3) *Vergleiche die Verteilung der Wirtschaftssektoren im Raum Rhein-Main mit derjenigen in der Schweiz (Seite 54, M1).*
Der Anteil des primären Sektors ist im Raum Frankfurt noch geringer als in der Schweiz. Das liegt sicherlich daran, dass hier nur ein überwiegend städtischer Teilraum mit einem ganzen Land verglichen wird. Die Anteile des sekundären und tertiären Sektors unterscheiden sich nur unwesentlich. Beide Räume weisen also sehr ähnliche Wirtschaftsstrukturen auf.

66 (4) *Erkläre, was den Erfolg der Region Rhein-Main ausmacht. (M4, M5).*
Frankfurt ist ein Zentrum der deutschen Wirtschaft und der internationalen Finanzwelt. Kontakte und Arbeitsbeziehungen zwischen einzelnen Branchen werden dadurch begünstigt. In der Stadt haben etwa 400 Banken ihren Sitz, u. a. die Bundesbank und die EZB. Jede grössere Bank ist entweder mit dem Hauptsitz oder einer Filiale in Frankfurt vertreten. Deshalb wird Frankfurt auch häufig als „Bankfurt" bezeichnet. Bedeutsam ist auch die Nähe zur Börse, deren Verlauf die Entscheidungen der Banken täglich beeinflusst.

Ausserdem bietet diese Metropole eine sehr gute Infrastruktur. Dazu zählt eine optimale Verkehrsanbindung. Durch die hohe Zahl der täglichen Flugverbindungen lassen sich vom Frankfurter Flughafen aus zahlreiche Städte im In- und Ausland auch für kurzfristige Termine bequem erreichen. Ausserdem ist die Finanzmetropole durch ihre Lage am verkehrsträchtigsten Autobahnkreuz Europas (u. a. A3, A5, A45, A61) hervorragend an das nationale und internationale Verkehrsnetz angebunden und über den grössten Reisezugbahnhof Europas in das europäische Hochgeschwindigkeitsnetz integriert. Ein hervorragendes, modernes Kommunikationsnetz, verschiedene international beachtete Messen, ein breit gefächertes Kultur- und Freizeitangebot und eine Universität tragen zur Attraktivität und damit zum Erfolg der Region bei. Daneben bietet die Umgebung von Frankfurt ein attraktives Umfeld für verschiedene Freizeitgestaltungen und zum Wohnen, sodass in der Stadtregion mittlerweile ca. 1,8 Mio. und in der Rhein-Main-Region etwa 5,8 Mio. Menschen leben.

Lebensraum Europa

Eine Reise den Rhein entlang – Dienstleistungen

Schülerbuch Seiten 68–69

Grundbegriff: Container

Abbildungen

M1 Häfen der Welt (umgeschlagene Ware in Mio. t, 2009)
Die Grafik verdeutlicht die in den Überseehäfen umgeschlagenen Mengen an Waren. Der grösste Hafen ist Singapur mit 30 Mio. Tonnen Warenumschlag. Sechs der angegebenen 10 grössten Häfen liegen in China. Busan in Südkorea und Dubai am Persischen Golf befinden sich ebenfalls auf dem asiatischen Kontinent. Erst auf dem 9. Platz befindet sich mit Rotterdam ein europäischer Hafen.

M2 Weltweiter Containerumschlag in den Häfen
Die Grafik zeigt den wachsenden Containerumschlag in den Häfen zwischen 1975 und 2008. Wurden 1975 nur etwa 25 Mio. Tonnen Fracht in Container verpackt verschickt, so ist der Anteil bis 2008 auf 450 Mio. Tonnen angestiegen. Besonders deutlich werden die Steigerungsraten seit 1995. Seitdem hat sich der Umschlag mehr als verdreifacht. Zurückzuführen ist dies darauf, dass nach dem Ende der Abschottung der ehemaligen Sowjetunion und Chinas der Welthandel sprunghaft angestiegen ist. Weitere Steigerungsraten seit 2001 entstanden durch die zunehmende Globalisierung.

M3 Umschlag im Hafen
Die Zeichnung zeigt die drei Möglichkeiten des Frachttransportes und der Be- und Entladung der verschieden verpackten Güter. Siehe auch Aufgabenlösung zu 69 (5).

M4 Ein Containerschiff wird beladen.
Das Foto zeigt den voll beladenen Containerfrachter vor den Containerbrücken, mit deren Hilfe das Schiff beladen wird.

Da Liegezeiten im Hafen teuer sind und gleichzeitig das Schiff für die Reederei nur im Einsatz Geld verdient, arbeiten die Hafenarbeiter an mehreren Containerbrücken gleichzeitig. Sie sind im Schichtdienst und so auch in der Nacht tätig. So können die Schiffe ent- und wieder beladen werden, sobald sie an den Kaimauern angelegt haben. Von Vorteil ist dies auch für die Hafengesellschaft, denn so werden die teuren Anlagen an Land besser ausgenutzt.

M5 Ein Containerschiff verlässt den Hafen in Richtung Meer
Das Foto zeigt die Ausmasse der modernen Containerschiffe. Auf dem hier abgebildeten Schiff stehen 12 Container nebeneinander in 7 Lagen übereinander auf dem Deck. Es gehört damit zu einer der älteren Generationen von Containerschiffen. Die Tendenz geht in Richtung grösserer Schiffe.

Die zurzeit grössten Containerschiffe sind 398 m lang, 56 m breit und haben einen Maximaltiefgang von 16 m. Sie können bis zu 11 Containerlagen übereinander im Laderaum und bis zu 9 Lagen an Deck transportieren. Dabei erlaubt die Breite des Schiffes, auf dem Deck bis zu 22 Container nebeneinanderzustellen.

M6 Lage von Rotterdam in Europa
Die Karte verortet die Lage von Stadt und Hafen Rotterdam an der Nordsee in den Niederlanden.

Aufgabenlösungen

68 (1) *Überlege, welche Industrien und Dienstleistungsbetriebe sich an einem Seehafen ansiedeln könnten.*
Im Hafengebiet können sich u. a. Raffinerien, Hüttenwerke, Stahlwerke, Logistikunternehmen, Reedereien, Chemieindustrien, Kraftwerke, Werften, Dienstleistungsunternehmen zur Versorgung der Schiffe mit allem Lebensnotwendigem ansiedeln.

68 (2) *Nenne Gründe, warum der Container als Transport-Einheit so erfolgreich wurde.*
Der Container ist als genormte „Verpackungskiste" für Waren aller Art einsetzbar. So kann auch die Ladekapazität besser ausgenutzt werden. Auch müssen die Waren nicht mehr mühsam von Hand im Schiffsrumpf verstaut werden, sondern können über automatische Ladeeinrichtungen (Containerbrücken) sehr schnell und kostengünstig an und von Bord gebracht werden.

68 (3) *Trage Informationen zum Basler Rheinhafen, dem grössten Hafen der Schweiz, zusammen (andere Medien). Vergleiche ihn mit dem Hafen von Rotterdam.*
Über den Basler Rheinhafen, der sich aus vier Einzelhäfen zusammensetzt, wird ein grosser Teil des Im- und Exports der Schweiz abgewickelt. Gegenüber dem Rotterdamer Hafen ist er allerdings klein (siehe Tabelle).

	Basler Rheinhafen	Hafen Rotterdam
Fläche	1,3 km^2	100 km^2
Umschlag/Jahr	8,2 Mio. t	407 Mio. t.
Arbeitsplätze im Hafen	1500	60 000
Containerkräne	60 (5 bis 400 t)	102
Bahngleise im Hafen	100 km	ca. 1 000 km
Kailängen	7 km	40 km
Offene Lager für Container	200 000 m^2	ca. 1 500 000 m^2

68 (4) *Eine Firma plant den Transport von Gütern von Shanghai nach Bern. Beschreibe die Reiseroute und die benutzten Transportmittel (Atlas).*
Das Containerschiff fährt von Shanghai aus nach Südosten durch den Pazifischen Ozean. Das Schiff nimmt Kurs auf die Philippinen und gelangt nördlich der philippinischen Insel Luzon in das Südchinesische Meer. Es fährt weiter in Richtung Südwesten, an Singapur vorbei durch die Malakkastrasse zwischen der malaiischen Halbinsel und Sumatra in den Indischen Ozean. Südlich an Sri Lanka vorbei, durch den Golf von Aden gelangt das Schiff ins Rote Meer und durch den Suezkanal ins Mittelmeer. Hier nimmt das Schiff nordwestlichen Kurs auf die Strasse von Gibraltar, die Verbindung zum Atlantischen Ozean. Vorbei an der Westküste von Portugal und Frankreich durchquert der Frachter schliesslich den Ärmelkanal und die Strasse von Dover. Über die Nordsee erreicht der Frachter dann den Rotterdamer Hafen. Hier werden die Waren auf Feederschiffe umgeladen, die als Zubringer mit geringem Tiefgang auch den Rhein hinabfahren können. In Basel werden die Container auf Lkws umgeladen und auf der Strasse nach Bern transportiert.

69 (5) *Erläutere in einem kurzen Bericht die Ausstattung des Rotterdamer Hafens und die dortigen Umladevorgänge anhand der thematischen Karte M1 auf S. 70–71.*
Ausstattung des Hafens: siehe Aufgabenlösung zu 71 (1).

Umladevorgänge: Beim Entladen (Löschen) werden Stückgüter mit schiffseigenen oder fremden Kränen von speziellen Stückgutfrachtern in den Lagerschuppen oder auf andere Verkehrsträger transportiert.

Massengüter wie Kohle, Erz, Erdöl oder Getreide werden mit Schaufelradbaggern, Kränen, Pumpen oder Saugern vom Schiff in bestimmte Behältnisse oder auf bestimmte Plätze befördert. Container werden mit Containerbrücken vom Schiff auf den Kai geladen. Der Weitertransport mit dem Portalstapler bringt die Container zumeist auf andere Verkehrsträger wie Bahn und Lkw. Beim Beladen der Schiffe mit den unterschiedlichen Gütern erfolgen die genannten Tätigkeiten in umgekehrter Reihenfolge.

Gewusst wie: Eine thematische Karte auswerten

Schülerbuch Seiten 70-71

Abbildungen

M1 Karte des Hafens von Rotterdam
Die thematische Karte zeigt die Grösse und Nutzung des Hafengebietes. Siehe Aufgabenlösung zu 71 (1).

M2 So könnte eine Kartenauswertung aussehen
Die Auflistung gibt vor, welche Inhalte bei einer Kartenauswertung genannt werden sollen. Siehe Aufgabenlösung zu 71 (1).

M3 Roll-on/Roll-off-Verfahren
Die Fracht kann mit diesem Verfahren ohne umständliche Umladevorgänge transportiert werden. So werden die Güter entweder auf den Bahnwaggons oder auf den Lkws auf das Schiff gebracht und können nach der Ankunft wieder auf der Schiene bzw. der Strasse weiter rollen.

Aufgabenlösungen

71 (1) *Vervollständige die Auswertung von M1.*
Siehe M2
1. …von Rotterdam.
2. …des Rheins.
3. … eine Fläche von ca. 100 km².
4. … eine Roll-on-Roll-off-Anlage/Massengüter
… Raffinerien und Chemiefabriken
… Werften, Kraftwerke, Radarstationen und Containerterminals
… Flakte 2
5. … liegt an einer der meist befahrenen Wasserstrassen der Welt und besitzt für den internationalen Handel eine überragende Bedeutung.

71 (2) *Beschreibe in der hier vorgestellten Schrittfolge den Hafen Hamburg (Atlas).*
1. …Hamburg.
2. …der Elbe.
3. …eine Fläche von 72,36 km²
4. …Im westlichen Bereich, gegenüber von Othmarschen, gibt es eine Radarzentrale und eine Lotsenstation. Hier finden sich auch viele Tanklager. Nach Osten bis zur Norderelbe schliesst sich an der Elbe gelegen ein grosser Bereich mit Containerterminals inklusive Containerbrücken und Roll-on-Roll-off-Anlagen an. Südlich der Köhlbrandbrücke liegen Hafenflächen für Greifergut (Hansaport), Stückgut (Altenwerder), Schüttgut und Sauggut (Reiherstieg). An der Süderelbe befinden sich grosse Flächen für Tanklager und verschiedene Industriebetriebe. Der Hamburger Hafen ist, obwohl es über 100 km vom Meer entfernt ist, einer der grössten Häfen Europas. Seine umfangreiche Hinterlandanbindung über Schiene, Strasse und Wasserwege ermöglicht einen schnellen und reibungslosen Gütertransport.

Metropolen Europas

Schülerbuch Seiten 72–73

Grundbegriffe: Metropole, Global City, New Town

Abbildungen

M1 London Eye
Das Riesenrad London Eye steht direkt an der Themse im Zentrum von London. Es wird auch Millenium Wheel genannt, da es ursprünglich als Wettbewerbsbeitrag zur Milleniumsfeier gedacht war. Seit 2000 können Besucher aus einer der 32 klimatisierten Glasgondeln aus 135 m Höhe über London und Umgebung bis zu 40 km weit blicken. Eine Umdrehung dauert ca. 35 Minuten. Da die Drehgeschwindigkeit sehr gering ist, können die Passagiere während der Fahrt ein- und aussteigen. So muss das Riesenrad nur für behinderte Passagiere angehalten werden.

M2 Tower Bridge
Das Foto zeigt die Tower Bridge mit voll geöffneten Klappen, den sogenannten Baskülen. Diese Komplettöffnung ist nur in Ausnahmefällen nötig, wenn z. B., wie auf dem Bild erkennbar, ein Kreuzfahrtschiff hindurchfährt. Die östliche Brücke quert als Strassen- und Fussgängerbrücke seit 1894 in 9 m bzw. 43 m Höhe die Themse. Sie ist 245 m lang und wird von zwei 65 m hohen Brückentürmen flankiert. Sie wird heute nur noch ca. 3 mal täglich hochgeklappt, da die Themse im Stadtgebiet überwiegend von flachen Ausflugsschiffen befahren wird. Da die Tower Bridge zur inneren Ringstrasse Londons gehört, überqueren täglich etwa 40 000 Autos auf ihr den Fluss.

M3 Houses of Parliament mit dem Clocktower (Big Ben)
Das Parlamentsgebäude, auch New Palace of Westminster genannt, ist Sitz der britischen Legislative, des Parlaments. Der Gebäudekomplex wurde am Nordufer der Themse zwischen 1840 und 1860 errichtet. Es handelt sich um den Standort des mittelalterlichen Königssitzes, des Palace of Westminster, der 1834 durch ein Feuer zerstört wurde. Die Gebäude erstrecken sich über eine Fläche von mehr als drei Hektar, bestehend aus elf Höfen und Gebäuden mit 1100 Räumen sowie 100 Treppenaufgängen. Die reiche spätgotische Fassade beeindruckt mit ihren drei gewaltigen Türmen: dem Victoria Tower (102 Meter hoch), dem Middle Tower (91 Meter hoch) und dem Saint Stephen´s Tower oder Clocktower (= Big Ben 98 Meter hoch) mit der grossen Uhr und einer 13,5 t schweren Glocke.

M4 Picadilly Circus
Das Foto zeigt einen der berühmten Plätze Londons. Bekannt ist er für seine Leuchtreklamen an der Nordseite des Platzes und für den Shaftesbury-Gedenkbrunnen. Er liegt im Stadtteil St. James nördlich des St. James Park. In seiner Nähe befinden sich zahlreiche Shopping- und Unterhaltungsgebiete. Direkt unter dem Platz befindet sich die gleichnamige U-Bahn-Station.

Lebensraum Europa

M5 Grossraum London
Die Karte zeigt die Ausdehnung des engeren und weiteren Stadtgebietes von London und die Lage der New Towns in der Umgebung der Stadt. Sie sind durch Autobahnen und Eisenbahnstrecken verkehrsgünstig an die Stadt London angebunden. Siehe auch Aufgabenlösungen zu 73 (2) und 73 (3).

M6 Tower of London
Der Tower ist eine Festung in der Londoner Innenstadt am Nordufer der Themse. Die Anlage erstreckt sich über eine Fläche von 7,5 Hektar. Den ursprünglichen Tower, den White Tower, liess um 1076 Wilhelm der Eroberer errichten.

Aufgabenlösungen

73 (1) *Nenne die Funktionen einer Global City.*
Global Cities sind Weltstädte. Sie haben eine Vielzahl an internationalen Verkehrsverbindungen (Flughafen Heathrow: jährlich 60 Mio. Passagiere), sind politische Zentren, Sitz von internationalen Organisationen und Institutionen (z. B. Brüssel: EU, NATO), sind der Sitz von internationalen Firmen, Dienstleistungsunternehmen und Banken (z. B. London: 450 ausländische Banken). Es herrscht ein hohes Lohnniveau, aber es gibt grosse Einkommensunterschiede und die Lebenshaltungskosten sind hoch. Die Städte sind Zentren von Kultur (New York hat über 300 Theater), Medien, Sport und Mode (Modezentrum Paris). Hier gibt es viele weltweit bekannte Universitäten und Forschungseinrichtungen
    Weitere Global Cities: Moskau, Paris, New York, Rom, Madrid.

73 (2) *Beschreibe das Wachstum Londons (Atlas).*
Wie in anderen industriellen Grossstädten auch, „explodierte" in London das städtische Wachstum im Industriezeitalter. Zwischen 1800 und 1914 vervielfachte sich das Stadtgebiet. Es entstanden Massenwohnviertel mit sehr unterschiedlicher Ausstattung um die City herum; um diese Wohnviertel wurde ein Grüngürtel (Green Belt) angelegt, um unkontrolliertes städtisches Wachstum zu verhindern. ausserhalb dieses Gürtels wurden zur Entlastung der städtischen Funktionen New Towns gegründet, in denen sich Industriebetriebe und Dienstleistungsunternehmen ansiedelten.
    Heute besteht London aus verschiedenen Regionen: City of London: 2,6 km^2, 8000 Ew.; Gross-London: 300 km^2, etwa 3 Mio. Ew., Stadt-Region: 1800 km^2, 7,2 Mio. Ew., Stadtumland: ca. 13 Mio. Ew. London steht in der Rangliste der Grösse an 17. Stelle der Städte, hat in 32 Stadtbezirken 200 Parks, 160 Museen, weltbekannte Theater, internationale Flughäfen, acht Fernbahnhöfe, seit 1863 eine U-Bahn mit heute täglich 2 Mio. Fahrgästen.

73 (3) *Beschreibe die Lage der New Towns.*
Im 20. Jahrhundert entstanden ausserhalb Londons neue und erweiterte Städte. Sie bieten eine hohe Wohnqualität durch aufgelockerte Bebauung, viele Grünanlagen und haben Arbeitsplätze in Industrie und Dienstleistung. Sie sind von London wirtschaftlich und administrativ unabhängig. Die New Towns liegen ausserhalb des Grüngürtels, aber noch im Stadtgebiet Londons (greater London) in ca. 25 bis 50 km Entfernung von der City.

Zusatzaufgabe

Besorgt euch Material über London (Karten, Prospekte) und schreibt kurze Informationen zu verschiedenen Sehenswürdigkeiten.

Individuelle Lösung.
Informationen zu ausgewählten Sehenswürdigkeiten:
- Buckingham Palace ist der Wohnsitz der englischen Könige in London.
- Das New Globe Theatre in Southwark ist ein originalgetreuer Nachbau des Globe Theaters aus Shakespeares Zeiten. Es hat überdachte Galerien und Logen sowie einen nicht überdachten Mittelkreis (groundling) mit den billigsten Plätzen. Das alte Theater brannte 1613 ab, wurde 1615 wieder aufgebaut und 1644 für den Bau von Wohngebäuden abgerissen.
- In Soho befinden sich viele Unternehmen der Musik- und Medienbranche.
- Auf dem Trafalgar-Square befindet sich ein grosser Brunnen mit einer Statue von Lord Nelson, unter dessen Kommando die Briten 1805 in der Schlacht von Trafalgar die Vormacht auf See gewannen. Lord Nelson starb dabei.
- Die Westminster Abbey ist seit 1066 Krönungsort der englischen Monarchie. Bereits 1050 wurde mit dem Bau nach dem Vorbild französischer Kathedralen begonnen. In der Abbey befinden sich über 400 Gräber (u. a. von englischen Königen, von Winston Churchill, Georg Friedrich Händel, Charles Dickens und David Livingstone) sowie 3000 Gedenktafeln.
- Entlang der Strasse Whitehall liegen die wichtigsten Ministerien (Finanzen, Inneres und Äusseres, sowie der Sitz des Commonwealth, in der Seitenstrasse Downing Street der Wohnsitz des britischen Premierministers).
- In der City finden sich heute überwiegend Bank-, Versicherungs- und Verwaltungsgebäude internationaler Firmen. Da es kaum Wohngebäude in diesem Stadtteil gibt, ist die City am Abend fast menschenleer.
- 1666 wurden durch Christopher Wren nach der Feuersbrunst in London 55 Kirchen errichtet, die bekannteste ist die St. Paul`s Cathedral. Das wuchtige Bauwerk wird von einer 110 Meter hohen Kuppel überragt, von der aus man eine hervorragende Aussicht hat.

Metropolen Europas
Schülerbuch Seiten 74–75

Grundbegriffe: Villes Nouvelles, Banlieues, Agglomeration

Abbildungen

M1 Wachstumsringe von Paris
Die Abbildung zeigt die Stadtentwicklung im Ballungsraum Paris von der Stadtgründung bis zur Errichtung des Befestigungsrings in den Jahren 1841 bis 1845.

M2 Die Innenstadt von Paris bei Nacht (Bildmitte: Eiffelturm)
Der Blick geht vom Palais de Chaillot über den Eiffelturm in Richtung École Militaire, dahinter erhebt sich das Viertel Montparnasse.

M3 Struktur der Mehrkernestadt Paris
Das Satellitenbild verortet die Lage von Paris innerhalb der Stadtregion. Umgeben ist die eigentliche Stadt von mehreren Villes Nouvelles, hier sind drei davon benannt. Im Norden und Süden sind die beiden internationalen Flughäfen verzeichnet, östlich von Marne-la-Vallée ist die Lage von Euro-Disney eingezeichnet. Südwestlich von Paris liegt Versailles, das Schloss der französischen Könige, westlich vom Bois de Boulogne ist das neue futuristische Büroviertel La Dèfense verortet.

Deutlich wird erkennbar, dass trotz administrativer Eigenständigkeiten eine Riesenstadt aus vielen kleineren Orten entstanden ist. Siehe auch Aufgabenlösung zu 75 (4).

Aufgabenlösungen

74 (1) *Suche auf einem Stadtplan drei Sehenswürdigkeiten von Paris (Atlas). Erkundige dich nach ihrer jeweiligen historischen Bedeutung (andere Medien).*
Individuelle Lösung.
Lösungsvorschläge:
Champs-Elysées: ca. 70 m breite, international bekannte Geschäftsstrasse (berühmte Modesalons); Elyseè-Palast: Sitz des französischen Präsidenten, erbaut 1718; Seine-Insel Ile de la Cité: von den Römern 52 v. Chr. erobert, vorher siedelten hier die Gallier, Mittelpunkt der städtischen Siedlung; Centre Pompidou: Staatsmuseum für moderne Kunst, 1977 eröffnet; Arc de Triomphe: erbaut zur Verherrlichung der Siege Napoleons; Eiffelturm: erbaut anlässlich der Weltausstellung 1889; Palais Royal: Sitz von Kardinal Richelieu und Philippe von Orléans, heute Ladengalerien und Cafes, erbaut 1629; Sacré-Coeur: Kirche auf Montmartre, erbaut Ende 19. Jh.; Notre-Dame: Kirche auf der Altstadtinsel, beendet Mitte des 14. Jh.

74 (2) *Erkläre die Sonderstellung der Stadt Paris in Frankreich.*
Paris ist das politische Zentrum des Landes: bereits seit 1000 Jahren war es erst Sitz der Monarchie und heute Sitz der Zentralregierung (es gibt keine Kantone), es ist Sitz zahlreicher Organisationen (z.B. UNESCO, ESA).

Gleichzeitig ist Paris wirtschaftliches Zentrum des Landes: Sitz bedeutender in- und ausländischer Unternehmer z. B: Air France (Luftfahrt), France Telécom (Telekommunikation), Peugeot (Kfz), Totalfina Elf (Erdöl), Danone (Lebensmittel), Weltmodezentrum (Chanel), Ort einer Vielzahl von Messen und Kongressen und von Weltausstellungen.

Paris gilt auch als kulturelles Zentrum: Konzentration weltberühmter Sehenswürdigkeiten, Welttourismuszentrum mit mehr als 20 Mio. Touristen pro Jahr.

75 (3) *Erkläre die Anlage des Strassen- und Eisenbahnnetzes in Frankreich (Atlas).*
Alle Hauptverkehrswege Frankreichs sind sternförmig auf die Hauptstadt ausgerichtet bzw. laufen von der Metropole in alle Regionen des Landes (Schienen-, Strassen-, Luftverkehrsnetz). Dies unterstreicht die zentrale Bedeutung der Stadt innerhalb des Landes.

75 (4) *Erstelle eine Definition des Begriffs „Mega-Agglomeration".*
Eine Metropole (hier Paris, Kern des Grossraumes Paris) wächst mit im Umland angelegten neuen Städten (Villes Nouvelles) zusammen. Es entsteht eine „Riesenstadt" (Megastadt), ein Verdichtungsraum (Agglomeration) mit zusammenhängender städtischer Bebauung.

Zusatzaufgaben

Aufgabe 1
Recherchiere, warum neue Städte (Villes Nouvelles) als Entlastungsstandorte für die Kernstadt gebaut wurden.
In den 1950er-Jahren wurde Paris Zielort starker Zuwanderungsströme (hohes Lohnniveau, Flair der Hauptstadt); die Hauptstadt wuchs ins Umland; einige Wohnviertel verdichteten sich (Wohnhochhausviertel, Bürogebäude, Fabriken und Lagerhallen). Problematisch war: Die Infrastruktur wurde nicht entsprechend des Wachstums entwickelt (Mangel an Geschäften, Supermärkten, Schulen, Krankenhäuser); ungenügende Verkehrsanbindung, die besonders in „Verkehrsspitzen" zu chaotischen Zuständen führte. Die neuen Städte im Umland von Paris (20 bis 60 km entfernt, M3) sind nicht nur „Schlafstädte mit Wohnsilos", sondern verfügen über alle Dienstleistungseinrichtungen. Trotzdem ist das Vorhaben, Pendlerströme von der Innenstadt fernzuhalten, nur teilweise gelöst. Z. B. hat man mit Marne-la-Vallèe östlich von Paris – (290 000 Ew., 180 km², damit fast doppelt so gross wie das eigentliche Paris – eine Stadt mit modernen Anlagen im Zentrum (Kino, Supermarkt, Ausstellungsflächen) und mit Grünflächen zwischen den Wohngebieten angelegt. Schnellstrassen verbinden Arbeitsstätten wie Fabriken und Dienstleistungseinrichtungen mit Wohngebieten sowie dem Stadtzentrum. Kritische Einwände gab es aber von den Bewohnern, die die Anlage als „edel und trotzdem irgendwie trostlos" und mit den Worten „zu viel Beton" kritisierten.

Aufgabe 2
Finde Gründe für die Aussage „Ile-de-France – ein europäischer Entwicklungspol".
Die Einwohnerzahlen in der Stadt Paris selbst sind seit 1900 relativ konstant geblieben sind. In den letzten Jahrzehnten ist sogar ein Rückgang der Bevölkerungszahlen im Stadtgebiet von Paris zu verzeichnen. Ein Grund liegt in der vermehrten Ansiedlung von Geschäftsbereichen. Die Ile-de-France insgesamt zeigt eine stete Zunahme der Bevölkerungszahlen, sodass heute 11 Millionen Menschen in diesem Raum leben.

Im Ballungsraum Paris leben so fast 20 % der Bevölkerung Frankreichs. Hier spielen sich auf einer im Vergleich zum gesamten Land kleinen Fläche überproportional viele wirtschaftliche, kulturelle und politische Aktivitäten ab. Knapp 30 % der französischen Wirtschaftsleistung werden hier erbracht. Beispielsweise arbeiten von 100 in Frankreich tätigen Werbefachleuten über 90 in Paris. Eine ähnliche Dominanz zeigt sich bei Bankkaufleuten (90 von 100), Journalisten (75 von 100) und Wissenschaftlern (60 von 100). Vor allem junge Menschen wandern in diese Wirtschaftsregion. Sie finden hier dauerhafte berufliche Chancen infolge der Vielfalt der Hightech-Branchen und Dienstleistungseinrichtungen mit internationaler Bedeutung. Ausserdem zieht das Freizeitangebot der Weltstadt junge Menschen an, die hier „etwas erleben" wollen. So wurde die Ile-de-France zur bevölkerungsreichsten Region Frankreichs.

Gewusst wie: Bilder auswerten
Schülerbuch Seiten 76 – 77

Abbildungen

M1 London (2008)
Das Schrägluftbild zeigt den Gebäudekomplex der Houses of Parliament mit der Themse im Hintergrund. Siehe Aufgabenlösung zu 76 (1) bis 76 (3).

M2 So könnte eine Bildauswertung aussehen
Die Auflistung gibt vor, welche Inhalte bei einer Bildauswertung genannt werden sollen. Siehe Aufgabenlösung zu 76 (1) bis 76 (3).

Lebensraum Europa

Aufgabenlösungen

76 (1) *Suche den Bildausschnitt in M1 im Atlas. Notiere die Atlasseite und bestimme, in welche Himmelsrichtung das Bild aufgenommen wurde.*
Diercke Weltatlas Schweiz (2008): S. 72
Das Schrägluftbild ist aus Richtung Osten in Richtung Westen fotografiert.

76 (2) *Bezeichne mithilfe der Informationen im Atlas die Gebäude auf dem Bild.*
Im Bildvordergrund sind die Parlamentsgebäude (Houses of Parliament) zu erkennen. Im Bildhintergrund am anderen Themseufer ist links oben im Bild ein Teil der Old County Hall zu sehen. Rechts der Themsebrücke befinden sich Gebäude der Bildungs- und Sozialeinrichtungen, die nicht näher benannt werden.

76 (3) *Führe eine Bildauswertung des Titelbildes dieses Buches durch. Gehe dabei gemäss der nebenstehenden Anleitung Schritt für Schritt vor.*
1. Das Bild zeigt den Timesquare im Stadtteil Manhattan der Stadt New York zur Mittagszeit. Eine Jahreszahl der Aufnahme ist nicht angegeben. Der Titel könnte „Timesquare in Manhattan" lauten. Das Bild wurde von der Strasse aus aufgenommen.
2. Zu sehen ist der Platz mit seinen zahlreichen Reklameschildern an den für Manhattan typischen Hochhäusern. Die Strassen haben ein hohes Verkehrsaufkommen, die gelben Autos sind New Yorker Taxis. Im Hintergrund befindet sich eine grössere Menschenmenge.
3. Individuelle Lösung.
4. Der Platz wurde 1904 nach der Zeitung „New York Times" benannt und bildet das Zentrum des Theaterviertels, des Broadways. Berühmt wurde der Platz wegen seiner Werbeschilder. Nach den Bauvorschriften muss jedes Gebäude am Timesquare eine Leuchtreklame haben. Sylvester feiern hier etwa eine Million Menschen, etwa eine Milliarde verfolgt die Feier im Fernsehen.
5. Der Titel ist passend. Die Qualität der Aufnahme ist ausreichend. Informationen über die Nutzung der Gebäude und das Verkehrsaufkommen zu anderen Tageszeiten sind hier nicht zu entnehmen.

Periphere Räume Europas
Schülerbuch Seiten 78–79

Grundbegriffe: Volkswirtschaft, Infrastruktur, Subvention

Abbildungen

M1 Brücke von Messina (Studie)
Das Bild zeigt das mögliche Aussehen der Brücke über die Strasse von Messina.

M2 Zeitungsartikel
In dem Artikel wird die Problematik des Brückenbaus deutlich. Das Projekt ist sehr teuer, da keine Stützpfeiler auf dem Meeresboden verankert werden können, die tektonische Situation in dem Gebiet ist nämlich problematisch. Erdbeben sind häufig, da die afrikanische Platte gegen die europäische drückt. Auch gilt der Brückenbau als umweltschädlich, da die angrenzenden schützenswerten Gebiete beeinträchtigt würden.

M3 Arbeitslosigkeit und Abwanderung in Italien
Die beiden thematischen Karten verdeutlichen in Flächenfarben die Arbeitslosigkeit und die Abwanderung in den einzelnen benannten Regionen. Siehe auch Aufgabenlösung zu 78 (1).

Aufgabenlösungen

78 (1) *Werte die Karten in M3 aus und finde Zusammenhänge.*
Die thematischen Karten zeigen die Arbeitslosenstrukturen Italiens nach Regionen und die Bevölkerungsabwanderung in den einzelnen Regionen. Dem reichen Norden steht der arme Süden gegenüber. Die Grenze verläuft etwa auf der Höhe zwischen Rom und Neapel.

Die Arbeitslosigkeit ist in den norditalienischen Regionen (vor allem Aostatal, Lombardei, Trentino, Venetien, Emilia-Romagna) gering (Gelb und Grün), in den süditalienischen Regionen (Sardinien, Kampanien, Basilicata, Kalabrien, Sizilien) dagegen hoch (Rottöne).

Aus Süditalien ziehen viele Menschen weg, weil es dort wenig gut bezahlte Arbeitsplätze gibt. Daraus lässt sich ableiten, dass sich die meisten Industriebetriebe Italiens, die vielen Menschen einen Arbeitsplatz bieten, im Norden des Landes befinden. In dem wirtschaftlich weniger entwickeltem Süden arbeiten viele Menschen noch in der Landwirtschaft.

78 (2) *Notiere mögliche Vorteile, welche eine Brücke über die Meeresenge von Messina für Süditalien haben könnte.*
Vorteilhaft wäre die schnellere Anbindung der Insel Sizilien an das Festland als derzeit mit der Fähre. Über Kalabrien wäre Sizilien dann auf der Autobahn erreichbar. Von dem erhöhten Touristenaufkommen könnte eventuell auch das süditalienische Festland profitieren. Vorteilhaft wäre auch die Verkürzung des Weges von und nach Nordafrika (Tunesien). Wirtschaftskontakte liessen sich so leichter pflegen. Die Verbesserung der Infrastruktur durch die Brücke könnte die Region auch für die Ansiedlung von Wirtschaftsunternehmen interessant machen.

78 (3) *Die italienische Partei „Lega Nord" möchte, dass sich Norditalien von Süditalien abspaltet. Nenne mögliche Gründe für diese Forderung.*
In Norditalien gibt es gut ausgebaute Verkehrswege, ein dichtes Verkehrsnetz, zahlreiche Handwerksbetriebe mit langer Tradition in Bezug auf Qualität und Design sowie gut ausgebildete Arbeitskräfte. Die Nähe zu zahlreichen Käufern in den Grossstädten Norditaliens und kurze Wege zu den Absatzmärkten in Mitteleuropa haben in Norditalien ebenfalls zum Aufbau einer leistungsfähigen Wirtschaft beigetragen.

In Süditalien dagegen dominiert der Grossgrundbesitz, die Infrastruktur ist schlecht ausgebaut, die Region ist für die Ansiedlung von Unternehmen wenig attraktiv. Dazu kommt, dass die Mafia besonders in Süditalien sehr aktiv ist. Die „Lega Nord" möchte durch die Abspaltung verhindern, dass Steuergelder in den Süden fliessen, die dort zudem wenig bewirken.

Periphere Räume Europas
Schülerbuch Seiten 80–81

Grundbegriffe: Niedriglohnbereich, Standortfaktor

Abbildungen

M1 Erntehelfer
Das Foto zeigt polnische Erntehelfer bei der Spargelernte. Diese ist eine mühselige Handarbeit, die in gebeugter Haltung durchgeführt werden muss und schlecht bezahlt wird.

M2 Karikatur
Die Zeichnung zeigt zwei schweize Frauen, die aus dem Fenster lehnend, eine grosse Menschenmenge herannahen sehen, die Europafahnen schwenkt. Siehe auch Aufgabenlösung zu 80 (2).

M3 Eine Stadt lebt von einem Industriebetrieb
Ausländische Investoren konnten bei Mindestinvestitionenen von 10 Mio. € in den vergangenen Jahren in Tschechien zahlreiche Vergünstigungen erhalten. Sie konnten bis zu 10 Jahre von der Körperschaftssteuer befreit werden, es wurden Zuschüsse zu neu geschaffenen Arbeitsplätzen sowie zu den Kosten der Ausbildung und Umschulung von Arbeitskräften bezahlt. Oft übernahmen die Gemeinde oder der Staat auch die Erschliessungskosten von Grundstücken. Die Baugrundstücke wurden dem Investor dann zu einem symbolischen Preis zur Verfügung gestellt. Diese zahlreichen Vergünstigungen mussten vor dem EU-Beitritt auf Betreiben der EU-Kommission reduziert werden, was zumindest in manchen Fällen auch geschehen ist.

Auch in Mladá Boleslav konnte VW bei der Werksübernahme von solchen Vorteilen profitieren. Heute haben sich alle Investitionen für Staat und Stadt aber ausgezahlt. Skoda plant in Mladá Boleslav sogar den Bau einer eigenen Hochschule für zukünftige Fachkräfte. Die Stadt muss aber in weitere Industrien bzw. Dienstleistungen investieren, um der alleinigen Abhängigkeit von der Automobilindustrie zu begegnen.

M4 Produktionszahlen der Automobilindustrie in Osteuropa
Mit Ausnahme von Audi sind in Mittel- und Osteuropa bislang vor allem Volumenhersteller präsent. Während Volkswagen, Renault, Fiat und Opel schon seit den 1990er-Jahren in der Region aktiv sind, haben die französische PSA-Gruppe und Hyundai den Standort erst in den vergangenen Jahren entdeckt. Ford produziert seit 2008 den Kleinwagen Ka in Polen statt wie vorher in Valencia und ist damit erstmals mit einer eigenen Fertigung in Mitteleuropa vertreten.

Niedrige Lohnkosten sind ein wesentlicher Faktor für Produktionsverlagerungen nach Mittel- und Osteuropa. Selbst wenn in der Slowakei der Durchschnittslohn ab sofort um jährlich vier Prozent und in Deutschland nur um ein Prozent jährlich steigen würde, wäre das Lohnniveau der beiden Länder erst in 70 Jahren ausgeglichen.

M5 Das Skodamodell Yeti
Seit 2009 wird dieser SUV (Sport Utility Vehicle) als Serie in Kvasiny (Tschechien) gefertigt.

Die Kfz-Industrie in der Tschechischen Republik wird geprägt von Skoda Auto. Auf dem tschechischen Kfz-Markt hält Skoda einen Marktanteil von über 52 %.

Der Markterfolg von Skoda wäre ohne die technische und finanzielle Partnerschaft mit Deutschland nicht denkbar gewesen. Der Octavia auf der technischen Basis des VW Golf brachte 1997/98 den Durchbruch. Die von Ferdinand Piech forcierte „Plattformstrategie" spart seither in Mladá Boleslav hohe Entwicklungskosten. Umgekehrt profitieren bis heute deutsche VW-Werke wie Wolfsburg oder Salzgitter durch Zulieferungen vom Erfolg der mittlerweile hundertprozentigen VW-Tochter.

In der Folge der Übernahme siedelten sich die meisten der etablierten VW-Zulieferer in Tschechien an. Im Jahr 2009 wurden fast 1 Mio. Pkw in Tschechien gefertigt (684 226 bei Skoda und ca. 300 000 bei Toyota/PSA).

Nur rund 600 Euro verdient ein Skoda-Arbeiter im Monat, hinzu kommen noch 38 % des Bruttolohns als Sozialabgaben. Noch wichtiger aber ist die hohe Flexibilität. Bei Bedarf wird sieben Tage in der Woche rund um die Uhr gearbeitet. Nur sechs Prozent der Herstellungskosten eines Fahrzeugs entfallen bei Skoda auf den Faktor Arbeit. In Westeuropa liegt der Wert gut doppelt so hoch. So kann Skoda im Konzern-Markenverbund die Rolle als „Preis-Wert-Marke" erfüllen.

Aufgabenlösungen

80 (1) *Was treibt die Menschen von Polen fort? Warum ist die Auswanderung nach Westeuropa so attraktiv? Erstelle eine Tabelle und notiere je in einer Spalte Stichworte zu beiden Fragen.*
Push-Faktoren: Hohe Arbeitslosigkeit, sehr kleine landwirtschaftliche Betriebsgrössen, veraltete Industrieanlagen, geringer Lohn.
Pull-Faktoren: Gut bezahlte Arbeitsplätze, soziale Absicherung, ohne Ausbildung in kurzer Zeit für polnische Verhältnisse viel Geld zu verdienen.

80 (2) *Erkläre die Karikatur (M2).*
Die Äusserungen der beiden Frauen spiegeln die Befürchtungen vieler Schweizer wider. Sie haben einerseits Angst, dass die ärmeren Menschen aus Polen und anderen Ländern Osteuropas in die Schweiz kommen, um hier von den gut ausgebauten sozialen Sicherungssystemen zu profitieren, ohne selbst dort einzuzahlen. Andererseits können polnische Fachkräfte in die Schweiz kommen und dort den schweizer Bürgern die Arbeitsplätze streitig machen.

80 (3) *Nenne Standortfaktoren der Automobilindustrie in Osteuropa.*
Gut ausgebildete Ingenieure und geringere Personalkosten für qualifizierte und erfahrene Arbeitskräfte, flexible Arbeitszeiten; Gewerbegebiete mit Bahn- und Strassenanschluss mit Erweiterungsflächen; öffentliche Zuschüsse und Fördermittel für den Bau von Fabrik und Infrastruktur, geeignete Zulieferbetriebe vor Ort; Steuer- und Zollvergünstigungen; Lage in einem EU-Mitgliedsland bewirkt die Einhaltung von EU-Standards; niedrigere Löhne als in Deutschland bei sehr guter Produktionsqualität; moderne Fertigungsanlagen; politische Stabilität; Nähe und gute Verbindungen zu den mittel- und westeuropäischen Stammwerken; Nähe zu den Märkten in Mittel- und Osteuropa; direkter Absatzmarkt im Herstellungsland.

81 (4) *Vergleiche die Auswanderung aus Italien mit der Auswanderung aus Polen.*
Beide Staaten verlieren Arbeitskräfte, die in ihren Heimatländern nur wenig verdienen können oder arbeitslos wären. In Italien ist die Wanderung aber zum grossen Teil eine Binnenwanderung, da im Norden des Landes qualifizierte Arbeitskräfte gebraucht werden. In Polen sind insgesamt kaum gut bezahlte Arbeitsplätze zu finden, so verlassen die Polen dann zumindest vorübergehend das Land.

81 (5) *Beschreibe, welche Auswirkungen eine Krise in der Automobilindustrie für Länder wie Tschechien und die Slowakei haben kann.*

Das Unternehmen selbst schafft Arbeitsplätze, dazu kommen weitere Stellen in den Zulieferbetrieben und Dienstleistungsunternehmen, die dem Werk zuarbeiten. Damit wird Kaufkraft geschaffen, der Konsum führt zu Gewinnen bei vorhandenen und sich neu ansiedelnden Geschäften. Unternehmen und Mitarbeiter zahlen Steuern, das Geld steht dann für soziale, kulturelle und infrastrukturelle Projekte zur Verfügung (Sport, Museum, Schule, Krankenhaus etc.). Unternehmen treten oft auch als Sponsoren von Sport, Kultur und Wissenschaft auf.

Nachteilig kann die einseitige Abhängigkeit von nur einem Unternehmen sein. Von wirtschaftlichen Problemen des Unternehmens sind auch Arbeitsplätze in anderen Bereichen betroffen und der Stadt fehlen dann Steuergelder. Erschliessungskosten für das Gewerbegebiet werden von der Stadt aufgebracht und müssen sich über Jahre amortisieren.

Zusatzinformationen zu Polen

In Polen sind 2008 noch 14 % der Bevölkerung in der Landwirtschaft tätig. Sie arbeiten aber so unproduktiv, dass sie nur 3,6 % zum BIP beitragen. Hier sollen in den nächsten Jahren Betriebsvergrösserungen und Modernisierungen mithilfe von EU-Subventionen Abhilfe schaffen. Auch die Werftindustrie muss modernisiert werden. Alternativ müsste in Polen über eine Verlagerung auf andere Erwerbszweige nachgedacht werden.

Polen befindet sich in einem wirtschaftlichen Umbruch. Die Industrieproduktion und der Absatz von Industrieprodukten wachsen wieder in den letzten Jahren. Grund ist die Modernisierung der Industrie und die damit einhergehende Steigerung des Exports. Auch ausländische Unternehmen investieren aufgrund der günstigeren Produktionskosten im Vergleich zu Westeuropa in zunehmendem Masse in Polen (Volvo, Volkswagen). Wichtig für ausländische Unternehmen sind u. a. niedrige Löhne, eine niedrige Anzahl an gesetzlichen Urlaubstagen, eine relativ lange Wochenarbeitszeit im Vergleich mit anderen Ländern.

Zusatzinformationen zur Automobilindustrie in Tschechien und der Slowakei

In den kommenden Jahren entfällt der Grossteil der Investitionsvorhaben von rund sechs Milliarden US-Dollar in der Kraftfahrzeugindustrie auf die Slowakei und Tschechien: Nach Schätzungen wird im Jahr 2013 das Produktionsvolumen in der Slowakei um rund 700 000 und in Tschechien um 450 000 Pkw über dem aktuellen Niveau liegen. Zum Vergleich: Für Deutschland erwarten die Experten einen Produktionsanstieg um knapp 600 000 Fahrzeuge. Dadurch wird die Fertigungskapazität in Ost- und Mitteleuropa auf 4,2 Millionen Fahrzeuge im Jahr 2013 steigen. Die Hersteller begründen ihre Investitionsplanungen mit Kostensenkungen durch niedrigere Löhne und die Erschliessung neuer Märkte in den neuen EU-Staaten.

Fast jeder international operierende Automobilzulieferer verfügt heute über Produktionsniederlassungen in Tschechien. In keinem anderen Land der Welt gibt es eine solche Konzentration von transnationalen Unternehmen auf relativ kleinem Raum wie in Tschechien.

Dies eröffnet auch der Zulieferindustrie in Tschechien hervorragende Wachstumschancen und Arbeitsplätze. Durch die Modernisierung von Produktionsanlagen wächst die Arbeitsproduktivität in Tschechien deutlich schneller als im EU-Durchschnitt, liegt trotz dieser Zuwächse noch deutlich unter dem Produktivitätsniveau westlicher Staaten. So bleiben manche Zulieferer trotz 80 % höherer Lohnkosten in Deutschland (durchschnittlicher Lohn in einem tschechischen Zulieferbetrieb: 475 €) und erzielen mit Know-how und optimierten betriebswirtschaftlichen Abläufen trotzdem hohe Gewinne.

Zusatzaufgaben

Aufgabe 1
Ermittle mithilfe des Atlas wichtige Industriegebiete in Polen, beschreibe ihre Lage und nenne die vertretenen Industriezweige.

Das Oberschlesische Industriegebiet liegt im Raum Kattowitz in Südpolen. Weitere grössere Industriestandorte stellen die Städte Danzig im Norden, Stettin im Nordwesten und Breslau im Südwesten dar. In Oberschlesien sind chemische Industrie, Maschinenbau, Textilindustrie, Papierindustrie, Nahrungsmittelindustrie, Eisen- und Stahlerzeugung, Schienenfahrzeug- und Kraftfahrzeugbau, Elektrotechnik, Feinmechanik, Steinkohlenbergbau ansässig.

Aufgabe 2
Überlege, warum im Raum Kattowitz (Katowice) Eisen und Stahlindustrie angesiedelt wurde. Ziehe Parallelen zum Ruhrgebiet (Atlas).

Im Raum Kattowitz (Katowice) gibt es grosse Steinkohlenvorkommen, die zur Roheisenherstellung benötigt werden.

Parallelen: grosse Vorkommen an Steinkohle, grosse Ballungsräume (Industrie, Verkehr, Bevölkerung), verkehrsgünstige Lage, viel Eisen- und Stahlerzeugung, moderne Industrien (z. B. Elektrotechnik, Feinmechanik).

Aufgabe 3
Was versteht man unter Just-in-time-Produktion?

Der Begriff leitet sich aus dem Englischen ab und bedeutet „genau pünktlich". In der industriellen Fertigung wird dieses Verfahren seit Beginn der 1980er-Jahre angewandt. Der gesamte Produktionsprozess einer Ware wird inklusive der Transportketten der Einzelteile zeitlich durchgeplant und optimiert. Bei einer reduzierten Lagerhaltung wird die Materialbeschaffung dezentral organisiert und kann so jederzeit einer schwankenden Auftragslage angepasst werden. Dies spart Kosten und wird besonders in der Grossserienfertigung wie z. B. der Automobilproduktion angewendet. Entwickelt wurde das Verfahren in japanischen Unternehmen. Nachteilig ist die Verlagerung der Lagerhaltung auf die Strasse, der diesbezügliche Lkw-Verkehr hat stark zugenommen.

Verkehrsverbindungen
Schülerbuch Seiten 82–83

Grundbegriff: Verkehrsmittel

Abbildungen

M1 Rest einer Verbindungsstrasse, auf der im Mittelalter Salz zwischen Frankreich und der Schweiz transportiert wurde.
Das Foto zeigt einen schmalen Weg durch bergiges Gelände. Im Mittelalter wurde hier mit Pferd und Wagen Salz transportiert.

M2 Heute ganz in der Nähe – die Autobahn A9
Das Foto der Autobahn zeigt kontrastreich den Ausbau und guten Zustand der heutigen Verkehrswege.

M3 Netz der Hauptverkehrswege durch Europa im Mittelalter
Die Karte zeigt den Verlauf der Hauptverkehrswege zwischen den Haupthandelszentren des Mittelalters. Deutlich wird die Konzentration von Städten auf den Achsen von Norditalien nach Belgien, nach Südschweden und nach Nowgorod in Russland. In Süd- und Nordeuropa ist das Verkehrsnetz deutlich schlechter ausgebaut.

M4 Fahrplan für die Bahnstrecke Bern-Thun 1870
Angegeben sind verschiedene Verbindungen zwischen den beiden Städten. Je nach Zahl der Haltepunkte benötigte der Zug von Bern nach Thun zwischen 50 und 67 Minuten.

M5 Hochgeschwindigkeitszug
Das Foto zeigt einen Hochgeschwindigkeitszug von vorn. Die charakteristische aerodynamische Form zeigt deutlich, dass der Zug für hohe Geschwindigkeiten gebaut worden ist.

Ohne einen Ausbau der Trassen lässt sich das Hochgeschwindigkeitsnetz nicht betreiben. Denn die Züge, wie der ICE in Deutschland, der TGV in Frankreich, der AVE in Spanien und der X2000 in Schweden, erreichen Spitzengeschwindigkeiten von über 300 km/h. Probleme beim Ausbau bereiten die hohen Kosten für diese Spezialstrecken, der Lärm, dem zukünftig die Anwohner an den Strecken ausgesetzt sind und auch die nötige Vereinheitlichung der Technik. Bislang führte die uneinheitliche Technik an vielen Grenzen zum Lok- und Personalwechsel. Daneben ist auch eine Verknüpfung mit anderen Verkehrsmitteln wie z.B. Schnellfähren und Lkw (Huckepacksystem) geplant. Damit versucht man, die Eingriffe in die Natur möglichst gering zu halten.

M6 Reisezeiten im Vergleich
Die Zahlen machen deutlich, wie stark die Reisezeiten sich seit 1870 verkürzt haben. Siehe auch Aufgabenlösung zu 82 (2).

Aufgabenlösungen

82 (1) *Überlege dir, welchen Verkehr du heute verursacht hast, seit du aus dem Haus gegangen bist. Welche Verkehrsmittel hast du dazu benutzt?*
Individuelle Lösung.

82 (2) *Vergleiche die Reisezeit von Bern nach Brig um 1870 und heute (M6).*
Auf Strecken, die heute von Pendlern in jeweils etwa einer Stunde zweimal pro Tag bewältigt werden, war man damals über 18 Stunden unterwegs. Auch hat die Zahl der Verbindungen von täglich zwei auf heute 22 stark zugenommen.

82 (3) *Vergleiche die Hauptverkehrswege durch Europa im Mittelalter und heute (Atlas, M3). Beachte auch moderne Verkehrsmittel (Seite 66–67).*
Die Atlaskarte (z.B. Diercke Weltatlas Schweiz, S.39) zeigt das europäische Fernstrassen- und Eisenbahnnetz sowie die wichtigsten Zentren Europas. Das heutige Verkehrsnetz basiert auf den schon im Mittelalter vorhandenen Handelswegen. Die Haupttrassen verlaufen immer noch auf diesen Wegen. Der gute Ausbau der Verkehrswege, die Motorisierung und die Entwicklung des Flugverkehrs haben die Reisezeiten stark verkürzt und so die schnelle Erreichbarkeit der Zentren verbessert.

83 (4) *Berechne die Kosten für ein Zugbillett von Bern nach Thun um 1870 (M4). Wie viel muss man heute dafür bezahlen (andere Medien)?*
Kosten um 1870: 3,35 / 2,35 / 1,70 CHF (1./2./3. Klasse) bzw. 5,25 / 3,70 / 2,70
Heutige Preise 15,20 / 25,20 CHF (1./2. Klasse) bzw. 30,40 / 25,40

83 (5) *Nicht überall in Europa war und ist das Verkehrsnetz gleich dicht. Nenne Gründe dafür (Atlas).*
Hochgebirge wie Alpen und Pyrenäen, Mittelgebirgsschwellen wie in Deutschland und Binnen- und Randmeere wie Ostsee und Nordsee unterbrechen immer wieder die flacheren, dicht besiedelten Gebiete und erschweren auch heute noch die Verkehrsanbindung der peripher gelegenen Länder. Wirtschaftlich starke Räume erstrecken sich in einem Gürtel von Grossbritannien bis Norditalien. Abseits dieser Gebiete sind die Bevölkerungsdichte und die Wirtschaftskraft geringer. So werden auch weniger Transportwege für Waren benötigt und entsprechend wird kaum Geld in den Ausbau der Infrastruktur investiert.

Zusatzaufgabe

Plane die Hin- und Rückfahrt zwischen deinem Wohnort und dem letzten Ferienziel. Benutze unterschiedliche Verkehrsträger. Trage die Teilstrecken mit der jeweiligen Reisedauer in eine Kartenskizze ein.
Die Aufgabe bedingt eine individuelle Lösung. Je nach Entfernung des Urlaubsortes kann eine Karte der Schweiz, von Europa oder der Welt vorgegeben werden. Zur genaueren Orientierung können die Schülerinnen und Schüler evtl. angehalten werden, Karten vom Urlaubsland mitzubringen.

Verkehrsverbindungen
Schülerbuch Seiten 84–85

Grundbegriffe: Transitraum, Umweltbelastung

Abbildungen

M1 Entwicklung des alpenquerenden Güterverkehrs in Millionen Tonnen
Die Tabelle zeigt den Güterverkehr für die Jahre 1980, 1990 und 2005. Deutlich wird ein kontinuierlicher Anstieg der transportierten Mengen in der Schweiz und in Österreich, während sie in Frankreich sinken. Siehe auch Aufgabenlösung zu 84 (2) und 85 (4).

M2 Die Alpen – Ein Hindernis
Die Karikatur zeigt im Vordergrund einen Tunnel durch den Brenner, vor dessen Eingang sich die Lkws stapeln. Über den Brenner hinweg führt ein schmaler Weg, der von bepackten Eseln genutzt wird.

Den Schülerinnen und Schülern wird hiermit verdeutlicht, wie überlastet die Transitstrecken durch die Alpen sind und wie wenig nutzbar für den Schwerlastverkehr die Passstrassen sind, da sie viel zu steil, kurvenreich, schmal und im Winter unpassierbar sind. Siehe auch Aufgabenlösung zu 84 (1).

M3 Verkehrswege durch und über die Alpen
Die Karte zeigt die Hauptverkehrswege durch die Alpen. Eingezeichnet sind Autobahnen, Fernstrassen, Eisenbahnen und die wichtigsten Pässe und Tunnel. Daneben sind die Staatsgrenzen sichtbar und die grössten Städte sind, mit Abkürzungen versehen, ebenfalls vermerkt.

Städte in alphabetischer Reihenfolge:
Ba. (Basel), Be. (Bern), Bo. (Bozen), Ch. (Chur), Di. (Dijon), Ge. (Genf), In. (Innsbruck), Kl. (Klagenfurt), L. (Linz), La. (Lausanne), Lai. (Laibach), M. (Marseille), Ma. (Mailand), Mü. (München), N. (Nizza), Sa. (Salzburg), Tu. (Turin), Ud. (Udine), Ve. (Venedig), Vi. (Villach), Zü. (Zürich).

M4 Gotthard-Basistunnel
Der Gotthard-Tunnel ist eine der Nord-Süd-Hauptverkehrsadern und verbindet Zürich mit Mailand. Hierüber wird ein Grossteil des Gütertransportes abgewickelt. Zukünftig (ab 2016) soll der Verkehr durch einen 49 km langen Basistunnel fliessen, der unterhalb des bestehenden Tunnels verläuft und die Transitstrecke entlastet. Anhand der Zeichnung wird deutlich, dass der neue Tunnel weniger unter Wetterbeeinträchtigungen zu leiden haben wird, da er sehr viel niedriger beginnt und mangels Steigungen auch sehr viel schnellere Transporte ermöglichen kann. Gleichzeitig lässt sich so Treibstoff einsparen und damit auch die Umwelt entlasten.

M5 Gotthard-Bergstrecke
Das Foto zeigt Pkws auf dem Weg über den Berg. Die Strasse windet sich in Serpentinen am Berghang empor. Lkws sind hier nicht zu sehen, der Anstieg wird für sie zu steil sein. Im Zusammenhang mit den Aufgaben 1 und 3 lässt sich hieran beispielhaft aufzeigen, worin die Verkehrs- und Umweltprobleme des Alpenraumes bestehen.

M6 Durchbruch des Gotthard-Tunnels
Das Foto zeigt die am Streckenbau beteiligten Arbeiter während einer Feier im Oktober 2010 anlässlich des Durchbruchs der Oströhre des Basistunnels. Im Hintergrund ist die riesige Maschine zu erkennen, die den Tunnel gefräst hat.

Aufgabenlösungen

84 (1) *Erläutere den Ausdruck „Connecting Europe" in Bezug auf die Alpentunnel.*
„Connecting Europe" lässt sich übersetzen mit „verbundenes Europa". Damit soll zum Ausdruck gebracht werden, dass die Alpentunnel für den Verkehrsfluss von Norden nach Süden eine verbindende Funktion erfüllen. Mit ihnen lässt sich der trennende Gebirgsgürtel der Alpen ohne grosse Probleme überwinden.

84 (2) *Erstelle für die Schweiz, Österreich und Frankreich ein geeignetes Diagramm zum alpenquerenden Güterverkehr mit den Zahlen aus M1.*

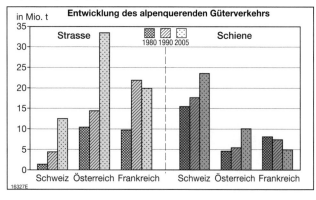

85 (3) *Zähle Vor- und Nachteile der beiden NEAT-Basistunnel für Bahnreisende, Lastwagenfahrer, Autofahrer, Bewohnerinnen und Bewohner der betroffenen Täler auf.*
Vorteile sind, dass das sehr hohe und weiterhin steigende Verkehrsaufkommen auf der Strasse, das sich auf die ausgebauten Hauptverkehrsadern konzentriert, die hohe Abgasbelastung besonders auch durch Lkws, die über keine Russfilter verfügen und die hohe Lärmbelastung, besonders an den Steigungen, sich verringern werden, wenn der Verkehr durch die Basistunnel geleitet wird. Gleichzeitig sparen die Tunnel den Durchfahrenden Zeit und Kosten.

Nachteilig ist die Zerstörung des Landschaftsbildes durch die Anlage von zuführenden Strassen. Das nach Bevölkerungsprotesten verabschiedete Güterverlagerungsgesetz sieht eine Verlagerung des Strassenverkehrs auf die Schiene vor, nach Eröffnung des Basistunnels sollen nur noch 650 000 Lkw pro Jahr durch die Schweiz fahren dürfen. Transitrechte müssen dann an einer Alpentransitbörse käuflich erworben werden. Schon seit 2001 müssen Lkw eine Schwerverkehrsabgabe zahlen, die je nach Gewicht und Streckenlänge berechnet wird.

85 (4) *Nenne Gründe für die unterschiedlichen Zahlen in M1.*
Gründe für den steigenden Güterverkehr seit 1980 sind die politische Wende 1990 in Osteuropa, die EU-Osterweiterungen 2004/07 sowie der wachsende Handel mit den GUS-Staaten. Auch werden im Zuge der Globalisierung und den damit einhergehenden gesunkenen Transportkosten immer mehr Waren zwischen den Staaten hin und her transportiert. Die sinkenden Transportzahlen in Frankreich entstanden durch eine Verlagerung des Transitverkehrs auf die bereits ausgebaute Alpen-Transversale.

Zusatzaufgabe

Liste auf, welche zusätzlichen Beeinträchtigungen der Umwelt im Alpenraum durch Urlauber und Durchreisende erfolgen.

- Zerschneidung des Waldes durch Schneisen für Skipisten, Zerstörung der Vegetationsdecke und Bodenverdichtung durch Pistenpräparierung, Verlust von Wäldern für andere Nutzungen, Gefahr von Lawinen, Muren etc.
- Störung von seltenen Alpentieren durch lärmende Touristen.
- Lärm und Abgase durch überwiegend mit dem Auto anreisende Touristen bzw. hohe Schadstoffkonzentrationen in der Nähe der Transitstrecken durch Lkws.
- Erhöhtes Abfall- und Abwasseraufkommen, Müllentsorgungsprobleme.
- Erhöhter Wasserverbrauch für die Hotels und für die Herstellung des Kunstschnees.

Tourismus in Europa
Schülerbuch Seiten 86–87

Abbildungen

M1 Tourismusziele in Europa
Die Karte zeigt, untergliedert in Gebiete für Sommer- und Wintererholung, ausgewählte Fremdenverkehrsorte. Diese werden unterschieden in Seebäder, Wintersportzentren und Städte mit Besichtigungstourismus. Siehe auch Aufgabenlösung zu 86 (1) und 86 (2).

Aufgabenlösungen

86 (1) *Arbeite mit dem Atlas. Notiere, nach Ländern sortiert, die Namen der in M1 eingetragenen Seebäder und Wintersportorte.*
Belgien: Knokke-Heist
Bulgarien: Druzba
Deutschland: Westerland, Graal-Müritz
Frankreich: Biarritz, Cote d`Azur, Chamonix, Grenoble
Griechenland: Rhodos
Grossbritannien: Blackpool, Brighton
Italien: Rimini, Ischia, Taormina, Cortina d`Ampezzo
Österreich: Klagenfurt,
Schweiz: Genf, Zermatt, St.Moritz,
Spanien: Marbella, Benidorm, Ibiza, Palma de Mallorca

86 (2) *Du möchtest eine Kreuzfahrt durch das Mittelmeer unternehmen. Welche Küstenabschnitte würdest du gern ansteuern? Begründe (M1).*
Individuelle Lösung.

Tourismus in Europa
Schülerbuch Seiten 88 – 89

Grundbegriff: Massentourismus

Abbildungen

M1 Strand an der spanischen Mittelmeerküste heute
Der Strand ist mit Menschen überfüllt. Eine Vielzahl von Sonnenschirmen ist zu erkennen. Im Hintergrund sieht man die „Skyline" von Benidorm, die Hotelhochhäuser. Der Vergleich der Abbildungen M1 und M2 zeigt deutlich die Veränderungen in Benidorm: Aus einem Fischerdorf ist ein Touristenzentrum geworden. Siehe auch Aufgabenlösung zu 89 (3).

M2 Strand an der spanischen Mittelmeerküste 1955
Das Foto ermöglicht mit M1 einen direkten Vergleich zwischen 1955 und heute. 1955 standen am Strand nur in einem Streifen am Wasser Schatten spendende Holzgerüste, relativ wenige Menschen sind am und im Wasser zu erkennen. An der Strasse stehen Bäume, unter denen einige Autos geparkt sind. Ein Eisverkäufer hat seinen mobilen Stand in den Parkbereichen abgestellt. Siehe auch Aufgabenlösung zu 89 (3).

M3 Benidorm 1955
Die Bebauung beschränkt sich auf das Gebiet zwischen den Buchten Playa de Poniente und Playa de Levante am Castillo und dem Hafen. Nach Norden orientiert sich die Bebauung an der Ausfallstrasse. Ausserdem liegen verstreut einzelne oder mehrere Gebäude im Umland des Ortes. Die Strasse von Alicante nach Valencia führt durch Benidorm. Östlich des Ortes liegen bewässerte Fruchtgärten, ansonsten wird das Land ohne Bewässerung (Trockenkulturen) genutzt (Oliven). Siehe auch Aufgabenlösung zu 89 (3).

M4 Benidorm heute
Die Karte zeigt, wie die Bebauung seit 1955 ins Umland vorgedrungen ist. Es sind zum Teil regelmässige, schematische Strassenführungen zu erkennen, zum Teil unregelmässige. Drei Grünanlagen sind entstanden, die Durchgangsstrasse von Alicante nach Valencia ist aus dem alten Ortskern an den Ortsrand verlegt worden. Die bewässerten Fruchtgärten und ein Teil der Trockenkulturen mussten der Bebauung weichen. Siehe auch Aufgabenlösung zu 89 (3).

M5 Durchschnittliche monatliche Auslastung der Hotels in Benidorm
Das Diagramm zeigt für die Monate Januar bis Dezember die prozentuale Bettenbelegung der Hotels. Siehe auch Aufgabenlösung zu 89 (2).

Aufgabenlösungen

89 (1) *Bestimme die Lage von Benidorm (Atlas).*
Benidorm liegt an der spanischen Mittelmeerküste (Costa Blanca), ca. 45 km nördlich von Alicante.

89 (2) *Untersuche die Auslastung der Hotels mit Gästen (M5). In welchen Monaten kommen die meisten Touristen nach Benidorm? Wie nennt man diese Zeit? In welchen Monaten kommen die wenigsten Touristen nach Benidorm?*
M5 zeigt die Unterschiede zwischen Haupt- und Nebensaison. Die Hauptsaison zwischen Juni und September bringt eine Auslastung der Hotels, die zwischen 83 und 100 % liegt, allerdings wird die vollständige Auslastung nur im Monat August erreicht. Im November bis Februar wird nur eine Auslastung von 12 – 25 % erreicht. Das bedeutet für die Hotels, dass sie einen Teil des Personals in dieser Zeit nicht beschäftigen können und deshalb zeitweise entlassen müssen. Für die Restaurants und Geschäfte gilt dies gleichermassen. Im Herbst müssen sich deswegen viele Arbeitskräfte nach einem anderen Job umschauen. Sie arbeiten dann zum Beispiel in den Wintersportgebieten Europas oder sind vorübergehend arbeitslos. Eine Auslastung um 50 % wird in den Monaten April, Mai und Oktober erreicht. Man kann von einer Zwischensaison sprechen.

89 (3) *Liste auf: a) die Vorteile des Massentourismus b) die Nachteile des Massentourismus.*
Vorteile: vielfältige Arbeitsplätze für die Einheimischen, im Sommer gutes Einkommen, moderne und leistungsfähige Verkehrseinrichtungen, breites Angebot im Bereich Sport, Freizeit, Gastronomie, Unterhaltung, Animation, kulturelle Veranstaltungen.
Nachteile: Lärm, Hektik, Stress, Luft- und Wasserverschmutzung, Müllberge, Wasserknappheit, Verbauung und Versiegelung vielfältiger Flächen, Landwirtschaft verliert an Bedeutung, Natur wird zerstört, Arbeitslosigkeit in der Nebensaison.

89 (4) *Nenne Massentourismusorte in der Schweiz und begründe deine Auswahl mit typischen Merkmalen, die du dort vorfindest.*
Gstaad im Berner Oberland bietet auf Touristen zugeschnittene Angebote wie Skipisten, Snowparks, Eisstockschiessen und ein Abendprogramm inklusive Stars und Sternchen. St. Moritz im Oberengadin bietet neben dem umfangreichen Wintersportangeboten eine hochwertige Auswahl an Luxushotels, Kurhäusern und Edelboutiquen. Das Tessin mit seinen Ferienorten wie Ascona und dem Lago Maggiore zieht wegen des milden Klimas und des mediterranen Flairs viele Touristen an.

Zusatzaufgabe

Besorge dir einen Reisekatalog und bereite eine Reise in ein Hotel auf Mallorca vor. Worauf musst du achten? Überlege, warum sich der Preis in der Haupt- und der Nebensaison unterscheidet.

Lebensraum Europa

Die Beschäftigung mit einem Reisekatalog zeigt zunächst die starke Abhängigkeit der Preise von den Reisezeiten (Faktoren: Sommer- bzw. Wintersaison, Feiertage, Schulferien) und von den Abflugorten. Hinzu kommt die Differenzierung im Angebot unterschiedlicher Hotels (Vollpension oder Halbpension, Lage und Ausstattung der Hotels, Zusatztarife für Kinder, Zusatzangebot im Sport- und Freizeitbereich). Es wird sehr schnell klar, dass die Reiseveranstalter die Preise in der Nebensaison reduzieren, um eine gleichmässigere Auslastung zu erreichen. Neben den niedrigeren Preisen wird dann oft auch die geringere Auslastung als attraktiv bewertet.

Tourismus in Europa
Schülerbuch Seiten 90–91

Grundbegriff: sanfter Tourismus

Abbildungen

M1 Lage von Aminona
Die Karte verortet Aminona und das Entlebuch innerhalb der Schweiz. Siehe auch Aufgabenlösung zu 91 (3).

M2 Tourismus und seine Auswirkungen
Die Grafik zeigt die Zusammenhänge zwischen Tourismus, Ökonomie und Ökologie. Siehe auch Aufgabenlösung zu 91 (1) und 91 (2).

M3 Aminona
Das Foto zeigt die touristischen Zweckbauten, die Ende der 1960er-Jahre an der Skistation errichtet wurden. Siehe auch Aufgabenlösung zu 91 (2) und 91 (3).

M4 Moorlandschaft im Entlebuch
Das Foto vom Entlebuch vermittelt einen Eindruck von der Urtümlichkeit der Landschaft, was sie für viele Touristen attraktiv macht. Siehe auch Aufgabenlösung zu 91 (3) bis 91 (5).

Aufgabenlösungen

91 (1) *M2 zeigt, wie der Tourismus die Wirtschaft stärkt. Erkläre diesen Zusammenhang.*
Eine schöne Landschaft zieht Touristen an. Diese geben am Urlaubsort u.a. Geld für Unterkunft und Verpflegung aus. Dies schafft Arbeitsplätze und führt zu einem höheren Wohlstand der einheimischen Bevölkerung. Kellner, Zimmermädchen, Skilehrer und Tennislehrer werden eingestellt. Die Geschäftsleute (z.B. Bäcker, Souvenirläden, Fotogeschäfte, Lebensmittelläden, Wäscherei, Reinigung, Friseur) sowie gewerbliche und private Zimmervermieter verdienen am Tourismus. Vom Tourismus profitieren neben denjenigen, die direkt mit dem Fremdenverkehr zu tun haben (z.B. Hotelbesitzer, Betreiber eines Skiliftes), auch andere, wie z.B. Lebensmittelhändler, Bauunternehmer oder der Kanton durch zusätzliche Steuereinnahmen.

Das eingenommene Geld wird z.T. in einen Ausbau der touristischen Infrastruktur investiert. Dadurch werden mehr Touristen angezogen, die wiederum mehr Verkehr und eine höhere Belastung der Umwelt verursachen. Dies wirkt dann negativ auf den Tourismus zurück.

91 (2) *Erkläre, wodurch der Tourismus gebremst wird.*
In den Alpen kollidieren die Ansprüche der Touristen an eine intakte, unberührte Landschaft mit dem Ausbau der Infrastruktur (Hotels, Restaurants, Verkehrswege, Skilifte, Parkplätze etc.) der wiederum nötig war, um die Touristenmassen aufnehmen zu können. Dieser Ausbau führt zu Landschaftsveränderungen (verstädterte, zunehmend gesichtslose Dörfer, Zunahme von Naturgefahren) und sozialen Änderungen (geringere Pflege der Traditionen, neue Berufe im Tourismus, Umbau und Renovierung von „pittoresken" Bergbauernhöfen).
So werden einstmals interessante Landschaften für die Urlauber zunehmend unattraktiv. Geringere Einnahmen aus dem Tourismus, Abnahme von Arbeitsplätzen im Tourismus bei gleichzeitig zerstörten Landschafts- und Sozialstrukturen im Feriengebiet sind die Folge für die Einheimischen, während die Touristen neue unberührte Gebiete suchen.

91 (3) *Vergleiche Aminona und das Entlebuch.*
Aminona/Crans-Montana ist ein gut erschlossenes Skigebiet im Wallis. Die Region bietet auf einer Höhe zwischen 1500 und 3000 m insgesamt 140 km Skipisten, die über 26 Liftanlagen erreichbar sind. Das Gebiet richtet verschiedene internationale Ski- und Snowboardrennen aus. Die Infrastruktur ist gut ausgebaut, die Wirtschaftsstruktur ist auf den Tourismus ausgerichtet.

Das Entlebuch eine sehr ländliche Region mit einem hohen Anteil von Arbeitnehmern im primären Sektor. Es ist seit 2001 ein Biosphärenreservat mit einer grossen Vielfalt an Tieren und Pflanzen. Als Modellregion für nachhaltige Entwicklung ist die Wirtschaftsstruktur auf die Regionalwirtschaft und auf eine schonende touristische Nutzung ausgerichtet.

91 (4) *Erstelle einen Plan mit möglichen (touristischen) Aktivitäten für eine Woche Urlaub im Entlebuch (Atlas, andere Medien).*
Individuelle Lösung.
Lösungsvorschläge: Bergwanderung Emmenuferweg; Kurs an der Biosphärenakademie, Mountainbike-Tour (z.B. Äntlibuechertour), Goldwaschen in Romoos, Rodelbahn Sörenberg, Hochseilgarten Sörenberg, Gleitschirmfliegen, Museum im Entlebucherhaus, Sternwarte, Fischen am Eissee, Hallenbad Sörenberg.

91 (5) *Gruppenarbeit: Diskutiert die Vor- und Nachteile des sanften Tourismus.*
Individuelle Lösung.
Da der Skitourismus eine wichtige Einnahmequelle für die Bewohner der Alpen ist, kann dieses Thema nicht nur von der ökologischen Seite aus diskutiert werden. Vielmehr geht es auch darum, den Schülerinnen und Schülern ein Umweltbewusstsein zu vermitteln und sie zu verantwortungsvollem Handeln anzuleiten, wenn sie diesen Naturraum als Touristen nutzen.
Im Folgenden sind für beide Tourismusarten verschiedene Fakten als Diskussionsgrundlage aufgelistet.
Konventioneller Tourismus:
In jedem Jahr kommen 115 Millionen Touristen in die Alpen und nutzen während ihres Aufenthaltes 130 000 km Skipisten, 13 500 Lifte und Bergbahnen. Die Alpen bieten fast das ganze Jahr hindurch sichere Schneeverhältnisse, denn in Lagen über 3000 m Höhe ist auch im Sommer das Skilaufen möglich.

Die Schäden, die durch die Anlage von Skipisten entstehen, sind wissenschaftlich untersucht worden. Das Ergebnis: Nicht nur der Wald hat dadurch zu leiden, weil der Wind durch die Schneisen mit erhöhter Windgeschwindigkeit weht und Bäume umwirft. Es entstehen auch Muren, Rutschungen und der Lebensraum des Wildes wird eingeengt. Schwere Pistenfahrzeuge pressen den Schnee so zusammen, dass er möglichst lange liegen bleibt. Viele Pflanzen können die harte Schneedecke nicht mehr durchdringen und sterben ab. Werden bei den Pistenplanierungen Schubraupen eingesetzt, beschädigen die Fahrzeuge oft die Wurzeln der Bäume. Als Folgeschäden wurden die betroffenen Bäume viel stärker von Schädlingen befallen.

Sanfter Tourismus:
Definition von ROCHLITZ; 1988:
„Sanfter Tourismus ist ein von der Quantität her allenfalls mässig ausgebildeter Fremdenverkehr, konkreter Gästeverkehr, der bei distanzierter Integration des Gastes wirtschaftliche Vorteile für den Einheimischen und gegenseitiges Verständnis des Einheimischen und des Gastes füreinander schafft, sowie weder die Landschaft noch die Soziokultur des besuchten Gebietes beeinträchtigt."

Kennzeichen des sanften Tourismus sind:
- Einzel-, Familien-, Freundesreisen
- Viel Zeit mitbringen
- Selbst organisiert
- Anpassung an den landesüblichen Lebensstil
- Aktive Freizeitgestaltung
- Vorhergehende Beschäftigung mit dem Reiseort
- Geschenke bringen
- Takt statt Neugier
- Keine Lärmbelästigung verursachen
- Erinnerungen, Aufzeichnungen, neue Erkenntnisse statt Souvenirs und Ansichtskarten

Die Idee des sanften Tourismus stammt aus der Alpenregion und wurde entwickelt, um einen Ausgleich zwischen stark frequentierten, gut erschlossenen und unerschlossenen Tälern im Sinne einer Dezentralisierung des Tourismus zu erreichen. Dieses Konzept ist bislang an raumplanerischen Interessenkonflikten und Uneinigkeiten der Bevölkerung gescheitert. Durch die Erschliessung touristisch strukturschwacher Täler wurde lediglich eine neuer Massentourismus initiiert.

Zusatzaufgabe

Entwickelt Ideen für eine umweltschonende Nutzung der Alpen.
Es werden Möglichkeiten aufgezeigt, wie Nutzungskonflikte verringert werden können, z.B. durch den sanften Tourismus. Da jeder Schüler und jede Schülerin in irgendeiner Form an der Nutzung der Natur als Erholungsraum beteiligt ist, sei es durch Ferienreisen oder auch Naherholung im Umland des Wohnortes, ist es ein wichtiges Ziel, sie dafür zu sensibilisieren, dass ein schonender Umgang mit der Natur notwendig ist.
– Anreise mit öffentlichen Verkehrsmitteln
– Fortbewegung vor Ort mit dem Fahrrad oder öffentlichen Verkehrsmitteln
– umweltverträgliche Ausübung von Sportarten wie geführten Wanderungen, Radtouren, Baden, Kanufahren und Klettern nur in dafür freigegebenen Bereichen
– Nutzung kleiner regionaler Pensionen statt grosser Hotelburgen
– Verwendung von Nahrungsmitteln aus regionaler Erzeugung und ökologischer Produktion spart Transporte und Dünger/Pestizide.
– Massnahmen zum Abfallrecycling bzw. Abfallvermeidung, Sparen von Energie und Wasser
– Einrichtung von Nationalparks (Verbot neuer Bebauung) und Naturparks (stark reglementierte Nutzung)

An den Küsten Europas
Schülerbuch Seiten 92–93

Grundbegriff: Erosion, Kliff, Nehrung, Fjord

Abbildungen

M1 Nehrung
Die Abbildung zeigt die allmähliche Entstehung einer Nehrungsküste. Dargestellt sind die alten und neuen Küstenverläufe. Da so wellige Küstenlinien entstehen, bei denen sich Steilufer und Flachküsten abwechseln, bezeichnet man diese Küsten dann als Ausgleichsküsten. Die Zeichnung nennt auch die in diesem Zusammenhang verwendeten Fachbegriffe. Siehe auch Aufgabenlösung zu 93 (6).

M2 Flachküste
Die Zeichnung zeigt eine Flachküste, die mit den dazugehörigen Fachbegriffen beschriftet ist. Die Flachküste ist durch einen breiten Sandstrand mit vorgelagerten Sandbänken gekennzeichnet. Das Meer wird vor der Küste erst allmählich tiefer.

An Flachküsten laufen die Wellen langsam aus und lagern Sand als Sandhaken/Strandwall/Nehrungshaken ab Es bildet sich eine Dünenlandschaft, befestigt durch den dort wachsenden Strandhafer. Diese Küste wird dann Nehrungs- oder Haffküste genannt. Siehe auch Aufgabenlösung zu 92 (2).

M3 Flachküste an der italienischen Adria
Das Foto zeigt beispielhaft eine Flachküste am italienischen Mittelmeer. Siehe auch Aufgabenlösung zu 92 (2).

M4 Steilküste
Die Zeichnung einer Steilküste ist mit den dazugehörigen Fachbegriffen beschriftet. Die Steilküste ist steil aufragend und geht ohne ausgedehnte Strandfläche in das Meer über (Blockstrand). Die bräunliche Färbung der Kliffkante im Bildvordergrund lässt vermuten, dass dort in letzter Zeit eine Gerölllawine herabgestürzt ist.

An Steilküsten hat die Brandung des meist tiefen Meeres (Brandungsplatte) eine grosse Erosionswirkung, die durch vom Steilhang herabgefallene Gesteinstrümmer noch verstärkt wird. Die Steine werden von den Wellen gegen die Küste geschleudert und mahlen eine Brandungshohlkehle heraus, es entsteht ein Kliff. Durch Spaltenfrost und chemische Verwitterung wird die Kliffbildung noch verstärkt und es kommt zur rückschreitenden Erosion, die bis zu 2m im Jahr betragen kann. Siehe auch Aufgabenlösung zu 92 (1).

M5 Steilküste in Cornwall (England)
Das Foto zeigt beispielhaft eine Steilküste an der südöstlichen Küste Englands. Siehe auch Aufgabenlösung zu 92 (1).

M6 Fjord in Norwegen
An Norwegens Küste befinden sich zwischen steil aufragenden Berghängen gewundene schmale Meeresarme (Fjorde), die die Gletscher während der Eiszeiten ausgeschürft haben. Die Berghänge sind sehr hoch und steil aufragend, der Bewuchs in den oberen Regionen fehlt.

Auf beiden Fjordseiten sind Spuren von Lawinenabgängen (Stein/Schutt) zu erkennen, im Hintergrund fliesst ein Gletscher in den Fjord. Die Landschaft erscheint dünn besiedelt, die im Vordergrund zu erkennende Ansiedlung besteht nur aus wenigen Häusern.

Lebensraum Europa

M7 Entstehung eines Fjords
Die vier Bilder zeigen in zeitlicher Reihenfolge die Fjordentstehung aus einem V-förmigen Flusstal (Kerbtal). Siehe auch Aufgabenlösung zu 93 (5).

Aufgabenlösungen

92 (1) *Auf einem Kliff sollte man nicht zu nah an der Kante spazieren gehen. Erkläre.*
Durch die rückschreitende Erosion können Überhänge entstehen, die von oben nicht erkennbar sind. Wagt man sich zu nahe an den Rand eines Kliffs, so kann dieser Überhang unter dem zusätzlichen Gewicht abbrechen und man stürzt in die Tiefe.

92 (2) *Suche im Atlas die Mündung des Flusses Po in das Adriatische Meer. Erkläre die Entstehung dieser Aufschüttung im Meer.*
Das Podelta hat sich mittlerweile als Halbinsel in das Mittelmeer vorgeschoben. Der Fluss führt viele Sedimente mit sich. In seinem Unterlauf verringert sich die Geschwindigkeit des Wassers so stark, dass diese Sedimente im Deltabereich abgelagert werden. Es entsteht eine Aufschüttung.

93 (3) *Beschreibe, wie die Küstenarten touristisch genutzt werden können.*
Die Steilküsten mit kleinen Buchten sind für Wassersportler, Paraglider und Wanderer interessant. Die Flachküsten mit ihren breiten Sandstränden werden überwiegend für den Badetourismus genutzt.

93 (4) *Suche im Atlas den Sognefjord. Berechne, wie lange eine Schifffahrt durch diesen Fjord dauert, wenn das Postschiff durchschnittlich mit 13,5 Knoten (entspricht ca. 25 km/h) fährt.*
Der in viele kleine Seitenarme verästelte Sognefjord, gelegen im norwegischen Distrikt Sogn, ist mit 204 Kilometern der längste und gleichzeitig mit 1308 Metern auch der tiefste Fjord des europäischen Festlandes. Für die Berechnung der Fahrtzeit des Postschiffes wurde die längste Strecke zugrunde gelegt:

204 km ÷ 25 km/h = 8,16 h
bzw. mit 1 Knoten = 1 Seemeile/h = 1,852 km/h
(204 km ÷ 1,852 km/m)/13,5 kn = 8,16 h

93 (5) *Erkläre die Entstehung eines Fjordes mit eigenen Worten.*
Fjorde waren ursprünglich Flusstäler, durch die sich während der Eiszeit Gletscher bis zum Meer schoben. Im Nährgebiet oberhalb der Schneegrenze wuchs ein Gletscher durch Schneefälle an und bewegte sich talabwärts. Das Gletschereis hobelte die Wände sowie die Sohle der Täler stark ab und liess tiefe Trogtäler entstehen. Im wärmeren Zehrgebiet unterhalb der Schneegrenze schmolz der Gletscher ab. Nach der Eiszeit stieg der Meeresspiegel stark an und das Wasser drang weit in diese Täler vor.

93 (6) *Erkläre die Entstehung des Lido von Venedig (M1, Atlas).*
Der Lido von Venedig ist eine Nehrungsküste. Die vorwiegend küstenparallele Strömungsrichtung verlagert mit Ebbe und Flut die Sandmassen entlang der Küste von Nordost nach Südwest. Im Laufe der Zeit wächst der Strandwall soweit, dass ein Nehrungshaken entsteht. Er trennt die Bucht/das Haff teilweise vom Meer und eine Lagune entsteht.

Zusatzaufgabe

Recherchiere die Entstehungsgeschichte von Boddenküste und Fördenküste an der Ostsee.
Boddenküste: Die abschmelzenden Gletscher haben unter sich mitgeführtes Material zurückgelassen, das als Grundmoräne bezeichnet wird. Diese hügeligen Sand- und Schuttablagerungen wurden nach dem Ende der letzten Eiszeit vor etwa 10 000 Jahren (Weichseleiszeit) vom Wasser der Ostsee teilweise überflutet. So bildete sich eine Flachküste mit seichten und zerlappten Meeresbuchten.

Fördenküste: Die sich in Richtung Südwesten mehrmals vorschiebenden und zurückziehenden Gletscherzungen schürften durch ihr im Untergrund mitgeführtes Material tiefe Zungenbecken und Rinnentäler aus. Nach dem Rückzug des Eises füllten sich diese Hohlformen mit dem ansteigenden Wasser der Ostsee.

An den Küsten Europas
Schülerbuch Seiten 94–95

Grundbegriffe: Gezeiten (Tiden), Ökosystem

Abbildungen

M1 Wanderung im Watt
Die Abbildung zeigt die Nordseeküste bei Ebbe (ablaufendem Wasser). Im Vordergrund erkennt man das Watt, also den Teil des Küstengebiets, der bei Niedrigwasser trockenfällt und bei Hochwasser überflutet ist. Mit Pricken (Holzpfeilern) ist der Weg ins Watt abgesteckt (im Bild links zu sehen), das man bei Niedrigwasser zu Fuss zu einer Wattwanderung betreten kann. Es sind mehrere Wattwanderer zu erkennen, die gerade ins Watt wandern, eine beliebte Freizeitbeschäftigung bei den Urlaubern.

M2 Tiere im Watt
Das Bild zeigt den Artenreichtum im Watt. Viele Wattbewohner haben sich an die regelmässig wechselnden Wasserstände in ihrem Lebensraum angepasst. So leben die Würmer z.B. in Röhren im Wattboden vergraben. Dadurch trocknen sie nicht aus. Siehe auch Aufgabenlösung zu 94 (1).

M3 Regeln für Wattwanderer
Gestaltet wie ein Strassenschild sind hier wichtige Verhaltensregeln für Wattwanderungen aufgelistet. Siehe hierzu auch Aufgabenlösung 95 (3).

M4 Die Entstehung von Ebbe und Flut
Die beschriftete Zeichnung verdeutlicht die Entstehung der Gezeiten bedingt durch die Stellung des Mondes zur Erde. Siehe auch Aufgabenlösung zu 95 (4).

M5 Dauer von Ebbe und Flut
Anhand der Gezeitenkurve lässt sich die jeweilige Dauer von Ebbe und Flut (Je ca. 6 Stunden) ablesen. Zusätzlich sind die Höhen der Wasserstände für Niedrigwasser (-1 m), Mittelwasser (0 m) und Hochwasser (+1,5 m) angegeben. Siehe auch Aufgabenlösung zu 95 (3).

Aufgabenlösungen

94 (1) *Beschreibe, was das Wattenmeer als speziellen Lebensraum ausmacht.*
Zum Ökosystem Wattenmeer gehört nicht nur das eigentliche Watt, das vom Wechsel zwischen Ebbe und Flut geprägt ist. Auch

Salzwiesen, Dünen, Strände und Flussmündungen zählen dazu. Das Wattenmeer als Naturraum ist weitgehend in seinem ursprünglichen Zustand erhalten. Es ist das vogelreichste Gebiet Europas, viele Zugvögel nutzen das Wattenmeer als Rastplatz. Die verschiedenen Pflanzen und Tierarten haben sich an den Gezeitenwechsel, die schwankenden Temperaturen und Salzgehalte von Wasser und Boden und an die ständigen Bodenveränderungen angepasst. Die Flut schwemmt in regelmässigen Abständen neue Nahrung in das Watt, die Muscheln, Fischen, Vögeln und Seehunden zugute kommt.

94 (2) *Liste die Nutzungskonflikte zwischen den Menschen einerseits und der Tier- und Pflanzenwelt andererseits im Wattenmeer tabellarisch auf.*
Die Tier- und Pflanzenwelt wird durch die menschliche Nutzung massiv beeinträchtigt. Der Tourismus mit Kitesurfen, Strandsegeln, Wattwanderungen und Ausflügen zu den Seehundbänken kann zu Brutzeiten die Vögel und die jungen Seehunde stören. Die Fischerei greift in die Nahrungskette ein. Die Offshore-Windkraftanlagen stören Meeressäuger und Vögel. Die Erdölförderung und der Verlauf der Pipeline durch das Wattenmeer können zur Verschmutzung dieses sensiblen Ökosystems führen. Die Nordsee wird als Mülllhalde für Industrieabfälle wie z. B. Säuren benutzt. Diese Verklappung schädigt das Ökosystem. Schiessübungen, Manöver und Tiefflüge beeinträchtigen die Tierwelt durch den grossen Lärm. Eindeichungen zum Schutz vor Hochwasser verändern das Ökosystem nachhaltig.

95 (3) *Nenne mögliche Gründe dafür, dass man ohne Uhr und Kompass nicht ins offene Watt wandern sollte.*
Da sich der Gezeitenwechsel in Abhängigkeit vom Mondaufgang täglich verschiebt, ist es vor Wattwanderungen lebenswichtig, sich über die Zeiten zu informieren, um nicht von der Flut überrascht zu werden. Schnell wechselnde Wetterverhältnisse können auch zu einer Beschleunigung der auflaufenden Flut führen. In grösserer Entfernung von der Küste kann man ohne Kompass leicht die Orientierung verlieren, da die Wattlandschaft sehr gleichförmig ist und kaum Orientierungsmarken bietet.

95 (4) *Erkläre den Einfluss des Mondes auf die Gezeiten (M4).*
Zum einen ist der Mond mit seiner Anziehungskraft dafür verantwortlich, dass Hochwasser entsteht. Er zieht das Wasser an, sodass ein „Wasserberg" auf der dem Mond gegenüberliegenden Seite der Erde entsteht. Dass auf der anderen Seite der Erde zur gleichen Zeit ebenfalls Hochwasser herrscht, ist der Fliehkraft zu verdanken. Vergleichbar mit einem Karussell drehen sich Erde und Mond um einen gemeinsamen Schwerpunkt. Dieser Schwerpunkt liegt näher bei der Erde, da sie die grössere Masse besitzt. Durch die Drehung entstehen Fliehkräfte, die auf der dem Mond abgewandten Erdseite besonders gross sind und so das Hochwasser verursachen.

Zusatzaufgaben

Aufgabe 1
Erkläre die Entstehung der Halligen.
Die Halligen (nicht eingedeichte kleine Inseln) sind die Reste vom alten Marschland, die durch günstigere Strömungsverhältnisse bzw. ihre etwas höhere Lage erhalten blieben. Die Marsch entstand in sogenannten Regressionsphasen der Nordsee, also bei tendenziell sinkenden Wasserständen. Mit dem Ende der letzten Eiszeit begann eine Transgressionsphase, das Marschland wurde immer wieder von Sturmfluten überspült. Besonders heftige Sturmfluten des Mittelalters rissen in kürzester Zeit grosse Mengen des Marschlandes mit sich fort.

Aufgabe 2
Das Land Schleswig-Holstein und die Bundesrepublik Deutschland geben jährlich mehrere Millionen Euro aus, um die Halligen zu sichern. Begründe.
Die Halligen und auch die Nordfriesischen Inseln sorgen dafür, dass bei Sturmfluten die Macht der Wellen nicht direkt das Festland trifft. Sie wirken also als natürliche Wellenbrecher und schützen dadurch die Küste. Als überwiegend erfolgreiche Methoden, die gefährdeten Küsten der Halligen/Inseln zu befestigen, haben sich Steinpanzer an den Küsten der Halligen und Deiche erwiesen.

Karst
Schülerbuch Seiten 96–97

Grundbegriff: Karst, Verwitterung

Abbildungen

M1 In den Höhlen von Postojna (Slowenien)
Die Fotos zeigen die weltweit zweitgrössten erschlossenen Karsthöhlen von Postojna, die sich über drei Ebenen erstrecken. Die Besuchergruppen können hier die typischen unterirdischen Karstformen besichtigen. Dazu gehören die auf dem oberen Foto abgebildeten Stalagmiten und Stalaktiten.

M2 Tropfsteinbildung
Hier wird die Bildung der Tropfsteine erklärt. Stalaktiten sind Kalksäulen, die von der Decke herab wachsen, Stalagmiten bauen sich als Kalksäulen durch ausgefällten Kalk vom Boden her auf. Treffen sie auf Stalaktiten, können durchgehende Pfeiler, die Stalagnaten, entstehen.

M3 Ober- und unterirdische Karstformen
Die Zeichnung veranschaulicht die verschiedenen Karstformen. Im Zentrum ist eine Polje, ein grosses, geschlossenes Tal ohne Oberflächenabfluss zu erkennen. Durch das Tal windet sich in Mäandern ein Bach, der aus einer Karstquelle entsprungen, um dann in einem Ponor, einem Schluckloch, zu verschwinden, um unterirdisch weiterzufliessen. Die Polje ist von Trockentälern und Dolinen umgeben, die sich in der kahlen und unbewohnten Hochfläche befinden. In der Polje liegt ein Dorf, umgeben von landwirtschaftlichen Flächen. Im Schnittbild sind die unterirdischen Karstformen mit Einsturzdolinen, Höhlen und Tropfsteinen abgebildet.

M4 See von Cerknica
Hier ist die grosse Fläche des Sees erkennbar, der sich zwischen den Abbruchkanten der Hochflächen ausdehnt.

Aufgabenlösungen

96 (1) *Nenne Karstgebiete in der Schweiz (Atlas).*
Zwanzig Prozent der Schweiz (ca. 7900 km²) sind Karstflächen. Sie befinden sich hauptsächlich im Schweizer Jura und in den Voralpen. Dazu kommen einige Gebiete der Alpen, wie z. B. die nördlichen Kalk-Hochalpen des Wallis. Etwa 8000 Höhlen mit 1200 km langen Wegen gibt es im Land, die meisten liegen in den oben genannten Gebieten. Beispiele für Karstgebiete: Grotte de Milandre, Waadtländer Jura mit den Gemeinden Chenit und Montricher, Polje des Brévine-Tales, Beatushöhle, Sieben Hengste-Massiv.

Lebensraum Europa

96 (2) *Eine der längsten Karsthöhlen Europas liegt in der Schweiz. Informiere dich über diese Höhle und erstelle ein Übersichtsblatt mit den wichtigsten Angaben zu Lage, Länge, Besucherzahlen und Entdeckungsgeschichte (andere Medien).*
Gemeint ist das „Hölloch" (= rutschiges Loch). Dieses Höhlensystem ist das längste der Schweiz und das zweitlängste Europas.
Lage: Kanton Schwyz, bei Stalden im Muotathal
Länge: 197 km unterirdische Gänge
Besucherzahlen: die touristischen Nutzungsrechte wurden 1995 an die Trekking Team AG verkauft. Besucherzahlen wurden nicht veröffentlicht.
Entdeckungsgeschichte: 1875 vom Bergbauern Alois Ulrich entdeckt; 1906 erste touristische Begehung bei elektrischem Licht; 1910 Ende des Tourismus nach einem Hochwasser; 1949 Neubeginn und seitdem touristische Nutzung und parallel Erforschung des Höhlensystems.

97 (3) *Welche Vor- und Nachteile hat der „temporäre" See für die Bevölkerung von Cerknica? Erkläre.*
Vorteile: Die Bevölkerung kann den See einerseits als Weidefläche nutzen, andererseits als Fischteich.
Nachteile: Im Sommer wird das Gebiet sehr sumpfig, das zieht Mücken an. Da sich der See innerhalb kurzer Zeit bildet, muss man das Vieh rechtzeitig auf andere Weiden bringen.

Europäische Union
Schülerbuch Seiten 98–99

Grundbegriffe: EU, EFTA, Währungsunion

Abbildungen

M1 Die Entwicklung der EU
Die Karte zeigt die Mitgliedsstaaten der EU. Farblich gekennzeichnet sind die jeweiligen Beitrittsjahre. Zusätzlich sind die Länder gekennzeichnet, die den Euro als gemeinsame Währung eingeführt haben.
  Mit der bislang letzten grossen Erweiterungswelle traten 2004 zehn weitere Staaten der Union bei, sie haben noch fast alle ihre nationalen Währungen. Im Januar 2007 ist der Beitritt von Bulgarien und Rumänien erfolgt, mit weiteren Staaten (Türkei, Kroatien, Mazedonien) sind Verhandlungen aufgenommen worden. Entsprechend den Kopenhagener Kriterien müssen die beitrittswilligen Länder verschiedene Voraussetzungen erfüllen, um in die Union aufgenommen zu werden. Unter anderem müssen sie den gemeinschaftlichen Acquis, einen etwa 80 000 Seiten umfassenden Katalog aller Rechte und Pflichten, die sich aus der Mitgliedschaft ergeben, erfüllen. Dabei wird im Vorwege des Beitritts über Jahre hinweg mit verschiedenen Hilfsprogrammen der Union (z. B. Phare) Unterstützung geleistet. Um die Handlungsfähigkeit der stark vergrösserten Europäischen Union zu gewährleisten, wurde von 2002 bis 2004 ein neuer Vertrag über eine Verfassung für Europa ausgearbeitet.

M2 Der Euro – Sinnbild eines vereinten Europa
Die Euro-Banknoten wurden von dem österreichischen Künstler Robert Kalina entworfen. Seinem Entwurf liegt das Thema „Zeitalter und Stile in Europa" zu Grunde. Die Euro-Banknoten stellen die Architekturstile aus sieben Epochen der europäischen Kulturgeschichte dar: Klassik auf dem 5-Euro-Schein, Romanik auf dem 10-Euro-Schein, Gotik auf dem 20-Euro-Schein, Renaissance auf dem 50-Euro-Schein, Barock und Rokoko auf dem 100-Euro-Schein, Eisen- und Glasarchitektur auf dem 200-Euro-Schein und moderne Architektur des 20. Jahrhunderts auf dem 500-Euro-Schein.
  Fenster und Tore sind Hauptelemente auf der Vorderseite der Noten, während Brücken Hauptelemente auf der Rückseite sind. Die Abbildungen stellen dabei aber kein bestimmtes Bauwerk, sondern ein typisches architektonisches Beispiel jeder Epoche dar. (Quelle: www.bundesbank.de)

M3 Die Europa-Flagge
Die Europaflagge zeigt 12 Sterne, unabhängig von der Zahl der Mitgliedsstaaten. Hintergrund ist, dass die Zahl Zwölf als Symbol der Vollständigkeit und Vollkommenheit angesehen wird. Sie begegnet uns häufig in Geschichte und Religion (z. B. zwölf Apostel), aber auch bei der Anzahl der Monate eines Jahres und der Stunden auf der Uhr. Eine weitere Deutung ist, dass das erste geschriebene römische Recht auf zwölf Tafeln stand. Die kreisförmige Anordnung steht für die Einheit, Gleichberechtigung und Geschlossenheit der Völker.

Aufgabenlösungen

98 (1) *Zähle die Staaten auf, die der EU angehören (M1). Welche dieser Staaten haben den Euro als Zahlungsmittel eingeführt, welche nicht?*
Mitgliedsstaaten nach Beitrittsjahr: 1957: Deutschland, Frankreich, Italien, Belgien, Niederlande, Luxemburg, 1973: Grossbritannien, Republik Irland, Dänemark, 1981: Griechenland, 1986: Spanien, Portugal, 1995: Finnland, Österreich, Schweden, 2004: Estland, Lettland, Litauen, Polen, Tschechische Republik, Slowakei, Ungarn, Slowenien, Malta, Zypern, 2007: Bulgarien, Rumänien.
Euro-Länder: Deutschland, Frankreich, Italien, Belgien, Niederlande, Luxemburg, Republik Irland, Griechenland, Spanien, Portugal, Finnland, Österreich, Estland, Slowakei, Slowenien, Malta, Zypern. (Monaco, San Marino und Vatikanstadt zählen ebenfalls zur Eurozone)

98 (2) *„Einheit in der Vielfalt". Lautet ein oft im Zusammenhang mit der EU zitierter Spruch. Was könnte damit gemeint sein?*
Die Vielfalt Europas bezieht sich sowohl auf die Naturlandschaft als auch auf die Kulturlandschaft. Diese drückt sich u. a. in ganz unterschiedlichen klimatischen Regionen und Vegetationszonen ebenso aus wie im Relief. Ausgedehnte Tiefländer, alpine Hochgebirge und bewaldete Mittelgebirge prägen die Landschaften. Besonders auffällig im Vergleich mit anderen Kontinenten ist die stark eingebuchtete Küstenlinie.
Europa wird geprägt von der Verbreitung der christlichen Religionen der Katholiken, Protestanten und Orthodoxen. In den Ländern Südeuropas, in Irland sowie in West- und Mitteleuropa dominiert die katholische Religion. Ausgenommen sind die Niederlande, Mittel- und Norddeutschland, das nördliche Belgien sowie einzelne Regionen der Schweiz und Österreichs, die zusammen mit Nordeuropa das Gebiet protestantischen Glaubens bilden. Die Mehrheit der Bevölkerung in den Ländern Ost- und Südosteuropas ist orthodox. In Albanien und der Türkei sind die meisten Menschen Muslime (Sunniten). Die christliche Religion hat mit 33 % den grössten Anteil an den Religionen der Weltbevölkerung.
  Auf engem Raum gibt es eine grosse Anzahl von Sprachen, die in Sprachfamilien auf einen gemeinsamen Ursprung zurückzuführen sind. In Kunst und Wissenschaft, Technik und Musik haben sich über Jahrhunderte Epochen und Stile mit ganz unterschiedlichen

Ausprägungen herausgebildet. Durch politische und wirtschaftliche Zusammenschlüsse in Europa (EU) und eine überwiegend in der EU gleiche Währung gibt es eine immer grössere Tendenz zur Vereinheitlichung. Viele Gesetze gelten z. B. in der ganzen EU, die Binnengrenzen der EU sind offen und die EU hat nach aussen ein gemeinsames Zollsystem. In vielen Ländern kann man heute die Rundfunk- und Fernsehprogramme vieler europäischer Staaten empfangen. Englisch wird in vielen Ländern als erste Fremdsprache unterrichtet, zweite Fremdsprachen sind dann häufig Französisch, Spanisch oder auch Russisch. Demokratische Regierungssysteme haben sich fast überall durchgesetzt.

98 (3) *Informiere dich im Lexikon oder Internet über die vier Institutionen der EU. In welchen Städten sind sie angesiedelt?*
Europa wird durch das Zusammenspiel folgender Institutionen regiert:
a) Die Europäische Kommission mit Sitz in Brüssel
Die Kommission hat 27 Mitglieder, eines von ihnen ist der Kommissionspräsident. Dieser legt nach der neuen Verfassung die Richtlinien fest, nach denen die Kommission ihre Aufgaben ausübt. Jede Kommissarin und jeder Kommissar sind dabei für einen oder mehrere Politikbereiche verantwortlich. Sie sind die obersten Dienstherren einer Behörde mit ca. 25 000 Kommissionsmitarbeitern, die in den jeweiligen Politikbereichen verwaltend tätig sind.

Die Kommission erledigt fünf Hauptaufgaben. 1. Sie ist Motor der europäischen Einigung und hat das Vorschlagsrecht für Gesetze. 2. Sie führt als den Haushaltsplan aus, verwaltet die beschlossenen Programme und übt Koordinierungs-, Exekutiv- und sonstige Verwaltungsfunktionen aus. Sie führt Aktionsprogramme der Gemeinschaft in den Bereichen Bildung, Forschung und Kultur durch. 3. Sie stellt den Vorentwurf des Haushaltsplans der EU auf und verwaltet den jeweiligen Etat (gegenwärtig ca. 110 Mrd. € im Jahr). 4. Sie ist Hüterin der Europa-Verträge und überwacht die Anwendung des E-Rechts. Bei Nichteinhaltung der Rechte durch die Mitgliedsstaaten schreitet sie ein und erhebt notfalls Klage vor dem Europäischen Gerichtshof. 5. Sie ist die Stimme Europas in der Welt. Nach der neuen Verfassung wird ein europäischer Aussenminister die gemeinsame Aussen- und Sicherheitspolitik der EU leiten. Die Kommission bereitet in Verhandlungen den Beitritt neuer Staaten vor, erhält das Mandat für den Abschluss von Abkommen mit Drittstaaten, führt Verhandlungen mit internationalen Organisationen wie der WTO und ist zuständig für Hilfs- und Entwicklungsprogramme in Drittstaaten.

b) Der Ministerrat mit Sitz in Brüssel (= Rat der Europäischen Union)
Jedes der 27 EU-Länder entsendet einen Minister. Der Ministerrat tagt in verschiedenen Zusammensetzungen. Die Aussenminister der 27 Staaten bilden z. B. den Ministerrat für Allgemeine Angelegenheiten und Aussenbeziehungen. Daneben gibt es weitere Ministerräte für Wirtschaft und Finanzen, Landwirtschaft und Fischerei, Justiz und Inneres und andere.

Erste Aufgabe des Ministerrates ist gemeinsam mit dem Europäischen Parlament die Gesetzgebung. Dabei ist der Ministerrat die Staatenkammer, das Parlament die Bürgerkammer. Beide üben auch gemeinsam die Haushaltsbefugnisse aus. Zweite Aufgabe ist die Gestaltung der gemeinsamen Politik nach den Vorgaben des Europäischen Rats.

c) Das Europäische Parlament mit Sitz in Strassburg
Im Parlament sitzen 785 Abgeordnete aus 27 Ländern, die 493 Millionen Bürgerinnen und Bürger vertreten. Europawahlen finden alle fünf Jahre als Direktwahlen statt, die nächsten im Jahr 2014. Die Abgeordneten schliessen sich in verschiedenen Fraktionen zusammen. Aus ihrer Mitte wählen die Parlamentarier eine Präsidentin oder einen Präsidenten sowie 14 Vizepräsidenten/innen, die für die halbe Legislaturperiode von zweieinhalb Jahren im Amt sind. Zwölf Wochen im Jahr sind für Sitzungen in Strassburg vorgesehen, zwischen den Sitzungswochen tagen die Ausschüsse und Fraktionen in Brüssel, um ständigen Kontakt zur Kommission und zum Rat zu halten.

Nach der neuen Verfassung wird das Parlament gemeinsam mit dem Ministerrat als Gesetzgeber tätig. Das Parlament übt gemeinsam mit dem Ministerrat die Haushaltsbefugnisse aus, d. h. es entscheidet über die Verteilung der Geldmittel mit. Es erfüllt Aufgaben der politischen Kontrolle (z. B. Überwachung der Ausgaben, Einsetzen von Untersuchungsausschüssen, ggf. Absetzung der Kommission) und hat Beratungsfunktionen (z. B. Mitentscheid bei Verträgen mit Drittländern und Zustimmungsrecht bei Erweiterungen der EU). Es wählt den Präsidenten der Europäischen Kommission.

d) Der Rat der Regierungschefs mit wechselnden Tagungsorten in den Mitgliedsstaaten (= Europäischer Rat)
Die Staats- bzw. Regierungschefs und der EU-Kommissionspräsident treffen sich in der Regel viermal pro Jahr zu einem Gipfeltreffen, um über die Leitlinien der Europapolitik und zukunftsweisende Projekte zu beraten und zu entscheiden. Auf den jeweiligen EU-Gipfeln wurden z. B. die Kopenhagener Kriterien definiert (1993) und die EU-Verfassung unterzeichnet (2004). Der Rat legt neben den EU-internen Richtlinien auch strategische Vorgaben für Europas Handeln in der Welt fest. Der Rat hat keine Gesetzgebungskompetenzen, die werden vom Ministerrat und dem Parlament ausgeübt. Nach der neuen Verfassung wird die momentane halbjährliche Rotation des Vorsitzes aufgehoben, zukünftig gibt es einen hauptamtlichen Präsidenten an der Spitze des Rats, der vom Parlament gewählt wird. Auch der zukünftige EU-Aussenminister ist dann Mitglied des Rats.

Zusatzinformation

Der Europäische Gerichtshof mit Sitz in Luxemburg
Dem Europäischen Gerichtshof gehören 27 Richter an, aus jedem EU-Land einer. Damit die Effizienz nicht leidet, werden Rechtssachen in einer „Grossen Kammer" mit nur 13 Richtern behandelt.

Er ist das höchste Gericht in der EU und sichert die Wahrung des Rechts bei der Auslegung und Anwendung der Verträge und der künftigen Europäischen Verfassung. Die Urteile gelten in allen Ländern der EU und sind von nationalen Gerichten nicht antastbar. Das EU-Recht hat Vorrang vor dem nationalen Recht der Mitgliedsstaaten. Auch einzelne Bürger oder Unternehmen der Mitgliedsstaaten können den Gerichtshof anrufen, wenn sie von Entscheidungen der EU-Organe unmittelbar und individuell betroffen sind.

99 (4) *Überlege dir, welche Vor- und Nachteile die gemeinsame europäische Währung für die Bevölkerung und die Wirtschaft hat.*
Der Zusammenschluss zur Wirtschafts- und Währungsunion erfolgte 1999, 2002 wurde der Euro als Bargeld in 12 Mitgliedsstaaten eingeführt (ab 01.01.07 Beitritt Sloweniens). Vorteile der gemeinsamen Währung sind: Wegfallen von Gebühren für den Geldwechsel, keine Kursschwankungen mehr, Vereinfachung von Geschäften mit dem Ausland und von Reisen.

Ein Nachteil der gemeinsamen Währung ist: unterschiedlich starke Volkswirtschaften haben eine gleich stark bewertete Währung,

Lebensraum Europa

99 (5) *Die Schweiz ist Mitglied der EFTA (M1). Informiere dich über die EFTA und nenne Vorteile dieser Organisation (andere Medien).*
Die EFTA (European Free Trade Association), besteht seit 1960. Sie wurde zur Förderung der Handelsbeziehungen und des Wohlstands der Mitgliedsstaaten als Gegengewicht zur EG/EU gegründet, verlor aber in den letzten Jahren stark an Bedeutung. Sie besteht momentan noch aus den Staaten Schweiz, Liechtenstein, Norwegen und Island, wobei Island 2009 im Zuge der Finanzkrise einen Aufnahmeantrag in die EU gestellt hat.

Die Schweiz ist eine der stabilsten und wohlhabendsten Volkswirtschaften weltweit. Hochqualifizierte Arbeitskräfte, technische Innovationen, eine gute Infrastruktur und ein verlässliches politisches Umfeld erhalten dem Staat seine internationale Wettbewerbsfähigkeit. Verschiedene Abkommen zwischen EU und EFTA-Staaten führen dazu, dass die Schweiz die für sie positiven Möglichkeiten des einheitlichen Wirtschaftsraumes nutzen kann und trotzdem nicht den kompletten EU-Vorgaben verpflichtet ist.

Zusatzaufgaben

Aufgabe 1
Erkläre, welche Vorteile die wirtschaftliche Zusammenarbeit sowohl ärmeren als auch den reicheren Ländern in der EU bringt.
Gemeinsames europäisches Leitbild ist die soziale Marktwirtschaft, die den Wettbewerb unter den Leistungsfähigen und die Solidarität mit den Schwachen fördert. Um Unterschiede im Entwicklungsstand der verschiedenen Regionen zu verringern, erhalten die Regionen Fördergelder aus dem EU-Budget. In den Jahren 2007 bis 2013 sind für diesen Zweck 336 Mrd. Euro vorgesehen. Verkehrsprojekte, Bildung, neue Technologien, Telekommunikationsnetze, Verkehrswege und Umweltschutzprojekte u. a. werden damit gefördert. Die ärmeren Regionen profitieren also von einer Anhebung des materiellen Lebensstandards und einer Verbesserung der Lebensqualität. Die reicheren Regionen schaffen sich so Absatzmärkte für ihre Produkte und sorgen für eine sauberere Umwelt.

Aufgabe 2
Halte einen Kurzvortrag über die Entstehungsgeschichte der Europäischen Union
Individuelle Lösung.
Sachhinweise: Das „politische Europa", in dem wir heute leben, entstand nach dem 2 Weltkrieg. Der Wunsch nach dauerhaftem Frieden, von Europa gingen zwei Weltkriege aus, war dabei die treibende Kraft. Wirtschaftlich sah man ebenfalls Vorteile in einem Zusammenschluss, um Konkurrenz zu vermeiden und auf dem internationalen Markt besser bestehen zu können. 1951 wurde in Paris als erster Schritt von sechs westeuropäischen Staaten die Europäische Gemeinschaft für Kohle und Stahl gegründet (EGKS). Hierbei sollte die Gemeinschaft über die supranationale „Hohe Behörde" die Rohstoffe für die Rüstung kontrollieren. Weitere Zusammenschlüsse folgten in den kommenden Jahren: 1957 wurde in Rom die Europäische Wirtschaftsgemeinschaft und die Euratom gegründet (Römische Verträge). Die Zusammenarbeit der Mitgliedsstaaten (Zollunion) und der Aufbau der Nuklearindustrie sollten damit gefördert werden.
1986 wird mit Unterzeichnung der Einheitlichen Europäischen Akte (EEA) von nunmehr 12 Mitgliedsstaaten der Reformprozess der Strukturen der Gemeinschaft begonnen. Der „Vertrag über die Europäische Union" von Maastricht 1992 führte 1993 zur Umbenennung der Gemeinschaft in Europäische Union. Das komplizierte Vertragswerk ist ein Mantelvertrag für bereits bestehende Verträge und für zwei neue Bereiche der Zusammenarbeit, die nun fast alle Bereiche der Politik umfasst und eine Wirtschafts- und Währungsunion anstrebt. Die EU wird seitdem als ein Haus mit drei tragenden Säulen dargestellt.

Der Zusammenschluss zur Wirtschafts- und Währungsunion erfolgte 1999, 2002 wurde der Euro als Bargeld in 12 der nunmehr 15 Mitgliedsstaaten eingeführt, Dänemark, Grossbritannien und Schweden nehmen noch nicht teil. Mit der bislang letzten grossen Erweiterungswelle traten 2004 zehn weitere Staaten der Union bei, auch sie haben noch ihre nationalen Währungen ebenso wie die 2007 beigetretenen Staaten Bulgarien und Rumänien geplant

Europäische Union
Schülerbuch Seiten 100–101

Grundbegriffe: Globalisierung, Binnenmarkt, Demokratie

Abbildungen

M1 Auf dem EU-Binnenmarkt
Die Karikatur zeigt Menschen, die auf ihren Wegen verschieden hohen Hindernissen ausgesetzt sind, über die sie stolpern und sogar dagegenlaufen. Siehe auch Aufgabenlösung zu 101 (4).

M2 An der deutsch-französischen Grenze fielen 1995 die Kontrollen weg.
Das Foto zeigt die Grenzanlagen zwischen den beiden Staaten, die mittlerweile abgebaut worden sind. Siehe auch Aufgabenlösung zu 101 (4).

M3 Die vier Freiheiten des europäischen Binnenmarkts
Die Grafik verdeutlicht die Vorteile, die der Zusammenschluss Europas in den nächsten Jahren mit sich bringen soll. Zwar sind die Freiheiten prinzipiell in Kraft getreten, aber in der praktischen Umsetzung kommt es zwischen den unterschiedlichen Systemen in den Staaten der EU immer wieder zu Problemen. So werden z. B. nicht alle Abschlüsse gleichermassen anerkannt. Siehe auch Aufgabenlösung zu 101 (4).

M4 Die Schweiz pflegt gute Beziehungen zur EU.
Die Flaggen der Schweiz und der EU in der Hand des Mannes symbolisieren Gemeinsamkeiten und stehen für die guten Beziehungen.

M4 Auch auf Briefmarken wurde das Thema „Die Schweiz in Europa" bereits behandelt
Die Briefmarke wurde anlässlich des 50. Jahrestages des Europarates herausgegeben. Der Conseil de L`Europe ist seit 1949 in Strassburg ansässig. Die Schweiz ist seit 1963 Mitglied in der heute (2011) 47 Mitglieder umfassenden Organisation.

Aufgabenlösungen

100 (1) *Finde für M1 eine andere Bildunterschrift.*
Individuelle Lösung.

100 (2) *Welche europäische Institution wird auf der Briefmarke dargestellt (M5)? Informiere dich über Aufgaben dieser Institution (andere Medien)?*
Der Europarat ist nicht mit der EU verbunden, sondern eigenständig. Er hat es sich zur Aufgabe gemacht, in Europa für die Wahrung der Menschenrechte, der Demokratie und für den Rechtsstaat einzutreten. Wirtschaftlicher und sozialer Fortschritt in den Mitgliedsstaaten sollen gefördert werden. Mit dem Europarat verbunden ist der Europäische Gerichtshof für Menschenrechte, der die Wahrung der Europäischen Menschenrechtskonvention überwacht.

100 (3) *Nenne Staaten in Europa, zwischen denen heute noch Grenzkontrollen stattfinden (S. 98 M1; Atlas).*
Kontrollen finden entsprechend dem Schengen-Abkommen an allen Aussengrenzen der EU statt. Da aber der Beitritt Liechtensteins zum Schengenraum bislang nicht vollzogen ist, wird zwischen der Schweiz und Liechtenstein ebenfalls kontrolliert. Von Frankreich und Spanien nach Andorra gibt es Kontrollen, die autonome Mönchsrepublik in Griechenland ist ebenfalls nicht Schengenmitglied. Grossbritannien ist eingeschränkt beigetreten, Kontrollen sind weiterhin möglich. Zypern wird erst nach Lösung des Zypernkonfliktes dem Schengenraum beitreten.

101 (4) *Nenne Beispiele, wie sich der Binnenmarkt auf das tägliche Leben der Bevölkerung in der EU auswirkt.*
Die Mitglieder der EU können sich frei zwischen den Staaten bewegen. Für einen Urlaub im Nachbarland brauchen sie keinen Pass mehr. Auch beim Transport von Waren und Geld über die Grenzen muss keine Zollerklärung mehr ausgefüllt werden. Jeder darf seinen Wohn- und Arbeitsort frei wählen. Trotzdem schränken die verschiedenen nationalen Gesetze die Freizügigkeit in vielen Bereichen ein (vgl. Ausführungen zu M3).

101 (5) *Zähle Vorteile und Nachteile für die Schweiz auf, wenn sie weiterhin nicht der EU beitreten wird.*
Vorteile: Möglichst grosse Eigenständigkeit und Entscheidungsfreiheit der Bürgerinnen und Bürger in der Schweiz. Bilaterale Abkommen ermöglichen es der Schweiz, von den Vorteilen der EU zu profitieren, ohne die Nachteile einer Mitgliedschaft in Kauf nehmen zu müssen. Die Schweiz kann ihre eigene Währung dauerhaft behalten.
- Nachteile: Die Schweiz hat kein Mitspracherecht in den EU-Institutionen. Sie profitiert auch nicht von den Fördergeldern für z.B. die Landwirtschaft. Jedes Abkommen muss ausgehandelt werden, das ist umständlich und langwierig.

Gewusst wie: Handskizzen zeichnen
Schülerbuch Seiten 102–103

Abbildungen

M1 Lageskizze Europa
Die Lageskizze Europas liegt über einer Umrisskarte des Kontinentes. Dargestellt werden einige Flüsse, Gebirgszüge und grosse Städte. Siehe auch Aufgabenlösung zu 102 (1).

M2 Mental Map der Schweiz – gezeichnet von Kate Owen aus Notting Hill, London
Die Zeichnung verbindet die Darstellung von topografischen Gegebenheiten mit den Assoziationen zu einem Land, hier der Schweiz.

Aufgabenlösungen

102 (1) *Ermittle die Namen der Städte, Gebirge und Flüsse in M1.*
Städte von West nach Ost:
Lissabon – Madrid – Dublin – London – Paris – Mailand – Frankfurt/M. – Rom – Hamburg – Kopenhagen – Berlin – Prag – Stockholm – Budapest – Belgrad – Warschau – Sofia – Athen – Helsinki – Minsk – Kiew – Moskau
Gebirge von West nach Ost:
Pyrenäen – Alpen – Apenninen – Skanden – Dinarisches Gebirge – Karpaten – Ural
Flüsse von West nach Ost:
Rhein – Donau – Dnipro/Dnjepr – Wolga

102 (2) *Zeichne selbst eine Lageskizze eines europäischen Landes deiner Wahl.*
Individuelle Lösung

102 (3) *Zeichne eine Lageskizze deines Schulareals.*
Individuelle Lösung

103 (4) *a) Zeichne eine Mental Map von Grossbritannien oder Spanien. b) Gruppenarbeit. Vergleicht und diskutiert die Ergebnisse eurer Mental Maps.*
Individuelle Lösung.

Alles klar? Europaspiel
Schülerbuch Seiten 104–105

Abbildungen

Der Spielplan lässt sich im Original verwenden. Praktischer ist es aber, ihn auf einem Farbkopierer auf DIN-A-3 zu vergrössern bzw. die Schwarz-Weiss-Kopie von den Schülern kolorieren zu lassen und zu laminieren. Dies erhöht die Haltbarkeit.

Anleitung und Fragen lassen sich getrennt davon ebenfalls laminieren.

Antworten zu den Fragen 1–16:
1. Norwegen
2. Finnland
3. Uralgebirge
4. gemässigte Zone
5. Deutschland
6. Prag
7. Paris
8. Golfstrom
9. Spanien, Portugal
10. Andorra
11. Disparitäten
12. Albanien
13. Europa, Asien
14. Donau
15. Wien
16. Slowakei

Lebensraum Europa

Literatur

Claassen, Klaus: Europa bei Nacht, In: Praxis Geografie 10/ 2002 (Praxisblatt)
Geografische Rundschau, 4/2001, Themenheft Italien.
Janke, U.: Verkehr in London. In: Praxis Geografie 7–8/2009.
Krause, U.: Vom Fernsehen lernen heisst spielen lernen (Spiel: Wer kommt in die EU?) In: Praxis Geografie 7–8/2010.
Krone, D. (Hg.): Europareise – für Kinder, Wissen und Spass rund um Südeuropa. Wien, 2005
Ossenbrügge, J.: Macht im Werden? Europas Weg zum integrierten Wirtschaftsraum und zur politischen Union. In: Praxis Geografie, 5/2004
Pfeffer, K.-H.: Karst. Entstehung – Phänomene – Nutzung. Stuttgart 2010.
Praxis Geografie, 3/2002, Themenheft Mittelmeerraum
Praxis Geografie, 10/2002, Themenheft Freizeit und Umwelt
Praxis Geografie, 12/2004, Themenheft Tourismus.
Praxis Geografie, 7–8/2007, Themenheft Kommunizieren und Präsentieren.
Praxis Geografie: Themenheft Exogene und endogene Kräfte, 5/2008.
Praxis Geografie: Themenheft Europäische Regionalpolitik, 4/2009.
Praxis Geografie: Themenheft Europäische Metropolen, 1/2011.
Vankan, L. et al. (Hrsg.): Mein Wunsch – Ferienort, Diercke Methoden, 2009.

Internet-Adressen

europa.eu (Europa-Portal)
gutenberg.spiegel.de/schwab/sagen/sch1116.htm (Europasage im Original)
www.bookshop.eu.int/ (Alle Dokumente der EU)
www.dadalos-d.org/europa (Bildungsserver der EU)
www.europarl.europa.eu
www.politikportal.eu
www.zamg.ac.at/satbild.php3
http://www.bfs.admin.ch/bfs/portal/de/index/themen/11/07/04/blank/00.html
(Statistik Schweiz, alpenquerender Güterverkehr)
http://www.swissworld.org/de/wirtschaft/transportwesen/transitverkehr/
http://www.biosphaere.ch/de.cfm/unescobiosphere/offer-Unesco BiosphaereEntlebuchUBE.html
http://www.swissworld.org/de/wirtschaft
http://dictionary.sensagent.com/Schweizer%20Tourismus-Verband/de-de/
http://www.isska.ch/De/index.php (Karst)
http://www.isska.ch/pdf/karst_d.pdf (Broschüre über den Schweizer Karst)
http://www.muotathal.ch/
http://www.swissfot.ch/htm_public_d/Adressen/adressdand_faecher-geo_Hoehlenc.htm
http://www.zie.ch/AGH/Uebersicht.pdf
http://www.aufdermaur.info/frali/cave/Karstgeotope Kt. Schwyz.pdf

Arbeitsblatt: Unterwegs in London (einfach)

Aufgabe:

Ergänze den Lückentext mit Unterstützung einer Atlaskarte von London sowie der Buchseiten 72/73 und S. 77.

An der Victoria Station im Westen der Londoner Innenstadt steigen wir in den Bus und beginnen dort unsere Stadtrundfahrt durch London. Im Stadtteil Westminster liegt der (1) _____ -Palace, in dem die britische Königin Elisabeth II. lebt. Direkt am Ufer des Flusses (2) _____ liegen die Houses (3) _____ mit dem Glockenturm (4) _____ . Hier tagen das Oberhaus und das Unterhaus des Parlamentes. Am anderen Ufer, in der Nähe der Westminster Bridge, liegt das höchste Riesenrad Europas, das Millenium Wheel, das auch (5) _____ genannt wird.

Von dort fährt unser Bus durch die Strasse Whitehall bis zum Trafalgar Square mit der 55 m hohen Säule des Admiral Nelson. Er besiegte 1805 die spanische Flotte. Die Zeit ist zu kurz, um auch noch den nördlich davon gelegenen (6) _____ Circus mit seinen bekannten Leuchtreklamen zu besuchen.

Über die Strassen Strand und Fleetstreet gelangen wir in den Stadtteil City of London. Hier liegen viele Bürogebäude und die (7) _____ Cathedral. Die berühmte Kirche wurde dem Petersdom in Rom nachempfunden.

Im Osten des Hauptgeschäftszentrums liegt die berühmteste Festung des Landes, der (8) _____ of London. Hier lebten früher die englischen Könige. Danach war er ein Gefängnis. Heute werden hier die Kronjuwelen aufbewahrt.
Direkt nebenan überquert den Fluss die gleichnamige Brücke, die (9) _____ .

Hier steigen wir auf das Boot um und fahren nach Osten auf der Themse zur Isle of Dogs, wo ein neuer moderner Stadtteil entstanden ist. Sein Wahrzeichen ist die neue Veranstaltungshalle, der (10) _____ Dome.

Diercke Geografie – Das Schweizer Geografiebuch für die Sekundarstufe I   65

Arbeitsblatt: Unterwegs in London (schwer)

Aufgabe:

Ergänze den Lückentext mit Unterstützung einer Atlaskarte von London sowie der Buchseiten 72/73 und S. 77.

An der Victoria Station im Westen der Londoner Innenstadt steigen wir in den Bus und beginnen dort unsere Stadtrundfahrt durch London. Im Stadtteil Westminster liegen die Gebäude der politischen Macht. Im (1) _____ -Palace residiert die britische Königin Elisabeth II. An der gehissten Fahne, dem Union Jack, erkennen wir, dass sie anwesend ist. Direkt am Ufer des Flusses (2) _____ liegen die Houses (3) _____ mit dem Glockenturm (4) _____ . Hier tagen die beiden Kammern des Parlamentes, das Oberhaus und das Unterhaus (House of Lords und House of Commons). Am anderen Ufer, in der Nähe der Westminster Bridge, liegt das höchste Riesenrad Europas, das Millenium Wheel, das auch (5) _____ genannt wird. Es wurde anlässlich der Feiern zum Jahrtausendwechsel errichtet.

Von dort fährt unser Bus durch den etwa einen Kilometer langen Boulevard Whitehall bis zum im Norden liegenden (6) _____ Square mit der 55 m hohen Säule des Admiral Nelson. Er besiegte 1805 die spanische Flotte. Dieser Platz ist der zentrale Orientierungspunkt der Metropole. Von hier aus wurden alle Entfernungen berechnet und auf Strassenschildern angegeben. Die Zeit ist zu kurz, um auch noch den nördlich davon gelegenen (7) _____ Circus mit seinen bekannten Leuchtreklamen und dem berühmten Shaftesbury-Gedenkbrunnen zu besuchen.

Über die Strassen Strand und (8) _____ gelangen wir in das am Nordufer der Themse gelegene Geschäftszentrum, die (9) _____ . Hier liegen viele Bürogebäude und die (10) _____ Cathedral. Die berühmte Kirche wurde 1666 von Sir Christopher Wren nach dem grossen Brand wieder aufgebaut und ist dem Petersdom in Rom nachempfunden.

Im Osten des Hauptgeschäftszentrums liegt die berühmteste und am besten erhaltene Festung des Landes, der (11) _____ . Hier lebten früher die englischen Könige. Danach war er ein Gefängnis und Hinrichtungsstätte. Heute werden hier die Kronjuwelen aufbewahrt.
Direkt nebenan überquert den Fluss die gleichnamige (12) _____ .

Hier steigen wir auf das Boot um und fahren nach Osten auf der Themse zur Isle (13) _____ . Hier, in dem ehemaligen Hafengebiet ist seit 1981 ein neuer moderner Stadtteil entstanden. Heute ist er ein Zentrum für Handel und Industrie, ein Wohnviertel für Reiche, Arbeitsplatz und Kulturzentrum. Sein Wahrzeichen ist die grosse, zur Jahrtausendwende erbaute Veranstaltungshalle, der (14) _____ Dome.

Diercke Geografie – Das Schweizer Geografiebuch für die Sekundarstufe I   67

Arbeitsblatt: Verkehrsverbindungen in Europa

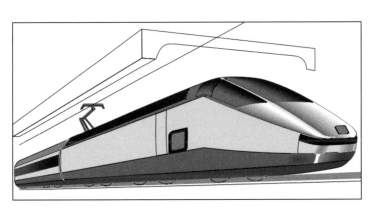

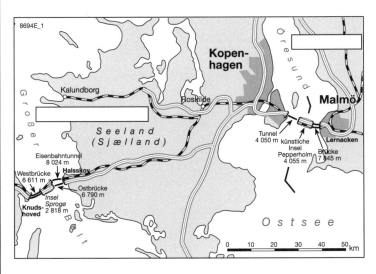

Aufgaben:

1. Gib die Lage der folgenden Städte durch Punkte in der Karte an und ziehe Linien, die die Verbindung des TGV zu diesen Städten zeigen: Bordeaux, Marseille, Madrid, Mailand, Bern, Luxemburg, Brüssel, Köln, Amsterdam, Calais.

2. Überlege, welche Bedeutung die Verbindungen nach Calais und Köln für Europa haben:
   Köln:
   _____
   _____

   Calais:
   _____
   _____

3. Wie lange braucht ein Reisender mit dem TGV von Paris nach Brüssel (www.tgv.com)
   _____

4. Hochgeschwindigkeitszüge haben Vorteile, bringen aber für das Umfeld der Strecke Nachteile. Notiere:

   Vorteile: _____
   _____

   Nachteile: _____
   _____

5. Werte die Kartenskizze aus.
   a) Trage die Namen der Staaten in die Karte ein (Atlas).
   b) Welche Rolle spielt die kleine Insel Sprogø innerhalb dieses Projektes?
   c) Welche Schwierigkeiten mussten beim Bau dieser Verbindung überwunden werden? Nutze das Internet.
   d) Erläutere die Bedeutung dieser Verbindung für den europäischen Handel und den Tourismus.
   Fasse deine Ergebnisse auf einem gesonderten Blatt in einem Bericht zusammen.

Arbeitsblatt: Europa-Rätsel

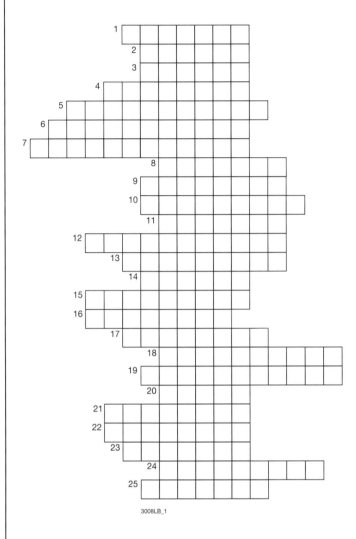

1. Teil Grossbritanniens
2. Die „grüne Insel"
3. Die eisige Vulkaninsel
4. Land der Wälder und Seen
5. Ein Grossteil des Staates liegt unter dem Meeresspiegel
6. Ein Staat in Mitteleuropa, der geteilt war
7. Südeuropäischer Staat mit vielen Inseln und Halbinseln
8. Südeuropäisches Königreich
9. Südosteuropäischer Staat
10. In diesem Staat mündet die Donau in das Schwarze Meer
11. Der „Stiefel" Europas
12. Ehemaliger Vielvölkerstaat in Südosteuropa.
13. Staat am Schwarzen Meer
14. Binnenstaat an der Donau
15. Staat zwischen Nord- und Ostsee
16. Westlichster Staat des europäischen Festlandes
17. Ein Staat in Ost-Mitteleuropa
18. Westlichster Nachbarstaat Deutschlands
19. Ein Alpenstaat (Hauptstadt Wien)
20. Staat beiderseits der Weichsel
21. Nordeuropäischer Staat mit sehr langer Küste
22. Ostseestaat auf der skandinavischen Halbinsel
23. Hier liegt die „europäische Hauptstadt" Brüssel
24. Grossherzogtum zwischen Belgien und Deutschland
25. Neutraler Staat in den Alpen, in dem mehrere Sprachen verbreitet sind (Beachte: Ä=AE, Ö=OE.)

Gebirge Europas

1. Höchstes Gebirge Europas
2. Grenzgebirge zwischen Europa und Asien
3. Gebirge zwischen Frankreich und der Iberischen Halbinsel
4. Gebirge im Südosten Europas
5. Gebirge zwischen dem Schwarzen Meer und dem Kaspischen Meer
6. Ein Gebirge, welches Italien durchzieht
7. In dem Gebirge liegt die Schneekoppe
8. Gebirge in Bulgarien

(Beachte: Ä = AE.)

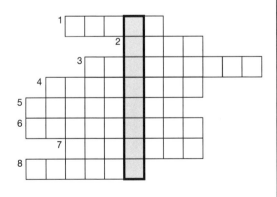

Die Buchstaben im umrandeten Feld ergeben, von oben nach unten gelesen, den Namen eines Doppelkontinents.

Klima- und Vegetationszonen

Schülerbuch Seiten 107 – 131

⚠ Kompetenzen

Nach der Bearbeitung des Kapitels verfügen die Schüler über folgende Kompetenzen:
- Sie können die grundlegenden Elemente, die das Wetter und das Klima bestimmen, nennen.
- Sie können erklären, wie die Klimazonen und die Vegetationszonen zusammenhängen.
- Sie können ein Klimadiagramm zeichnen und interpretieren.
- Sie können unterschiedliche Windsysteme beschreiben.

Doppeltopic

Schülerbuch Seiten 106 – 107

M1 Die Erde im Satellitenbild
Das Satellitenbild zeigt in der Farbe Weiss die Eisbedeckung der Erde in den Polregionen und den grossen Höhen der Gebirge. Hellgrün und Gelb sind die trockenen Regionen, grün die humiden Regionen dargestellt. Die Meere sind in Schwarzblau gehalten.

Wetter und Klima

Schülerbuch Seiten 108 – 109

Grundbegriffe: Wetterelement, Klima, Temperatur

Abbildungen

M1 Elemente des Wetters und des Klimas
Die Zeichnung beschreibt die einzelnen Wetterelemente, die zusammengenommen das Wetter bzw. das Klima beschreiben.

M2 Ausschnitt aus der Wetterkarte für Mittwoch, 15.09.2010
Die Wetterkarte zeigt, dass Europa unterschiedlichen Wettereinflüssen ausgesetzt ist. Im Osten dominiert ein Hochdruckgebiet das Wetter, von Westen naht ein Tiefdruckgebiet, das zu einer Wetterverschlechterung führt. Siehe auch Aufgabenlösung zu 109 (6).

M3 Tagesgang der Temperatur Mitte Mai in Basel
In der Abbildung sind 24 Thermometer für 24 Stunden abgebildet, die rot eingezeichneten Füllhöhen symbolisieren die stündlichen Temperaturen, ablesbar an der Skala auf der Y – Achse. Die Anordnung der Thermometer zeigt den Temperaturverlauf von 1 Uhr morgens bis 24 Uhr. Siehe auch Aufgabenlösung zu 108 (4).

M4 Höhenstufen
M4 zeigt die Höhenstufen der Pflanzenwelt in den Alpen. Die Zonierung des Gebirgszuges in Waldgebiet, Matten oberhalb der Baumgrenze, Fels- und Schuttzone und die ganzjährig schneebedeckte Hochgebirgsregion oberhalb der Schneegrenze ist gut zu erkennen. Die Daten zur Temperaturabnahme zeigen, dass sich die Umweltbedingungen für Pflanzen und Tiere mit zunehmender Höhe verschlechtern (von +5°C in 1000 m Höhe auf -2,5°C in 2500 m Höhe). Die Wachstumszeit der Pflanzen verkürzt sich pro 100 m Höhenunterschied um ca. 1 Woche. Dies führt zu der typischen Höhenstufung der Vegetation, wobei in Abhängigkeit von der Sonneneinstrahlung, dem Boden, der Hauptwindrichtung, sich lokal erhebliche Unterschiede ergeben können.

Die Veränderung der Niederschläge mit der Höhe ist von weit geringerer Auswirkung als die Änderung der Temperatur. Selbst in tieferen Lagen von 1000 m Höhe sind die Niederschläge im Jahresmittel mit 1100 mm relativ hoch und steigen bis 2500 m Höhe noch auf 2000 mm an. Sie sind (bis auf Teile der Südalpen) also kein Faktor, der das Pflanzenwachstum begrenzt. Neben den niedrigen Jahresmitteltemperaturen (bis unter 0°C) und den hohen Tagestemperaturschwankungen tragen auch der starke ungebremste Wind und der hohe Schnee im Winter dazu bei, dass Bäume in den oberen Höhenlagen keine Überlebenschancen mehr haben. Siehe auch Aufgabenlösung zu 108 (5).

Aufgabenlösungen

108 (1) *Nenne die Wetterelemente auf der Karte M2.*
Auf der Wetterkarte ist die Bewölkung angegeben (Bern: leicht bewölkt bis sonnig), der Luftdruck ist an den Isobaren abzulesen (Bern: ca. 1015 hPa), die Temperaturen zeigen Werte zwischen 12°C in Dublin und 34°C in Madrid (Bern: 21°C). Niederschlag (Regen) ist für den Nordwesten Europas gemeldet.

108 (2) *In welchen Situationen im Alltag spielt das Wetter eine grosse Rolle? Nenne Beispiele.*
Viele Alltagssituationen werden vom Wetter beeinflusst. Beispiele sind: Regenkleidung oder Regenschirmmitnahme für den Schulweg, gewünschtes Sommerwetter für die Grillparty zum Geburtstag oder den Ausflug ins Schwimmbad, warme Jacke für die Bergtour, falls das Wetter umschlägt. Für Landwirte sind Wettervorhersagen wichtig um die Aussaat oder Ernte planen zu können.

108 (3) *Testet, ob ihr die Lufttemperatur gut einschätzen könnt. Geht auf den Schulhof und schätzt die Temperatur. Vergleicht anschliessend eure Schätzwerte mit den abgelesenen Temperaturwerten.*
Individuelle Lösung.

108 (4) *Beschreibe, wie sich die Lufttemperatur im Laufe eines Tages verändert hat (M3). Finde eine Erklärung dafür.*
Die niedrigste Temperatur wird mit 11°C morgens um 5 Uhr gemessen, die höchste mit 25°C um 14 Uhr. Mit dem Sonnenaufgang erwärmt sich die Luft, die Temperatur steigt mit dem Sonnenstand bis zu seinem Höchststand am Mittag parallel an. Danach sinken Sonnenstand und Temperatur parallel wieder ab. In den Nachtstunden steigt die Ausstrahlung und damit die Abkühlung. Kurz vor Sonnenaufgang hat die Temperatur ihren tiefsten Punkt erreicht.

108 (5) *Beschreibe die Vegetation in den verschiedenen Höhenstufen. Was bedeuten diese Bedingungen jeweils für die Tierwelt (M4)?*
Der wärmeliebende Laub- und Mischwald reicht bis ca. 1300 m. In den Wäldern lebt z. B. das Auerhuhn (Tetrao urogallus), ein sehr selten gewordenes scheues Waldhuhn. Das Auerhuhn frisst besonders Baumnadeln und Beeren.

Ab ca. 1300 m Höhe werden die Temperaturen so niedrig, dass die Laubbäume nicht mehr wachsen können. Der widerstandsfähigere und tiefere Temperaturen vertragende Nadelwald schliesst sich direkt daran an und reicht bis ca. 1700 m, der Waldgrenze. Auf den Hochweiden, zwischen 1700 m und 1900 m, findet man noch einzelne Bäume und Latschen, die in ihrem niedrigen Wuchs meist deutliche Zeichen der eingeschränkten Wachstumsbedingungen aufweisen. Gämsen (Rupicapra rupicapra) als gute Kletterer leben auf diesen Wiesen bis hinunter zur Waldgrenze, im Winter auch in den tiefer gelegenen Bergwäldern. Hier äsen sie Gräser, Kräuter und Strauchspitzen.

In der Zone der alpinen Matten, zwischen 1900 m und 2200 m bestimmen kleinere Sträucher, Gräser, Kräuter, Moose und Flechten die Vegetation. Hier lebt das Murmeltier (Marmota marmota), ein in Körperbau und Lebensweise hervorragend an die alpinen Bedingungen angepasstes Säugetier. Der Körper ist gedrungen, dicht behaart und hat unter der Haut eine Fettschicht. Diese hilft ihm, den 6 bis 7 Monate dauernden Winterschlaf zu überstehen. Wenn die Murmeltiere im Frühjahr erwachen, sind sie sehr mager und auf die Gräser und Kräuter der Hochgebirgsmatten angewiesen, wo sie in Kolonien den Sommer verbringen.

Danach folgen Fels und Schutthalden bis zu einer Höhe von ca. 2500 m. Darüber befindet sich nur noch Fels. In den Hochlagen lebt der Steinadler (Aquila chrysaetos). Er legt seinen Horst auf Vorsprüngen von Felsen an und benutzt ihn oft viele Jahre. Beutetiere des Steinadlers sind Säugetiere wie Mäuse, Hasen, Murmeltiere, Lämmer, Gamskitze und Vögel wie Auerhühner, Rebhühner und Schneehühner, da diese nicht besonders schnell sind.

Die Schneegrenze liegt auf einer Höhe von etwa 2700 m, oberhalb dieser Grenze liegt der Schnee ganzjährig und verhindert eine Vegetationsbedeckung, darunter sind die Gebiete im Sommer schneefrei.

109 (6) *Triff eine Wetterprognose für die Schweiz (M2).*
Bern liegt noch im Bereich des Warmluftsektors, die Temperaturen liegen bei 21°C. Mit dem Vorrücken des Tiefdruckgebietes nach Westen bricht eine Kaltfront in den Warmluftsektor ein, die Warmluft wird schnell nach oben verdrängt. Es kommt zum sogenannten Konvektionswetter: schnelle Abkühlung, Kondensation, Schauerregen.

Wetter und Klima
Schülerbuch Seiten 110–111

Grundbegriffe: Verdunstung, Kondensation, Niederschlag

Abbildungen

M1 Grösse von Wassertropfen
Die Zeichnung zeigt die unterschiedlichen Grössen von Wassertropfen. Sie können einen Durchmesser kleiner als 0.01 mm und bis zu 4 mm haben.

M2 Die Atmosphäre der Erde
Die Schichtung der Atmosphäre zeigt die Wolkenbildung und damit das Wettergeschehen in der unteren Schicht, der Troposphäre, bis ca. 10 km Höhe. Passagierflugzeuge können bis an die Grenze der Stratosphäre vorstossen, Militärmaschinen auch darüber hinaus. In der Mesosphäre verglühen Sternschnuppen und Meteore. Hier entstehen auch die Polarlichter. Darüber befinden sich in der Exosphäre und im freien Weltraum nur noch Satelliten und Raumfahrzeuge.

M3 Der Kreislauf des Wassers: Den Wasseraustausch zwischen Meer und Festland nennt man Wasserkreislauf. Dieser Kreislauf besteht aus Phasen der Verdunstung, Luftmassentransport, Wolkenbildung, Niederschlag und Abfluss ins Meer.

Die Zeichnung gibt wieder, wie aus den Wolken Oberflächenwasser entsteht, dass wiederum durch Verdunstung Wolken bildet. Siehe auch Aufgabenlösung zu 111 (4).

M4 Wolkentypen und ihr Aussehen
Hier sind die Formen der einzelnen Wolken erkennbar und in welchen Höhen sie zu finden sind. Siehe auch Aufgabenlösung zu 111 (3).

M5 Wolkenbilder
Das erste Bild zeigt die typischen Schichtwolken einer Kaltfront. Das zweite Bild zeigt die typischen Federwolken, die sich an der Warmfront bilden. Das dritte Bild zeigt die sich ankündigende nächste Kaltfront mit Schäfchenwolken.

Aufgabenlösungen

111 (1) *Es gibt verschiedene Niederschlagsformen. Nenne Beispiele.*
Regen als flüssiger Niederschlag hat einen grossen Tropfendurchmesser und fällt deswegen rasch zu Boden. Schnee als fester Niederschlag besteht aus sehr kleinen locker gepackten Eiskristallen. Hagel ist fester Niederschlag aus Eiskügelchen, die durch Aufwinde in Konvektionswolken weiter anwachsen.

111 (2) *Erhitze Wasser und halte mit einem Topflappen einen Teller darüber. Was für ein Phänomen findet statt?*
An der Tellerunterseite bilden sich Wassertropfen. Das vorher durch Erhitzen gasförmig gewordene Wasser (Wasserdampf) wandelt sich bei Abkühlung wieder in flüssiges Wasser um.

111 (3) *Ordne die Wolkenbilder zu den Wolkentypen (M4, M5).*
Die Wolkenbilder zeigen von links nach rechts: Tiefe Schichtwolken, Federwolken und Grobe Schäfchenwolken.

111 (4) *Erkläre den Wasserkreislauf (M3).*
Niederschläge fallen über Land- und Wasserflächen. Dieses Regenwasser kann entweder versickern und so den Grundwasservorrat auffüllen oder in Oberflächengewässer abfliessen. Von dort aus gelangt es ins Meer oder verdunstet gleich. Die Verdunstung aller Wasserflächen bewirkt, dass sich der Wasserdampf unsichtbar in der Luft ansammelt. Bei sinkenden Temperaturen kommt es zur Kondensation und damit zur Wolkenbildung. Steigt die Luftfeuchtigkeit auf über 100 Prozent, fällt Niederschlag.

Wetter und Klima
Schülerbuch Seiten 112–113

Grundbegriffe: Luftdruck, Land-See-Windsystem

Abbildungen

M1 Barometer
Am Barometer lässt sich der Luftdruck ablesen. Höherer Luftdruck ist in der Regel mit besserem Wetter verbunden, erkennbar auf dem Barometer an dem aufgedruckten Sonnensymbol. Niedriger Luftdruck weist entsprechend auf schlechteres Wetter hin (Wolkensymbol).

Das abgebildete Barometer ist ein sogenanntes Dosenbarometer (Aneroidbarometer). Das Messgerät besteht aus einer Art dünnen

Blechdose, die sich bei Luftdruckänderungen verformt. Steigt der Luftdruck, erfolgt eine Verkleinerung der Dose, bei sinkendem Luftdruck dehnt sie sich aus. Diese Änderungen werden mechanisch auf einen Zeiger übertragen und auf der abgebildeten Skala angezeigt.

M2 Experiment
Im 17. Jahrhundert war die Frage, ob Luft ein Gewicht besitzt, unter Wissenschaftlern umstritten. Mit dem hier beschriebenen einfachen Experiment lässt sich nachweisen, dass das Gewicht tatsächlich vorhanden ist.

M3 Land-See-Windsystem
Hier wird in vereinfachter Form die Entstehung eines kleinräumigen Windsystems dargestellt. Links ist die Situation am Tag, rechts die in der Nacht dargestellt. An den Küsten hat der Wind eine vertikale Mächtigkeit von 200 bis 300 m und eine horizontale Reichweite von 20 bis 30 km. Siehe auch Aufgabenlösung zu 111 (2).

M4 Globales Windsystem
Die grafische Darstellung des globalen Windsystems verdeutlicht, dass es sich eigentlich um mehrere Systeme handelt, die miteinander durch Austauschbewegungen verbunden sind. Das innertropische Windsystem der Passatzirkulation wird im Schülerbuch auf den Seiten 128 bis 129 erläutert. In den mittleren Breiten wird das Wettergeschehen massgeblich von den mit der Westwindströmung heranziehenden Zyklonen beeinflusst. In den Polargebieten herrschen überwiegend Ostwinde vor.

Aufgabenlösungen

112 (1) *Erläutere, warum mit zunehmender Höhe die Luft als „dünn" bezeichnet wird.*
Auf der Erde lastet das Gewicht der Luft. Stellt man sich die Luft als Säule vor, herrscht an ihrem Grund ein Luftdruck von 1013hPa. Die Luftsäule drückt die Moleküle am Grund zusammen, hier ist die Luftdichte also hoch. Mit steigender Höhe lastet ein geringerer Druck auf der Säule, da die restliche Luftmenge nach oben weniger wird. Damit sinkt auch die Luftdichte, da die Moleküle nicht mehr so stark zusammengepresst werden. So verteilen sich die restlichen Luftmoleküle in einem grösseren Raum, die Luft wird „dünner".

112 (2) *Erkläre die Entstehung von Land- und Seewind an der Küste.*
Mit dem Sonnenaufgang beginnen sich Land und Wasser zu erwärmen. Da der Boden sich schneller als das Wasser erwärmt, wird auch die darüber liegende Luftschicht schneller warm. Die Luft über dem Land dehnt sich aus und steigt auf. Da sich nun am Boden über der Landfläche in Relation zur Wasseroberfläche weniger Luftteilchen befinden, herrscht hier tiefer Druck (Bodentief). Die nach oben steigende Luftmenge bewirkt in der Höhe einen ansteigenden Luftdruck, es entsteht über Land ein Höhenhoch. In Relation dazu ist der Druck in der Höhe über dem Wasser geringer (Höhentief). Luftteilchen haben das Bestreben, überall in gleicher Konzentration vorzuliegen. Die daraus resultierende Gradientkraft bewirkt einmal einen Ausgleichswind in der Höhe vom Land zum Meer (oberer Landwind). Zum anderen entsteht in Bodennähe aus dem gleichen Grund ein Ausgleichswind vom Meer in Richtung Land (unterer Seewind). Mit dem Sonnenuntergang schläft der Wind ein, da die Erwärmung als Antriebskraft wegfällt.

In den späteren Abendstunden gibt nun das Wasser aufgrund seiner hohen Wärmespeicherfähigkeit mehr und länger Wärme an die umgebende Luft ab als das Land. Die Druckverhältnisse kehren sich entsprechend um. Über Wasser entstehen ein Bodentief und ein Höhenhoch, über Land ein Bodenhoch und ein Höhentief. Als Ausgleichswinde beginnen ein oberer Seewind und ein unterer Landwind zu wehen.

112 (3) *Öffne die Schultür und klebe einen langen Papierstreifen in den Türrahmen, sodass er sich frei bewegen kann. Erkläre, was du feststellst.*
Öffnet man die Tür, stellt man eine Verbindung zwischen zwei unterschiedlich temperierten Luftmassen her. Kühle Luft strömt am Boden in Richtung des wärmeren Zimmers, warme Luft steigt auf und strömt in Richtung des kälteren Raumes. Der Papierstreifen beginnt sich im Luftzug zu bewegen. Er weht im unteren Bereich in Richtung des warmen Raumes.

112 (4) *Fülle eine 1,5 l PET-Flasche mit heissem Wasser. Giesse das Wasser wieder ab und verschliesse die Flasche. Warte einige Minuten, beobachte was passiert und finde eine Erklärung.*
Das heisse Wasser in der Flasche erwärmt die Flasche selbst. Nach dem Abgiessen des Wassers wird die nun einströmende Luft dadurch ebenfalls erwärmt. Verschliesst man nun die Flasche und wartet, kühlt sich die Luft in der Flasche wieder ab und die Flasche zieht sich zusammen.

Gewusst wie: Klimadiagramme lesen und zeichnen

Schülerbuch Seiten 114–115

Grundbegriffe: Klimadiagramm, Humidität/Aridität

Abbildungen

M1 Bestandteile eines Klimadiagramms
Den Angaben eines Klimadiagrammes werden in der Grafik einzelne erläuternde Aussagen zugeordnet. Unter Verwendung dieser Aussagen lässt sich ein Klimadiagramm sowohl zeichnen als auch auswerten.

M2 Wetterhäuschen mit Messinstrumenten
Die Abbildung zeigt die standardisierte Wetterhütte („englische Hütte", „Stevenson screen") die auf der ganzen Welt gleich gestaltet ist. Sie ist weiss gestrichen, aus Holz, hat Doppeljalousien als Abgrenzung nach allen Seiten und steht auf 2 m hohen Beinen. Sie wird auf einem schattenlosen Grasplatz so aufgestellt, dass die Tür nach Norden weist. In der Wetterhütte befinden sich immer die gleichen Instrumente in der gleichen Anordnung: Rechts ist das Assmannsche Aspirationspsychrometer zu sehen. Neben dem normalen ist in dieses noch ein sogenanntes feuchtes Thermometer eingebaut. Aus der Differenz zwischen der trockenen und feuchten Temperatur kann man die relative Luftfeuchte ermitteln.

Links sind die Geräte platziert, die den Luftdruck (Barometer) und die Luftfeuchtigkeit (Hygrometer) messen.

M3 Europas höchstgelegene Wetterstation: Jungfraujoch
Das Foto zeigt das Sphinx-Observatorium. Es steht auf einer Felskuppe (der Sphinx) in 3571 m Höhe in den Berner Alpen und ist die

Klima- und Vegetationszonen

höchstgelegene Wetterstation Europas. Trotz moderner Ausstattung und automatisierter Messungen werden die Beobachtungen zusätzlich von Wettertechnikern durchgeführt. Neben der Wetterstation befindet sich in der Forschungsanstalt ein Observatorium.

Aufgabenlösungen

115 (1) *Zeichne ein Klimadiagramm deiner Wahl und werte es aus. Wähle aus den Klimadaten (Anhang).*
Zeichnung: Individuelle Lösung
Auswertung am Beispiel von Nairobi/Kenia:
1. • Nairobi (1° 18'S/36° 45'O) liegt 1798 m. ü. M., Jahresdurchschnittstemperatur 17,1°C, Jahresniederschlag 1066 mm;
   • wärmster Monat: März (18,7°C); kältester Monat: Juli (14,9°C); Jahresamplitude: 3,8°C;
   • höchster Niederschlag: Mai und November (189 mm); geringster Niederschlag: Juli (17 mm); humide Monate: Oktober bis Mai, aride Monate: Juli und August (Juni und September sind teils arid und teils humid);
2. Nairobi liegt nur einen Breitengrad südlich des Äquators auf der Südhalbkugel. Diese Breitenlage bewirkt eine ständig hohe Sonneneinstrahlung und ist verantwortlich für die ganzjährig hohen Temperaturen. Die Lage in der äquatorialen Tiefdruckrinne bewirkt die ganzjährig fallenden Niederschläge.
3. In Nairobi herrscht im grössten Teil des Jahres humides Klima, wodurch das Pflanzenwachstum (Vegetationszeit, Vegetationsperiode) uneingeschränkt möglich ist. Die Klimastation liegt in der tropischen Zone.

Zusatzaufgabe

Informiere dich, wie die Wetterelemente bzw. Klimaelemente gemessen werden (Lexikon, Internet).
Temperatur: Thermometer
Luftfeuchtigkeit: Hygrometer
Bewölkung: Augenbeobachtung
Niederschlag: Regenmesser
Luftdruck: Barometer
Windrichtung: Wetterfahne
Windgeschwindigkeit: Schalenkreuzanemometer
Sonnenscheindauer: Sonnenscheinautograf

Extreme Wettererscheinungen
Schülerbuch Seiten 116 – 117

Abbildungen

M1 Sturm am Zugersee während des Durchgangs von Orkan „Lothar"
Die hohen Wellen am Zuger See weisen auf die hohe Windgeschwindigkeit des Jahrhundertsturms „Lothar" hin. Das Orkantief zog von der Biscaya in Richtung Nordosten über West- und Mitteleuropa hinweg. Innerhalb von zweieinhalb Stunden zog der Orkan mit Windgeschwindigkeiten bis zu 249 km/h über den nördlichen und mittleren Teil der Schweiz hinweg und verursachte grosse Sturmschäden. Er zerstörte Waldflächen mit etwa 10 Mio. Bäumen und beschädigte in einem Kanton ca. 20 % der Gebäude.

M2 Autos wurden von den Wassermassen weggeschwemmt
Text und Bild vermitteln einen Eindruck, mit welcher Kraft Wassermassen Zerstörungen anrichten können. Siehe auch Aufgabenlösung zu 116 (1).

M3 Ein Bild der Zerstörung: Gewächshaus nach dem Unwetter
Gewitter mit starken Aufwinden befördern fallende Hagelkörner immer wieder in grosse Höhen, in denen sie weitere Eisschichten anlagern. Hagelkörner in Golfballgrösse fallen dann mit einem Gewicht von ca. 500 g auf die Erde. Hier richten sie, wie im Bild zu sehen, an Gewächshausscheiben, aber auch an Autos, Gebäuden und auf landwirtschaftlichen Flächen grosse Schäden an. Siehe auch Aufgabenlösung zu 116 (3).

M4 Wetterextreme (Schweiz)
M4 gibt Auskunft über die Temperatur-, Niederschlags- und Windextreme in der Schweiz. Siehe auch Aufgabenlösung zu 116 (3).

Aufgabenlösungen

116 (1) *Suche zu einem passenden Wetterelement weitere Beiträge über Naturkatastrophen (andere Medien).*
Individuelle Lösung.
Zu behandelnde Naturkatastrophen der letzten Jahre können beispielsweise sein:
Hurrikan Katrina (08.08.2005, USA); Zyklon Nargis (03.05.2008); Überschwemmungen (Juli 2010, Pakistan; Januar 2011, Australien), Erdbeben (März 2011 Japan)

116 (2) *In welcher Weise kann ein Orkan von der Stärke „Lothars" unser persönliches Leben beeinflussen?*
Beispiele: Ein Sturm kann das eigene Haus zerstören, dem Land- oder Forstwirt kann der Sturm die Existenzgrundlage vernichten, umgeworfene Bäume können die Verkehrswege blockieren und Autos zerstören. Private Haushalte sind oft von Stromausfall betroffen.

116 (3) *Erläutere die Funktion der Unwetterwarnkonferenzen (andere Medien).*
Wann gewarnt wird und wer die Warnung erhält, muss abgesprochen werden. Die Unwetterwarnkonferenzen haben die Aufgabe, einheitliche Kriterien zu erarbeiten, nach denen in einer anstehenden Gefahrensituation vorgegangen werden soll. So erhalten nun die kantonalen Krisenstäbe direkte Warnungen und können alle nötigen Massnahmen zum Bevölkerungsschutz ergreifen. Sie können sich direkt an die potenziell betroffene Bevölkerung wenden und die Einsatzorgane organisieren.

Zusatzaufgabe

Finde heraus, welche Aufgabengebiete der Beruf des Meteorologen umfasst (Internet, Lexikon).
Individuelle Lösung, z.B.:
Allgemeine Wettervorhersage, Flug- und Seewetterberechnung, Agrarmeteorologie, Medizinmeteorologie, Hydrometeorologie, allgemeine Klimaforschung, Umweltberatung, Erforschung der anthropogen verursachten Änderungen des Klimas, Erforschung einzelner Wetterphänomene wie Tornados, Hurrikane, Sturmfluten etc.

Der Treibhauseffekt
Schülerbuch Seiten 118–119

Grundbegriffe: Treibhauseffekt, Ozonschicht

Abbildungen

M1 Versuch zum Treibhauseffekt
Der Versuch verdeutlicht den Einfluss der in der Atmosphäre enthaltenen Spurengase auf den Temperaturhaushalt der Erde. Siehe auch Aufgabenlösung zu 118 (1).

M2 Der natürliche Treibhauseffekt
Anhand der Grafik lässt sich der Weg der Strahlung durch die Atmosphäre verfolgen. Je heisser ein strahlender Körper ist, desto kurzwelliger ist die von ihm abgegebene Strahlung. Die von der heissen Sonne ausgehende kurzwellige Strahlung (kurzgestrichelte Linien) trifft auf die Atmosphäre. Etwa 30 % der auftreffenden Strahlung werden in den Weltraum reflektiert. Die für Lebewesen schädliche, sehr kurzwellige Strahlung wird hier u. a. von der Ozonschicht aufgehalten. Etwa 50 % der Solarstrahlung durchdringen die Atmosphäre, da die Spurengase im kurzwelligen Spektralbereich kaum Strahlung absorbieren. Umgewandelt in langwellige Wärmestrahlung (langgestrichelte Linien) verlässt diese die Erde in Richtung Weltraum. Spurengase haben ihre Absorptionsmaxima im langwelligen Bereich, sodass ein grosser Teil der Wärmestrahlung an ihnen aufgenommen und zurückgestrahlt wird. Auch Staubteilchen und Wolken absorbieren und reflektieren die Strahlung. Siehe auch Aufgabenlösung zu 118 (1).

M3 Der vom Menschen verursachte Treibhauseffekt
Die Grafik veranschaulicht den Effekt, den die Anreicherung von Spurengasen in der Atmosphäre hat. Siehe auch Aufgabenlösung zu 118 (2).

M4 Die „Treibhaustäter"
Der wirtschaftende Mensch verursacht durch seine vielfältigen Tätigkeiten einen Anstieg der Treibhausgase in der Atmosphäre. Allein die Konzentration des wichtigsten Treibhausgases CO_2 stieg seit Beginn der Industrialisierung um ein Drittel an. Dies hat Folgen für den Temperatur- und Niederschlagshaushalt der Erde. Nachgewiesen ist ein globaler Temperaturanstieg seit Beginn der systematischen meteorologischen Aufzeichnungen 1861 um 0,6°C. Die zehn wärmsten Jahre seitdem lagen zwischen 1997 und 2008. Seit 1970 stieg die mittlere Temperatur in der Arktis um 3°C, die Alpengletscher verloren seit 1850 ca. 50 % ihres Volumens und etwa 40 % ihrer Fläche. Die Niederschläge nahmen auf der Nordhalbkugel seit Beginn des 20. Jahrhunderts um 0,5 bis 1 % pro Jahrzehnt zu. Siehe auch Aufgabenlösung zu 118 (3).

Aufgabenlösungen

118 (1) *Erkläre den natürlichen Treibhauseffekt.*
Die von der Sonne ausgehende kurzwellige Strahlung durchdringt zu etwa 50 % die Atmosphäre und wird von der Erdoberfläche aufgenommen. Diese Strahlung wird von der Erde als langwellige Wärmestrahlung in die Atmosphäre abgegeben. Gasförmige und feste Bestandteile der Atmosphäre wie Spurengase, Staubteilchen und Wasserdampf in Wolken nehmen die Wärmestrahlung auf und geben sie als Gegenstrahlung wieder zur Erde ab. Dies führt zu einer Temperaturerhöhung auf durchschnittlich 15°C. Ohne die Wirkung der Spurengase würden auf der Erde Temperaturen von durchschnittlich -18°C herrschen, der Planet wäre eine lebensfeindliche Eiswelt.

118 (2) *Erkläre den zusätzlichen Treibhauseffekt.*
Seit Beginn der Industrialisierung um ca. 1750 produziert der Mensch vermehrt Spurengase, die sich in der Atmosphäre ansammeln. Kohlenstoffdioxid (zu 65 %), Methan (zu 15 %) und Fluorkohlenwasserstoffe (zu 20 %) absorbieren vermehrt die von der Erde ausgehende Wärmestrahlung und erhöhen so die Gegenstrahlung und damit die Durchschnittstemperatur. In die Atmosphäre gelangen diese Gase durch industrielle Tätigkeiten, Abgase aus dem Verkehr, Verbrennungsprozesse und landwirtschaftliche Intensivproduktion. Wenn gleichzeitig die CO_2-bindenden Bäume vermehrt abgeholzt werden, wie dies besonders in den Regenwaldgebieten der Fall ist, steigt der CO_2-Anteil in der Atmosphäre schnell an.

118 (3) *Warum wird Ozon sowohl als lebensfreundliches als auch lebensfeindliches Gas angesehen?*
Einerseits ist Ozon in der Stratosphäre lebenswichtig, da es die harte UV-Strahlung absorbiert. Chlormoleküle aus dem FCKW spalten das Ozon (O_3). Es entsteht unter anderem normaler Sauerstoff (O_2), der die UV-Strahlung durchlässt. Damit wird die Ozonschicht immer dünner. In der Folge steigen die Hautkrebsraten und Augenschäden, das Meer in seiner Funktion als CO_2-Senke wird beeinträchtigt und der Treibhauseffekt gesteigert. 1987 (Montrealer Abkommen) beschlossen 150 Staaten den Ausstieg aus der FCKW-Verwendung. Man hofft, dass sich Mitte des 21. Jahrhunderts die Ozonschicht wieder regeneriert hat.

Andererseits ist Ozon ein Reizgas, das die Atemwege schädigt und die Schleimhäute angreift. Es bildet sich in der bodennahen Atmosphäre unter Sonneneinstrahlung besonders aus den Autoabgasen. Dieser Sommer-Smog oder Foto-Smog tritt besonders in den Sommermonaten und am frühen Nachmittag in den Städten auf. Dabei steigt die natürliche Konzentration von ca. 30 Mikrogramm pro Kubikmeter Luft häufig auf über 180 Mikrogramm. Dieser Wert gilt als Warnschwelle, bei der körperlich anstrengende Aktivitäten im Freien eingeschränkt werden sollten. Da die Autoabgase mit dem Wind auch in die Reinluftgebiete der Gebirge geweht werden, kommt es hier durch die besonders hohe Sonneneinstrahlung ebenfalls zu hohen Ozonwerten. Da sich Ozon in reiner Luft kaum abbaut, sinken die Werte auch nachts kaum ab.

118 (4) *Informiere dich über die Klimarahmenkonvention (andere Medien).*
Hierbei handelt es sich um einen Vertrag zwischen 194 Staaten zum Schutz des Klimas. Er wurde 1992 auf der Konferenz der Vereinten Nationen über Umwelt und Entwicklung in Rio de Janeiro, Brasilien unterschrieben und trat 1994 in Kraft. Seitdem finden jährliche Weltklimagipfel statt, auf denen die beteiligten Staaten verbindliche Massnahmen zum Klimaschutz erarbeiten. Seit dem Gipfel 1997, der das Kyoto-Protokoll verabschiedete, sind die Fortschritte, die die Folgekonferenzen erzielten, aber sehr gering. Die konkreten Massnahmen des Kyoto-Protokolls sind seit 2005 verbindlich, aber die Umsetzung erfolgt in vielen Staaten nur sehr zögerlich.

Klima- und Vegetationszonen im Überblick
Schülerbuch Seiten 120–121

Abbildungen

M1 Das Klima beeinflusst die Pflanzendecke
Anhand der Abbildung wird ersichtlich, wie stark die Vegetationszonen der Erde vom jeweiligen Klima abhängen. Die Pflanzendecke in M1 sollte als kennzeichnend für einen nicht besiedelten Naturraum erklärt werden. Siedlungstätigkeit und landwirtschaftliche Nutzung durch den Menschen verändern die Pflanzendecke der Vegetationszonen dauerhaft. Siehe auch Aufgabenlösung zu 120 (2).

M2 Klimazonen der Erde
Die thematische Karte der genetischen Klimaklassifikation (nach Flohn und Neef) zeigt die Abfolge der grossen Klimazonen zwischen Polen und Äquator. Sie werden noch einmal in Untergruppen geteilt dargestellt. Deutlich wird die überwiegend breitenkreisparallele Gliederung der Klimazonen und die grossflächige Ausdehnung der gemässigten Zone auf der Nordhalbkugel. Auf der Südhalbkugel befinden sich die Landmassen überwiegend in der tropischen und subtropischen Zone. Siehe auch Aufgabenlösung zu 121 (2).

M3 Vegetationszonen der Erde
Die Karte zeigt die Abfolge der grossen Vegetationszonen der Erde. Im Vergleich mit M1 und M2 werden deutliche Übereinstimmungen im Verlauf von Klima- und Vegetationszonen erkennbar. Die Temperatur ist neben der Niederschlagsmenge und -verteilung der wichtigste Faktor für die Ausprägung der jeweiligen Vegetation. Humide und frostfreie Regionen wie Regenwald und Feuchtsavanne weisen ein ganzjähriges üppiges Pflanzenwachstum auf, während zunehmende Aridität und höhere Temperaturschwankungen in der tropischen (Trocken- und Dornstrauchsavanne) und subtropischen Zone (Wüste und Halbwüste) sich mit einer deutlichen Verringerung der Vegetationsmenge und -höhe bemerkbar machen. Weiter nach Norden bzw. Süden werden die Jahreszeiten immer ausgeprägter und immer mehr eher von der Temperatur als vom Niederschlag bestimmt. Hartlaubzone und Steppe sind noch überwiegend niederschlagsabhängig, Laub- und Mischwaldzone ebenso wie die Nadelwaldzone schon temperaturabhängig. Polare Kältewüste und Tundra sind ganzjährig bzw. überwiegend durch Minustemperaturen bestimmt.

Zusätzlich eingezeichnet sind die Grenzen des Getreideanbaus auf beiden Hemisphären und des Dauerfrostbodens auf der Nordhalbkugel, die deutliche Korrelationen aufweisen. Siehe auch Aufgabenlösung zu 121 (2).

Aufgabenlösungen

121 (1) *Bestimme die Klimazonen, in denen folgende Länder liegen: Schweiz, Peru, Island und Laos.*
Die Schweiz (Mitteleuropa) liegt in der gemässigten Klimazone (III) und hier im Bereich des Übergangsklimas (2).

Peru (Südamerika) hat an der Küste Anteil an der Zone der Passatklimazone (V) im Bereich des trockenen Passatklimas (1). Das Landesinnere gehört zu den Klimaten der Hochgebirge (VIII), zum Hochgebirgsklima.

Island (Nordeuropa) liegt im Bereich der subpolaren Klimazone (II), im subpolaren Klima.

Laos (Südostasien) liegt im Bereich der Zone des tropischen Wechselklimas (VI), im tropischen Wechselklima.

121 (2) *Beschreibe die Vegetation auf der Erde von Nord nach Süd (M1).*
In der nördlichen Polarzone gibt es keine Vegetation (Kältewüste). In der etwas südlicher gelegenen Tundra wachsen auf Dauerfrostboden Moose, Flechten und niedrige Sträucher. Die Nadelwälder der Taiga bestehen überwiegend aus Fichten und Kiefern. Mit zunehmender Dauer der Vegetationsperiode und ausreichendem Niederschlag wachsen Laub- und Mischwälder (Eichen und Buchen sind hier landschaftsbestimmend). Ist es in dieser Zone dafür zu trocken, entstehen mannshohe Graslandschaften (Steppen). Die anschliessende subtropische Zone unterscheidet sich wieder nach trockenen Regionen mit spärlichem Graswuchs oder Sukkulenten bzw. Wüsten ohne Vegetation und feuchten Regionen mit immergrünen Hartlaubgehölzen wie zum Beispiel Ölbaum, Korkeiche, Oleander oder Myrte. Eine lederartige harte Haut schützt die Blätter dieser Pflanzen gegen zu hohe Verdunstung. Daneben findet man in den Mittelmeerländern auch Nadelbäume wie Pinien und Zypressen. In der tropischen Zone folgen die drei Savannentypen und der tropische Regenwald. Im Sommerregengebiet der Dornsavanne wachsen zum Beispiel Gräser, Dornbüsche, Schirmakazien und Affenbrotbäume. In der Trockensavanne findet man die genannten Pflanzen in üppigerer Ausprägung. In der Feuchtsavanne ist die Regenzeit länger und niederschlagsreicher, hier erreichen die Palmen Höhen von bis zu 30 m, die Schirmakazien werden zum Teil höher als 20 m, an den Flussläufen bilden sich Galeriewälder. In den immerfeuchten Tropen folgt der üppig wachsende immergrüne Regenwald.

122 (3) *Fertige ein Poster an: Zeichne dazu eine Lageskizze Afrikas. Trage die Klimazonen ein. Klebe Fotos aus den einzelnen Vegetationszonen auf (andere Medien).*
Individuelle Lösung.

Ausgewählte Klima- und Vegetationszonen
Schülerbuch Seiten 122–123

Grundbegriff: Mitternachtssonne

Abbildungen

M1 Lage der Polarzone
Auf der Erdkugel wird die Lage der Polarzonen jeweils nördlich und südlich des Polarkreises (66,5°) verortet.

M2 Polartag und Polarnacht
Polartag ist die Zeit, während der die Sonne länger als 24 Stunden nicht unter den Horizont taucht. Unterschiedliche Beleuchtungszeiten auf der Erde werden von der Neigung der Erdachse (23,5 Grad) gegen die Umlaufebene der Erde um die Sonne verursacht. Die Folgen sind der wandernde Zenitstand der Sonne zwischen den Wendekreisen und die damit zusammenhängende unterschiedliche Einfallswinkel der Sonnenstrahlung. In den höheren Breiten bewirkt dies, dass die Schwankungen der Sonnenscheindauer sehr gross sind. In den Regionen innerhalb der Polarkreise sinkt die Sonne während des Polartags nicht unter den Horizont. Die Dauer des Polartags (Mitternachtssonne) ist abhängig von der Breitenlage. Polarnacht ist die Zeit, während der die Sonne länger als 24 Stunden nicht über dem Horizont erscheint. In den Regionen innerhalb der Polarkreise geht die Sonne während der Polarnacht nicht über dem Horizont auf. Genau wie beim Polartag ist die Länge der Polarnacht von der Breitenlage abhängig.

M3 Tageslauf der Sonne im Juni im Nordpolargebiet
Die Fotos zeigen den Verlauf des Polartags, dokumentiert durch eine 24 Aufnahmen umfassende Bilderreihe. Die Sonne geht nicht auf und nicht unter. Sie ist ganztägig am Himmel zu sehen, lediglich die Höhe über dem Horizont verändert sich. Beim niedrigsten Sonnenstand ist der Himmel wie bei einem Sonnenuntergang gefärbt.

M4 Ivalu, ein Junge aus Inuvik (Grönland), berichtet
Der Erlebnisbericht eines grönländischen Jungen zeigt die grossen Unterschiede im Klima und die daraus resultierenden unterschiedlichen Lebensgewohnheiten. Siehe auch Aufgabenlösung zu 123 (2).

Aufgabenlösungen

123 (1) *Zeichne anhand der Klimadaten ein Klimadiagramm von Inuvik (S. 114/115, Anhang).*
Individuelle Lösung.

123 (2) *Ivalu hat berichtet, wie bei ihm Sommer und Winter aussehen. Vergleiche es mit dem Sommer und Winter bei uns. Würdest du gerne dort leben? Begründe.*
Die Sonne geht bei uns im Sommer recht früh gegen 5.30 Uhr auf, die meisten Menschen schlafen dann noch, und abends recht spät gegen 21.00 Uhr unter. Nachts zwischen 21.00 Uhr und 5.30 Uhr ist es im Gegensatz zu den Gebieten, wo Polartag herrscht, dunkel. Im Winter geht die Sonne später auf (ca. 3 Stunden) und früher unter (ca. 3 Stunden). Der Tag ist dann deutlich kürzer als im Sommer. Anders als in den Gebieten, wo Polarnacht herrscht, ist es aber mehrere Stunden am Tag hell.
 Bei uns sind im Sommer die Temperaturen höher und im Winter sinken sie nicht dauerhaft so tief.

123 (3) *Erläutere, inwiefern die Polarnacht eine Belastung für die davon betroffene Bevölkerung ist.*
Menschen sind in ihrem Wach- und Schlafrhythmus an einen regelmässigen Tag- und Nacht-Wechsel angepasst. Wird diese innere Uhr im Sommer durch die Lichtverhältnisse gestört, reagieren viele Menschen mit Schlafstörungen. Im Winter neigen sie durch die ständige Dunkelheit zu Depressionen.

Ausgewählte Klima- und Vegetationszonen
Schülerbuch Seiten 124–125

Grundbegriffe: gemässigte Klimazone, ozeanisches Klima, kontinentales Klima

Abbildungen

M1 Klimatypen des gemässigten Klimas
Die westliche Grenze des Übergangsklimas verläuft längs der skandinavischen Gebirgsrücken von Nordosten nach Südwesten bis zur Nordspitze Dänemarks. Vom Skagerrak zieht sie sich nach Süden bis zum Westrand der Alpen in Frankreich. Die Südgrenze verläuft von den Alpen über die Pyrenäen zur Atlantikküste im Norden Spaniens und weiter ostwärts bis zum Adriatischen Meer, erstreckt sich dann an der West- und Südküste der Balkanhalbinsel entlang bis zum Bosporus. Alle Gebiete südlich dieser Linie gehören zum subtropischen Klima.
Vom Südstrand des Schwarzen Meeres zieht sich die östliche Grenzlinie nach Norden bis zum Rigaischen Meerbusen und von dort bis zum Nordkap. Die Grenzen verlaufen aber nicht direkt entlang einer definierten Linie, sondern es bilden sich breite Übergangssäume.

M2 Bauernhöfe in der Nordwestschweiz
Das Foto zeigt die kleinbäuerlich geprägt Kulturlandschaft der Nordwestschweiz mit vielen verstreut liegenden Bauernhöfen. Die Felder und Wiesen sind immer wieder durch Bauminseln unterbrochen.

M3 Roggenfeld in Polen
Das Foto zeigt die für postsozialistische Staaten typischen grossen landwirtschaftlichen Flächen. Hier wird Roggen angebaut.

M4 See in Nordamerika
Das Foto zeigt den nordamerikanischen Laubwald zu Beginn des Herbstes (Indianersommer). Die Landschaft erscheint unberührt von menschlichen Aktivitäten.
 Nach Beschreibung der Bilder durch die Schülerinnen und Schüler kann mit der Frage nach den Gründen der unterschiedlichen Vegetation und Nutzung auf die E-Mail-Nachrichten übergeleitet werden. Siehe Aufgabenlösung zu 124 (3).

M5 E-Mail von Natascha an Marion aus Brugg
In der E-Mail werden die Klimabedingungen im kontinentalen Klima Russlands geschildert. Siehe auch Aufgabenlösung zu 124 (1).

M6 E-Mail von Ian an Florian aus St. Gallen
In der E-Mail werden die Klimabedingungen im ozeanischen Klima Irlands geschildert. Siehe auch Aufgabenlösung zu 124 (1).

M7 Klimadiagramm von Wolgograd
Dargestellt ist ein Klimadiagramm der gemässigten Zone auf etwa dem gleichen Breitengrad wie Valentia. Wolgograd hat aber geringere Niederschläge und höhere Temperaturschwankungen im Jahr und ist damit ein Beispiel für Landklima (kontinentales Klima). Siehe auch Aufgabenlösung zu 124 (1).

M8 Klimadiagramm von Valentia
Dargestellt ist ein Klimadiagramm der gemässigten Zone. Die Stadt Valentia in Irland weist ein ausgesprochenes Seeklima (ozeanisches Klima) unter dem Einfluss des Golfstroms auf. Siehe auch Aufgabenlösung zu 124 (1).

Aufgabenlösungen

124 (1) *Ordne die Klimadiagramme den E-Mails zu und begründe deine Entscheidung (M5–M8).*
Die E-Mail von Natascha stammt aus Wolgograd, einer Stadt südöstlich von Moskau an der Wolga gelegen. Die Stadt liegt im kontinentalen Klimabereich mit sehr warmen Sommern und sehr kalten Wintern. Die Niederschläge fallen über das Jahr verteilt und sind gering. Die E-Mail von Ian stammt aus Valentia an der südwestlichen Küste Irlands. Die Stadt liegt im Bereich des ozeanischen Klimas. Es gibt trotz der etwa gleichen Breitenlage kühle, feuchte Sommer und sehr milde, sehr feuchte Winter.

124 (2) *Schreibe einen Brief an Ivalu aus Inuvik (Grönland) und berichte über das Wetter deines Heimatortes.*
Individuelle Lösung.

Klima- und Vegetationszonen

124 (3) *Stelle in einer Übersicht diejenigen Staaten Europas zusammen, die im Bereich des kontinentalen, ozeanischen und Übergangsklimas liegen (Atlas, S. 120, M1).*

Staaten, die im ozeanischen Klima liegen: Republik Irland, Grossbritannien, Norwegen, Dänemark, Deutschland, Belgien, Niederlande, Frankreich, Spanien.

Staaten, die im Übergangsklima liegen: Schweden, Finnland, Deutschland, Estland, Lettland, Litauen, Weissrussland, Polen, Tschechien, Slowakei, Ungarn, Ukraine, Moldau, Rumänien, Bulgarien, Serbien, Bosnien und Herzegowina, Kroatien, Slowenien, Schweiz, Österreich, Liechtenstein.

Staaten, die im kontinentalen Klima liegen: Russland, Ukraine, Weissrussland.

Zusatzaufgaben

Aufgabe 1
Beschreibe die Anordnung der Klimazonen Europas von Norden nach Süden.

Nordeuropa, mit Ausnahme des westlichen Teils von Norwegen, wird durch die Polar- und Subpolarzone geprägt. Vom Westen Norwegens, über die Britischen Inseln, Dänemark, Westeuropa bis Nordspanien zieht sich das Seeklima der gemässigten Breiten. Das Übergangsklima der gemässigten Zone beherrscht Mittel- und Osteuropa. In Portugal, Mittel- und Südspanien, Italien und im Mittelmeerraum liegt die warme Zone mit Winterregen. Das Gebiet nördlich des Schwarzen Meeres und des Kaspischen Meeres wird durch das Landklima der gemässigten Zone beeinflusst.

Aufgabe 2
Nenne Merkmale von See-, Übergangs- und Landklima.

	Seeklima	Übergangsklima	Landklima
Sommer	Kühl, sehr feucht	Warm, feucht	Nordeuropa: kühl, feucht Osteuropa: heiss, feucht
Winter	Sehr mild, sehr feucht	Kalt, feucht	Nordeuropa: sehr kalt, relativ trocken Osteuropa: sehr kalt, relativ trocken

Aufgabe 3
Durch welche Faktoren wird das Klima beeinflusst? Halte einen Kurzvortrag.

Beeinflussende Faktoren sind: Geografische Breite, Hauptwindrichtung, Entfernung zum Meer, Höhenlage, Geländeneigung, Bodenbeschaffenheit, Vegetation, Luftzirkulation, d. h. Verschiebung von trockenen oder regenreichen Luftmassen, tageszeitliche und jahreszeitliche Temperaturschwankungen.

Grundsätzlich kann jeder Faktor eine Klimaänderung bewirken, der die Strahlung, die die Erde erreicht, oder die Verteilung der von der Sonne erhaltenen Energie innerhalb der Atmosphäre und innerhalb des Klimasystems ändert.

Änderungen der Wechselwirkungen oder Rückkopplungen z.B. zwischen der Atmosphäre, den Ozeanen, den Eismassen von Land und Wasser, der Gestalt der Landoberfläche, der Schneedecke und dem Oberflächen- und Grundwasser der Landflächen können zu solchen Klimaänderungen führen, ohne dass sich externe Faktoren verändert haben.

Einige externe Faktoren wie z. B. Änderungen in der Sonnenstrahlung, der Erdrotation, der Schiefe der Ekliptik und der Exzentrizität wirken sich in langfristigem Massstab aus (100 000 Jahre bis 1 Mrd. Jahre). Andere, wie periodische Schwankungen der Sonnenaktivität und besonders anthropogene Änderungen (Spurengase, Abholzungen, Salzgehalt der Ozeane), wirken sich schon in 100 bis 1000 Jahren aus.

Ausgewählte Klima- und Vegetationszonen
Schülerbuch Seiten 126–127

Grundbegriffe: subtropisches Klima, Hartlaubgewächse

Abbildungen

M1 Lage der Subtropen
Die Weltkugel verortet die Lage der subtropischen Klimazone. Sie zieht sich als breiter Gürtel zwischen etwa 40° und den Wendekreisen um den Globus.

M2 Klimadiagramm von Murcia
Das Klimadiagramm zeigt für die südostspanische Stadt Murcia die Merkmale des Mittelmeerklimas. Im Südosten Spaniens, an der Mittelmeerküste, sind die Winter mild. Die Temperaturen sinken kaum unter 10°C. Im Sommer wird es mit ca. 28°C im Juli und August sehr warm. Während des Sommers fällt wenig Regen, im Juli gar keiner. Die regenreichsten Monate sind April, Mai, Oktober und Dezember (Winterregengebiet).

M3 Macchie
Abgebildet ist die weit verbreitete Sekundärvegetation des Mittelmeerraumes. Seit alters her wurden die Wälder rund um das Mittelmeer abgeholzt. Sie dienten z. B. als Baumaterial für Häuser und Schiffe. In dem trockenen Klima konnte kein Wald wieder nachwachsen, so sind weite Flächen mit der Busch- und niedrigen Strauchvegetation bedeckt, die Macchie genannt wird.

M4 Verbreitung von Olivenbaum und Agave im Mittelmeerraum
Die Karte zeigt die Verbreitung von Ölbäumen und Agaven. Die 6°C-Isotherme ist die nördliche Verbreitungsgrenze dieser Kulturpflanzen und auch von Zitruspflanzen sowie Stein- und Korkeichen.

M5 Olivenbaumhain
Das Foto zeigt eine Ölbaumpflanzung. Diese Plantagen mit den Bäumen in Reih und Glied erstrecken sich rund um das Mittelmeerraum auf grossen Flächen.

Einerseits findet der Ölbaum hier ideale Wachstumsbedingungen vor, zum anderen wird er hier seit römischen Zeiten kultiviert und ist entsprechend verbreitet. Während der Kolonialzeit wurden grosse Ölbaumpflanzungen von den Franzosen auch in Nordafrika angelegt und bilden heute einen bedeutenden Wirtschaftsfaktor in den nordafrikanischen Ländern.

M6 Bewässerungsfurchen
Das Foto zeigt die traditionelle Form der Bewässerung mit offenen, flachen Kanälen. Von denen aus wird bei Bedarf das Wasser durch Öffnen des flachen Damms auf die Felder geleitet. Problematisch ist, dass das Bewässerungswasser Mineralsalze enthält, gleichzeitig werden durch das Wasser auch Salze im Boden gelöst. Bei starker Sonneneinstrahlung steigt das Wasser im Boden auf und verdunstet

von den offenen Bewässerungsflächen. Zurück bleiben die vorher gelösten Salzkristalle als Kruste. Damit werden die Böden auf Dauer für den Anbau unbrauchbar.

M7 Tröpfchenbewässerung
In der Abbildung sind die Tröpfelschläuche zu sehen, mit denen das Wasser fein dosiert den Pflanzen zugeführt wird. Dadurch erhält nur die Pflanze im Bereich ihrer Wurzeln eine genau festgelegte Wassermenge. So verdunstet nur wenig Wasser an der Oberfläche und es versickert auch wenig ungenutzt in den tieferen Bodenschichten. Dies verhindert eine schnelle Versalzung der Böden und spart gleichzeitig Wasser. Zusätzlich können Dünge- und Pflanzenschutzmittel in das Bewässerungswasser gegeben werden. Siehe auch Aufgabenlösung zu 127 (3).

Aufgabenlösungen

126 (1) *Wie haben sich die Pflanzen im Mittelmeerraum an das Klima angepasst?*
Der Ölbaum z. B. ist gut an das Mittelmeerklima angepasst. Er hat ein weit verzweigtes Wurzelwerk. Mit seinen flachen Wurzeln nimmt er das Wasser auf, das sich im oberen Teil des Bodens befindet. Ist dort kein Wasser mehr vorhanden, versorgt sich der Baum mit seinen in die tiefen Bodenschichten reichenden Wurzeln. Er wächst am besten bei Temperaturen zwischen 15°C und 22°C, verträgt aber auch Frost und grosse Hitze. Er braucht mindestens 300 mm Jahresniederschlag, verträgt aber auch Niederschlagsmengen bis zu 1000 mm.

Weitere Anpassungen an das Klima sind die kleinen, lederartigen Blätter, die genau wie die zu Dornen umgewandelten Blätter der Sukkulenten die Verdunstung und damit die Wasserverluste herabsetzen.

127 (2) *Liste auf, wozu Oliven verarbeitet werden (andere Medien).*
Die Oliven werden vielfältig genutzt. Die grünen Oliven werden eingesalzen gegessen, die ölreichen blauen (reifen) Früchte werden zu Öl gepresst.

Die Oliven werden Ende Oktober geerntet und zur Ölmühle gebracht. Aus 3,5 kg Oliven wird 1 l Öl gewonnen. Die Kerne werden entweder zu Öl oder zu Seife weiterverarbeitet, die Fleischreste sind Abfall.

127 (3) *Nimm zwei Schälchen und lege je ein Wattestück mit etwas Kressesamen darauf. Das eine bewässerst du mit Salzwasser, das andere mit Trinkwasser. Beobachte das Wachstum. Erkläre die Beobachtung.*
Individuelle Lösung.
Sachhinweis: In dem Schälchen mit Salzwasser werden die Kressesamen nicht keimen und wachsen können. Salz entzieht durch Osmose den Pflanzenzellen das Wasser und lässt sie verdorren.

Ausgewählte Klima- und Vegetationszonen
Schülerbuch Seiten 128–129

Grundbegriffe: Tropen, Passatkreislauf, relative Luftfeuchte

Abbildungen

M1 Lage der Tropen
Die Weltkugel verortet die Lage der tropischen Klimazone. Sie zieht sich als breiter Gürtel zwischen den Wendekreisen um den Globus.

M2 Einstrahlung der Sonne
Die Zeichnung verdeutlicht, dass der Einfallswinkel der Sonneneinstrahlung in Richtung Äquator steiler wird und im Nordsommer auf dem nördlichen Wendekreis 90° beträgt.

M3 Passatkreislauf und ITC
In der Zeichnung wird der Kreislauf der kalten und warmen Luftmassen zwischen dem Äquator und den Wendekreisen verdeutlicht. Siehe auch Aufgabenlösung zu 128 (3).

M4 Satellitenbild Afrikas (deutlich zu erkennen: die Wolkenbildung auf Höhe des Äquators)
Die Aufnahme zeigt deutlich den Verlauf der ITC als Wolkenband und die Wolkenansammlung über den afrikanischen Regenwaldgebieten. Siehe auch Aufgabenlösung zu 128 (3).

M5 Temperatur und maximaler Wassergehalt der Luft
Anhand der Tabelle lässt sich erkennen, dass die Luft bei steigender Temperatur mehr Wasser als Dampf speichern kann. erst wenn 100 % Luftfeuchte überschritten werden (Taupunkt), beginnt die Wolkenbildung (Kondensation).

Aufgabenlösungen

128 (1) *Erkläre folgende Alltagsphänomene: a) Wenn es draussen regnet und die Schülerinnen und Schüler mit ihren nassen Sachen in den Bus einsteigen, beschlagen nach kurzer Zeit die Scheiben. b) Wäsche trocknet draussen im Sommer besser als im Winter.*
a) Das Innere des Busses ist beheizt, d.h. die Lufttemperatur ist höher. Dadurch verdunstet das Wasser auf den Kleidungsstücken. An den Fensterscheiben ist die Temperatur wieder geringer als im freien Luftraum des Busses. Hier kondensiert also das Wasser wieder. Die Scheiben sind beschlagen.
b) Im Sommer sind die Temperaturen höher als im Winter. Die Luft kann deshalb mehr Wasser speichern, bevor Kondensation einsetzt. Von der nassen Wäsche verdunstet durch die höhere Umgebungstemperatur das Wasser, die Wäsche trocknet.

128 (2) *Zünde 6–8 Teelichter an und stelle sie anschliessend in einem Kreis auf. Achte auf die Kerzenflammen. Beschreibe deine Beobachtung und finde eine Erklärung.*
Die Flammen der Teelichter neigen sich nach innen. Im Bereich der Kerzen erwärmt sich die Luft und steigt nach oben. Es setzt ein Kamineffekt ein, Luft wird von den Seiten nachgesogen, die Flammen folgen dem Luftstrom.

128 (3) *Erkläre die starken Niederschläge in Äquatornähe. Erläutere dazu den Passatkreislauf (M3, M5).*
Im Gegensatz zu den gemässigten Breiten wehen Passate, Winde in den Tropen, ganzjährig aus derselben Richtung. Das hat folgende Ursache: Infolge des steilen Einfallswinkels des Sonnenlichtes erwärmen sich äquatoriale Gebiete ganzjährig intensiv. Die Folge ist eine ständige Luftaufwärtsbewegung und damit eine bodennahe Tiefdruckzone am Äquator (ITC). Die aufgestiegene Warmluft kühlt sich in der Höhe ab, fliesst in Richtung Wendekreise und sinkt hier ab. Es kommt zur Entstehung von Hochdruckgebieten. Von hier fliesst die bodennahe Luft wieder in Richtung der äquatorialen Tiefdruckrinne. Die dabei entstehenden Winde werden als tropische Passate bezeichnet. Sie sind das Ergebnis des Luftdruckausgleichs zwischen den

Klima- und Vegetationszonen

Hochdruckgebieten an den Wendekreisen/subtropischen Hochdruckgürteln und den Tiefdruckgebieten am Äquator. Dass die tropischen Passate nicht direkt von Norden und Süden wehen, sondern als NO- und SO-Passate, wird von der Erdrotation verursacht (Corioliskraft). Die im Bereich der äquatorialen Tiefdruckrinne zusammentreffenden Luftmassen steigen auf und verursachen durch die damit verbundene Abkühlung tägliche Gewitter und Starkregenfälle. Die beiden Windströmungen treffen immer entlang des Breitenkreises zusammen, über dem die Sonne im Zenit steht. Diese Zone nennt man deshalb die innertropische Konvergenzzone. Sie verschiebt sich mit dem Zenitstand der Sonne (über dem Festland mehr als über dem Meer). Dadurch sind die Passate über das Jahr hinweg unterschiedlich stark ausgeprägt.

129 (4) *Begründe, warum sich nur in Äquatornähe tropischer Regenwald herausgebildet hat.*
Durch die Neigung der Erdachse und die Wanderung der Erde um die Sonne ändert sich täglich der Einfallswinkel der Sonnenstrahlen. In der Äquatorregion schwankt der Sonnenstand zwischen 90° und 60°. Der ganzjährig hohe Sonnenstand bewirkt hohe Temperaturen und deren geringe Jahresschwankungen (=Tageszeitenklima). Die ganzjährigen äquatorialen Starkniederschläge und die hohen Temperaturen führen zu einem feuchtwarmen tropischen Klima, in dem der tropische Regenwald gedeiht.

129 (5) *Vergleiche die Passatzirkulation mit dem Land-See-Windsystem (am Tag, siehe S. 113).*
Die Passatzirkulation ist sehr viel grossräumiger als die Zirkulation im auf wenige Kilometer beschränkten Land-See-Windsystem, sie umfasst Gebiete nördlich und südlich des Äquators bis zu ca. 3000 km Entfernung. Dadurch kann hier auch die Corioliskraft auf die Windrichtung Einfluss nehmen, die im Land-See-Windsystem keine Auswirkungen hat. Ausserdem besteht die Passatzirkulation ganzjährig. Das Land-See-Windsystem ist ein typisches Schönwetterphänomen, d. h. es tritt überwiegend im Sommer auf.

Vergleichbar sind aber die grundsätzlichen Vorgänge, die zu Konvektion und Advektion führen.

Zusatzaufgabe

Erläutere, wie die Passate die Bildung der Klimazonen Afrikas beeinflussen.
In Afrika ergibt sich durch die unterschiedliche Einstrahlung der Sonne eine fast streifenförmige Anordnung der Klimazonen, die vom Äquator ausgehend, nach Norden und Süden eine ähnliche Abfolge aufweisen, die nur durch hohe Gebirge und die Unterschiede zwischen den Ost- und Westküsten mit ihren unterschiedlichen Meeresströmungen modifiziert werden.

Im Bereich der Hochdruckzonen, in denen eine abwärts gerichtete Luftbewegung dominiert, kommt es wegen der Trockenheit der sich erwärmenden Luft zur Wüstenbildung (heisse, trockene Winde). Aus dem Gebiet dieser Hochdruckzonen wehen NO- und SO-Passat in Richtung Äquator. Im Südosten Afrikas gibt es entlang des südlichen Wendekreises – anders als entlang des nördlichen – keine Wüste, weil der Passat dort teilweise über das Meer weht und dabei vergleichsweise viel Feuchtigkeit aufnehmen und später abregnen kann. Im Westen und im Zentrum liegen aber mit Namib und Kalahari extrem trockene Regionen.

Alles klar? Grübeln und Tüfteln
Schülerbuch Seiten 130–131

Spur 1: In New York liess der Räuber Richy sein Handy mit fünf Bildern zurück, die er auf der Flucht aufgenommen hat. Wenn man die Buchstaben zu den jeweiligen Fotos zuordnet, erhält man den ersten Teil des Aufenthaltsortes.
H: Wüste Sahara in Afrika
O: Altiplano in Südamerika
T: Kulturlandschaft in Mitteleuropa
E: Amazonastiefland in Südamerika
L: Gletscher auf Grönland

Die Lösung lautet: Hotel
(Die Anordnung der Fotos gibt einen Hinweis auf die Reihenfolge der Buchstaben).

Spur 2: Interpol konnte folgende verschlüsselte SMS von Richy an seine Bande abfangen. Es handelt sich um Hafenstädte, die der Gangster bei seiner weiteren Flucht aufgesucht hat. Leider sind die Buchstaben durcheinandergekommen. Finde die Städte, die auch auf der Karte als Punkte eingezeichnet sind, heraus und unterstreiche jeweils den ersten Buchstaben, um den zweiten Teil des Aufenthaltsortes zu finden.
STOP…MELBE…STOP…JADINAB…DANLAU…STOP…TAKKALUT…
STOP…LIDEADAE…STOP….GANASIKA…STOP
Städte in der vorgegebenen Reihenfolge: (New York), Belem, Abidjan, Luanda, Kalkutta, Adelaide, Nagasaki.

Die Lösung lautet: Balkan

Spur 3:
Jetzt musst du den letzten Teil des Verstecks von Richy finden.
1) Mit welchem Instrument misst man den Luftdruck?
   1. Buchstabe
2) In welcher Zone betreibt man Landwirtschaft am erfolgreichsten?
   2. Buchstabe
3) In welcher Klimazone wächst die abgebildete Pflanze?
   5. Buchstabe
4) Niederschlag und Temperatur sind die Hauptmerkmale des…
   2. Buchstabe
5) Wie nennt man das Zusammenströmen von Nordost-Passat und Südost-Passat in der Nähe des Äquators?
   1. Buchstabe
6) Scheint die Mitternachtssonne am Nordpol, hat der Südpol…
   6. Buchstabe.
1) Barometer
2) Gemässigte Zone
3) Subtropische Kimazone
4) Klimas
5) Innertropische Konvergenzzone
6) Polarnacht
Die Lösung lautet: Berlin

Richy hält sich im Hotel Balkan in Berlin auf.

Literatur

Glawion, R. u. a.: Physische Geografie. Braunschweig 2009.
Harmeling, S. u. a.: Diercke Spezial. Globaler Klimawandel. Braunschweig 2008.
Klohn, W. und Windhorst, H.-W.: Physische Geografie: Böden, Vegetation, Landschaftsgürtel. Vechtaer Materialien zum Geografieunterricht (VMG), Heft 6, Vechta 2000.
Michel, U.: Gletscher im Einfluss des Klimawandels. In: Praxis Geografie, 10/2010.
Mie, S.: Heiter bis wolkig. Die Arbeit einer Wetterstation. In: Schulmagazin 5–10, 12/2000.
Praxis Geografie: Themenheft Klimawandel, 3/2009.
Praxis Geografie: Themenheft Donnerwetter! Wetter und Klima vor Ort, 4/2011.
Schleicher, Y. (Hrsg.): Diercke – Multimediale Methoden, Braunschweig 2010
Schultze, A.: Klimazonen und Klimawandel im Unterricht. In: Geografie heute, 208/2003.
Siegmund, A.: Klima(karten) im Wandel. In: Praxis Geografie, 9/2009.
Siegmund, A.: Diercke Spezial. Angewandte Klimageografie. Braunschweig 2006.
Uhlenwinkel, A.: Lernzirkel Landschaftsgürtel. In: Praxis Geografie, 4/2003.
Wachter, R.: Wo ist welches Klima? In: Geografie heute, 178/2000.
Wilhelmi, V.: Experimente im Geografieunterricht. In: Praxis Geografie, 9/2000.

Internet-Adressen

http://www.meteoschweiz.admin.ch/web/de/meteoschweiz/dokumentation/downloads.html
www.klimadiagramme.de
www.wetteronline.de
www.wetter.net (Wettervorhersage weltweit)
www-imk.physik.uni-karlsruhe.de/~muehr/wetter.html (Wetter, Wolken, Klima)
www.wetterklima.de (Wetter, Warnungen)
www.fhergen.de/weltklima.htm (Lernkarte Klimadiagramme weltweit)
http://www.m-forkel.de/klima/klimazonen.html (Informationen zum Thema „Klimazonen")
http://www.tu-berlin.de/~kehl/project/lv-twk/03-intro-2-twk.htm (Informationen zu Klima- und Vegetationszonen)
http://www.m-forkel.de/klima/zirk_passat.html (Informationen und Arbeitsmaterialien zur Passatzirkulation)
http://www.geolinde.musin.de/afrika/html/ (Informationen zu den Klimazonen Afrikas)
http://www.m-forkel.de/klima/gemaesigt.html (Klimazonenklassifikation der "gemässigten Zone")
www.discovery.de/de/pub/specials/wetterextrem/klima/klimazonen.htm (Klimazonen, Ozonloch, Treibhauseffekt, Klimaschutz)
www.niester.de/l_allgemein/klimazonen/klimazonen.html (Klimakarte Erde, Schülerhilfen)
http://lernarchiv.bildung.hessen.de/archiv/erdkunde/klima/ (Bildungsserver Hessen, Anregungen für Lehrer zum Thema Klima und Vegetationszonen)
www.donnerwetter.de/sat
http://www.marco-kaschuba.com/hagel.pdf
http://www.sat24.com/ (Wetterfilme vom Satelliten)

Diercke Geografie – Das Schweizer Geografiebuch für die Sekundarstufe I 83

Arbeitsblatt: Das Wetter – Einen Versuch wert 1

Mit Experimenten kannst du dir Vorgänge rund um unser Wetter verdeutlichen.

Warm und kalt

Versuch 1 a)
Auch bei Sonnenschein ist es im Winter bei uns nicht so warm wie im Sommer. Wie kommt das? Halte eine eingeschaltete Taschenlampe senkrecht über ein Stück Papier. Zeichne mit einem Bleistift den Lichtkegel nach. Halte dann die Taschenlampe schräg und zeichne wieder den Lichtkegel nach. Was kannst du beobachten? Erkläre, was dieser Versuch mit der Frage zu tun hat.

Versuch 1 b)
Wie erklärst du dir, dass im Winter ein See erst zufriert, wenn schon tagelang Frost herrscht?

Du brauchst: zwei gleich grosse Becher, trockenen Sand, Wasser, zwei Thermometer, eine Tischlampe oder einen eingeschalteten Heizkörper.

- Fülle einen Becher ungefähr zwei Zentimeter hoch mit Wasser und den zweiten bis zu derselben Höhe mit Sand.
- Stecke in jeden Becher ein Thermometer, lies die Temperatur von Wasser und Sand ab und notiere sie.
- Stelle beide Becher auf den Heizkörper oder unter die eingeschaltete Lampe.
- Warte 5 bis 10 Minuten; miss die Temperatur von Wasser und Sand erneut und schreibe dir auch dieses Messergebnis auf.
- Nimm die Becher vom Heizkörper und warte 5 bis 10 Minuten.
- Miss die Temperatur von Wasser und Sand ein weiteres Mal und schreibe die Messergebnisse auf.

Beobachte und notiere:
1. Um wie viel Grad haben sich Wasser und Sand erwärmt? Vergleiche.
2. Um wie viel Grad haben sich Wasser und Sand abgekühlt? Vergleiche.
3. Hast du eine Erklärung dafür? Was kannst du aus dem Versuch über die Erwärmung von Land und Wasser ableiten?

Versuch 1 a) 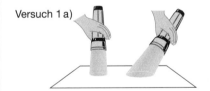 Versuch 1 b) 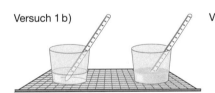 Versuch 2 a)

Wolken und Niederschlag

Versuch 2 a)
Wie entsteht Regen?
Fülle einen Topf bis zur Hälfte mit Wasser, stelle einen Tauchsieder ins Wasser, schalte den Tauchsieder ein und warte, bis das Wasser kocht. Kühle in der Zwischenzeit den Topfdeckel im Kühlschrank ab. Wenn das Wasser kocht, halte den Deckel genau über den aufsteigenden Wasserdampf. Was kannst du beobachten? Wie erklärst du dir das?

Versuch 2 b)
Dieses Experiment zeigt dir, wie sich Wolken bilden.

Du brauchst: einen Topf, einen Tauchsieder oder Herd, eine Flasche, einen Trichter, einen dicken Eiswürfel (Eiswürfel im Eisfach des Kühlschranks herstellen), Wasser, ein Lineal.

- Erhitze Wasser in dem Topf. Das Wasser sollte aber nicht kochen!
- Giesse so viel warmes Wasser in die Flasche, dass die Flasche etwa fünf Zentimeter hoch gefüllt ist. Nimm beim Eingiessen den Trichter zu Hilfe.
- Lege dann den Eiswürfel oben auf die Flaschenöffnung.

Beobachte und notiere:
1. Was kannst du in der Flasche beobachten?
2. Hast du eine Erklärung für den Vorgang?

Diercke Geografie – Das Schweizer Geografiebuch für die Sekundarstufe I

Arbeitsblatt: Das Wetter – Einen Versuch wert 2

Der Druck der Luft

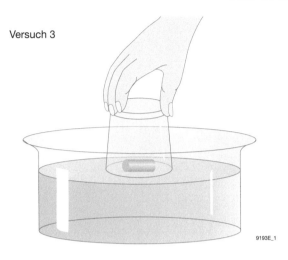

Versuch 3

Versuch 3
Kann Luft drücken?

Obwohl du nichts vom Luftdruck merkst, zeigt dieser Versuch, dass Luft einen Druck ausübt.

Fülle eine Schüssel mit Wasser und lass einen Korken auf dem Wasser schwimmen.
Halte ein Glas mit der Öffnung nach unten senkrecht über den Korken.
Drücke das Glas über dem Korken ins Wasser.
Was passiert?
Kannst du dies erklären? Beobachte und notiere.

Luft und Wind

Versuch 4 a)
Wie verhalten sich warme und kalte Luft?

Du brauchst: einen Luftballon, einen Kühlschrank, ein Massband.

– Blase den Luftballon so auf, dass er noch in das Gefrierfach passt.
– Miss mit dem Massband den Umfang des Luftballons an der dicksten Stelle.
– Lege den Luftballon fünf Minuten in das Gefrierfach des Kühlschranks.
– Hole den Luftballon wieder heraus und miss sofort an derselben Stelle.
– Halte das Massband weiterhin um den Luftballon herum und beobachte.

Beobachte und notiere:
1. Wie dick ist der Luftballon vor seinem Ausflug in den Kühlschrank?
2. Wie dick ist er, wenn du ihn wieder herausholst?
3. Was passiert, wenn du den Luftballon danach längere Zeit in der Hand hältst?

Versuch 4 b)
Was ist eigentlich Wind?

Dieser Versuch gelingt am besten an kalten Tagen, wenn die Räume geheizt sind. Nimm einen Faden (Nähgarn) von 30 cm Länge. Befestige an einem Ende eine leichte Feder (z. B. aus einem Kissen). Befestige den Faden mit Tesafilm am Fensterrahmen. Öffne das Fenster. Was kannst du beobachten? Gib eine Erklärung.

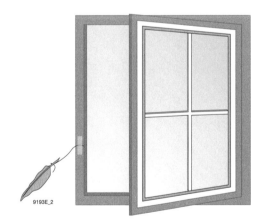

Diercke Geografie – Das Schweizer Geografiebuch für die Sekundarstufe I   87

Arbeitsblatt: Spiel: Wie wird das Wetter?

Du planst eine Gartenparty und möchtest natürlich gerne wissen, wie das Wetter werden wird. Du kannst das Wetter zwar nicht beeinflussen, aber die Beobachtung der Wetterelemente Bewölkung, Niederschlag, Temperatur und Wind verrät viel über die Wetterentwicklung. Und Wetterberichte können nicht nur die „Wetterfrösche" vom Wetteramt machen.

Versucht es selbst einmal im Spiel. Das geht so:

Ihr fertigt aus Zeichenkarton Karten von etwa fünf mal fünf Zentimeter an und zeichnet darauf verschiedene Wetterelemente. Die Stärke der Bewölkung bzw. die Bedeckung des Himmels wird wie in der Wetterkarte durch unterschiedlich ausgefüllte Kreise dargestellt. Windstärke und Windrichtung kennzeichnet ihr durch kleine Fähnchen am Ende eines Striches. Die Temperaturen schreibt ihr als Zahlen auf. Beim Niederschlag zeichnet ihr einen Tropfen für Regen und einen Stern für Schnee usw.

Jetzt müsst ihr nur noch die Rückseiten der Karten kennzeichnen: Karten zum Niederschlag bekommen ein blaues, Karten zur Bewölkung ein schwarzes, Karten zur Temperatur ein rotes und Karten zur Windstärke ein grünes Kreuz.

Jetzt kann das Spiel beginnen. Vier Kinder spielen mit. Jeder erhält drei Karten von jeder Farbe. Wer beginnt, zieht von jedem Mitspieler eine andersfarbige Karte. Die Karte der vierten, noch fehlenden, Farbe nimmt er vom eigenen Stapel. Dann deckt er alle vier Karten auf und macht daraus einen Wetterbericht. Beispiel: „Der Himmel ist fast bedeckt. Es gibt Schneefall. Die Temperatur wird -3 °C erreichen. Der Wind weht aus Westen mit Stärke vier."

Passen die Angaben zusammen wie in diesem Beispiel, werden fünf Punkte gutgeschrieben. Ist der Wetterbericht völlig falsch, z. B. „Die Temperatur ist 25 °C und es schneit", gibt es einen Punkt Abzug. Sieger ist, wer die meisten Punkte hat.

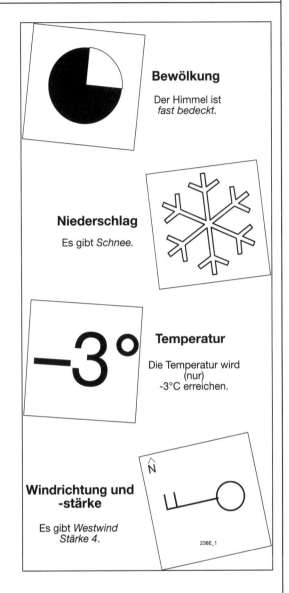

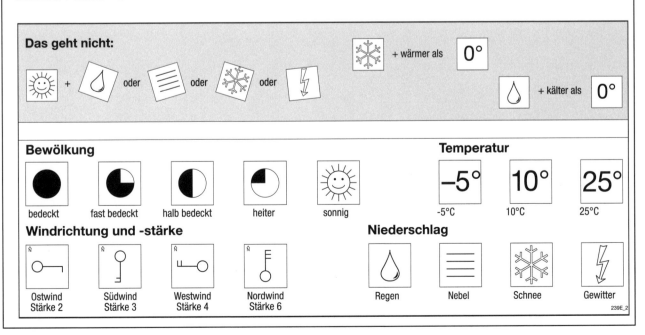

Diercke Geografie – Das Schweizer Geografiebuch für die Sekundarstufe I   89

Arbeitsblatt: Pflanzen des Mittelmeerraumes

Aufgaben:

1. Ergänze die neun Begriffe im nachfolgenden Text:
Dornen, Sommer, Oberfläche, Herbst, Hartlaubgewächse, Winter, Trockenheit, Hitze, Temperaturen.

   Im Mittelmeerraum sind in der Regel die _____ trocken und heiss. Im _____

   und _____ regnet es häufiger. Die _____ sind mild.

   Die Pflanzen dort haben sich der _____ und _____ angepasst.

   Viele Pflanzen sind _____ . Ihr Kennzeichen sind immergrüne Blätter mit

   harter, lederiger _____ oder _____ .

2. Die Agave schützt sich vor der Trockenheit im Sommer.
Ergänze in den Kästen die Auswirkungen.

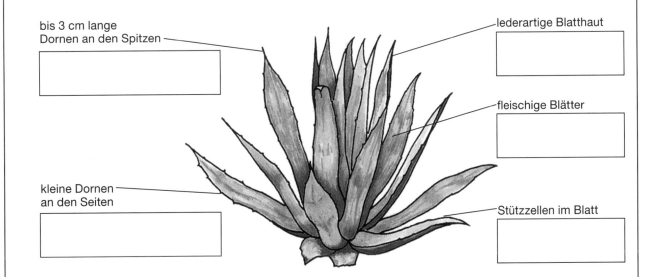

3. Benenne die Länder, in denen Oliven angebaut werden.

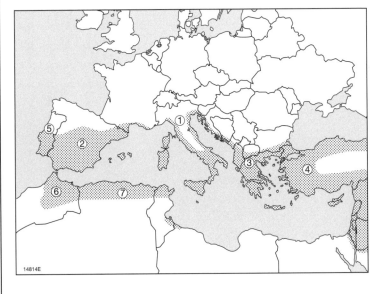

① _____

② _____

③ _____

④ _____

⑤ _____

⑥ _____

⑦ _____

Lebensräume der Menschen

Schülerbuch Seiten 132-205

Kompetenzen

Nach der Bearbeitung des Kapitels verfügen die Schüler über folgende Kompetenzen:
- Sie können die geografischen Gegebenheiten in der Arktis und Antarktis, im Regenwald, in den wechselfeuchten Tropen und den Tropen sowie in der Wüste nennen.
- Sie können das Leben in den Regionen einschätzen und bewerten.
- Sie können Texte zusammenfassen.
- Sie können ein Referat halten.
- Sie können den Nährstoffkreislauf und Stockwerkbau des tropischen Regenwaldes erklären.
- Sie können eine Wandzeitung gestalten.
- Sie können ein Streitgespräch führen.
- Sie können Hilfe zur Selbsthilfe bewerten.
- Sie können ein Rollenspiel durchführen.
- Sie können die Wüstenentstehung und Wüstentypen erklären.
- Sie können verschiedene Bewässerungsmethoden in den Oasen nennen.
- Sie können Satellitenbilder auswerten.

Doppeltopic

Schülerbuch Seiten 132–133

M1 obere Reihe: Inuit, mittlere Reihe: Indianer des Amazonasgebietes, untere Reihe: Massai und Tuareg

Die Bilder zeigen Alltagssituationen verschiedener Völker der Erde: Die Inuit als Arktisbewohner (polare Zone) sind mit ihrem traditionellen Transportmittel, dem Hundeschlitten, einem Iglu als Unterkunft während der Robbenjagd und einem modernen Fortbewegungsmittel, dem Motorschlitten vor einem Haus, abgebildet.

Ein Teil der Amazonasvölker (tropische Zone) lebt noch wie seine Vorfahren im Regenwald Südamerikas. Feldfrüchte wie Maniok werden auf kleinen gerodeten Flächen angebaut, die Männer jagen mit Pfeil und Bogen, gesammelte Früchte werden in Körben aus Blättern transportiert.

In den Savannen und Wüsten Afrikas (subtropische Zone) leben verschiedene Völker von der Viehzucht. Die Massai in den Savannen Ostafrikas züchten hauptsächlich Rinder, aber auch Schafe und Ziegen. Die Tuareg hatten sich auf Kamele als Transportmittel für den Karawanenhandel und Rinderzucht spezialisiert. Heute züchten sie aber auch Ziegen.

Die Polargebiete

Schülerbuch Seiten 134–135

Abbildungen

M1 Pearys Aufzeichnungen
Der kurze Auszug aus dem Tagebuch belegt die Hartnäckigkeit, die Peary, so wie andere Forscher auch, immer wieder in die Arktis trieb. Siehe auch Aufgabenlösung zu 135 (3).

M2 Pearys beschwerlicher Weg
Das Foto lässt die Strapazen einer Arktisexpedition erahnen. Siehe auch Aufgabenlösung zu 135 (3).

M3 Die Arktis (Nordpolargebiet)
In der Karte sind das Nordpolargebiet sowie die angrenzenden Kontinente dargestellt. Im Schnittbild ist erkennbar, dass die Arktis eine (Pack-)Eisdecke über dem Nordpolarmeer darstellt. Siehe auch Aufgabenlösung zu 135 (1) und 135 (2).

M4 Das Scott-Team in der Antarktis (Südpolargebiet)
M2 zeigt vier der fünf Teilnehmer der Expedition zum Südpol. Ein starker Kälteeinbruch sowie Organisationsmängel bei der Vorbereitung der Expedition führten auf dem Rückweg zum Tod der Männer. Siehe auch Aufgabenlösung zu 135 (3).

M5 Die Antarktis
In der Karte sind das Südpolargebiet sowie die Grenzen der Hoheitsgebiete dargestellt. Im Schnittbild ist erkennbar, dass die Antarktis eine Eisdecke über dem antarktischen Kontinent darstellt. Einzelne Berge (Nunatakker) ragen aus dem Eis heraus. Siehe auch Aufgabenlösung zu 135 (1) und 135 (2).

M6 Scotts Aufzeichnungen
Der Textausschnitt aus dem Tagebuch von Robert Scott beschreibt dessen Gefühle angesichts der Entdeckung, dass er den Wettlauf zum Südpol verloren hat. Siehe auch Aufgabenlösung zu 135 (3).

Aufgabenlösungen

135 (1) *Nenne Staaten, die Anteil am Nordpolargebiet haben und Staaten, die im Südpolargebiet Gebiete beanspruchen (Atlas).*
Nordpolargebiet: Die fünf arktischen Küstenanrainerstaaten sind Russland, Norwegen, Dänemark mit Grönland, USA und Kanada.
- Südpolargebiet: Ansprüche erheben Grossbritannien, Argentinien, Norwegen, Australien, Frankreich, Neuseeland, Chile.

135 (2) *Stelle Gemeinsamkeiten und Unterschiede der Polargebiete tabellarisch dar (Text, M3, M5).*
Gemeinsamkeiten: Mehrere Staaten erheben Anspruch auf einen Teil des Gebietes; beide Polargebiete sind eisbedeckt; beide sind wichtig für die Stabilisierung des Klimas; unter dem Eis werden viele Rohstoffe vermutet.
- Unterschiede: Die Arktis besteht nur aus Eis, die Antarktis hat einen kontinentalen Untergrund; Die Temperaturen in der Antarktis sind niedriger als in der Arktis; die Antarktis ist nicht ständig bewohnt, in der Arktis leben ca. 4 Mio. Menschen.

135 (3) *Fertige zu einem Polarforscher deiner Wahl einen Steckbrief an (andere Medien).*
Individuelle Lösung.
Steckbriefe lassen sich z. B. anfertigen zu Robert E. Peary, Roald Amundsen, Robert F. Scott, Fridtjof Nansen, Walter W. Herbert, Frederick A. Cook.

Die Polargebiete

Schülerbuch Seiten 136–137

Grundbegriffe: magnetischer Pol, geografischer Pol

Abbildungen

M1 Polarlicht
Das Foto zeigt orange und grünlich leuchtende Polarlichtbänder. Je nach der Höhe in der Atmosphäre, in der die Sauerstoffatome durch

den Aufprall der elektrisch geladenen Teilchen angeregt werden, entstehen unterschiedliche Farben. Die energiereichen Teilchen stammen von der Sonne und heben die Elektronen in den Sauerstoffatomen auf ein höheres Energieniveau. Dieser Anregungszustand ist aber nur sehr kurzzeitig (einige Millisekunden). Fallen die Elektronen wieder in ihren ursprünglichen Zustand zurück, geben sie die Energie als Fluoreszenzlicht ab. Dieses nehmen wir als Polarlichter wahr.

Die Erscheinung kann sowohl im Nord- als auch im Südpolargebiet beobachtet werden und wird dann als Aurora borealis (Nordlicht) bzw. als Aurora australis (Südlicht) bezeichnet. Da an den magnetischen Polen das Magnetfeld senkrecht zur Erdoberfläche ausgerichtet ist, können die Teilchen hier problemlos in die Atmosphäre eindringen. In den mittleren Breiten sind sie deshalb seltener zu sehen. Siehe auch Aufgabenlösung zu 137 (1).

M2 Am geografischen Südpol
Im Vordergrund ist der Pfahl mit der aufgesetzten Erdkugel zu erkennen, der die genaue Lage des geografischen Südpols markiert. Die Flaggen am Südpol symbolisieren die verschiedenen Staaten, die in der Antarktis forschen. Die Flaggen (von links nach rechts) gehören zu Chile, Neuseeland, USA, Norwegen, Grossbritannien, Russland. Im Hintergrund ist die Kuppel des Vorläufers der heutigen Amundsen-Scott-Südpolstation zu erkennen. Sie wird von den USA betrieben.

M3 Das Magnetfeld der Erde
Die Zeichnung gibt die Lage des Magnetfeldes um die Erde herum wieder. Eingezeichnet sind die vier verschiedenen Pole. Siehe auch Aufgabenlösung zu 137 (2) und 137 (3).

Aufgabenlösungen

137 (1) *Erkläre die Entstehung von Polarlichtern.*
Treffen elektrisch geladene Teilchen von der Sonne als Sonnenwind das Magnetfeld der Erde, werden sie von diesem zu den Polen geleitet. Der Kontakt mit der Atmosphäre setzt einen Prozess in Gang, der das vielfarbige Leuchten verursacht. Die Teilchen verursachen auch elektromagnetische Felder, die die Elektronik von Flugzeugen und Satelliten stören können.

137 (2) *Erkläre den Begriff „Missweisung" (andere Medien).*
Der Verlauf der Achse, um die die Erde rotiert, markiert den geografischen Nord- und den Südpol. Der magnetische Pol, also der Ort, wo die Magnetlinien senkrecht nach oben weisen, weicht davon 11,5° ab, das entspricht etwa 800 km. Diese Abweichung verändert sich jedes Jahr, sie wird als Missweisung bezeichnet.

Der Winkel zwischen den beiden Polen, ausgehend vom Standort, muss bei der Kursberechnung von Schiffen und Flugzeugen einberechnet werden.

137 (3) *Informiere dich über den Polsprung. Wann steht der nächste an und was sind die Folgen (andere Medien)?*
Ein Polsprung ist die Umkehr des Magnetfeldes der Erde. Damit wird der Nordpol zum Südpol und umgekehrt. Die Wissenschaftler vermuten, dass in den nächsten 4000 Jahren eine Polumkehr beginnen wird. Diese dauert etwa 9000 Jahre bis zu ihrem Abschluss.

Folgen können für viele Lebewesen sein, die sich am Magnetfeld der Erde orientieren, dass sie in ihrem Lebensraum die bekannten Nahrungsplätze nicht mehr finden oder sich auf jahreszeitlichen Wanderungen bzw. Flügen verirren.

Da in der Umpolungsphase die Erde nicht so gut gegen den Sonnenwind abgeschirmt ist, kann mehr mutagene Strahlung die Erde erreichen und so Erbgutänderungen und damit Evolutionsprozesse auslösen.

Die Polargebiete
Schülerbuch Seiten 138–139

Abbildungen

M1 Klimadiagramm von Mirnyj
Die Klimastation liegt im australischen Hoheitsbereich an der antarktischen Küste. Die russische Station dient als Versorgungsstation für eine weitere im Inland und als Forschungsstation. Siehe auch Aufgabenlösung zu 138 (1).

M2 Bedrohter Lebensraum
Das Foto zeigt eine Kolonie mit jungen Pinguinen, die noch ihr erstes Federkleid aus wärmenden Daunen tragen. Pinguine sind flugunfähige Vögel der Südhalbkugel, die meisten Arten leben in der Antarktis bzw. in deren Nähe. Das schuppenförmig ausgebildete Gefieder und ein dickes Fettpolster schützen sie vor der Kälte. Ihre Nahrung suchen sie im Meer, die Flügel werden dabei wie Flossen und die Beine als Steuer beim Schwimmen genutzt. Zur Jungenaufzucht richten sie Brutkolonien und Kindergärten ein.

Bedroht wird der Lebensraum aller Antarktisbewohner durch die zunehmende touristische Nutzung, den Klimawandel und die mangelnde Müllentsorgung (siehe auch Schülerbuch S. 142/143).

M3 Lebensräume in der Antarktis
In der thematischen Karte sind die Lebensräume von Wal, Robbe und Pinguin verortet. Um den Kontinent herum liegen grosse Gebiete, in denen der Krill und grosse Fischschwärme gute Lebensbedingungen vorfinden. Da die meisten Lebewesen der Antarktis von der Nahrung aus dem Meer abhängig sind, ist das Innere des Kontinentes nicht von ihnen besiedelt worden. Hier findet man nur Mikroorganismen, Moose und Flechten sowie einige wenige Wirbellose. Siehe auch Aufgabenlösung zu 139 (5).

Aufgabenlösungen

138 (1) *Werte das Klimadiagramm von Mirnyj aus.*
1. Mirnyj (66° 33'S/93° 01'O) liegt 30 m. ü. M., Jahresdurchschnittstemperatur -11,5°C, Jahresniederschlag 427 mm;
wärmster Monat: Dezember (-2°C); kältester Monat: Juli (-20°C); Jahresamplitude: 18°C;
höchster Niederschlag: Mai und August (70 und 75 mm); geringster Niederschlag: Januar (10 mm); humide Monate: ganzjährig;
2. Mirnyj liegt an der antarktischen Küste auf der Südhalbkugel. Diese Breitenlage bewirkt eine halbjährlich wechselnde Sonneneinstrahlung (Polartag und Polarnacht). Die Antarktis ist eisbedeckt, damit ist die Rückstrahlung (Albedo) in den Weltraum sehr hoch. Sie ist verantwortlich für die ganzjährig tiefen Temperaturen. Die Lage am Rand des Kontinentes bewirkt die ganzjährig fallenden Niederschläge, die aber insgesamt niedrig sind. Die Antarktis ist eine Kältewüste.
3. In Mirnyj herrscht während des ganzen Jahres zwar humides Klima, aber das Pflanzenwachstum ist durch die tiefen Temperaturen und die Schneedecke fast unmöglich. Zwei Drittel des Jahres weht der Wind mit hoher Geschwindigkeit, Stürme sind häufig. Die Klimastati-

on liegt in der polaren Zone.

138 (2) *Bestimme, in welchen Monaten Sommer und in welchen Monaten Winter ist (M1).*
Da die Station auf der Südhalbkugel liegt, sind die Jahreszeiten umgekehrt zu unseren. Der antarktische Sommer fällt in die Monate Dezember, Januar, Februar. Der antarktische Winter liegt in den Monaten Juni, Juli und August.

138 (3) *Begründe, warum das Leben in der Antarktis „in Zeitlupe" verläuft (M2).*
Die dauerhaft tiefen Temperaturen, die nur im Sommer ausnahmsweise die Nullgradmarke überschreiten, verlangsamen alle biologischen Prozesse. Fotosynthese können die Pflanzen zudem überhaupt nur im Sommerhalbjahr während des Polartages betreiben. Auch die Mikroorganismen, die für die Zersetzungsprozesse zuständig sind, haben bei den tiefen Temperaturen einen stark verlangsamten Stoffwechsel.

139 (4) *Suche das Dry Valley im Atlas. Notiere die Koordinaten.*
Die aus mehreren Tälern (Viktoria Valley, Tylor Valley, Wright Valley) bestehenden Antarktischen Trockentäler oder McMurdo Dry Valleys liegen an der westlichen Küste des McMurdo Sundes zwischen 77°15' und 77°45' Süd, sowie 161° und 163°30' Ost. Sie sind der zusammenfassende Name für die seit mehreren Millionen Jahren eisfreien Täler im Viktorialand.

139 (5) *Erkläre, warum sich Krill und Wal einen Lebensraum teilen (M4).*
Krill ist die Hauptnahrung der Wale, die sich deshalb in den gleichen Gebieten aufhalten.

Die Polargebiete
Schülerbuch Seiten 140 – 141

Abbildungen

M1 Eine Schweizerin auf der Neumayer-Station
Abgebildet ist die Geophysikerin Christine Läderach. Ausserhalb der Station muss sie ihr Gesicht wegen der niedrigen Temperaturen und des starken Windes schützen und ist deshalb bis zu den Augen vermummt.

M2 Neumayer-III-Station - Forschen und Leben im ewigen Eis
Die Antarktis ist der einzige nicht ständig bewohnte Kontinent. Er liegt rund um den Südpol und erstreckt sich etwa bis zum südlichen Polarkreis. Die Antarktis hat einen Durchmesser zwischen 3000 und 5800 km und eine Fläche von ca. 14 Mio. km².

Die hier abgebildete Forschungsstation liegt auf dem Ekström-Schelfeis an der Atka Bucht, im nordöstlichen Weddell-Meer auf 70°40' S und 8°16' W, etwa 16 km vom Meer entfernt. Das Eis bewegt sich in Richtung Meer, so wird die Station in etwa 30 Jahren versinken.

Die Neumayer III löste 2009 die alte sechs Kilometer nördlich gelegene Neumayer II ab, die sich während der 17jährigen Betriebszeit durch die Eisbewegungen stark verformt hatte und 14 m tief im Schnee versunken war.
Die Zeichnung zeigt die Aufteilung der Station auf den verschiedenen Decks und die Funktionsweise der hydraulischen Stützen. Die Station wiegt insgesamt ca. 2300 t und steht auf 16 Fundamentplatten. Zum Anheben der gesamten Station werden diese Stützen einzeln hochgehoben, mit Schnee unterfüttert und wieder abgesenkt. Danach wird der Garagenraum unter der Station (Deck U2) mit Schnee gefüllt und die Station als Ganzes angehoben. Siehe auch Aufgabenlösung zu 141 (1).

M3 Nachgewiesene Bodenschätze und Forschungsstationen in der Antarktis
Die Karte zeigt die verschiedenen Bodenschätze, die in der Antarktis bisher lokalisiert wurden und die Lage der Forschungsstationen. Ebenfalls sind die Grenzen der Hoheitsgebiete vermerkt. Bislang konzentrieren sich die Fundstellen im argentinischen, neuseeländischen und australischen Gebiet. Siehe auch Aufgabenlösung zu 141 (4).

Aufgabenlösungen

141 (1) *Stelle die Neuerungen der Neumayer-III-Station heraus (M2).*
Unter der Neumayer III sind hydraulische Stützen angebracht, die die Station im Jahr bis zu einen Meter anheben, damit sie nicht im Schnee versinkt. Sie ist modern ausgestattet, kompakter gebaut als die vorherige Station (diese bestand aus langen Stahlröhren) und bietet den Bewohnern sowohl Arbeitsmöglichkeiten als auch Wohnkomfort.

141 (2) *Informiere dich über das alltägliche Leben Christine Läderachs auf der Neumayer-Station unter www.polar-stationen.ch. und www.awi.de. Tipp: die Logbücher können dir helfen.*
Individuelle Lösung

141 (3) *Nenne Bodenschätze der Antarktis (M3, Atlas)?*
In der Antarktis sind bislang folgende Bodenschätze gefunden worden: Eisen, Stahlveredler, Buntmetalle, Edelmetalle, Kohle, Erdöl/Erdgas, Uran.

141 (4) *Nenne Probleme, die ein Abbau der Bodenschätze mit sich bringen würde.*
Da sich die Umwelt nur sehr langsam regeneriert, würde der Abbau unabsehbare Umweltschäden verursachen. Da sich das ewige Eis bewegt, werden Bohrschächte und Gestänge zerdrückt. So könnte gefördertes Öl in die Gletscher laufen und das empfindliche Ökosystem dauerhaft schädigen. Die Abraumhalden würden die Landschaft verschandeln. Ungelöst ist auch das Transportproblem, denn nur im antarktischen Sommer lässt sich die Antarktis anfahren und anfliegen.

Die Polargebiete
Schülerbuch Seiten 142 – 143

Grundbegriff: Antarktisvertrag

Abbildungen

M1 „Finger weg von der Antarktis" – Schild von Umweltschützern aufgestellt.
Umweltschützer weisen mit verschiedenen Aktionen darauf hin, dass die menschlichen Besuche in der Antarktis viele Probleme verursachen. Siehe auch Aufgabenlösung zu 143 (2) und 143 (4).

Lebensräume der Menschen

M2 Zeitungsmeldungen
Die Zeitungsmeldungen bieten Gesprächsanlässe zu verschiedenen Themenkomplexen, die Antarktis betreffend. Siehe auch Aufgabenlösung zu 143 (2)

M3 Songausschnitt
In dem Song wird bemängelt, dass die Menschen die gesamte Erde verschmutzen. Siehe auch Aufgabenlösung zu 143 (2) und 143 (4).

M4 Antarktisvertrag – ein internationales Abkommen
In diesem Vertrag verpflichten sich die unterzeichnenden Staaten zum Schutz der Antarktis (alle Land- und Wasserflächen südlich des 60. Breitengrades). Verboten sind militärische Nutzung, Atommülllagerung, Abbau von Bodenschätzen und der Walfang. Erlaubt und ausdrücklich erwünscht ist die wissenschaftliche Erforschung des Kontinentes. Diese Lücke im Vertragstext nutzt Japan aus, um hier Wale „zu wissenschaftlichen Zwecken" zu jagen. Umweltschützer haben durch dauernde Störmanöver des Walfangs im Februar 2011 erstmals einen Abbruch der Fangsaison erreicht.
Die Gemeinschaft der Vertragsstaaten will das empfindliche Ökosystem schützen und hat dafür in Zusatzvereinbarungen strenge Umweltschutzauflagen erlassen.

M5 Müll in der Antarktis
Umweltschutzorganisationen ist es zu verdanken, dass die Weltöffentlichkeit auf die Umweltsünden in der Antarktis aufmerksam wurde, die von den forschenden Nationen begangen wurden. Siehe auch Aufgabenlösung zu 143 (4).

M6 Zeitungsmeldung
Hier wird kritisch über die Auswirkungen des Tourismus berichtet, der in den letzten Jahren stark zugenommen hat. Mittlerweile werden von verschiedenen Unternehmen Antarktiskreuzfahrten mit verschiedenen Schwerpunkten angeboten. Da sie sich im Hochpreisniveau bewegen, ist ein Massentourismus allerdings auch zukünftig unwahrscheinlich.

Aufgabenlösungen

142 (1) *Liste die Staaten auf, die Gebietsansprüche an der Antarktis erheben.*
Ansprüche erheben Grossbritannien, Argentinien, Norwegen, Australien, Frankreich, Neuseeland und Chile.

143 (2) *Erkläre die Wichtigkeit des Antarktisvertrages für die ganze Welt (M4).*
In dem Vertrag werden alle nationalen Ansprüche dem Allgemeinwohl der Welt untergeordnet. An erster Stelle steht der Schutz des Kontinentes, seine Ausbeutung wird untersagt. Ungeklärt sind aber noch Haftungsfragen bei Umweltverschmutzungen und der Umgang mit dem Tourismus.

143 (3) *Verfolge die Reiseroute der „eiskalten" Touristen (Atlas).*
Individuelle Lösung.

143 (4) *Berichte über Umweltsünder in der Antarktis (andere Medien).*
Die Versorgung der Menschen in den mittlerweile 43 Stationen führte zu Umweltproblemen, die vorher nicht bedacht worden waren. Erst die Umweltschutzorganisationen machten darauf aufmerksam und tragen bis heute dazu bei, dass die Antarktis nicht mehr beansprucht wird als nötig. Der neue Müll wird nun nicht mehr in der Umgebung einfach abgelegt, sondern in die Ursprungsländer zurücktransportiert.
Etwa 500 000 Tonnen Abfall (u. a. Baumaterial, Batterien, Ölabfälle, Reifen, Chemikalien) aus den vergangenen Jahrzehnten befinden sich aber noch auf wilden Deponien und verseuchen Eis und Boden. Die Bergung und der Abtransport des über Jahre durch den Wechsel von Auftau- und Gefrierprozessen zerbröselten, aber kaum zersetzten Mülls gestaltet sich schwierig. Schweres Räumgerät muss den gefrorenen Müll mit der kontaminierten Erde in eigens dafür gebaute Container verbringen, die dann z. B. nach Australien verschifft werden. Anschliessend werden die alten Deponien in ihren Originalzustand zurückversetzt. Diese Räumaktionen kosten viel Geld, sind zum Schutz des Ökosystems aber dringend geboten.
Problematisch ist auch die Nutzung des eisfreien Kontinentalrandes, da hier menschliche Aktivitäten die Brutkolonien der Vögel stören.
Auch der Bau von Kläranlagen für die Stationen kommt erst langsam voran, meist werden die Fäkalien ungeklärt in das Meer geleitet.

Die Polargebiete
Schülerbuch Seiten 144–145

Abbildungen

M1 Eisbären in Not
Eine Eisbärmutter drängt sich mit ihren beiden Jungen auf einer kleinen Eisscholle. Siehe auch Aufgabenlösung zu 144 (2).

M2 Nordpolarvereisung 1979
Die Arktis ist von einem dicken Eispanzer überzogen. Die äusseren Regionen des festen Eispanzers werden als Packeis bezeichnet. Sie haben je nach Jahreszeit einen grösseren oder kleineren Umfang. Im Mittel befindet sich die Packeisgrenze bei 80° Nord. Südlich dieser Region treibt das Eis in Form von Schollen und Eisbergen als sogenanntes Treibeis auf dem Meer. Die gesamte vom Eis bedeckte Fläche beträgt im Winter ca. 14 Mio. km^2, im Sommer schrumpft sie auf etwa die Hälfte (Mittelwert der letzten vierzig Jahre: 6,7 Mio. km^2). Siehe auch Aufgabenlösung zu 144 (1).

M3 Nordpolarvereisung 2005
Innerhalb weniger Jahrzehnte ist das Eis stark geschmolzen. Satellitenbeobachtungen seit 1978 zeigen einen deutlichen Rückgang der Eisflächen (bezogen auf den September des jeweiligen Jahres).
Mit grossen jährlichen Schwankungen schrumpft die Eisfläche pro Jahrzehnt durchschnittlich um 10 Prozent. Im Sommer 2007 ging sie extrem stark auf nur 4,2 Mio. km^2 zurück. Im September 2010 bedeckte sie etwa 4,9 Mio. km^2, hatte sich also kaum erholt. Siehe auch Aufgabenlösung zu 144 (1).

M4 Nordostpassage erstmalig passiert
Der Artikel zeigt die Vorteile auf, die die Reedereien durch den verkürzten Seeweg haben werden. Siehe auch Aufgabenlösung zu 145 (4).

M5 Die Beluga Fraternity war das erste Schiff, welches die Nordostpassage 2009 passierte.
Zu sehen ist der Schwergutfrachter Beluga Fraternity der Reederei Beluga aus Bremen. Es ist eines von zwei deutschen Handelsschiffen, die erstmals die Nordostpassage von Wladiwostok aus in Richtung Europa durchfuhren. Siehe auch Aufgabenlösung zu 145 (4).

Aufgabenlösungen

144 (1) *Nenne Folgen des Schmelzens der Polkappen.*
Schmilzt das Eis, kann dies verschiedene Folgen haben:
Tiere, die auf das arktische Eis als Lebensraum angewiesen sind, wie Robben und Eisbären, werden aussterben.

Veränderungen der Meerestemperatur und des Salzgehaltes verändern den Verlauf und die Geschwindigkeit der Meeresströmungen. Da die grossen Fischschwärme in kalten Meeren anzutreffen sind, kann es hier zum Schwinden der Nahrungsgrundlage von Millionen Menschen kommen.

Die Meeresströmungen beeinflussen auch die Niederschlagsmengen und die Temperaturen über den Landflächen. Grosse Veränderungen können hier zu Verlagerungen von Lebensräumen führen, wenn z.B. durch häufigere Dürren die landwirtschaftlichen Erträge sinken. Siehe auch Aufgabenlösung zu 144 (3) und 145 (6)

144 (2) *Erkläre, warum immer mehr Eisbären im Nordpolarmeer ertrinken.*
Die Eisbären jagen in den Packeisgebieten. Schrumpft der Packeisgürtel im Sommer zu stark, können sie zu Beginn des Winters nicht mehr früh genug vom Festland über das Treibeis dorthin gelangen. Die Länge der Jagdsaison reicht nicht mehr aus, um die verbrauchten Fettreserven wieder aufzufüllen. Bleiben sie zu lange im Packeis, sind sie zum Sommerbeginn vom Festland abgeschnitten und schaffen den Weg auch schwimmend nicht mehr.

144 (3) *Erkläre den Begriff Klimaflüchtlinge.*
Klimaänderungen bewirken, dass sich die Lebensgrundlagen auf der Erde verändern. Einige Räume werden dann nicht mehr bewohnbar sein. Steigt z.B. der Meeresspiegel signifikant an, sind die überwiegend an den Küsten gelegenen Millionenstädte von Überflutung bedroht. Die Menschen müssen diese Gebiete verlassen.

145 (4) *Nenne Risiken, die sich durch den Ausbau der Nordostpassage ergeben.*
Die zunehmende Nutzung dieser Meerespassage führt zu mehr Verschmutzung der Gewässer. Die Schiffe verlieren z.B. Öl und geben Abgase ab, was die empfindlichen Ökosysteme zerstören kann. Tankerunglücke, wie das der Exxon Valdez im Jahr 1989 vor Alaska, können die Küsten irreversibel schädigen. Neue Ansiedlungen führen zu Veränderungen für die indigene Bevölkerung. Ihre traditionelle, häufig mit Nomadismus verbundene Lebensweise könnte unmöglich werden.

145 (5) *Auch bei uns schmilzt das Eis. Sammle Fakten zum Schmelzen des Rhône-Gletschers und fertige dazu ein Plakat an (Atlas, andere Medien).*
Sachhinweise: Der Rhône-Gletscher im Kanton Wallis schmilzt seit 1995 im Sommer stärker ab, als er im Winter wieder zunimmt. Seit Beobachtungsbeginn 1847 verringerte sich die Länge der Gletscherzunge um ca. 2 km, im Zehrgebiet schrumpfte die Eisdicke um 50 bis 80 m. In etwa 100 Jahren werden die Alpengletscher vollständig abgeschmolzen und der aus dem Gletscher entspringende Fluss Rhône ausgetrocknet sein.
Plakat: Individuelle Lösung.

145 (6) *Recherchiere weitere Folgen der Klimaerwärmung (andere Medien).*
Stürme über dem eisfreien Meer bewirken einen hohen Seegang und fördern die Küstenerosion, bis zu 10 m weicht die Küste Alaskas momentan im Jahr zurück. Mancherorts müssen Siedlungen ins Inland verlegt werden (z.B. Kivalina, Shismareff).

Die Luftdrucksysteme verschieben sich, mehr arktische Kaltluft gelangt nach Süden und bewirkt in Mitteleuropa in einigen Regionen längere und schneereichere Winter.

Über wärmerem Wasser können sich energiereichere Sturmtiefs bilden, die grosse Zerstörungen in den Küstengebieten anrichten.

Die Erwärmung des Meerwassers lässt andere Fischarten in die Gewässer einwandern, damit verändert sich auch die Nahrungskette, das ökologische Gleichgewicht kann in diesen Gewässern gestört werden.

Die Polargebiete
Schülerbuch Seiten 146–147

Grundbegriff: Inuit

Abbildungen

M1 Lebensraum der Inuit auf dem nordamerikanischen Kontinent
Die Arktis umfasst die Meere und Landgebiete um den Nordpol mit dem Arktischen Meer (19 Mio. km^2) und einer Landfläche von ca. 11 Mio. km^2. Sie wird von der 10° Juli-Isotherme nach Süden begrenzt. Die thematische Karte zeigt, dass die Inuit hauptsächlich an der Küste der Hudsonbay, in Labrador, auf der Baffin-Insel, der Viktoria-Insel, der Banks-Insel, im Westen Grönlands und an der Nordostküste Alaskas leben.

M2 Verwertung einer Robbe
Von einer Robbe wurden früher, als die Inuit noch als Selbstversorger lebten, alle Teile verwertet, um aus ihnen Nahrung und Gegenstände des täglichen Bedarfs herzustellen. Siehe auch Aufgabenlösung zu 146 (2).

M3 Inuit mit erlegter Robbe
Während des Winters sind einige Inuit auf Robbenjagd. Hier wird ein an einem Atemloch erlegtes Tier auf das Eis gezogen. Robben werden heute nur noch als Nahrungsergänzung und wegen der Felle gejagt.

M4 Frühere Lebensbedingungen der Inuitjäger im Jahresverlauf
In der Tabelle sind aufgegliedert nach Temperaturen, Wohnverhältnissen, Fischerei und Robbenfang, Jagd und Verkehrsmitteln die Tätigkeiten der Inuit mit Flächenfarben und Beschriftungen dargestellt.

M5 Häuser in Upernavik (Grönland)
Das Foto zeigt eine Siedlung auf Grönland mit modernen Fertighäusern. Siehe auch Aufgabenlösung zu 146 (1).

M6 Das Iglu – Haus während der Jagdzeit
Das Iglu veranschaulicht die traditionelle Lebensweise der Inuit. Während des Winters werden Eisbären und Robben vom Eis aus gejagt. Als Unterkunft während der Jagdzeit dient das Iglu, das aus quaderförmigen Eisblöcken zu einem Halbkreis zusammengesetzt wird. Schlittenhunde werden auch heute noch häufig zum Ziehen der Schlitten eingesetzt, da sie gute Jagdhelfer bei der Eisbärenjagd sind. In weiten Teilen der Arktis sind die Inuit aber im Alltagsleben auf moderne Motorschlitten umgestiegen. Schlittenhunde sind zwar anspruchslos und robust gegenüber den arktischen Bedingungen, sie vertragen auch -50°C, brauchen aber dafür viel Bewegung. Das tägliche Hundetraining ist vielen Inuit zu zeitaufwendig geworden.

Lebensräume der Menschen

Auch lohnt sich die Hundehaltung durch die immer kürzer werdende Jagdsaison nicht mehr.

Aufgabenlösungen

146 (1) *Vergleiche das traditionelle Leben mit dem Leben der Inuit heute.*
Frühere Lebensbedingungen: Wohnen in einfachen Häusern aus Torf, Holz oder Steinen, in Iglus, Tranlampen als Beleuchtung und Heizung. Männer jagten Karibus, Robben, Wale, Walrosse, Eisbären mit Harpunen, fingen Fische aus dem Kajak oder vom Eis. Frauen waren verantwortlich für die Verarbeitung und Zubereitung der Nahrung und für die Kleidungsherstellung aus Fellen. Die Inuit waren nicht sesshaft.
Heutige Lebensbedingungen: Inuit wohnen in Städten und Siedlungen in modernen Häusern oder Wohnungen mit Strom, Wasser und Heizung und verfügen über moderne Heimelektronik und Handys, Kinder gehen zur Schule. Inuit sind häufig Fischer (Kabeljau, Dorsch, Krabben) oder verdienen im Tourismus Geld (Bootsfahrten zwischen den Eisbergen im Sommer, Hundeschlittentouren im Winter). Lebensmittel und Kleidung werden im Supermarkt und Kaufhaus erstanden.
Der schnelle Wandel der Lebensverhältnisse kam für manche Inuit zu schnell. Verlust der eigenen Identität, Entwurzelung, Arbeitslosigkeit durch Aufgabe der Jägerkultur, Kriminalität, hohe Selbstmordraten sind die Folgen.

146 (2) *Erkläre den Begriff Selbstversorger (M2, M4).*
Die Inuit konnten durch die Jagd ihren kompletten Lebensunterhalt bestreiten. Alle Lebensmittel und Dinge des täglichen Lebens lieferte ihnen die Arktis, sie versorgten sich selbst.

146 (3) *Robbenjagd ist offiziell verboten. Inuit haben jedoch ein Sonderrecht. Suche Gründe dafür.*
Da die Inuit traditionell von der Robbenjagd leben, wurde ihnen 1995 international das Recht zuerkannt, diese und andere Meeressäuger für den eigenen Lebensunterhalt zu jagen.

Gewusst wie: Texte zusammenfassen und auswerten

Schülerbuch Seiten 148–149

Abbildungen

M1 Inuit auf einem Ski-doo
Das heute gebräuchliche Fahrzeug in der kanadischen Arktis ist der Motorschlitten. Siehe auch Aufgabenlösung zu 148 (1) und 149 (2).

M2 Eingang der Saatgut-Bank
Das Foto zeigt den Eingang zum Tunnel der in das ewige Eis gebauten Saatgutbank auf Spitzbergen. Siehe auch Aufgabenlösung zu 149 (4).

M3 Innenraum der Saatgut-Bank
Hier lagern von etwa 500 000 unterschiedlichen Sorten insgesamt 2,25 Mrd. Samen. In Zukunft soll der Bestand auf 4,5 Mio. Sorten anwachsen. Die eingelagerten Bestände verbleiben im Eigentum der nationalen Genbanken, die sie geliefert haben.
Siehe auch Aufgabenlösung zu 149 (4).

Aufgabenlösungen

148 (1) *Bearbeite die letzten drei Abschnitte nach der angegebenen Methode.*
1. Individuelle Lösung
2. Siehe Text im Schülerbuch.
3./4. a) Schlüsselwörter der Abschnitte: 1 Robbenjäger, Huskies, Hudsonbai, Hundeschlitten, Treibeis; 2 Beute, Luftloch; 3 Fütterung, Wurfspeer; 4 Karibu, Ski-doo, Motorlärm, Munition; 5 Fleischvorrat, Benzinkanister.
b) Überschriften der Abschnitte: 1 Mit dem Hundeschlitten zur Jagd; 2 Ankunft am Atemloch; 3 Warten auf Beute; 4 Karibujagd mit dem Ski-doo; 5 Heimkehr mit der Beute
5. Inhaltsangabe: Avataq ist Robbenjäger in der Hudsonbai in Nordkanada. Zu seinem Jagdgebiet fährt er mit einem Hundeschlitten über die Treibeisschollen. Die Huskies werden von einem Leithund geführt. An einem Luftloch angekommen, wartet er regungslos mit dem Wurfspeer auf Beute. Inzwischen ruhen sich die mit Fleisch gefütterten Hunde aus. Silak, ein Freund von ihm, jagt lieber mit dem viel schnelleren Ski-doo Karibus. Er verwendet ein modernes Gewehr und ist am Abend mit der Beute in der Siedlung zurück.

149 (2) *Arbeite Vor- und Nachteile des Ski-doo heraus und formuliere deine Meinung.*
Vorteile: Schnelles Transportmittel, muss nicht wie die Hunde täglich trainiert und gefüttert werden, das Benzin stellt die Regierung kostenlos bereit.
Nachteile: Verscheucht durch die Lautstärke des Motors die Tiere, kostet dadurch viel Munition, verbraucht Benzin, geht kaputt, produziert Abgase.
Eigene Meinung: Individuelle Lösung.

149 (3) *Bearbeite den Text zur Saatgutbank nach der dir bekannten Methode.*
Individuelle Lösung.

149 (4) *Erkläre, warum der Saatguttresor angelegt wurde.*
Die Saatgutbank soll die schwindende Artenvielfalt, besonders bei den landwirtschaftlich nutzbaren Pflanzen kompensieren. Bereits heute werden viele Kulturpflanzen von den Landwirten nicht mehr angebaut, da sie nicht genügend Erträge bringen bzw. von den Saatgutherstellern nicht angeboten werden. In Zukunft könnte die Saatgutbank Pflanzensamen liefern, die bei durch den Klimawandel anderen Klimabedingungen besser gedeihen als die heute verwendeten Sorten. Auch sind die Samen genetisches Ausgangsmaterial für neue Züchtungen.

In der subpolaren Zone

Schülerbuch Seiten 150-151

Grundbegriff: Dauerfrostboden

Abbildungen

M1 Boris trägt gefrorene Milch
Da im sibirischen Winter die Temperaturen dauerhaft unter -20°C liegen, wird die Milch in Blöcken gefroren gelagert. Lager für frostempfindliche Nahrungsmittel anzulegen ist dagegen sehr teuer und energieaufwendig, da sie geheizt werden müssen.

M2 Eine sibirische Strasse im Sommer – schwer passierbar
Im Sommer tauen die Böden oberflächlich auf. Da das entstehende Wasser keine Abflussmöglichkeiten hat, staut es sich und verwandelt die Landschaften in einen tiefen Morast. Strassen müssen deshalb mit einem stabilen Unterbau versehen werden, sonst sind sie kaum befahrbar. Vielfach verwendet man im Sommer auch Raupenfahrzeuge. Ansonsten sind Transporte nur in der Luft möglich. Im Winter sind die wenigen vorhandenen Verkehrswege Sibiriens befahrbar. Häufig werden die zugefrorenen Flüsse als Strassen genutzt. Siehe auch Aufgabenlösung zu 150 (2) und 151 (5).

M3 Vegetationszonen am Nordpolarmeer
Die Karte bildet die Lage der Vegetationszonen rund um das Nordpolarmeer ab. An den Flächenfarben ist die Lage der Zonen erkennbar. Von Nord nach Süd folgt auf die polare Kältewüste die Tundra, Waldtundra und die Taiga (= borealer Nadelwald). Mit einer Linie ist die Südgrenze des Dauerfrostbodens gekennzeichnet.
Siehe auch Aufgabenlösung zu 216 (1).

M4 Bodenschätze in Russland
Die Karte zeigt die Lage Sibiriens innerhalb Russlands und verortet die verschiedenen Bodenschätze. Sibirien umfasst das gesamte Gebiet östlich des Ural bis zum Pazifik. Der Jenissej trennt dabei Ost- und Westsibirien, das Gebiet östlich von Lena/Amur wird auch als Ferner Osten bezeichnet. Hier lagern die weltweit meisten Bodenschätze, ihr Abbau gestaltet sich wegen der ungünstigen klimatischen Bedingungen aber schwierig. Siehe auch Aufgabenlösung zu 151 (4) und 151 (5).

M5 Nickelverarbeitung in Norilsk
Norilsk ist die nördlichste Grossstadt der Welt. Sie ist zu unrühmlicher Bekanntheit gelangt, als sie 2001 für Ausländer gesperrt wurde. Der Abbau von Nickel hat in der Region zu einer immensen Umweltverschmutzung geführt. Hauptverursacher ist die Firma MMC Norilsk Nickel. Die Stadt wurde 2006 in der Liste unter den zehn am meisten verschmutzten Orten der Welt aufgeführt. Siehe auch Aufgabenlösung zu 151 (5).

Aufgabenlösungen

150 (1) *Nenne fünf Länder, die Anteil an der Vegetationszone des borealen Nadelwaldes haben. (M3, Atlas)*
Norwegen, Schweden, Finnland, Russland, Kanada, USA.

150 (2) *Erkläre die Begriffe Taiga, Tundra und Dauerfrostboden.*
In der Tundra (finnisch `tunturi`= baumlose Hochfläche) kann nur eine flach wurzelnde Vegetation wachsen, da der Dauerfrostboden auch im Sommer nur oberflächlich auftaut. Neben Moosen und Kräutern gibt es auch viele Flechten. Diese symbiotischen Organismen aus Algen und Pilzen ergänzen sich und können so auch die sehr kurzen Vegetationsperioden gut nutzen.

Die borealen Nadelwälder (russisch =Taiga) sind die nördliche artenärmere Urwaldentsprechung zu den Regenwäldern der Äquatorialzone. Die Nadelwaldzone hat eine Ausdehnung von etwa 1,2 Mrd. ha, existiert nur auf der Nordhalbkugel (auf der Südhalbkugel fehlen die Voraussetzungen für das typische winterkalte Klima) und liegt zwischen etwa 50°N und dem Polarkreis. Sie ist die nördlichste Zone, in der Wälder existieren können. Aufgrund der kurzen Vegetationsperiode ist das Wachstum der Bäume (Lärche, Tanne, Kiefer, Fichte) langsam und Eingriffe in das Ökosystem gleichen sich nur in grossen Zeiträumen wieder aus (z.B. ist die Laubstreu erst nach ca. 350 Jahren zersetzt).

Unter Dauerfrostboden versteht man den Boden der nördlichen Regionen um die Arktis. Er ist das ganze Jahr über bis in Tiefen von mehreren Hundert Metern gefroren und taut nur im Sommer oberflächlich auf. Siehe auch Aufgabenlösung zu 151 (3).

151 (3) *Nenne Gründe, für den hohen Wert des Holzes aus der Taiga.*
Die wegen des kalten Klimas sehr langsam wachsenden Bäume haben sehr hartes Holz und sind widerstandsfähig gegen Schädlinge. Damit haben sie eine gleichmässige Maserung und sind durch ihre Härte gut im Aussenbereich zu verwenden.

151 (4) *Nenne zu jedem Bodenschatz ein Beispiel, wofür er verwendet werden kann (M4).*
Lösungsbeispiele:
Erdöl und Erdgas: Heizung, Treibstoff, Medikamente, chemische Industrie
Braunkohle, Steinkohle: Heizung, chemische Prozesse
Gold/Silber: Schmuck, Computer, z. B. elektronische Geräte
Eisen: Stahl in Autos, Schiffen, Stahlbeton
Stahlveredler: Werkzeuge, Weissblechdosen, elektrische Kontakte, Glühwendel der Lampen
Buntmetalle: Bleche, Rohre, Platinen

151 (5) *Die Erschliessung und Gewinnung von Bodenschätzen hat in Sibirien zu Umweltschäden geführt. Erkläre die Aussage.*
Die natürlichen Lebensgrundlagen der indigenen Bevölkerung werden zerstört, es folgt eine zunehmende Verarmung der einheimischen Bevölkerung. Die flächendeckende Abholzung (Kahlschlag) vermindert die Rückzugsgebiete für Wildtiere, die Erosion der empfindlichen Böden nimmt zu, dadurch verschlammen die Flüsse. Das Harz der Bäume löst sich beim Flössen im Wasser und vergiftet die Tiere. Schwere Maschinen zerstören den Permafrostboden, neuer Wald kann wegen des Klimas kaum nachwachsen, der CO_2-Gehalt der Luft steigt.

Die Bodenschätze werden im Tagebau gewonnen, die Bodendecke wird dadurch zerstört, die Abraumhalden verschandeln die Landschaft. Die Pipelines werden durch den ständigen Temperaturwechsel schnell undicht, das auslaufende Öl verseucht ganze Landstriche.

Fabriken zur Verarbeitung der Bodenschätze haben keine Filteranlagen, die Rückstände der Produktion werden in der Umgebung einfach abgekippt.

Auch radioaktive Abfälle werden ohne Vorsichtsmassnahmen oberirdisch gelagert, viele Fässer wurden auch einfach in das Nordpolarmeer gekippt, wo sie jetzt langsam durchrosten.

Zusatzaufgaben

Aufgabe 1
Beurteile die Ausbeutung der Erdöl- und Erdgasfelder aus verschiedenen Perspektiven:
a) russischer Wirtschaftsminister,
b) Gazprom-Mitarbeiter,
c) Einwohner von St. Petersburg,
d) Einwohner von Surgut,
e) Greenpeace-Aktivist,
f) Einwohner von Basel.
Individuelle Lösung. Sachhinweise:
• wichtig für die russische Wirtschaft, bringt Devisen.

Lebensräume der Menschen

- Einnahmen sichern Arbeitsplätze in der Verwaltung.
- Der Bau der neuen Gazprom-Zentrale bringt Steuergeld in die Stadt, verschandelt aber das Stadtbild.
- An diesem Knotenpunkt treffen viele Pipelines aus Sibirien aufeinander, wichtiges Ölförderzentrum, viele Arbeitsplätze in der Stadt sind von diesen Rohstoffen abhängig.
- Förderanlagen zerstören die empfindlichen Ökosysteme, den Rentieren fehlen die Weidegebiete, auslaufendes Öl verseucht den Boden.
- Ohne die Energierohstoffe aus Russland wäre die Heizungsversorgung gefährdet bzw. viel teurer.

Aufgabe 2
Beurteile den Bau der Ostseepipeline „Nord Stream" unter dem Aspekt der Umweltfreundlichkeit
Individuelle Lösung. Sachhinweise:
25,5/55 Mrd. m³ Erdgas pro Jahr sollen ab 2011/2012 durch die 1200 km lange Pipeline mit zwei Strängen für die Versorgung von 26 Mio. Haushalten in sieben europäischen Staaten, die vom russischen Wyborg nach Lubmin bei Greifswald am Bodden durch die Ostsee führt, strömen. Die Wirtschaftszonen von Russland, Finnland, Dänemark, Schweden und Deutschland sind betroffen. Mehrheitseigner ist der russische Energiekonzern Gazprom, beteiligt sind aber auch Wintershall und E.ON.
Abhängigkeit der europäischen Energieversorgung von Russland steigt von 25 % auf ca. 33 %, hoher Materialaufwand für die Herstellung der Pipelineröhren (100 000 Einzelrohre mit Draht und Beton überzogen, Einzelrohr: 1,4 m breit, Wandstärke 4 cm, 24 t schwer), 3 Schiffe verlegen die Rohre, hohe Kosten (7,4 Mrd. €), Vermeidung von unsicheren Transitländern wie der Ukraine, kein Anschluss von Polen und den baltischen Staaten und damit auch keine Vorteile von der Pipeline, mögliche Schädigung der Tier- und Pflanzenwelt am Grund der Ostsee, Gefahr von Umweltschäden bei Pipelinebrüchen.

Aufgabe 3
Verfasse einen Leserbrief an eine Lokalzeitung, in dem du die Redaktion dazu aufforderst, über die Missstände in der Taiga zu berichten.
b) Verfasse einen Brief an eine europäische Papierfirma, die an der Abholzung der Taiga beteiligt ist, und fordere sie auf, dies einzustellen.
a) Individuelle Lösung.
b) Individuelle Lösung.

Gewusst wie: Andere informieren
Schülerbuch Seiten 152–153

Abbildungen

M1 Im Internet findet ihr nützliche Informationen
Die Schülerinnen und Schüler können frei über Suchmaschinen zu den von ihnen gewählten Themen Materialien suchen. Zielgerichteter kann die Suche verlaufen, wenn von der Lehrkraft passende Internetadressen vorgegeben werden.

M2 Themenvorschläge
Die hier angegebenen Themenvorschläge beziehen sich auf die bislang behandelten Seiten des Kapitels.

M3 Beim Vortrag in der Klasse
In der Klasse sollte der Vortrag sich an der 5-A-Technik orientieren: Ansehen (Stichwort auf der Karteikarte lesen). Aufsehen (Zuhörer schon vor dem Vortrag ansehen). Ansprechen (jetzt mit dem Vortrag beginnen). Aufrecht stehen (durch aufrechte Körperhaltung Präsenz signalisieren). Abwechslungsreicher Vortrag (nicht zu langsam, nicht zu schnell, nicht zu leise, nicht eintönig, deutliche Aussprache, Beispiele geben, anschaulich gestalten, Pausen machen)

M4 Vortragsgliederung
Hier wird an einem Beispiel gezeigt, wie eine Gliederung aussehen könnte.

M5 Material zur Erarbeitung eines Referates
Die Abbildung weist darauf hin, dass neben den Informationen aus dem Internet auch andere Bezugsquellen für Informationen infrage kommen, wie Zeitschriften und Bücher.

M6 Einstieg in einen Vortrag
Die abgebildete Karteikarte nennt Möglichkeiten, einen Einstieg in das Thema zu gestalten, der das Interesse der Klasse am Thema weckt.

Naturraum tropischer Regenwald
Schülerbuch Seiten 154–155

Grundbegriff: Stockwerkbau

Abbildungen

M1 Pfeilgiftfrosch
Das Foto zeigt einen Pfeilgiftfrosch mit dem Namen „Blauer Baumsteiger". Er wird nicht grösser als 5cm und lebt in den Bäumen. Er laicht in den wassergefüllten Blattachseln der Epiphyten. Der Frosch sondert ein giftiges Hautsekret ab, das von einigen Indianerstämmen als Pfeilgift verwendet wird. Das Gift führt zu Atemlähmung und Tod. Das Gift stellt der Frosch nicht selbst her, sondern nimmt es mit der Nahrung aus Milben, Käfern und Ameisen auf und wandelt es im Körper um. Siehe auch Aufgabenlösung zu 154 (2).

M2 Blattschneiderameise
Das Foto zeigt eine Blattschneiderameise beim Transport eines Blattes, das ihre eigene Körpergrösse übersteigt. Sie ist etwa zwei bis fünfzehn Millimeter gross und bewohnt entweder tiefe Erdnester oder Hohlräume in Baumstämmen und Baumkronen. Hierhinein transportiert sie die von ihr zerschnittenen Blätter, die sie zu einem Brei zerkaut. Auf diesem Brei wachsen Pilze, die ihrerseits wiederum die Ernährungsgrundlage für die Ameisen sind.

M3 Tropischer Regenwald
Der Flusslauf ist von dichter Vegetation gesäumt. Pflanzenteppiche bedecken auch einen Teil der Wasseroberfläche. Zumindest für flache Motorboote ist der Fluss schiffbar.

M4 Stockwerkbau im tropischen Regenwald
Die Zeichnung und das Diagramm veranschaulichen die Höhe der Stockwerke und die Verteilung der Biomasse in den Stockwerken. Siehe auch Aufgabenlösung zu 154 (3).

M5 Aufsitzerpflanze (Epiphyt)

Die Aufsitzerpflanzen wie z. B. Blattfarne, Bromelien oder Orchideen leben unabhängig vom Boden in den Baumkronen. Sie haben ihre Lebensweise den Lichtbedingungen angepasst. Sie besitzen Sammeleinrichtungen für Regenwasser und herabfallendes Laub. Von dessen bei der Mineralisierung freigesetzten Nährsalzen erhalten sie die für ihren Stoffwechsel notwendigen Mineralien. Sie produzieren meist grosse Mengen an leichten nährstoffarmen Samen, die in hohe Bäume verweht oder verbracht werden können. Dort verschaffen sie sich in Astgabeln oder auf Zweigen eine günstige Position für die Fotosynthese.

Aufgabenlösungen

154 (1) *Nenne die Länder, die Anteil am tropischen Regenwald haben und ordne sie nach Kontinenten (Atlas).*

Afrika: Liberia, Elfenbeinküste, Nigeria, Kamerun, Gabun, Kongo, D.R. Kongo, Guinea-Bissau, Guinea, Sierra Leone, Ghana, Togo, Zentralafrikanische Republik, Kenia, Uganda, Äquatorialguinea, Ruanda, Burundi, Tansania, Mosambik, Malawi, Angola, São Tomé, Principe.
Amerika: Mexiko, Guatemala, Honduras, El Salvador, Nicaragua, Costa Rica, Panama, Kolumbien, Venezuela, Guyana, Französisch-Guayana, Suriname, Ecuador, Peru, Bolivien, Brasilien, Argentinien, Paraguay.
Asien: Indien, Bangladesch, Brunei, Myanmar, Thailand, Laos, Kambodscha, Vietnam, Malaysia, Indonesien, Philippinen, Papua-Neuguinea, Singapur.
Australien

154 (2) *Wähle eines der genannten Tiere aus und erstelle einen Steckbrief (andere Medien).*

Individuelle Lösung. (Siehe Sachhinweise bei M1 und M2)
Zu beschreibende Tiere können sein:
Säugetiere: Jaguar, Affe,
Insekten: Blattschneiderameise, Schmetterling
Vögel: Papagei, Kolibri
Amphibien: Pfeilgiftfrosch

154 (3) *Beschreibe den Stockwerkbau des tropischen Regenwaldes.*

Die Zeichnung verdeutlicht den stockwerkartigen Aufbau des Regenwaldes mit seinen vielen verschiedenen Pflanzen (siehe auch Schülerbuch S. 156, M2).

In jedem der Stockwerke leben Pflanzen und Tiere, die sich den mikroklimatischen Bedingungen dieser Zone angepasst haben. Die Strauch- und Krautschicht bis 10 m Höhe bildet den dichten Unterbau. Hier sind Lichteinfall und Maximaltemperatur relativ gering. Aufgrund des Lichtmangels verdunstet auch nur wenig Wasser und die Luftfeuchtigkeit ist hoch. In dieser Schicht wachsen neben den Kräutern und Sträuchern unzählige Moose, Pilze und Farne. Auch lebt hier eine Vielzahl von Insekten und kleinen Reptilien.

Es folgt eine untere Baumschicht bis etwa 15 m Höhe mit kleinen Bäumen und Sträuchern. Weniger dicht ist die daran anschliessende Baumschicht mit schmalen Kronen, die bis 20 m Höhe reicht (z. B. Palisander, Ficus). Die obere Baumschicht mit geschlossenem Blätterdach, die bis in 40 m Höhe reicht (z. B. Teakbaum), wird nur noch von einzelnen ca. 60 m hohen Baumriesen überragt (z. B. Limba- und Mahagonibaum). Der Lichteinfall und die Temperaturen nehmen mit steigender Höhe zu, die Luftfeuchtigkeit nimmt ab.

Viele Pflanzen haben spezielle Überlebensstrategien entwickelt. Lianen und Kletterpflanzen streben zum Licht und benutzen dabei andere Bäume als Aufstiegshilfe. Aufsitzerpflanzen (Epiphyten) sind gar nicht im Boden verwurzelt und wachsen in Astgabeln und Astlöchern in grosser Höhe.

Zusatzaufgabe

Vergleiche den Aufbau tropischer Wälder mit dem Aufbau unserer Wälder.

Zu dem Aufbau tropischer Wälder siehe Aufgabenlösung zu 154 (3). Die heimischen Wälder sind mit nur 40 Baumarten deutlich artenärmer als der Regenwald mit ca. 4000 verschiedenen Baumarten. Auch ist die Höhe unserer Wälder geringer und sie werden überwiegend genutzt (z. B. für die Forstwirtschaft oder zur Erholung), Urwälder sind bei uns bis auf die borealen Nadelwälder Sibiriens nicht mehr vorhanden. Heimische Wälder haben keinen kurzgeschlossenen Nährstoffkreislauf und sie unterliegen einem jahreszeitlichen Rhythmus. In heimischen Mischwäldern ist es heller als in den durch sehr dichten Bewuchs gekennzeichneten tropischen Regenwäldern.

Naturraum tropischer Regenwald

Schülerbuch Seiten 156–157

Grundbegriffe: Nährstoffkreislauf, Tageszeitenklima

Abbildungen

M1 Klimadiagramm Manaus
Manaus liegt mitten im tropischen Regenwald Brasiliens am Zusammenfluss von Rio Negro und Solimões zum Amazonas. Siehe auch Aufgabenlösung zu 156 (2a).

M2 Stockwerkbau und Nährstoffkreislauf (80 Prozent der Nährstoffe werden an die Bäume zurückgegeben, 20 Prozent gehen im Boden verloren)
Die Zeichnung verdeutlicht den Artenreichtum des Regenwaldes. Die Pfeile deuten den Nährstoffkreislauf an und zeigen, dass kaum Nährsalze in den Boden gelangen. Siehe auch Aufgabenlösung zu 156 (1).

M3 Tageslänge im tropischen Regenwald und Tageslängen in der Schweiz
Die Zeichnung zeigt zum einen die Entstehung des sich täglich wiederholenden Zenitregens und zum zweiten den Vergleich der Tageszeitenlängen zwischen den Tropen und der Schweiz zu verschiedenen Jahreszeiten. Siehe auch Aufgabenlösung zu 156 (2b).

Aufgabenlösungen

156 (1) *Beschreibe den Nährstoffkreislauf des Regenwaldes (M2).*

Im Regenwald fällt ständig totes Pflanzenmaterial zu Boden, der deshalb vollständig mit einer Schicht abgestorbener Pflanzenreste überzogen ist. Dicht darunter liegt das flache Wurzelgeflecht der lebenden Bäume und Sträucher. Mikroorganismen zersetzen in hoher Geschwindigkeit die toten Pflanzenreste zu Humus. Dieser Humus enthält die wichtigsten Pflanzennährsalze, die mithilfe des Regenwassers in die Nähe der Wurzeln gelangen. Dort werden die Nährsalze entweder direkt von den Wurzeln aufgenommen oder von Wurzelpilzen festgehalten, die sie verzögert an die Bäume abgeben. So können die Bäume in einem ständigen Kreislauf Holz, Blätter und Früchte bilden.

Lebensräume der Menschen

156 (2) *a) Werte das Klimadiagramm aus (M1). b) Erkläre den Begriff Tageszeitenklima.*
a) Lage: 48m ü. M., 03° 08'S/60° 01'W , Innere Tropen, Regenwaldgebiet; Jahresniederschlag: 2272 mm; Regenzeit von September bis Juli, minimale Niederschläge im August (ca. 58 mm), Jahresdurchschnittstemperatur: 26,6°C; keine jahreszeitlichen Temperaturschwankungen.
b) Tageszeitenklima ist das Klima der inneren Tropen. Der ganzjährig hohe Sonnenstand bewirkt hohe Temperaturen und deren geringe bis fehlende Jahresschwankungen. Auch die Tageslängen variieren im Jahresverlauf kaum.

157 (3) *Der Regenwald lebt nicht „von dem Boden", sondern „auf dem Boden". Begründe diesen Satz.*
Die Böden im Regenwald sind eigentlich sehr nährsalzarm. Die Pflanzen leben von der abgestorbenen Biomasse, die sich „auf dem Boden" sammelt. Rund 20 % der Nährsalze gehen im Boden durch Versickern verloren. Sie werden mit dem Niederschlag von aussen wieder zugeführt.

157 (4) *Begründe, warum die Bäume des Regenwaldes keine Jahresringe besitzen.*
In Regionen mit Jahreszeitenklima werfen die Bäume im Herbst das Laub ab und versiegeln die Wasser- und Stoffleitungsbahnen in ihrem Stamm. Im Frühjahr werden die Bahnen ringförmig um die des letzten Jahres herum neu angelegt. Diese sind als Jahresringe erkennbar. Im Regenwald gibt es keine thermischen Jahreszeiten mit Vegetationsruhe, also müssen auch nicht regelmässig neue Leitungsbahnen angelegt werden.

Naturraum tropischer Regenwald
Schülerbuch Seiten 158-159

Abbildungen

M1 Anophelesmücke
Diese Mückenart ist Trägerin der Plasmodien (parasitäre Einzeller, die in menschlichen roten Blutkörperchen leben und sich vermehren), die die Malariaerkrankung verursachen.

M2 Verbreitung der Tropenkrankheiten
Die Verbreitung von Malaria und Gelbfieber ist heute weitgehend auf die tropischen Gebiete beschränkt, da die Plasmodien durchschnittliche Mindesttemperaturen von 16°C benötigen. Die Mücken können auf allen Kontinenten leben (ausgenommen in der Antarktis). Siehe auch Aufgabenlösung zu 158 (2).

M3 Palmenlanzenotter
Diese Schlange lebt in den Nebelwäldern Mittelamerikas in Höhen zwischen 1500 und 2300 m Höhe. Ihr Gift ist medizinisch verwertbar. Siehe auch Aufgabenlösung zu 159 (5).

M4 Blüte des Chinarindenbaumes
Der Baum stammt ursprünglich aus den südamerikanischen Bergregionen, wird aber heute in Asien kultiviert. Seine Rindenstoffe dienen medizinischen Zwecken, Chinin findet sich aber auch in Tonic Water und wird zum Aromatisieren von Speisen eingesetzt. Siehe auch Aufgabenlösung zu 159 (5).

Aufgabenlösungen

158 (1) *Welche Impfungen benötigt man für die Einreise nach Angola, Indonesien und Brasilien (M2, andere Medien)?*
Angola: Gelbfieberimpfung, Impfungen gegen Hepatitis A und B bei Einreise sind vorgeschrieben. Zusätzlich sollten Impfungen gegen Kinderlähmung, Cholera, Tetanus und Diphterie sowie eine Malaria-Prophylaxe durchgeführt werden.
Indonesien: Gelbfieberimpfung bei Aufenthalt in Endemiegebieten bis 6 Tage vor der Einreise ist vorgeschrieben. Empfohlen werden Hepatitis A und Typhusimpfung. Eine Malariaprophylaxe ist empfehlenswert bei Reisen in gefährdete Regionen.
Brasilien: Gelbfieberimpfung bei Einreise aus Endemiegebieten ist vorgeschrieben. Empfohlen werden zusätzlich Impfungen gegen Diphterie, Hepatitis A und B, Tetanus, Tollwut und Typhus sowie eine Malaria-Prophylaxe bei Reisen in gefährdete Regionen.

158 (2) *Fasse die wichtigsten Fakten über Malaria und Gelbfieber zusammen.*
Malaria: Übertragen von der Plasmodien tragenden abend- und nachtaktiven Anopheles-Mücke, Krankheit begleitet von Fieberschüben, Schüttelfrost und Schweissausbrüchen z.T. lange Inkubationszeit, Schutz mit Moskitonetzen, chemische Prophylaxe möglich.
Gelbfieber: Übertragen von Viren tragenden tag- und nachtaktiven Mücken, Symptome sind Fieber, Kopf- und Gliederschmerzen, Übelkeit und Erbrechen, Impfung ist möglich (Ungeimpfte sterben mit 50–60 % Wahrscheinlichkeit).

159 (3) *Nenne anderen Tropenkrankheiten. Wähle eine aus und beschreibe sie (andere Medien).*
Individuelle Lösung.

159 (4) *Beschäftige dich mit der Swiss-Malariagroup (SMG). Wer ist daran beteiligt und welche Ziele werden verfolgt (andere Medien)?*
Mitglieder: Direktion für Entwicklung und Zusammenarbeit, Schweizerisches Tropeninstitut, Novartis, Novartis Stiftung für Nachhaltige Entwicklung, Mepha, Syngenta, Solidarmed, Schweizerisches Rotse Kreuz, Medicines for Malaria Venture. Zusammenarbeit mit der Roll Back Malaria Partnership.
Ziele: Durch langfristige Zusammenarbeit aller genannten Organisationen die Malaria in den betroffenen Gebieten zu bekämpfen; Hilfen für die Bevölkerung bereitzustellen sowie Informationen über die Krankheit, Geld für Medikamente, Ausbildung von Pflegern; Entwicklung von weiteren Medikamenten und eines Impfstoffes fördern; die schweizerische Bevölkerung und Regierung zur Mitarbeit aufzufordern.

159 (5) *Erkläre, warum der Regenwald auch als Apotheke bezeichnet werden kann.*
Der tropische Regenwald ist mit einer Apotheke zu vergleichen, da er 40–50 % der Pflanzen- und Tierarten der Welt beherbergt. Der Regenwald stellt Grundstoffe für Kosmetika und Arzneimittel bereit. Das Gift verschiedener Tierarten wie der in M3 abgebildeten Schlange und Wirkstoffe tropischer Pflanzen können heute als Medizin eingesetzt werden. Noch immer sind viele Pflanzen und Tiere des tropischen Regenwaldes unentdeckt. Viele Forscher gehen davon aus, dass hier noch ein grosses Potenzial an Heilsubstanzen vorhanden ist.
Viele Pflanzen und Tiere kommen dort nur in eng begrenzten Gebieten in geringen Artenzahlen vor, sodass die Vernichtung auch

kleiner Urwaldflächen unwiederbringlich diese Arten und damit auch genetische Ressourcen vernichtet.

159 (6) *Diskutiert die Biopiraterie in der Klasse. Wie stehst du dazu? Begründe deine Meinung.*
Individuelle Lösung.

Leben im tropischen Regenwald
Schülerbuch Seiten 160–161

Abbildungen

M1 Wohnhütten der Pygmäen
Eine Pygmäenfamilie lagert vor ihrer offenen Laubhütte. Im Hintergrund ist eine nahe stehende zweite Hütte zu erkennen. Siehe auch Aufgabenlösung zu 160 (1).

M2 Siedlung traditioneller Ackerbauern
Die Hütten der Ackerbauern stehen in etwas Abstand voneinander auf der gerodeten Lichtung. Sie sind so stabil gebaut, dass sie einige Jahre verwendet werden können. Siehe auch Aufgabenlösung zu 160 (2).

M3 Indianerstamm im Amazonasgebiet
Der kurze Zeitungsausschnitt informiert darüber, dass auch heute noch einige Völker ohne Kontakt zur modernen Welt leben. Siehe auch Aufgabenlösung zu 160 (4).

M4 Wichtige Knollenfrüchte für den Ackerbau im Regenwald
Abgebildet sind die Grundnahrungsmittel der Tropen:
Maniok ist auch unter dem Namen Kassava oder Brotwurzel bekannt. Die Pflanze ist in Süd- und Mittelamerika verbreitet. Die Wurzelknollen können bis zu etwa 10cm dick und ca. 80cm lang werden und sind sehr stärkereich. Die im Maniok enthaltene giftige Blausäure wird durch das Rösten des Maniokmehls zerstört. Dieses kann dann zu Brot weiter verarbeitet werden.

Yams ist eine Pflanze der Tropen und in Afrika und Süd- und Mittelamerika verbreitet. Yamswurzeln können bis zu 2m lang werden, müssen zur Entgiftung gekocht werden und dienen wie Maniok als Stärkelieferant.
Bataten sind in Tropen, Subtropen und der gemässigten Zone verbreitet anzubauen (Frost vertragen sie nicht). Ihre Speicherwurzeln können bis zu mehreren Kilo schwer werden. Sie schmecken süsslich und werden wie Kartoffeln verwendet.

M5 Rezept für Batate frites
Bataten sind, wie das Rezept zeigt, vielseitig verwendbar.

Aufgabenlösungen

160 (1) *a) Beschreibe die Hütten der Pygmäen (M1).*
b) Nenne mögliche Gründe für die Bauweise.
a) Die Hütten sind rund, sie haben einen Durchmesser von 3 bis 4 m und sind etwa 2 m hoch. die Hütten sind kreisförmig um den Gemeinschaftsplatz angeordnet mit Öffnungen zur Mitte. Das Gestell besteht aus in den Boden gebohrten Ästen. In die Äste werden lange Blätter geflochten, die sich wie Dachziegel überlappen.
b) Da die Pygmäen in enger Gemeinschaft leben, werden auch die Hütten nah beieinander errichtet. Das Alltagsleben findet davor statt. Das Flechtwerk dient dem Schutz vor Regengüssen.

160 (2) *Vergleiche mithilfe einer Tabelle die Lebensweise der Pygmäen mit den traditionellen Ackerbauern.*

Pygmäen	Traditionelle Ackerbauern
Jäger und Sammler	Ackerbauern
Laubhütten für 1–2 Monate	Stroh- und Lehmhütten für 3–5 Jahre
Männer: gemeinsame Jagd, Aufteilung der Beute	Männer: Rodung der Felder
Frauen: Kinderbetreuung, Sammeln von essbaren Pflanzen und Tieren, Aufteilung der Beute, Haushalt	Frauen: Kinderbetreuung, Feldbestellung, Haushalt

160 (3) *Informiere dich über weitere Naturvölker (andere Medien). Fertige zu einem Naturvolk einen Steckbrief an.*
Individuelle Lösung
Sachhinweise: Steckbriefe der Yanomami und Aborigines
• Yanomami (indian.: grimmiges Volk)
Volk mit insgesamt ca. 25000 Mitgliedern, leben am Oberlauf des Orinoco im Grenzgebiet zwischen Brasilien und Venezuela. Ackerbauern (Brandrodungsfeldbau) und Jäger und Sammler. Leben in Gruppen zu etwa 250 Mitgliedern gemeinsam unter einem Schutzdach.

Erst seit Mitte des vergangenen Jahrhunderts mit den Weissen in dauernden Kontakt, seit 1991 ein extra ausgewiesenes Schutzgebiet, in ihrer Existenz stark bedroht (Vertreibung, Ermordung, Einschleppung von Krankheiten).
• Aborigines
Ursprünglich: überwiegend als Nomaden in kleinen Gruppen von 20 bis 50 Personen lebend, die wiederum eine grössere zusammenhängende Gruppe von etwa 500 Menschen bildeten. Grösste Bevölkerungsdichte in den südlichen und östlichen Landesteilen, je nach klimatischen und landschaftlichen Gegebenheiten. Sie leben von Ackerbau und Fischfang, als Jäger und Sammler.

Ursprüngliche Lebensweise überlebte nur in den von den Europäern unbesiedelten wüstenhaften Gebieten.

Heute: viele Aborigines in den Städten bzw. am Stadtrand. Soziale Randgruppe, am schlechtesten medizinisch versorgt, um ca. 20 Jahre geringere Lebenserwartung als die ärmste Schicht der Weissen. Entwurzelung begünstigt Drogenmissbrauch, hohen Alkoholkonsum und Kriminalität. Entwickeln zunehmend Selbstbewusstsein, fordern Teilhabe an der australischen Gesellschaft ein. Stellen ca. 2 % der Bevölkerung.

160 (4) *Begründe, warum es wichtig ist, Naturvölker zu schützen.*
Die Naturvölker haben häufig keine Abwehrstoffe gegen für uns harmlose Infektionskrankheiten. Ihre Gebiete müssen geschützt werden gegen Eindringlinge, die ihre Lebensgrundlage sonst zerstören.

Nutzung des tropischen Regenwaldes
Schülerbuch Seiten 162–163

Grundbegriffe: Brandrodung, Wanderfeldbau, Landwechselwirtschaft, Dauerfeldbau, Agroforstwirtschaft

Abbildungen

M1 Erosion an den Hängen mit gleicher Neigung, aber unterschiedlicher Bodenbedeckung
Die Blockbilder veranschaulichen die Auswirkungen der Vegetationsentfernung. Je geringer die Bodenbedeckung, desto höher ist

Lebensräume der Menschen

die Bodenabtragung. Ohne Pflanzendecke entsteht eine degradierte Fläche, die sich wegen der fehlenden Bodenkrume kaum wieder renaturieren lässt.

M2 Brandrodungsfeld
Das Foto zeigt den abgebrannten Wald mit vielen verkohlten Stämmen. Wird in grossem Umfang abgeholzt, wie beim Dauerfeldbau, sind die Folgen verheerend für das Ökosystem des tropischen Regenwaldes. Während in einem intakten Wald durch die Pflanzen der Wasserabfluss verlangsamt und gleichzeitig die Temperatur am Boden niedrig gehalten wird, ist auf einer abgeholzten Fläche die Temperatur fast doppelt so hoch. Das Wasser fliesst sehr schnell oberflächlich ab und ist damit dem Wasserkreislauf entzogen. Das bedeutet, dass die für die Verdunstung zur Verfügung stehende Wassermenge sich stark verringert. Damit sinkt letztendlich auch wieder die Niederschlagsmenge über dem ehemaligen Waldgebiet. Es bildet sich eine Steppenlandschaft mit einem viel trockeneren Klima.

M3 Schema zum Wanderfeldbau
Die Zeichnung verdeutlicht das Prinzip des Wanderfeldbaus als angepasste Wirtschaftsform. Siehe auch Aufgabenlösung zu 162 (1).

M4 Agroforstwirtschaft
Das Schema verdeutlicht die Wirtschaftsform der Agroforstwirtschaft. Vorteilhaft wirkt sich aus, dass nicht alle Urwaldbäume entfernt wurden, so bleibt das System der Nährsalzspeicherung durch die Wurzelpilze und damit der Nährstoffkreislauf im Boden erhalten und die Wucht der tropischen Regengüsse wird durch das weiterhin bestehende ausladende Blätterdach gedämpft. So wird eine Erosion des Bodens verhindert. Förderlich für die Erhaltung der Bodenfruchtbarkeit ist auch der Anbau der Pflanzen in Mischkulturen, die dem Boden jeweils anderes Nährsalze entziehen.

M5 Maniokernte im Dauerfeldbau
Das Säulendiagramm zeigt deutlich die schnelle Abnahme der Erntemengen im Dauerfeldbau. Siehe auch Aufgabenlösung zu 162 (2).

Aufgabenlösungen

162 (1) *Erkläre den Begriff Wanderfeldbau.*
Ein oder mehrere kleine Felder werden gerodet und so lange zur Eigenversorgung mit Grundnahrungsmitteln genutzt, bis der Boden ausgelaugt ist. Dann zieht man weiter und nutzt neue Felder. Auf den alten Feldern wächst Sekundärwald nach. Die Brachezeiten sind lang, so können sich Nährsalze wieder im Boden anreichern. Siedlungen werden erst aufgegeben, wenn der Weg zu den Feldern zu lang wird. Mit dem Wanderfeldbau erfolgt ein nur massvolles Eingreifen in das sensible Ökosystem des tropischen Regenwaldes, er ist eine den natürlichen Bedingungen angepasste Landnutzungsform. Nachteilig ist, dass diese extensive und arbeitsaufwendige Wirtschaftsweise allein in nur dünn besiedelten Gebieten möglich ist.

162 (2) *Vergleiche die Erträge beim Maniokanbau (M5). Welche Schlüsse ziehst du?*
Angegeben sind für 8 Jahre nach der Rodung die Erträge von Maniok. Während im 1. und 2. Jahr 15 000 kg/ha geerntet werden, sinken die Erträge im 7. und 8. Jahr auf ca. 11 500 kg/ha ab. Wird gedüngt, lassen sich die Erträge in den ersten Jahren kaum, in den späteren Jahren um ca. 1000 kg/ha steigern. In klimatisch günstigen Jahren steigen die Erträge auf fast 18 000 kg/ha ohne Düngung an.

Daraus lässt sich einerseits schliessen, dass der Boden sehr nährsalzarm ist und andererseits, dass auch eine Düngung wegen der Tiefgründigkeit kaum ertragssteigernd wirkt. Der Dünger wird zu schnell durch die Starkregenfälle ausgewaschen.

162 (3) *Nenne Vor- und Nachteile der Landwechselwirtschaft und des Dauerfeldbaus.*
Vorteile des Dauerfeldbaus: Momentane Sicherung der Nahrungsmittelversorgung für eine grosse Anzahl von Menschen.
Nachteile des Dauerfeldbaus: grossflächige Rodung der Regenwälder und Entfernung der Baumstümpfe, maschinelle Bearbeitung der empfindlichen Böden, keine Bodenregeneration und kein Nachwachsen des Sekundärwaldes möglich, schneller Rückgang der Erträge durch mangelnde Fähigkeit der Böden, Nährsalze zu speichern, letztlich Verschlechterung der Ernährungssituation.
Vorteile der Landwechselwirtschaft: Längere Sesshaftigkeit möglich, weniger Regenwald wird gerodet, Sicherung der Ernährungsgrundlage einer grösseren Bevölkerung.
Nachteile der Landwechselwirtschaft: Geringe Erträge reichen nur zur Selbstversorgung, langfristig sinkt auch hier der Hektarertrag mangels Bodenfruchtbarkeit.

162 (4) *Begründe, warum die Agroforstwirtschaft eine nachhaltige Nutzungsform im tropischen Regenwald ist und Wälder schützen kann (M4).*
Vorteile der Agroforstwirtschaft sind, dass hierbei der Stockwerkbau des Regenwaldes durch den Anbau von höher wachsenden mehrjährigen Baum- und Strauchkulturen (z. B. Öl- und Kokospalmen) sowie niedrigeren einjährigen Pflanzen (z. B. Mais und Maniok) nachgeahmt wird. Das hat die Vorteile, dass das Blätterdach als Schutz vor Erosion durch Starkregen dient, sich die Nährsalze im Boden durch vielfältige Pflanzenkulturen ständig erneuern und der Anbau unter Erhaltung der Bodenfruchtbarkeit trotzdem intensiv betrieben werden kann, die Siedlungen müssen nicht verlegt werden. Zudem ist das bewirtschaftete Gebiet insgesamt kleiner, sodass der restliche Regenwald geschont wird. Gleichzeitig sind die Erträge um ein Vielfaches höher und können so 200 Bauern pro km^2 ernähren. Insofern kann man von nachhaltiger Nutzung sprechen.

163 (5) *Beziehe Stellung zu der Aussage eines Einwohners in Kamerun: „Die Ernährung der Menschen ist uns wichtiger als der Regenwald."*
Kamerun gehört zu den Staaten mit ehemals hohem Regenwaldanteil. Die Bevölkerung ist zwischen 1978 und dem Jahr 2008 von ca. 5 Mio. auf ca. 19 Mio. gestiegen. In dieser Zeit wurden durch Holzeinschlag und Brandrodung 80 Mio. ha Wald vernichtet. Die starke Bevölkerungszunahme bietet eine nachvollziehbare Begründung für die Regenwaldzerstörung. Sonst hätten viele Menschen hungern müssen.

Zusatzaufgabe

Bringe folgende Begriffe in einen logischen Textzusammenhang. Die Reihenfolge ist frei wählbar: Wanderfeldbau, Selbstversorgung, Brandrodung, Brachezeiten, Bevölkerungsanstieg, Felder, Regenwald.
Individuelle Lösung.

Lösungsbeispiel:
Im tropischen Regenwald lebten die Menschen ausschliesslich von den Erträgen ihrer Landwirtschaft, d. h. sie betrieben Selbstversorgung. Dazu legten sie durch Brandrodung kleine Felder im Wald an.

War der Boden erschöpft, folgte eine langjährige Brachezeit, in der wieder Wald wuchs. Die Bauern wanderten mit ihren Feldern weiter. Der Bevölkerungsanstieg führte zu einer Verkürzung der Brachezeiten und damit zu einer dauerhaften Schädigung des Regenwaldes.

Nutzung des tropischen Regenwaldes
Schülerbuch Seiten 164–165

Grundbegriffe: Plantage, Monokultur

Abbildungen

M1 Werbung für eine Plantagenfrucht
Der Werbeaufkleber informiert über die Herkunft der Ananas aus Ghana und über den Transportweg mit dem Flugzeug. Gleichzeitig erfährt man, dass das Obst sehr frisch bei dem Verbraucher ankommt.

M2 Palmölplantage in Südostasien
Abgebildet ist eine Palmölplantage. In der Bildmitte sind die Wirtschafts- und Produktionsgebäude erkennbar. Links daneben liegen die Halden mit den Produktionsresten. Abwasserteiche sind auf der rechten Bildseite sichtbar. Die Unterkünfte der Arbeitskräfte sind links im Bildhintergrund zu sehen.
Die Erträge der Ölpalme sind extrem hoch (etwa 4 Tonnen Öl/Hektar/Jahr im Vergleich zu nur etwa 0,6 Tonnen Öl/Hektar/Jahr beim Raps).
Die vielseitigen Verwendungsmöglichkeiten, die weltweit steigende Nachfrage und die hohen Erträge der Pflanzen führen zu einer ständigen Ausweitung der Anbauflächen, überwiegend auf Kosten der Regenwälder. Jährlich werden mehr als 2 Mio. ha Wald vernichtet (sechs Fussballfelder pro Minute).
Vor der Pflanzung der Ölpalmen wird die gesamte Vegetation durch Holzeinschlag der wertvolleren Hölzer und Abbrennen der Wälder entfernt. Der Verkauf des Urwaldholzes finanziert z. T. die Anlage der Plantage. Für die Anlage eines Hektars Plantage muss das Unternehmen ca. 3000 US-$ aufwenden. Nach der Rodung werden Strassen angelegt und die Verarbeitungsanlage sowie einfache Unterkünfte für die Arbeiter auf der Plantage errichtet.
Der Anbau von Ölpalmen ist aufgrund der klimatischen Bedürfnisse (feuchttropisches Klima mit 2000 bis 2500 mm Niederschlag, Temperaturen um 30°C) nur in einem schmalen Gürtel am Äquator im Flachland möglich. Hauptproduzenten mit ca. 80 % des Weltverbrauchs sind Indonesien und Malaysia.

Aufgabenlösungen

164 (1) *Notiere die Merkmale einer Plantage.*
Merkmale sind: Dauernutzung sehr grosser Flächen (landwirtschaftliche Grossbetriebe) im Regenwald, Cash Crop Produktion in Monokultur (gegen Schädlinge und für Krankheiten besonders anfällig), Verwendung vieler Pflanzenschutz- und Schädlingsbekämpfungsmittel belastet die Umwelt, hohe Erträge und Gewinne, viele Arbeitskräfte und Maschinen, Eigentümer sind häufig ausländische Grossunternehmer (z. B. Nestlé).

164 (2) *Begründe, warum die Anzahl der Plantagen zunimmt.*
Plantagen bieten einer wachsenden Bevölkerung Arbeitsplätze, bringen Devisen für die Entwicklung ins Land, sind rationell zu bewirtschaften und liefern hohe Erträge.

164 (3) *Zeichne eine Lageskizze der Erde und trage die Verbreitung von Plantagenkulturen ein (Atlas).*
Individuelle Lösung.

Zusatzaufgabe

Informiere dich über die Nutzung von Palmöl. Halte einen Kurzvortrag.
Palmöl ist ein pflanzliches Speiseöl, das aus den Früchten der tropischen Ölpalme gewonnen wird. Nicht nur das Fruchtfleisch wird verwertet, auch die Fruchtkerne können gepresst und zu Palmkernöl verarbeitet werden. Das Öl wird zur Herstellung von Kosmetikartikeln, Seifen, Waschmitteln, Ölen, Fetten und Nahrungsmitteln verwendet. Auch bei der Herstellung von Metallen, Kunststoffen, Gummi, Textilien, Farben, Papier und elektronischen Bauteilen findet es Verwendung. Rohes Palmöl wird raffiniert, gebleicht und geruchsfrei gemacht, um industrielle Frittieröle und Bestandteile von Margarine, Backfett, Schokolade zu produzieren. Das Palmkernöl wird überwiegend für die Herstellung von Seifen und Waschmitteln genutzt. Die Reststoffe der Produktion, Palmschrot und -kuchen, sind Grundlage für das Futter für europäisches Nutzvieh.
Quelle: Menschenrechtsreport Nr. 48 der Gesellschaft für bedrohte Völker – August 2007 (gekürzt)

Nutzung des tropischen Regenwaldes
Schülerbuch Seiten 166–167

Abbildungen

M1 Kostenanteile einer Banane
Die grafische Darstellung zeigt, wer wie viel an der Bananenproduktion verdient. Siehe auch Aufgabenlösung zu 166 (1).

M2 Die weltgrössten Bananenproduzenten (2009)
Das Säulendiagramm verdeutlicht die herausragende Stellung Indiens als Bananenproduzent. Mit etwa 26 Mio. t pro Jahr übersteigt die indische Produktion die der anderen angegebenen Staaten um mehr als das Doppelte. Siehe auch Aufgabenlösung zu 167 (3).

M3 Herr Lopez, ein Plantagenarbeiter, berichtet
Der Bericht eines Arbeiters schildert die Arbeitsbedingungen auf der Plantage. Siehe auch Aufgabenlösung zu 167 (4).

M4 Plantagenarbeiter
Das Foto zeigt einen Teil des Ernteprozesses. Hier werden die grün geernteten Bananenstauden zur Wasch- und Verpackungsanlage gezogen. Die Bananenstaude bildet einmal in ihrem Leben aus der Mitte einen Fruchtstand, der auch Büschel genannt wird. Die Blüten wachsen zu einzelnen Bananenfingern aus, die in Händen zusammenstehen. 10 bis 12 Hände bilden ein Büschel. Da das Büschel sich mit zunehmendem Gewicht zu Boden neigt, während gleichzeitig die Bananen nach dem Licht streben, wachsen sie krumm.

M5 Offene Kakaofrucht
Kakaobäume werden 4–8m hoch und haben etagenförmig ansetzende Äste mit immergrünen Blättern. Sie gedeihen am besten in den feuchten Tropen, da die Nachttemperaturen nicht unter 13°C fallen dürfen. Optimal sind gleichmässige 24–28°C und ein Niederschlag von 1500–2000 mm, möglichst gleichmässig über das Jahr verteilt.

Lebensräume der Menschen

Der Boden muss nährstoff- und humusreich sein. Die Kakaoblüte wird von Mücken bestäubt und benötigt deshalb für diese viel Schatten und faulendes Laub als Lebensraum im Untergrund. Die Kakaofrucht wächst direkt am Stamm (=Kauliflorie). Die Frucht ist ca. 20 cm lang und bis zu 500 g schwer. Die ca. 50 weissen Samen im Inneren sind die Kakaobohnen, aus denen z. B. Schokolade hergestellt wird.

M6 Kakaoproduktion 2009
Das Säulendiagramm zeigt die Hauptproduzenten von Kakao. Mit weitem Abstand führend ist die Elfenbeinküste. Erst an dritter Stelle steht mit Indonesien ein asiatisches Land. Auch südamerikanische Staaten wie Brasilien, Ecuador und Kolumbien sind als Produzenten genannt.

Aufgabenlösungen

166 (1) *Stelle fest, wer am meisten an den Bananen verdient (M1).*
Insgesamt 50,9 % der Kostenanteile der Banane entfallen auf das Importland. Damit sind auch die grössten Gewinnanteile hier zu verbuchen. Mit 31,9 % hat wiederum der Einzelhandel daran den grössten Anteil.

166 (2) *Erkunde im Supermarkt den Preis für 1 kg Bananen. Berechne den Anteil, den die Arbeiter bekommen (M1).*
Individuelle Lösung.

167 (3) *Notiere Anbaugebiete der einzelnen Länder (M2, Atlas). Ordne sie den Klimazonen zu.*
Indien: Tamil Nadu, Dekkan (zwischen den Flüssen Godavari und Mahanadi), Malabarküste.
Philippinen: Insel MIndanao, Insel Samar.
China: Guangdong
Brasilien: Nordosten
Ecuador: Küstengebiete
Alle Anbaugebiete liegen in den Tropen.

167 (4) *Erörtere die Vor- und Nachteile der Arbeitsplätze auf der Plantage (M3).*
Vorteile: Auf der Plantage ist der Lohn doppelt so hoch wie sonst im Land, es muss keine Miete gezahlt werden.
Nachteile: Es muss körperlich sehr schwere Arbeit bei tropischen Klimabedingungen verrichtet werden, der Arbeitsvertrag gilt nur für drei Monate, eine Entlassung ist jederzeit möglich.
Die Arbeiter auf der Plantage sind weitgehend rechtlos und arbeiten ohne soziale Absicherung. Trotzdem sind diese Arbeitsplätze denen ausserhalb der Plantagen unter den gleichen schlechten Bedingungen bei geringerem Lohn vorzuziehen.

167 (5) *Erkläre, wie die Kakaobohnen ihren typischen Geschmack bekommen.*
Der Herstellungsprozess von Kakaopulver und Schokolade besteht aus verschiedenen Teilschritten, die alle einen Beitrag zur Herausbildung des Aromas leisten.
Nach der Ernte werden die Kakaobohnen fünf bis sechs Tage mit dem Fruchtfleisch fermentiert, d. h. vergoren. Hierdurch wird das Fruchtfleisch entfernt, durch die hohe Temperatur erlischt die Keimfähigkeit der Bohnen und die Zellwände platzen. Der sich ausbreitende Zellsaft färbt die Bohnen braun, mindert den bittern Geschmack und lässt Vorstufen der gewünschten Aromastoffe entstehen.

Durch den sich anschliessenden ein- bis zweiwöchigen Trocknungsprozess in der Sonne verlieren die Bohnen die Hälfte ihres Gewichtes und enthalten nur noch wenig Wasser (ca. 8 %). Die Sonneneinstrahlung verändert auch das Aroma.
Während des Röstvorganges wird das jeweils gewünschte Aroma vollends entwickelt. Es gibt ca. 400 Aromastoffe.

167 (6) *Nenne Nebenprodukte und Endprodukte, die bei der Verarbeitung von Kakao entstehen.*
Endprodukte der Kakaoherstellung sind Kakaopulver und Kakaobutter. Kakaobutter wird zu Schokolade weiterverarbeitet und findet in Cremes und Lotionen Verwendung.
Kakaopulver wird zu Schokoladenprodukten weiterverarbeitet, wie z. B. zu Eis, Mousse, Sosse, Getränk, Glasur.

Nutzung des tropischen Regenwaldes
Schülerbuch Seiten 168–169

Abbildungen

Der Regenwald Amazoniens reicht von Brasilien nach Französisch-Guyana, Guayana, Suriname, Venezuela, Kolumbien, Ecuador, Venezuela, Peru und Bolivien hinein. Nach Westen wird Amazonien durch die Anden begrenzt, nach Osten durch den Atlantik. Insgesamt bedeckt Amazonien fast das ganze „nördliche Drittel" Südamerikas. Die Region Amazonien ist etwa 3,6 Mio. km² gross und damit 10-mal grösser als die Bundesrepublik Deutschland. Die Waldfläche nimmt pro Jahr um ca. 0,4 % ab. Allein zwischen 1990 und 2000 verringerte sich die Waldfläche um 37 110 000 ha auf 885 618 000 ha. Dabei verteilt sich die Abnahme relativ gleichmässig auf die Agrarkolonisation und Brandrodung, den Strassenbau und die Viehhaltung.
Die Abbildungen mit den Bildunterschriften wiesen auf die zahlreichen Gefahren hin, denen der Regenwald heute in Amazonien und weltweit ausgesetzt ist. Der hohe Bevölkerungsdruck, Nahrungsmangel, Unwissenheit der Siedler um die Gefahren der Vernichtung der Wälder und das Profitstreben einiger Konzerne und Grossgrundbesitzer haben bis heute ca. 200 000 km² tropischen Regenwald pro Jahr vernichtet. Im Amazonasgebiet sind etwa 20 Prozent der Fläche abgeholzt. Dies hat dort in den letzten Jahren bereits zu grossflächigen Dürren geführt.

Aufgabenlösungen

169 (1) *Gestalte eine Wandzeitung zur verhängnisvollen Nutzung des Regenwaldes. Wähle ein Thema aus der Vorlage aus.*
Individuelle Lösung.
Sachhinweise:
Energiewirtschaft: Flaches Relief, Flüsse mit nur geringer Fliessgeschwindigkeit; damit effiziente Energiegewinnung nur durch riesige Stauseen möglich. Solche teuren Projekte vergrössern die Staatsverschuldung, grosse Regenwaldflächen gehen verloren, im Schnitt kann nur ein Drittel der Leistungsfähigkeit der Turbinen genutzt werden, weil die Zuflüsse häufig zu gering sind. Durch das stehende Wasser wird die Ausbreitung von Krankheiten begünstigt und die indigene Bevölkerung muss ihre Wohngebiete verlassen.

Holzwirtschaft: Holzkohleproduktion für die Industrieanlagen; Edelhölzer für den Möbelbau; die Industrie verbraucht riesige

Holzkohlemengen, die Nutzung anderer Energieformen wäre effektiver; der Edelholzeinschlag verursacht nebenbei grosse Schäden durch das Schlagen der Schneisen und bei der Fällung der seltenen Urwaldriesen, von denen nur ca. 10 auf einem Hektar stehen. Mit schweren Maschinen werden die wertvollen Stämme abgeholzt und verladen. Für einen Edelholzstamm sterben im Schnitt 25 weitere Bäume. Die Rinderfarmer nutzen das Land nach dem Holzeinschlag nur für einige Jahre, um dort ihre Herden weiden zu lassen.

Landwirtschaft: Folgen der intensiven Fleischproduktion in Europa;. Sojaproduktion für die Mast der Tiere ist mitverantwortlich für die Vernichtung des Regenwaldes. Anbau von Soja im grossen Massstab; Selbstversorgung der Kleinbauern; daneben werden grosse Flächen für die Weidewirtschaft brandgerodet; umweltschädlich, da sie den Boden degradieren und der Erosion preisgeben, Sekundärwald kann kaum nachwachsen. Die Waldzerstörung vernichtet ausserdem viele Arten, die nur in kleinen Räumen vorkommen.

Bergbau: Die Erschliessung der Bodenschätze ist problematisch, da der Wald zerstört wird, die Indianer vertrieben werden und die Verhüttung immense Mengen an Holzkohle verbraucht. Auch ziehen die Minen Wanderarbeiter an, die sich hier provisorisch niederlassen und dafür wiederum den Wald roden.

Ausblick: Insgesamt stellt sich die Frage, ob die Erfolge in einem angemessenen Verhältnis zum Schaden stehen, den sie verursachen. Die Erschliessung des Regenwaldes hat zahlreiche Probleme verursacht. Die Folgen werden weltweit spürbar sein. Die brasilianische Regierung unternimmt mittlerweile Anstrengungen, den Raubbau zu stoppen und fördert Ressourcen schonende Methoden der Nutzung wie Agroforstwirtschaft und nachhaltige Forstwirtschaft.

Schutz des tropischen Regenwaldes
Schülerbuch Seiten 170–171

Grundbegriff: Nationalpark

Abbildungen

M1 Eingang zum Nationalpark
Die Holztafeln weisen den Weg in den nach Alexander von Humboldt benannten Nationalpark in den Provinzen Guantanamo und Holguin auf der karibischen Insel Kuba. Humboldt besuchte die Insel 1800/1801. Der Park ist etwa 71 000 ha gross und hat Anteil an den verschiedenen tropischen Landschaftszonen von Riffen über Mangrovenwälder bis zu Gebirgen.

M2 Logo von OroVerde
Das Logo steht für den weltweiten Schutz der Wälder. Siehe auch Aufgabenlösung zu 170 (1).

M3 Bruno Manser
Das Foto zeigt den im Jahr 2000 verschollenen Manser. Siehe auch Aufgabenlösung zu 171 (2).

M4 Tumucumaque-Nationalpark aus der Luft
Das Foto zeigt einen Ausschnitt des grössten Schutzgebietes der Welt. Trotz seiner Ausdehnung umfasst es nur ein Prozent des Amazonas-Regenwaldes. Es gehört zu den unerschlossensten Gebieten der Erde, offizielle Strassen gibt es hier nicht. In den Nebelwäldern haben sich zahlreiche seltene Pflanzen und Tiere erhalten. Aber auch in dieses Schutzgebiet dringen illegal Siedler, Goldsucher und Holzfäller vor. Die allgegenwärtige Korruption in den verantwortlichen Behörden verhindert einen effektiven Schutz des Parks.

M5 Logo des WWF
Das Symbol auf dem Logo stehen für den weltweiten Schutz bedrohter Tierarten bzw. der Natur. Siehe auch Aufgabenlösung zu 170 (1).

Aufgabenlösungen

170 (1) *Stelle einen Steckbrief zu einer Schutzorganisation zusammen (andere Medien): Wo und wie arbeitet die Organisation? Wer ist beteiligt? Welche Ziele verfolgt sie? Wie finanziert sich die Organisation?*
Individuelle Lösung.

Lösungsbeispiel:
Steckbrief von Oro Verde (Grünes Gold)
Wo und wie wird gearbeitet: Gemeinnützige Stiftung; Organisation und Koordination der Projekte erfolgen durch ein Managementteam in der Zentrale in Bonn. Derzeitige Schwerpunktländer: Guatemala, Honduras, Kuba, Suriname, Ecuador, Venezuela und Indonesien.
Hauptbestandteile der Projekte: Wiederaufforstung, Umweltbildung, Einführung waldschonender Wirtschaftsweisen, Einrichtung von Schutzgebieten; in jedem Projekt Hilfe zur Selbsthilfe.
Beteiligte: Fachleute der Stiftung, Partner vor Ort, Ehrenamtliche, Praktikanten, wissenschaftliche Berater.
Ziele: Projekte zu initiieren, zu konzipieren und finanziell zu fördern, die konkret darauf ausgerichtet sind, die Tropenwälder zu erhalten.
Finanzierung: Sponsoren, Spenden, Verkauf von Schutzaktien.

171 (2) *Recherchiere zu Bruno Manser und dem Fonds. Finde heraus, wer Manser war und welche Projekte von der Organisation unterstützt werden (andere Medien).*
Bruno Manser (geb. 1954) setzte sich für die Urwaldvölker Malaysias, besonders für die Penan ein. Er warb massiv für das Einfuhrverbot von Tropenholz in die Schweiz und den Schutz des Regenwaldes. Der Bruno Manser Fonds wurde 1991 von Manser und seinen Freunden gegründet und ist heute ein Informationszentrum über den Regenwald und eine Vertretung der Urwaldvölker. Der Fonds unterstützt folgende Projekte:
Kartierung der Wohngebiete der Penan und Einklagen von Landrechten. Unterstützung der Penan bei dem Bau und Betrieb einer Krankenstation und einer Schule. Umweltschutzkampagnen zum Schutz der letzten Regenwälder.

171 (3) *Wenn 100 ha gleich 1 km² sind, wie viel Fläche muss ARPA bis 2016 dann noch schützen? Schätze abschliessend die Realisierbarkeit des Projektes ein.*
Ziel von ARPA ist der Schutz von 60 000 km² brasilianischem Regenwald.
Einschätzung: Individuelle Lösung.

Lebensräume der Menschen

Gewusst wie: Ein Streitgespräch führen
Schülerbuch Seiten 172–173

Abbildungen

M1 Die Situation des Regenwaldes aus der Sicht eines Karikaturisten
Die Karikatur zeigt eine analoge Uhr, wobei die Zeiger Sägeblätter darstellen und die Markierungen für die Stunden Baumstümpfe. Nur die Stundenmarkierungen für 11 und 12 Uhr sind noch als vollständige Bäume erhalten. Damit will der Zeichner sagen, dass es „fünf vor zwölf" ist und die verbleibende Zeit für die Rettung der letzten Regenwälder sehr knapp wird.

M2 Der Regenwald- im Interesse vieler Gruppen
Die Luftaufnahme zeigt noch nahezu intaktes Regenwaldgebiet, das allerdings bis zum Horizont von einer Strasse durchzogen ist. Damit ist es nur noch eine Frage der Zeit, bis sich Siedler dort niederlassen und Holzfäller die wertvollen Edelhölzer fällen.

M3 Rollenkarten – sie helfen die Ziele der verschiedenen Interessengruppen zu formulieren
Die sechs Rollenkarten geben Anregungen, welche Positionen von den Interessengruppen vertreten werden. Weitere Argumente müssen von den Schülerinnen und Schülern vor Beginn des Streitgespräches selbst recherchiert werden.

Natur- und Lebensraum wechselfeuchte Tropen

Schülerbuch Seiten 174–175

Grundbegriffe: Savanne, Flora, Fauna

Abbildungen

M1 Affenbrotbaum mit Bienenkörben
Dieser Baum wächst in den Savannen Afrikas, ist aber auch auf Madagaskar und in Australien zu finden. Er kann bis zu 100 000 l Wasser monatelang in seinem bis zu 20 m umfassenden Stamm speichern und so Trockenzeiten überstehen. Alle Teile der Pflanze werden vom Menschen genutzt, auch deshalb ist mittlerweile der Bestand gefährdet.

M2 Schirmakazie
Die Schirmakazie ist mit vielen Arten in Afrika verbreitet. Sie ist an der namengebenden schirmförmigen Krone leicht zu erkennen. Siehe auch Aufgabenlösung zu 175 (2).

M3 Savannen in Afrika
Die Savannen erstrecken sich breitenkreisparallel vom Äquator aus nach Süden und Norden. Je nach Länge der Regenzeit und damit verbunden der Vegetationsdichte unterscheidet man die Feuchtsavanne, Trocken- und Dornstrauchsavanne. Siehe auch Aufgabenlösung zu 175 (1).

M4 Antilope
M4 zeigt eine Impalaantilope. Sie lebt verbreitet in den Savannen Ost- und Südafrikas. Die Weibchen mit den Jungtieren und die sehr jungen und sehr alten Männchen bilden jeweils eigene Herden. Fortpflanzungsfähige Männchen leben allein. Bekannt sind die Impalas für ihre bis zu 9 m weiten und 3 m hohen Fluchtsprünge.

M5 Elefant
Das Foto zeigt einen afrikanischen Elefanten vor einem verschwommenen Hintergrund, der ein Hirse- oder Maisfeld darstellen könnte. Da der Lebensraum der Elefanten zunehmend kleiner wird, dringen sie auch in bewohnte Gebiete vor und werden dort wiederum von der Landbevölkerung gejagt. Elefanten sind mit bis zu 4 m Grösse und einem Gewicht bis zu 5 t die grössten und schwersten Landtiere. Kennzeichen sind die Stosszähne aus Elfenbein, weswegen sie auch gejagt werden, und ihr Rüssel. Der ist eine verlängerte Nase und dient zum tasten, riechen, trinken, greifen und verteidigen. Elefanten sind als reine Pflanzenfresser den ganzen Tag mit der Nahrungsaufnahme beschäftigt und auf die Nähe von Wasser angewiesen. Die Weibchen leben mit den Jungtieren in Herden und folgen auf ihren Wanderungen dem Nahrungsangebot. Die Bullen leben ausserhalb der Paarungszeit überwiegend als Einzelgänger.

M6 Giraffe
Das Foto zeigt eine Giraffe in den Savannen Ost- und Südafrikas. Sie ist mit maximal 6m Höhe das höchste Landtier der Welt und kann Höchstgeschwindigkeiten von 55 km/h erreichen. Gegen Raubtiere wie Löwen kann sie sich mit ihren Vorderhufen wehren. Siehe auch Aufgabenlösung zu 175 (2).

M7 Auf Safari
Im Bildvordergrund ist ein schlafender Leopard zu sehen. Er ist auch in Afrika seltener geworden, in einigen Savannengebieten ist sein Bestand gefährdet. So ist es einer der Höhepunkte einer Safari, einen Leoparden zu beobachten. Im Bildhintergrund sind in einem Landrover einige Touristen zu sehen, die den Leoparden fotografieren.

M8 Wasserstellen in der Savanne
Das Foto zeigt die Trockensavanne während der alljährlichen Trockenzeit. Die Landschaft erscheint ausgedörrt, der Graswuchs ist weitgehend verschwunden. Die Wasserlöcher sind schon nicht mehr bis zum Rand gefüllt, im Bildmittelgrund ist nur noch eine kleine Gruppe von Antilopen erkennbar, die dort trinkt. Mit zunehmender Trockenheit verlassen die Herden der Steppentiere diese Gebiete und ziehen den Regengebieten nach Süden hinterher.

Aufgabenlösungen

175 (1) *Erstelle eine Tabelle der Länder Afrikas, die Anteil an den drei Savannentypen haben (M3).*

Dornstrauch- und Trockensavanne:	Trocken- und Feuchtsavanne
Senegal, Äthiopien, Somalia, Kenia, Jemen, Oman, Saudi-Arabien, Mauretanien, Eritrea, Burkina Faso, Niger, Namibia, Botsuana, Republik Südafrika	Gambia, Guinea, Elfenbeinküste, Ghana, Togo, Benin, Nigeria, Kamerun, Tschad, Zentralafrikanische Republik, Sudan, D.R. Kongo, Uganda, Ruanda, Burundi, Tansania, Mosambik, Malawi, Sambia, Simbabwe

175 (2) *Erforsche die Anpassung von Schirmakazie, Löwe und Giraffe an die Savanne (andere Medien).*
Schirmakazie: Sie kann auf fast allen Böden wachsen; verträgt ein breites Temperaturspektrum bis zu leichtem Frost und ist trockenresistent; bildet zur Herabsetzung der Verdunstung nur kleine Blättchen von etwa 2,5 cm Länge; dornige Zweige sollen den Tierfrass eindämmen; zur Abwehr gegen Tierfrass produziert sie auch Tannine (bitterer, in höheren Dosen giftiger, sekundärer Pflanzenstoff).
Löwe: Sie leben in Rudeln in den Savannen; da sie sich von den

schnelleren Fluchttieren der Savannen wie Gnu, Zebra und Antilope ernähren, haben sie die gemeinsame Jagd entwickelt. So lässt sich die Beute auch leichter gegen andere Jäger verteidigen.
Giraffe: Sie ernährt sich gern von Akazienblättchen, so muss sie kaum trinken; die dunklen Flecken des Fells sind stark durchblutet und geben bei grosser Hitze durch Arterienerweiterung Wärme ab; die Haut produziert stark riechende Stoffe, die Bakterien-, Pilz- und Parasitenbefall verhindern.

175 (3) *Suche andere Savannengebiete der Erde und notiere dir die Kontinente mit je drei Staaten, die Anteil an der Savanne haben (Atlas).*
Definiert man die Savannen als tropische Graslandschaften zwischen Regenwald und Wüste, findet man diese auf folgenden Kontinenten:
Asien: z. B. Indien, Saudi-Arabien, Pakistan
Amerika: z. B. Mexiko, Paraguay, Brasilien

Zusatzaufgabe

Notiere als Tabelle wesentliche Merkmale (Lage, Niederschläge pro Jahr, Regenzeit, Temperatur, Vegetation) der drei Savannentypen.

	Dornstrauchsavanne	Trockensavanne	Feuchtsavanne
Lage	Übergangsraum zur Wüste, Sahelzone	Zwischen Dornsavanne im Norden und Feuchtsavanne im Süden	Übergangsraum zum tropischen Regenwald
Niederschläge/Jahr	100–500 mm	500–1100 mm	100–1500 mm
Regenzeit	2–4 Monate	5–7 Monate	7–9 Monate
Temperatur	ca. 26°C	ca. 28°C	ca. 25°C
Vegetation	Dornsträucher/Dornbäume (Akazien), an einzelnen Stellen kniehoher Grasbewuchs	Einzelne Bäume (Akazien, Affenbrotbäume), Sträucher, dichter, mannshoher Grasbewuchs	An Flüssen bereits Wälder, grössere Sträucher, übermannshoher Grasbewuchs

Natur- und Lebensraum wechselfeuchte Tropen

Schülerbuch Seiten 176–177

Abbildungen

M1 Savanne in der Trockenzeit
Die Fotos M1 und M2 zeigen den gleichen Bildausschnitt zu verschiedenen Jahreszeiten. In der Trockenzeit im Winter ist die Landschaft vegetationslos, der sandige Boden ist der Erosion schutzlos preisgegeben.

M2 Savanne in Regenzeit
Der im Sommer mit Verlagerung der ITC einsetzende Regen lässt auf dem kargen Boden die Hirse wachsen. Im Bildvordergrund sind die Spuren des oberflächlich abfliessenden Wassers erkennbar. Die häufig als Starkregen niedergehenden Güsse können von dem ausgetrockneten Boden nicht so schnell aufgenommen werden und verursachen langfristig Erosionsrinnen.

M3 Feuer in der Savanne
In regelmässigen Abständen von einem bis drei Jahren vernichtet Feuer die Vegetation. Siehe auch Aufgabenlösung zu 176 (1).

M4 Wandernde Gnuherde
M2 zeigt einen kleinen Ausschnitt aus einer wandernden Gnuherde, die Tausende von Tieren umfassen kann. Sie wandern dem Graswuchs nach und wechseln jahreszeitlich auf festen Wegen zwischen der Serengeti und der Masai-Mara-Ebene. Diese Wanderungen sind eindrucksvoll zu beobachten, besonders die Durchquerung des Mara-Flusses.

Aufgabenlösungen

176 (1) *Nenne Gründe für die Notwendigkeit von Savannenbränden.*
Im Savannenklima verrottet abgestorbenes Pflanzenmaterial so gut wie nicht. Die Feuer verbrennen die abgestorbenen dichten Grasflächen und lassen so junge Gräser nachwachsen, die sonst keine Möglichkeit zum Keimen hätten.
Der regelmässige Brand düngt durch die Asche den Boden und lässt jedes Jahr neues Gras für die Herden der Viehzüchter wachsen.
Ackerbauern schaffen durch die sogenannte Brandrodung natürlich gedüngte Flächen für den Anbau von Getreide.

176 (2) *Erstelle ein Plakat zum Serengeti Nationalpark mit für Besucher wichtigen Informationen (andere Medien)*
Individuelle Lösung
Sachinformationen:
Lage: In Tansania, umschlossen von der Serengeti (Massai-Sprache für „das endlose Land").
Grösse: 14 763 km²
Besonderheiten: UNESCO Weltnaturerbe und Biosphärenreservat
Bekannt für die gewaltigen jahreszeitlichen Tierwanderungen.
Beste Reisezeit: Ganzjährig - zwischen Januar und März halten sich die grossen Herden (Gnus und Zebra) im Südosten der Serengeti auf. Hier bekommen 90 Prozent der Gnus und Zebras ihre Jungen.
Gebühren: Parkgebühren: 50 US-$/Person, ggf. Autogebühr z. B. 40 US-$ für Fahrzeuge bis 2 Tonnen/Tag, Campsite (einfache Lodge): 30 US-$ / Person/Nacht

176 (3) *Erkläre, warum die Niederschläge in Richtung der Wendekreise abnehmen.*
Durch die Neigung der Erdachse und die Wanderung der Erde um die Sonne ändert sich täglich der Einfallswinkel der Sonnenstrahlen. Mit der scheinbaren Wanderung der Sonne verlagert sich die ITC und damit das Hauptregengebiet. Am Äquator bilden trockene Phasen im Jahresverlauf die Ausnahme, nach Norden und Süden hin bilden sich zwei Regenzeiten aus, die in Richtung Dornsavanne zu einer einzigen werden.

Lebensräume der Menschen

Natur- und Lebensraum wechselfeuchte Tropen

Schülerbuch Seiten 178–179

Grundbegriff: Hackbau

Abbildungen

M1 Hirsestampfen
Das Foto zeigt die übliche Verarbeitungsweise der Hirsekörner zu Mehl, aus dem dann der tägliche Hirsebrei zubereitet wird. Das Stampfen der Körner ist Sache der Mädchen und Frauen.

M2 Spielen
Das abgebildete Spielzeug ist selbst gefertigt. Für käufliches Spielzeug ist kein Geld vorhanden. Zum Spielen scheinen eher die hier abgebildeten Jungen als die Mädchen Zeit zu haben. Siehe auch Aufgabenlösung zu 179 (4).

M3 Khadija berichtet aus ihrem Leben
Das Leben von Khadija Ouadreogo steht beispielhaft für das einer Vielzahl von schwarzafrikanischen Mädchen im subsaharischen Raum. Deren Lebensverhältnisse werden durch dörfliche Strukturen und Traditionen geprägt. Siehe auch Aufgabenlösung zu 178 (1).

M4 In der Schule
Das Foto zeigt Schüler einer Grundschule in Abuja, Nigeria. Die Schule nimmt an dem Pilotprojekt „One laptop per child" einer NGO teil. Das Projekt zielt darauf ab, die Schüler mit modernen Arbeitsmitteln und Medien vertraut zu machen.

M5 Afrikanische Frauen müssen weite Wege gehen
Die Zeichnung bildet die dörfliche Struktur und den Arbeitsablauf der Frauen ab. Das Leben der Geschlechter findet weitgehend getrennt statt. Männer und Frauen haben ihre eigenen Hütten, die Tagesabläufe sind sehr unterschiedlich. Siehe auch Aufgabenlösung zu 179 (3) und 179 (4).

M6 Tagesablauf des Vaters von Khadija
Der typische Tagesablauf eines Mannes wird im Vergleich mit M5 besprochen. Siehe auch Aufgabenlösung zu 179 (4).

Aufgabenlösungen

178 (1) *Fertige eine Tabelle an. Vergleiche darin das Leben von Khadija und einem 13-jährigen Mädchen in der Schweiz (M4).*

Das Leben von Khadija in Burkina Faso	Das Leben eines 13-jährigen Mädchens in der Schweiz
Leben in der Grossfamilie mit vielen Geschwistern und Halbgeschwistern	Leben in der Kleinfamilie mit ein bis zwei Geschwistern
Polygamie des Vaters	Monogamie des Vaters
Patriarchat	Gleichberechtigung der Eltern
Kein Mitspracherecht bei Entscheidungen über ihr Leben	häufig Absprache von Entscheidungen zwischen Eltern und Kindern
Frühe fremdbestimmte Heirat mit 14 Jahren (Zwangsehe)	Zeitpunkt der Heirat nach eigenem Ermessen (Mindestalter: 16 Jahre), Partner werden selbst gewählt
Keine Chance auf höhere Bildung	Schule, wenn persönlich erreichbar, bis zur Matura
Kaum Freizeit, frühe Übernahme von Haushaltspflichten	persönlich gewählte Freizeitaktivitäten, wenig Pflichten in der Familie

178 (2) *Finde Hirserezepte (andere Medien). Gestalte zu deinem Gericht eine A4-Seite.*
Individuelle Lösung

179 (3) *Errechne, wie viel Zeit Safiatou Ouadreogo täglich für die beschriebenen Wege braucht (M5).*
Für die Frauen ist die Beschaffung von Wasser (20 min.) und Brennholz (2 Std.) mit weiten Wegen und dem Tragen schwerer Lasten verbunden. Für den Gemüse- (30 min.) und Hirseanbau (2x30 min.) und das Ziegenhüten (2 Std.) muss sie neben den Haushaltspflichten und der Kinderbetreuung viel Zeit aufwenden. Ihre täglichen Wege summieren sich auf ca. 10 bis 12 Stunden, je nach Tätigkeit. Ihr tägliches Arbeitspensum ist so selten in weniger als 16 Stunden am Tag zu schaffen.

179 (4) *Nenne die Aufgaben und Tätigkeiten einer Savannenbewohnerin und vergleiche diese mit den Tätigkeiten der Männer (M3, M5, M6).*
Afrikanische Frauen haben ein hohes Arbeitspensum zu bewältigen. Sie sind Mutter und Hausfrau, zuständig für die Wasser- und Brennholzbeschaffung, betreiben Subsistenzlandwirtschaft, kümmern sich um die Tiere, gehen fischen und verkaufen ihre Erzeugnisse auf dem lokalen Markt. Bei all ihren Tätigkeiten stehen ihnen kaum Hilfsmittel und Maschinen zur Verfügung, die ihnen die Arbeit erleichtern könnten. Sie unterliegen einer hohen körperlichen Belastung, sind dazu häufiger als die Männer unterernährt. Während der zahlreichen Schwangerschaften müssen sie wie gewohnt weiterarbeiten, der ohnehin geschwächte Körper wird dadurch weiter belastet. Frauen legen auch tagelange und beschwerliche Wege mit ihren Kindern zur nächsten Krankenstation zurück.
Internationale Hilfsorganisationen und Selbsthilfegruppen leisten Ausbildungshilfe, um Überforderungen der afrikanischen Frauen abzubauen und ihre gesundheitliche Situation zu verbessern. Die Männer beschränken ihren Beitrag auf die Feldarbeit, die dazu noch saisonal unterschiedlich zeitaufwendig ist. Oftmals ziehen sie sich auch noch daraus zurück, um in den Städten andere Tätigkeiten auszuüben. Ansonsten verwenden die Männer des Dorfes die Zeit überwiegend für ihre persönlichen Vorlieben.

Zusatzaufgaben

Aufgabe 1
Begründe das Sprichwort: „Unterstütze einen Jungen und du ernährst einen Mann. Unterstütze ein Mädchen und du ernährst eine Familie."
Frauen sichern das Überleben der Familie mit ihrer Arbeit und dem Geld, das sie verdienen. Die Arbeitsleistung eines Mannes für die Familie fällt dagegen sehr viel geringer aus, er lebt zumindest z.T. auf Kosten der Frau. Häufig sind die Frauen auch alleinerziehend, da die Männer als Wanderarbeiter auf den Plantagen oder in den Städten arbeiten. Das Geld, das sie dort verdienen, geben sie auch zum grossen Teil dort wieder aus. Volkswirtschaftlich ist es also sinnvoller, in die Ausbildung eines Mädchens zu investieren, da es seine Kenntnisse zum Nutzen der Familie und nicht nur für sich persönlich einsetzt.

Aufgabe 2
Recherchiere im Internet, welche Projekte Kirchen und andere Organisationen für Frauen und Mädchen in Entwicklungsländern anbieten (z. B. www.terres-des-femmes.de).
Individuelle Lösung

Zusatzinformationen

Bei Bildung und Ausbildung sind afrikanische Mädchen stark benachteiligt. Zwei Drittel der Jungen, aber nur durchschnittlich die Hälfte der Mädchen wird eingeschult. In vielen zentralafrikanischen Ländern liegt die Quote mit 0–40 % sogar darunter. Davon bricht noch zusätzlich ein Drittel die Schule frühzeitig wieder ab. In fast allen afrikanischen Staaten sind in den weiterführenden Schulen deutlich weniger Mädchen als Jungen zu finden. Nur in Tunesien, Libyen, Namibia, Botsuana, Kenia, Tansania, Malawi, Swasiland und Madagaskar sind die Zahlen ausgeglichen. In der Republik Südafrika als einzigem afrikanischen Land sind in den weiterführenden Schulen mehr Mädchen als Jungen zu finden.

Besonders schwierig ist die Lage von Mädchen, die bedingt durch Bürgerkriege, Hungerkatastrophen oder immer häufiger auch durch Aids ihre Eltern verloren haben. Sie übernehmen dann die Stelle der Mutter im Haushalt und bei der Kinderbetreuung. Hinzu kommt, dass staatliche Bildungsangebote infolge der stark wachsenden Bevölkerung knapper werden und für viele Mädchen nicht einmal die obligatorische Schuluniform und das Schulgeld bezahlbar sind. Die Masse der Kinder lebt in Armut, auch wenn das nach afrikanischem Selbstverständnis anders empfunden wird. Hiernach ist nur arm, wer nichts zu essen hat und keine Familie, die für ihn sorgt.

In grossstadtnahen Räumen vollzieht sich in den letzten Jahren zunehmend ein Wandel. Auch Mädchen lösen sich von dem traditionellen Wertesystem und der Grossfamilie in der Dorfgemeinschaft und wandern in die grossen Städte, um eine selbstbestimmtes Leben zu führen. Dazu gehört auch das Streben nach einer Berufsausbildung bzw. gymnasialer und universitärer Bildung. Neue afrikanische Werte sind dabei Wohlstand, Verbesserung der Lebensverhältnisse und Macht.

Natur- und Lebensraum wechselfeuchte Tropen

Schülerbuch Seiten 180–181

Grundbegriff: Cash Crop

Abbildungen

M1 Hirsefeld
Die Abbildung zeigt ein Hirsefeld mit den grossen Fruchtständen der Hirse. In der afrikanischen Savanne wird vorwiegend die Hirseart Sorghum angebaut, da sie ertragreicher als andere Sorten ist. Im Durchschnitt werden 14 dt/ha geerntet. In den letzten Jahren ist die Hirse besonders in den feuchteren Gebieten Afrikas durch den ertragreicheren Maisanbau ersetzt worden. Dies kann in regenarmen Jahren zu Ernteausfällen führen, da Mais auf höhere Regenmengen als Hirse angewiesen ist.

M2 Hirseernte
Das Foto zeigt den Abtransport der Hirsegarben durch die Frauen. Zur Erntezeit wird die Hirse mit der Sense von Hand gemäht und dann in Garben zu den Speichern transportiert. Siehe auch Aufgabenlösung zu 180 (1).

M3 Hirseproduktion weltweit 2007
In vielen Staaten Afrikas und Asiens wird Hirse als Grundnahrungsmittel angebaut. Siehe auch Aufgabenlösung zu 181 (6).

M4 Erdnussprodukte
M4 zeigt verschiedene Produkte, die aus den Erdnüssen hergestellt werden. Abgebildet sind Erdnussbutter, Erdnussflips, Erdnusskekse, ein Schoko-Nuss-Riegel, Studentenfutter und geröstete und gesalzene Erdnüsse. Da Erdnüsse hoch allergen wirken, haben mittlerweile viele Produkte einen Warnhinweis, dass sie Erdnussspuren enthalten könnten. Siehe auch Aufgabenlösung zu 181 (5).

M5 Erdnussproduzenten der Erde
Ihren Ursprung hat die Erdnusspflanze in Südamerika. Sie wurde bevorzugt in den Bergregionen der Anden kultiviert. Heute finden sich die Anbaugebiete in den gesamten Tropen und Subtropen. Siehe auch Aufgabenlösung zu 181 (6).

M6 Erdnusspflanze
Die Pflanzen sind einjährige Hülsenfrüchte. Ihren Namen haben sie erhalten, weil sich die überirdischen Fruchtblätter nach der Befruchtung nach unten krümmen und unter die Erde bewegen. So reifen die Erdnüsse zwischen Juli und September im Boden heran. Da sie aus den spanischen Kolonien in Südamerika stammen, haben sie in manchen Schweizer Kantonen den Beinamen Spanisches Nüssli erhalten.

M7 Erdnuss
Die Früchte der Erdnuss sind sehr ölreich und zeichnen sich ebenfalls durch einen hohen Eiweissgehalt aus. Sie können roh, geröstet oder in verarbeiteter Form genossen werden.

Aufgabenlösungen

180 (1) *Erkläre, warum Hirse das Grundnahrungsmittel der Savanne ist.*
In den Savannen ist die Variabilität der Niederschläge umso höher, je weiter man nach Norden vordringt. Nur die Hirse ist als Getreide in der Lage, noch auf kargen Böden bei geringen Niederschlägen Erträge hervorzubringen. Dies macht das älteste und mineralstoffreichste Getreide der Welt zum Hauptnahrungsmittel der Savannenbewohner.

180 (2) *„Hirse ist ein Multitalent." Begründe diese Aussage.*
Die Hirse ist vielseitig verwendbar. Neben der Produktion von Mehl aus den Körnern wird aus ihr Breinahrung, Vogelfutter, Viehfutter und Bier hergestellt. Aus den Halmen werden Fasern produziert, Ethanol und Biogas sind weitere Verwendungsmöglichkeiten.

180 (3) *Erkläre den Begriff Cash Crops*
Cash Crops sind Pflanzen, die für den Verkauf und damit für die Einnahme von Bargeld angebaut werden. Zumeist gehen die Erzeugnisse als Rohwaren oder Halbfertigwaren in den Export in die Industrieländer.

180 (4) *Zu welchen Problemen kann der Anbau von Cash Crops führen?*
Werden auf den ohnehin schrumpfenden Anbauflächen Pflanzen für den Verkauf angebaut, fehlen diese Flächen für die Produktion von Grundnahrungsmitteln. Diese müssen dann teuer gekauft werden. Bei Missernten fehlen sowohl das Geld aus dem Verkauf als auch die Saat für das nächste Jahr. Es kann zu Hungersnöten kommen.

181 (5) *a) Nenne Erdnussprodukte, die du selbst verwendest. b) Recherchiere die Verwendung von Erdnussöl in Kosmetikprodukten (andere Medien).*
a) Individuelle Lösung.
b) Erdnussöl ist vorhanden in Sonnenöl, Badeöl, Massageöl und Hautpflegeprodukten besonders für Säuglinge,

181 (6) *Hirse wird vorrangig für den Eigenbedarf und Erdnüsse werden für den Export angebaut. Inwieweit zeigen das die Diagramme (M3, M5)?*
In Ländern, in denen traditionell viel Hirse gegessen wird, ist der Anbau dieses Getreides verbreitet. Zum Beispiel werden im Sudan etwa 1 Mio. t Hirse angebaut und 850 000 t Erdnüsse. In China dagegen, einem typischen Reisland, werden 13 Mio. t Erdnüsse produziert und nur ca. 2 Mio. t Hirse. Die Erdnüsse werden in China und auch in Indien überwiegend für die Produktion des dort häufig verwendeten Erdnussöls verwendet und deshalb kaum exportiert.

Natur- und Lebensraum wechselfeuchte Tropen

Schülerbuch Seiten 182–183

Grundbegriffe: Sahel, Desertifikation

Abbildungen

M1 Klimadiagramm von El-Fasher
Das Klimadiagramm ist ein typisches Beispiel für einen Ort in der Dornstrauchsavanne. Siehe auch Aufgabenlösung zu 182 (3).

M2 Weidegebiete in der Sahelzone
Die Karte verortet die Lage der Savannenzonen am Südrand der Sahara. Hier ist nur ein kleiner Ausschnitt der sogenannten Sahelzone angegeben, aber sie erstreckt sich quer über den gesamten Kontinent und ist einer der Räume, der auch von der Desertifikation stark betroffen ist. Siehe auch Aufgabenlösung zu 182 (2).

M3 Städtische Wasserversorgung in Fada N'Gourma (Burkina Faso)
Das Foto zeigt eine moderne Wasserversorgung in einem Ort in Burkina Faso. Es gibt ein Pumpwerk und grosse Wasserspeicher. Vermutlich wird hier das Wasser aus Tiefbrunnen nach oben gepumpt, die die Grundwasservorräte der Sahara anzapfen.

M4 Desertifikation in Afrika
In der thematischen Karte sind die Regionen mit einer sehr starken (rot) bzw. starken (orange) Gefährdung durch Desertifikation eingezeichnet. Siehe auch Aufgabenlösung zu 182 (2) und 183 (5).

M5 Holz als Brennstoff
Holz und Wasserbeschaffung ist Sache der Frauen und Mädchen, die dafür oft weite Strecken zurücklegen müssen. Sichtbar ist dies am Bildhintergrund, der zeigt, wie gering der Bewuchs ist. Siehe auch Aufgabenlösung zu 183 (6).

Aufgabenlösungen

182 (1) *Fülle Erde in eine Schale und lasse diese zwei Wochen stehen. Giesse dann die Erde. Was kannst du beobachten?*
Die Erde ist nach zwei Wochen sehr trocken, hart und (je nach verwendeter Korngrösse) auch rissig. Wird sie gegossen, kann das Wasser nur schlecht eindringen und bleibt zuerst als Schicht darauf stehen bzw. fliesst oberflächlich ab.

182 (2) *Nenne Gebiete in Afrika, die von der Desertifikation betroffen sind (M4).*
Gefährdet sind die Gebiete rund um die Sahara, auch im Norden, die Region am Horn von Afrika und der gesamte Südwesten Afrikas bis auf einen schmalen östlichen und südlichen Küstenbereich.

182 (3) *Werte das Klimadiagramm aus (M1).*
El-Fasher liegt im Sudan auf 13°36`N und 25°19`O in einer Höhe von 730 m über dem Meeresspiegel.
Die Jahresniederschläge sind mit 303 mm sehr gering und dazu konzentrieren sich noch die Hauptregenfälle auf lediglich 2 Monate im Sommer. Die hohen Temperaturen von durchschnittlich 24,9°C bedingen in den anderen Monaten trotz geringer Regenfälle in den Sommermonaten insgesamt eine hohe Verdunstung. Bis auf Juli und August ist das Klima arid. Die Temperaturen sinken im Dezember/Januar auf Tiefstwerte von 19° und steigen im Mai/Juni auf knapp 30°C an. Dieses Klima behindert eine ertragreiche landwirtschaftliche Nutzung.

182 (4) *Begründe den Verlauf der Wanderroute der Nomaden und beziehe die Fakten aus dem Klimadiagramm ein (M1, M2).*
Eingezeichnet sind in die Karte die Wanderwege der Nomaden in Abhängigkeit von den Regenfällen. Im Juli/August wandern sie mit ihren Herden weit nach Norden in die Dornstrauchsavanne und während der Wintermonate weiter in die Halbwüste/Wüste. Ab Februar wenden die Nomaden sich wieder mit den Regenfällen gen Süden und erreichen im Mai/Juni ihre südlichsten Weidegebiete in der Trockensavanne.

183 (5) *Nenne Auswirkungen des intensiven Ackerbaus im Sahel.*
Hackbauern betreiben überwiegend Hirseanbau in den nördlichen Randgebieten des Sahel. Um die Asche als Dünger nutzen zu können, brennen sie die ohnehin nur spärliche Vegetation ab. Nach wenigen Ernten ist die Bodenfruchtbarkeit so gering geworden, dass die Bauern weiter ziehen müssen. Die der Erosion schutzlos preisgegebene Bodenkrume weht bei länger ausbleibenden Niederschlägen davon bzw. wird von den wenigen Starkregenfällen weggeschwemmt. Zurück bleiben öde Landstriche mit tiefen Erosionsrinnen. Die steigende Bevölkerung führt dazu, dass der Anbau über die agronomische Trockengrenze hinaus ausgedehnt wird. Dieses sensible Ökosystem hat durch die steigende Beanspruchung nicht mehr genügend Zeit, sich zu regenerieren. Der Verlust der natürlichen Vegetation führt in den Randbereichen der Sahara zur Verödung und damit Ausdehnung der Wüste. Damit verkleinert sich bei steigender Bevölkerung die zur Verfügung stehende Ackerfläche.

183 (6) *Begründe, warum Holz der wichtigste Energieträger im Sahel ist.*
Da in der Sahelzone keine anderen Energierohstoffe wie Kohle, Gas oder Erdöl zu Verfügung stehen und Anlagen für die Gewinnung von Solarenergie zu teuer sind bzw. der technische Betrieb mangels Kenntnissen von den Bauern nicht geleistet werden kann, steht als Brennmaterial nur Holz zur Verfügung. Der Import fossiler Energieträger ist erstens zu teuer und zweitens mangels Infrastruktur

kaum an die Orte des Verbrauchs zu transportieren. Da Holz sowohl als Brennmaterial zum Kochen als auch als Baumaterial für die nur wenige Jahre bewohnten Hütten benötigt wird, wird dieser Rohstoff immer knapper. So muss zum einen immer mehr Zeit für die Holzsuche aufgewendet werden und zum anderen müssen auch junge Bäume abgeholzt werden. Ausserdem werden die Bäume von den Ziegenherden kahl gefressen. So wird das Tempo der Desertifikation beschleunigt.

Zusatzinformationen

Entwicklungshilfeprojekte haben in den letzten Jahren Versuche unternommen, den Holzverbrauch gerade beim Kochen zu reduzieren. Zum einen wurde die traditionelle Drei-Steine-Kochstelle vielfach ersetzt durch eine rundum geschlossene Tonform, die nur noch die Hälfte an Holz verbraucht. Man hat ebenfalls kleine transportable Solarkocher entwickelt, die das Holz als Brennmaterial ganz ersetzen. Dies scheiterte aber häufig an den Kosten und den Möglichkeiten, Reparaturen durchführen zu können.

Zusatzaufgabe:

Nenne die Staaten und deren Hauptstädte, die Anteil an der Sahelzone haben (Atlas).
Mauretanien (Nouakschott), Mali (Bamako), Niger (Niamey), Burkina Faso (Ouagadougou), Nigeria (Abuja), Kamerun (Yaound), Tschad (Mjamena), Sudan (Khartum, Äthiopien (Addis Abeba), Somalia (Mogadischu).

Natur- und Lebensraum wechselfeuchte Tropen

Schülerbuch Seiten 184–185

Grundbegriff: Entwicklungszusammenarbeit

Abbildungen

M1 Argumente für und gegen Entwicklungszusammenarbeit
Der Text spiegelt die Uneinigkeit und Ratlosigkeit von Wissenschaftlern und Politikern in Bezug auf die Entwicklungshilfemassnahmen wider. Siehe auch Aufgabenlösung zu 185(1).

M2 Verteilung von Hilfsgütern
Das Foto zeigt die Ausgabe von Mehl in einem Katastrophengebiet. Vor dem Ausgabeplatz hat sich eine lange Schlange von Menschen gebildet, die alle mit einem Gefäss für eine Portion Mehl anstehen. Siehe auch Aufgabenlösung zu 185 (4).

M3 Frauen beim Dammbau
Das Foto zeigt eine Reihe von Frauen, die Steine für den Dammbau von Hand zu Hand weiterreichen. Diese Steine werden dann oben auf dem Damm (Bildvordergrund) aufgestapelt. Das durch den Staudamm aufgestaute Wasser dient zur Hebung des Grundwasserspiegels. Weitere Hilfsmittel sind auf dem Bild nicht zu erkennen, stehen wohl auch nicht zur Verfügung.

Das Foto steht für die Erfolge, die sich mit einfachen Mittel erzielen lassen. Während auf ungeschützten Feldern die Erträge nach wenigen Anbaujahren stark sinken, lassen sie sich auf Feldern, die von Steinwällen umgeben sind, verdoppeln. Siehe auch Aufgabenlösung zu 184 (2).

M4 Swissaid
Der kurze Text informiert über eine schweizer Hilfsorganisation. Siehe auch Aufgabenlösung zu 185 (3).

Aufgabenlösungen

184 (1) *Trage Argumente, die für und gegen Entwicklungszusammenarbeit sprechen, in eine Übersicht ein (M1).*
Argumente dafür: bislang sind die Geldbeträge der Entwicklungszusammenarbeit insgesamt zu gering; gezielte Projektförderung kann als Vorbild für die Nachbarregionen fungieren; Hilfsmittel als kurzfristige Soforthilfe sind wichtig, um Hungerkatastrophen zu vermeiden. Argumente dagegen: Langfristig führt die kostenlose Lieferung in eine dauernde Abhängigkeit, verhindert Eigeninitiative, zerstört die einheimische Wirtschaft, fördert Korruption.

184 (2) *Erläutere, warum die im Dorf Sanje geleistete Hilfe als Selbsthilfe bezeichnet wird.*
Die hier geleistete Hilfe hat die Dorfbewohner in die Lage versetzt, Hungersnöten vorzubeugen und den Lebensstandard mittelfristig zu verbessern, so lange sich die Bevölkerungszahl nicht weiter erhöht. Die Hilfsbedürftigen haben nicht nur zugesehen, wie in ihrem Dorf etwas verändert wurde (z.B. Brunnenbohrung, Dammbau), sondern haben sich aktiv an der Umsetzung der Projekte beteiligt. Ziel ist dabei, die Dorfbewohner von fremder Hilfe langfristig unabhängig zu machen. Die verwendete Technik muss z.B. so beschaffen sein, dass sie von den Bewohnern auch ohne Anwesenheit der Entwicklungshelfer eingesetzt und bedient werden kann (angepasste Technologie). Dabei wird auch auf die Umweltverträglichkeit der Massnahmen geachtet (Prinzip der nachhaltigen Entwicklung). Damit soll die Landflucht in den entsprechenden Staaten gebremst werden und eine Steigerung der landwirtschaftlichen Produktion erreicht werden.

185 (3) *Gehe auf die Website www.swissaid.ch und erstelle Steckbriefe zu je zwei Projekten in Niger, Tschad oder Guinea-Bissau.*
Individuelle Lösung.

185 (4) *Erkläre folgende Aussage: „Gebt uns keine Fische, sondern eine Angel zum Fischen!"*
Hier kommt die Forderung nach Hilfe zur Selbsthilfe zum Ausdruck. Statt z.B. Lebensmittel aus internationalen Hilfslieferungen zu erhalten, wollen die Menschen diese vor Ort anbauen können. Gefordert sind hierbei besonders Weltorganisationen, Industriestaaten und eine von ihnen geleistete verlässliche Entwicklungshilfe wie z.B. die der UN/UNICEF; Welternährungsprogramm (WFP), SWISSAID. Wichtig ist auch die Mitbestimmung und Mitverantwortung der afrikanischen Bevölkerung bei den verschiedenen Hilfsprogrammen.

Zusatzaufgabe

Beschreibe die Lage des Staates Burkina Faso (Atlas).
Burkina Faso (15°N bis 9°N; 5°W bis 2°O) gehört zu den westafrikanischen Staaten am Südrand der Sahelzone. Burkina Faso hat eine durchschnittliche Landhöhe von 200 bis 500 m Höhe, es wird im Süden durch die Oberguineaschwelle begrenzt und liegt in den wechselfeuchten Tropen (Dornstrauch- und Trockensavanne). Es ist ein Binnenstaat, Nachbarstaaten sind im Norden und Westen Mali, im Süden Elfenbeinküste, Ghana, Togo und Benin, im Osten Niger.

Lebensräume der Menschen

Gewusst wie: Ein Rollenspiel durchführen
Schülerbuch Seiten 186–187

Abbildungen

Die Comics geben die Interessen- und Nutzungskonflikte der beiden Bevölkerungsgruppen wieder. Auch ein Entwicklungshelfer, der mit seinen Hilfsmassnahmen nicht angenommen wurde, kommt hier zu Wort.

Die Schülerinnen und Schüler müssen sich auf den vorangegangenen Seiten und eventuell aus anderen Quellen die Sachinformationen erarbeiten und in ihre Argumentation einarbeiten. Dann kann unter Leitung eines Moderators/einer Moderatorin die Diskussion beginnen.

Sachhinweise:
Die Niederschläge in der Sahelzone sind insgesamt gering und auf den Sommer konzentriert. Der durchschnittliche Jahresniederschlag liegt bei 400 mm. Dabei wechseln sich die trockenen mit den feuchten Perioden in unregelmässigem Rhythmus ab.

Weidenomadismus ist damit die an das Klima angepasste Bewirtschaftungsform. Gleichzeitig muss die Herdengrösse flexibel gehandhabt werden, denn in feuchten Jahren kann mehr Vieh ernährt werden, in trockenen Jahren muss mehr verkauft und geschlachtet werden. Nachteilig ist für die Hirten, dass die Niederschlagsmengen nicht vorhersehbar sind, eine Planung ist also nicht möglich. Dürren haben im 20. Jahrhundert mehrfach zu Hungerkatastrophen in der Sahelzone geführt.
Durch das Bohren von Tiefbrunnen hat sich für viele Menschen die Versorgung mit Wasser verbessert. Es entfallen die weiten Wege zu den bislang genutzten Wasserstellen. Mit der besseren Wasserverfügbarkeit stiegen aber auch der Wasserverbrauch und die Anzahl der Tiere in einer Herde. Viele Tiere zu besitzen, gilt bei den Nomaden als Statussymbol. Die Nomaden halten sich länger im Bereich der sicheren Wasserversorgung auf und das zu zahlreiche Vieh zerstört die Vegetationsdecke durch Vertritt und Frass. Damit ist der Boden schutzlos der Erosion ausgesetzt. Die Vegetation erhält durch die dauernde Nutzung keine Zeit zur Regeneration mehr und es kommt zur flächenhaften Degradation und Desertifikation.

Gleichzeitig wird durch den höheren Verbrauch der Grundwasserspiegel abgesenkt und die Bäume der Savanne sterben ab. Auch damit wird der Desertifikation Vorschub geleistet.

Von Süden drängt die stark wachsende Bevölkerung der Ackerbauern in die traditionell von den Nomaden als Weidegebiete genutzten Räume, da sie sich im Süden der Trockensavanne nicht mehr ernähren können. Sie beanspruchen diese Flächen als Getreideland und wehren sich dann gegen die Viehherden, die die nicht eingezäunten Felder abfressen.

Natur- und Lebensraum Wüste
Schülerbuch Seiten 188–189

Grundbegriffe: Wüste, Felswüste (Hamada), Kieswüste (Serir), Sandwüste (Erg)

Abbildungen

M1 Auszug aus dem Buch „Wind, Sand und Sterne"
Antoine de Saint-Exupéry war sowohl Pilot als auch Schriftsteller. Die Textstelle aus dem Sammelband von Antoine de Saint-Exupéry geht auf ein Erlebnis des Autors zurück. Bei einem Flug musste er in der Wüste notlanden und stiess erst nach fünf Tagen auf eine rettende Karawane.

M2 Übungskarte: Wüsten der Erde
Die Weltkarte zeigt die Länder der Erde. Die braunen Flächen mit den Zahlen von 1 bis 10 kennzeichnen die grossen Wüstengebiete. Siehe hierzu auch Aufgabenlösung zu 188 (1).

M3 Wüstenarten und ihre Entstehung
Die Abbildung zeigt mit drei Fotos die verschiedenen Wüstenarten, darunter sind in Kurzform Angaben zu Anteilen und Materialien aufgeführt. Mit den über den Fotos befindlichen Texten und Zeichnungen wird knapp die Entstehung der verschiedenen Wüstenarten erläutert. Siehe hierzu auch Aufgabenlösungen zu 189 (5).

Aufgabenlösungen

188 (1) *Bearbeite die Übungskarte (M2).*
1 Mojavewüste
2 Atacama
3 Sahara
4 Namib
5 Grosse Arabische Wüste
6 Karakum
7 Kysylkum
8 Takla Makan
9 Gobi
10 Grosse Sandwüste, Gibsonwüste, Grosse Viktoriawüste

188 (2) *Erfahrene Wüstenreisende übernachten nie in Wadis. Erkläre.*
Ein Wadi ist ein zeitweise Wasser führendes Flussbett. Regenfälle in weit entfernten Gebieten können dazu führen, dass plötzlich grosse Wassermassen das Flussbett füllen. Um vor solchen Überraschungen sicher zu sein, sollte man nie in einem Wadi übernachten.

188 (3) *Zur Ausrüstung von Wüstenreisenden gehören auch ein Thermoschlafsack und eine Decke. Nenne Gründe dafür.*
Die fehlende Wolkendecke über den Wüstengebieten führt zu einer hohen nächtlichen Ausstrahlung. So können die Temperaturen in der Nacht bis unter den Gefrierpunkt sinken. Eine wärmende Ausrüstung ist also für Übernachtungen vonnöten.

189 (4) *Welche Erfahrungen beschreibt Saint-Exupéry aufgrund des Wassermangels (M1)?*
Durst führt schon nach kurzer Zeit dazu, dass die Zunge anschwillt, die Stimme rau und heiser wird und sich Schwindelgefühle und Halluzinationen einstellen.

189 (5) *Beschreibe die verschiedenen Wüstenarten. Berichte über ihre Entstehung (M3).*
- Felswüste (Hamada): Sie bildet ca. 70 % aller Wüsten und ist von kantigem Steinschutt und grösseren Blöcken geprägt, die sich bevorzugt am Fuss der Gebirge befinden.
- Kieswüste (Serir): Sie bildet ca. 10 % aller Wüsten und befindet sich in der weiteren Umgebung der Gebirge. Grosse Ebenen und flache Senken sind von rundlichem und scharfkantigem Kies bedeckt.
- Sandwüste (Erg): Sie bildet ca. 20 % aller Wüsten und besteht aus Sand, Staub und feinen Gesteinssplittern, die Dünenlandschaften formen.

Entstehung: Am Tag können die Temperaturen in der Wüste über 70°C in der Sonne erreichen, im Schatten immer noch ca. 60°C. In der Nacht kühlt das Land mangels Wolkendecke extrem aus, im Winter werden sogar Nachtfröste registriert.

Zu den grossen Temperaturschwankungen kommen die starke Austrocknung des Gesteins und dessen Wiederbefeuchtung durch Tau hinzu. Gelegentlicher Regen und die in der Schuttbedeckung vorhandene Feuchtigkeit fördern die Verwitterungsprozesse. Vom anstehenden Gestein lösen sich Blätter, Scherben und Blöcke ab, die zu Steinen und Sand weiter zerfallen können, wenn sie nicht durch harte Krusten geschützt sind, die sich an der Oberfläche vieler Gesteine ausbilden. Dieser sogenannte Wüstenlack entsteht durch Eisen- und Manganoxide, die mit dem verdunstenden Wasser an die Gesteinsoberfläche gezogen werden und dort allmählich eine dunkle Kruste bilden.

Die sich infolge der Verwitterung bildenden grossen Gesteinsblöcke und -scherben bleiben am Fuss der Berge liegen und bilden hier grössere Felder von Gesteinstrümmern. Der ständige Wind weht fortlaufend das feine Korn aus und hinterlässt die Felswüste. Geröll- und Kieswüsten, die die Felswüsten umgeben, werden durch die ausgewehten Feinteile weiter geformt. Der vom Wind weggeführte Feinsand setzt sich in ausgedehnten, vielgestaltigen und sich ständig bewegenden Dünenfeldern ab.

In den tiefsten Teilen von Senken, in denen Wadis enden oder sich verbreitern und ihr Wasser verdampft, bilden sich Sebchas oder Schotts (Salztonebenen).

Natur- und Lebensraum Wüste
Schülerbuch Seiten 190–191

Abbildungen

M1 Wüste im Westen der USA
Das Foto zeigt einen Teil des Monument Valley. Diese Wüste ist gleichzeitig ein Nationalpark und liegt im Navajoreservat in Arizona und Utah. Die bizarr geformten Sandsteinfelsen entstanden im ariden Klima aus waagerecht verlaufenden mesozoischen Sandsteinschichten. Zum Teil sind auch Reste von Vulkanschloten erhalten, die senkrecht in den Himmel ragen (Bildhintergrund).

M2 Das Brandberg-Massiv (2579m), Damaraland, in der Wüste Namib
Das Massiv gehört zum Staat Namibia im Südwesten Afrikas. Es hat seinen Namen von den rötlichbraunen Farbtönen erhalten, in denen das über das umgebende Land ragende Gebirgsmassiv im Sonnenlicht erscheint. Siehe auch Aufgabenlösung zu 191 (1).

M3 Entstehung einer Wendekreiswüste
Die Zeichnung zeigt den Kreislauf der Luftmassen zwischen Äquator und Wendekreisen. Siehe auch Aufgabenlösung zu 191 (1) und 191 (3).

M4 Entstehung einer Küstenwüste
Die Zeichnung zeigt den Einfluss einer kalten Meeresströmung vor der Küste auf die Niederschlagsmenge auf dem Festland. Siehe auch Aufgabenlösung zu 191 (1) und 191 (3).

M5 In der südamerikanischen Atacama-Wüste
Das Foto zeigt die Atacama-Wüste an der Küste Chiles und Perus. Die Region ist völlig vegetationslos. Die grosse Trockenheit, die damit verbundene Wolkenarmmut und die geringen Mengen an anthropogen bedingten Aerosolen haben mehrere Staaten veranlasst, hier ihre Observatorien zu erbauen.

Aufgabenlösungen

190 (1) *Beschreibe eines der beiden Wüstenfotos näher und verwende dabei dir bekannte Fachausdrücke (M2, M5).*
Brandberg-Massiv: Dieses etwa 750 km² grosse Massiv ist Teil der Namibwüste, gehört aber klimatisch in den Bereich der Halbwüsten. In seltenen Fällen erhält es durch Westwinde Feuchtigkeit als Nebel, der sich dann an der Westseite des Gebirges abregnet. Im überwiegenden Teil des Jahres liegt diese Küstenwüste im Einflussgebiet trockener Luftmassen. Diese haben, bedingt durch die parallel zur Küste verlaufende kalte Meeresströmung des Benguelastromes, ihre ursprüngliche Feuchtigkeit bereits über dem Atlantik verloren.
Atacama-Wüste: Das Foto zeigt das Mondtal in der Atacama, einer Küstenwüste an der Westküste Südamerikas. Seinen Namen hat es den bizarren Formen und der fehlenden Vegetation zu verdanken. Die Atacama ist die trockenste Wüste weltweit. An manchen Stationen ist seit Beginn der Wetteraufzeichnungen kein Niederschlag gefallen. Dies verdankt sie dem vor der Küste vorbeiziehenden kalten Humboldtstrom. Die Regenwolken erreichen das Land nicht bzw. bilden sich in manchen Regionen gar nicht erst. Lediglich Nebel erreicht die Küsten.

190 (2) *Definiere die Begriffe heisse Wüste und kalte Wüste.*
Eine heisse Wüste hat eine Jahresdurchschnittstemperatur über 18°C, in einer kalten Wüste liegt sie darunter.

190 (3) *Erläutere die Ursachen der Niederschlagsarmut in Wendekreis- und Küstenwüsten. (M3, M4).*
Wendekreiswüste: In der Äquatorregion steigen die stark erhitzten Luftmassen auf, kühlen sich in der Höhe ab und bilden Wolken. Diese regnen sich zum Teil ab. Da an der Obergrenze der Troposphäre eine Inversionsschicht liegt, ist dem weiteren Aufstieg der Luftmassen hier eine Grenze gesetzt. Die Luft weicht nach Norden und Süden aus und verliert auf ihrem Weg weiter an Feuchtigkeit. In den Gebieten der Wendekreise sinken die nun sehr trockenen Luftmassen ab, erwärmen sich und haben so auch eine sehr geringe relative Feuchte. In diesen Gebieten regnet es so gut wie nie, eine Wüste ist entstanden. Die von den Wendekreisen zum Äquator zurückströmenden Luftmassen werden als Passatwinde bezeichnet.
Küstenwüste: An warmen Küsten, an denen kalte Meeresströmungen vorbeiziehen, kühlen sich die über dem Meer befindenden Luftmassen über diesem Küstenstrom ab, es kommt zu Kondensation und Regen. Verstärkt wird dieser Effekt durch ablandige, warme Passatwinde. Diese lagern über der kälteren Meeresluft und bilden eine Inversion. Darunter kommt es in der feuchten Meeresluft zu Nebelbildung. Treffen die Luftmassen nun auf die Küsten, enthalten sie nur noch wenig Feuchtigkeit in Form von Nebel. Ausserdem erwärmen sie sich über dem Land wieder, so sinkt auch die relative Luftfeuchte. Es entsteht eine Küstenwüste.

Natur- und Lebensraum Wüste
Schülerbuch Seiten 192–193

Grundbegriffe: Flussoase, Grundwasseroase, artesische Brunnenoase

Abbildungen

M1 Nutzung der Dattelpalme
Die Zeichnung in Verbindung mit dem Text zeigt die vielfältigen Verwendungsmöglichkeiten der Dattelpalme. Dies erklärt, warum sie die

Lebensräume der Menschen

wirtschaftliche Grundlage der Oasenbauern bildet. Siehe auch Aufgabenlösung zu 193 (1).

M2 Stockwerkbau in Oasengärten
Die Zeichnung zeigt einen Palmengarten in einer Oase. Die landwirtschaftlich nutzbare Fläche einer Oase ist sehr klein, deshalb muss sie optimal ausgenutzt werden. Eine Möglichkeit dafür bietet der in Stockwerken gegliederte Intensivanbau: Im Erdgeschoss werden kleine Beete mit Getreide, Gewürzen, Tee, Tabak und Gemüse bepflanzt. Die Beete werden mit Miniwällen eingegrenzt, um das auf sie geleitete Wasser länger zu halten. Im mittleren Stockwerk findet man Obstbäume wie Pfirsiche, Orangen, Zitronen und Granatäpfel sowie Feigenbüsche. Das Dachgeschoss bilden die Schatten spendenden Palmen, die als wirtschaftliche Grundlage der Oasenbauern dienen. Neben dem Schutz vor intensiver Sonnenstrahlung durch die höheren Bäume entnehmen die Pflanzen dem Boden auch verschiedene Nährsalze, es verdunstet weniger Wasser und der Boden trocknet nicht so schnell aus.

M3 Die Grundwasseroase El-Goléa (Algerien)
Das Foto zeigt die Palmengärten und die Siedlung von schräg oben. Hierdurch und durch den rechts im Bildhintergrund sichtbaren Abhang ist ersichtlich, dass die Oase am Fuss eines Gebirgszuges liegt. Sie befindet sich im Norden Algeriens zwischen Sahara-Atlas und dem Plateau von Tademait am Rand des Westlichen Grossen Erg auf einer Höhe von 377 m ü. M. Die Gebäude zeigen die typische Architektur der Region. Sie haben zum Schutz gegen die Hitze nur kleine Fenster, das Grundstück ist ummauert und bietet so Schutz vor neugierigen Blicken und schattige Innenhöfe. Bis auf die Moschee mit den Kuppeln haben die Gebäude Flachdächer. Hier hält sich die Familie am Abend auf und hier werden auch die landwirtschaftlichen Produkte getrocknet. Siehe auch Aufgabenlösung zu 193 (4).

M4 Bewässerungsarten in der Wüste
Die Niederschläge versickern im Gebirge und speisen so das Grundwasser. Die wasserführende Schicht sammelt das Wasser über einer wasserundurchlässigen Schicht.

Dort, wo sich das Grundwasser dicht unter der Oberfläche sammelt, entstanden die Grundwasseroasen. Sie werden auch als Brunnenoasen bezeichnet. Hier kann das Wasser mit einfachen Ziehbrunnen gefördert werden. Vielfach liegen diese Oasen auch über sehr tief liegenden Grundwasserspeichern, die noch aus der letzten Pluvialzeit stammten.

In einigen Regionen steht das Grundwasser durch ständig nachströmendes Wasser unter Druck, die auf der Schicht lastenden Gesteinspakete verstärken diesen noch. Bei Anbohrung des unter Druck stehenden Wassers sprudelt es als artesischer Brunnen in einer Oase aus der Tiefe nach oben.

Flussoasen entstanden dort, wo Flüsse eine Wüste durchqueren, wie z.B. am Nil. Auf beiden Seiten des Flusses liegen landwirtschaftliche Flächen, die mit dem Flusswasser über Kanäle bewässert werden. Siehe auch Aufgabenlösung zu 193 (2)

Zusatzinformation

Eine weitere Oasenform ist die Foggaraoase. Sie entstand am Fuss von Gebirgen, z.B. dem Atlasgebirge in Marokko. Bewässerungsstollen erschliessen weit entfernte Grundwasservorkommen, die aus den Regenfällen am Gebirgsrand gespeist werden. Die Bewässerungsstollen ziehen sich über viele Kilometer hin und sind alle 10–15 m mit Schächten versehen, die die Stollen belüften und als Einstieg für Reinigungsarbeiten dienen.

Aufgabenlösungen

193 (1) *Die Dattelpalme gilt als wichtigste Pflanze der Oasen. Begründe.*
Die Dattelpalme ist eine perfekt an die Wüstenbedingungen angepasste Pflanze. Sie benötigt Monatsmitteltemperaturen im heissesten Monat von über 28°C und verträgt keinen starken Frost. Gleichzeitig braucht sie für eine reiche Fruchtproduktion ca. 20 l Wasser pro Stunde. (Zum Vergleich: eine mittelgrosse Buche verbraucht an einem heissen Sonnentag ca. 400 l Wasser).

Sie dient als Schattenspender in den Oasengärten. Aus einer Dattelpalme lassen sich fast alle lebenswichtigen Lebensmittel gewinnen und Gegenstände herstellen. Die Früchte sind eine begehrte Handelsware und werden weltweit exportiert. Fehlende lebenswichtige Dinge, die die Palme nicht bietet, sind Milch und Milchprodukte, Fleisch, Leder, Wolle, Seife und Salz. Früher wurden diese Dinge bei den durchziehenden Karawanen gegen Datteln und andere Früchte eingetauscht, heute bieten dies moderne Supermärkte.

193 (2) *Stelle die verschiedenen Formen der Wasserversorgung in Oasen in einer Tabelle gegenüber.*

Grundwasseroase	Artesische Brunnenoase	Flussoase
Die wasserführende Schicht liegt so nah an der Oberfläche, dass die Pflanzen sie mit den Wurzeln erreichen können. Zur Förderung des Wassers reichen einfache Ziehbrunnen, die mit Muskelkraft betätigt werden können.	Hier tritt Wasser aufgrund des hohen Drucks, der sich in der wasserführenden Schicht aufgebaut hat (häufig von zwei Seiten) von selbst an die Oberfläche bzw. kann leicht heraufgepumpt werden	Der Fluss liefert das benötigte Wasser. Es wird über Pumpen, Schaufelradsysteme (archimedische Schraube) etc. in Kanäle befördert, die beidseitig des Flusses liegenden landwirtschaftlichen Flächen mit Wasser versorgen.

193 (3) *Begründe, warum Häuser immer am Rand der Oase gebaut werden.*
Wie in anderen Oasen auch, liegt die Siedlung El-Golea ausserhalb der eigentlichen Oase auf Wüstenboden. Da die landwirtschaftliche Nutzfläche knapp ist, verschwendet man sie nicht für den Bau von Häusern.

193 (44) *Erkläre, wie sich fossiles Wasser von anderem Grundwasser unterscheidet.*
Das Wasser der sehr tief liegenden Grundwasserspeicher aus der letzten Pluvialzeit, die vor ca. 10 000 Jahren endete, wird seit einigen Jahren mit Motorpumpen nach oben gepumpt. Im Gegensatz zu den Wasservorkommen in den Oasen kann es sich nicht aus dem Niederschlagswasser erneuern. Der Grundwasserspiegel unter der Sahara sinkt seit Jahren deshalb kontinuierlich.

Zusatzaufgaben

Aufgabe 1
Beschreibe und begründe die Lage der Oasen in der Sahara (Atlas).
Oasen sind in der gesamten Wüste zu finden, konzentriert aber in den nördlichen Bereichen, besonders in den Staaten Marokko, Algerien, Libyen und Ägypten. Hier liegen grosse Beckenlandschaften, in denen sich Wasser auch aus ferner liegenden Niederschlagsgebieten sammeln kann. Gleichzeitig kann heute mit modernen Pumpen das Wasser aus grossen Tiefen heraufbefördert werden, sodass sich

gerade im Bereich der alten Grundwasserspeicher die Oasen vergrössern und auch neue Oasen entstehen können.

Aufgabe 2
Experiment zur Simulation eines artesischen Brunnens
Zwischen zwei Stativen wird ein Schlauch von ca. 1 m Länge so aufgehängt, das er in der Mitte stark durchhängt. Dann wird am tiefsten Punkt ein kleines Loch in den Schlauch gebohrt und mit z. B. einem Streichholz wieder verschlossen. Darunter wird eine Auffangschale gestellt. Anschliessend wird der Schlauch über einen Trichter mit Wasser befüllt und nun das Streichholz entfernt. Durch den von beiden Seiten zur Schlauchmitte gerichteten Druck entsteht eine ca. 10 cm hohe Wasserfontäne, wie bei einem artesischen Brunnen.

Natur- und Lebensraum Wüste / Gewusst wie: Satellitenbilder auswerten

Schülerbuch Seiten 194 – 195

Abbildungen

M1 Ägypten auf der Weltkugel
Die Zeichnung verortet Ägypten auf der Weltkugel. Siehe auch Aufgabenlösung zu 194 (1).

M2 Übungskarte: Nilländer
Die Übungskarte zeigt das Flusssystem des Nil sowie die relevanten topografischen Gegebenheiten des Gebietes von den Quellen bis zum Mündungsdelta des Nil. Siehe auch Aufgabenlösung zu 194 (1).

M3 Satellitenbild der Flussoase des Nil und des Nildeltas
Die Aufnahme lässt deutlich die ungleiche Verteilung zwischen Wüstenflächen und nutzbarem Land erkennen. Nur 5 % der Fläche sind heute besiedelt, entlang des Flusses, der Fayum-Oase und im Nildelta leben im Jahr 2008 81,527 Mio. Menschen, davon 43 % in den Städten. Siehe auch Aufgabenlösung zu 195 (5).

Methodenbox: So wertest du ein Satellitenbild aus
Die Schrittfolge leitet zum Auswerten eines Satellitenbilds an. Sie stellt eine Weiterentwicklung der auf S. 31 (Schülerbuch) vorgestellten Methode „So liest du ein Satellitenbild".

Aufgabenlösungen

194 (1) *Bearbeite die Übungskarte (M2).*

Meere, Seen	Flüsse, Kanäle	Städte	Staaten
A-Mittelmeer	a-Nil	S.-Suez	1-Ägypten
B-Rotes Meer	b- Atbara	A.-Alexandria	2-Sudan
C-Nassersee	c- Blauer Nil	K.-Kairo	3-Eritrea
D-Tanasee	d- Weisser Nil	As.-Assuan	4-Äthiopien
E-Viktoriasee	e- Suezkanal	Kh.-Khartoum	5-Uganda
		Ad.- Addis Abeba	6-Kenia
			7- D.R.Kongo
		J. -Juba	8-Tansania

194 (2) *Erkläre den Begriff Fremdlingsfluss.*
Der Lauf des Nil führt von Süd nach Nord durch verschiedene Klimazonen. Dem feuchttropischen Regenwaldgebiet in Uganda mit 10 bis 12 humiden Monaten und etwa 1600 mm Jahresniederschlag folgen die Übergänge in den Feucht- und Trockensavannen zu den semiariden Gebieten. Zwischen Atbara, Assuan und Asyut wird der Nil zum Fremdlingsfluss ohne weitere Zuflüsse. Hier durchfliesst er das Gebiet der Halb- und Vollwüste mit 12 vollariden Monaten und weniger als 150 mm Niederschlag.

194 (3) *Begründe, warum Ägypten ein „Geschenk des Nil" ist.*
Das Niltal ist durch die Bewässerung mit Nilwasser fast die einzige landwirtschaftliche Nutzfläche in Ägypten. 95 % der Bevölkerung leben hier und versorgen sich hauptsächlich mit selbst angebauten Produkten. Ohne den Nil bestünde das Land ausschliesslich aus Wüste. Der Nassersee hat dazu geführt, dass die jährlichen Überschwemmungen nicht mehr das Leben erschweren und ermöglicht jetzt eine ganzjährige Bewässerung. So lassen sich auf den begrenzten Flächen mehrmals im Jahr Ernten erzielen, die auch jeweils quantitativ höher ausfallen.

194 (4) *Bestimme die Quellflüsse des Nil (Atlas).*
Der Nil hat als Quellflüsse 1. den Weissen Nil, der wiederum sein Wasser aus den Quellflüssen des Viktoriasees in Ruanda und Tansania bezieht, 2. den Atbara und 3. den Blauen Nil aus dem Tanasee im äthiopischen Hochland.

195 (5) *Werte das Satellitenbild aus (M3). Orientiere dich an der Schrittfolge. Nutze für die Beschreibung des Bildinhaltes die Begriffe Grundwasseroase, Flussoase und Delta.*
Dargestellt ist die Flussoase des Nil bis etwa 80 km südlich der El-Faiyum-Oase und des Nildeltas. Anhand der Flächenfarben sind die grossen Wüstengebiete (beige), die Bewässerungsflächen (grün), die Wasserflächen (blau) und die Siedlungen (rot) zu erkennen.
Siedlungen und landwirtschaftliche Flächen finden sich entweder in der Flussoase des Nil selbst oder in der Grundwasseroase von El-Faiyum. Besonders dicht besiedelt und landwirtschaftlich genutzt ist das Nildelta. Hier leben etwa 60 Mio. Menschen. In den Wüstengebieten ist Ägypten so gut wie unbesiedelt.

Natur- und Lebensraum Wüste

Schülerbuch Seiten 196 – 197

Abbildungen

M1 Jahresgang des Wasserstands des Nil bei Luxor vor und nach dem Bau des Staudamms bei Assuan
Das Diagramm verdeutlicht die sehr unterschiedlichen Abflussmengen des Nil, bevor der Sadd-el-Ali-Staudamm errichtet wurde. Je nach Niederschlagshöhen in den Herkunftsgebieten, besonders in den Sommerregengebieten des äthiopischen Hochlandes (bis zu 2000 mm im Jahresmittel), variiert die Wasserführung in den verschiedenen Jahren zwischen 5000 und 11 000 m³/Sek. Im Durchschnitt tragen Blauer Nil und Atbara 63 Mrd. m³ Wasser zu der Gesamtmenge des in den Nassersee einfliessenden Wassers bei, während der Weisse Nil nur etwa 26 Mrd. m³ Wasser führt. Deutlich wird auch die stark im Jahresverlauf schwankende Wasserführung im Mittel- und Unterlauf des Flusses. Vor dem Dammbau trat die Nil-

Lebensräume der Menschen

schwelle im Sommer und Herbst ein, mit einem Höchststand von fast 8 m Wasserhöhe im September, wenn die Flutwelle Ägypten erreichte. Im Frühjahr führte der Nil Niedrigwasser mit einer Höhe von knapp 1m. Seit dem Dammbau beträgt die Wasserhöhe des Nil das ganze Jahr durchgehend ca. 3 m. Dadurch steht immer genügend Wasser für die Bewässerungslandwirtschaft, die Flussschifffahrt und die Stromerzeugung durch Wasserkraft am Staudamm zur Verfügung.

M2 Der Staudamm bei Assuan

Das starke Bevölkerungswachstum und der gestiegene Bedarf an Bewässerungsland, einer besseren Energieversorgung und einer verstärkten Industrialisierung führten zu dem Bau des 3,6 km langen und 111 m hohen Sadd-El-Ali-Dammes zwischen 1960 und 1971. Der dabei entstandene Nasserstausee ermöglichte es, dass die gesamte jährlich in den Nassersee einfliessende Wassermenge für die Bewässerung zur Verfügung steht. Nach dem Nilwasserabkommen von 1959 darf Ägypten unter Berücksichtigung von Verdunstungs- und Versickerungsverlusten (10 Mrd. m³) jährlich 55 Mrd. m³ Wasser entnehmen, dem Sudan stehen 18,5 Mrd. m³ Wasser zur Verfügung. Bislang wurden ca. 400 000 ha Neuland erschlossen, überwiegend am Rand des Nil und im Nildelta. Die Turbinen liefern jährlich 8,5 Mrd. kWh Strom für viele Siedlungen und verschiedene Fabriken (Düngemittelfabrik, Aluminiumhütte). Der Assuandamm ist heute nach dem Drei-Schluchten-Damm (China) und dem Itaipu-Damm (Paraguay, Argentinien, Brasilien) immer noch der drittgrösste Damm der Welt. Siehe auch Aufgabenlösung zu 196 (1).

M3 Der Tempel Abu Simbel wurde wegen des Baus des Assuan-Staudamms versetzt

Im Bild ist der grössere der beiden Tempel von Abu Simbel zu sehen. Er ist Ramses II. gewidmet, der kleinere seiner Frau Nefertari. Sie wurden um 1200 v. Chr. errichtet. Mit der Planung des Assuandammes wurde erkennbar, dass die Tempelanlage am Ufer des Nil unter der Wasserlinie des zukünftigen Sees liegen würde. In einem Gemeinschaftsprojekt von ägyptischen und europäischen Baufirmen wurde die Tempelanlage zwischen 1963 und 1968 von ihrem ursprünglichen Standort 64 m höher transportiert und steht heute auf einer kleinen Insel im Nassersee, die über einen Damm erreichbar ist. Siehe auch Aufgabenlösung zu 196 (1).

M4 Trockenrisse im Boden

Das Foto zeigt die Folgen der unangepassten Bewässerung. Ohne Drainage versalzt der Boden und kann kein Pflanzenwachstum mehr ermöglichen. Wird dann die Bewässerung eingestellt, bricht der Boden auf, es bilden sich Trockenrisse. Siehe auch Aufgabenlösung zu 196 (1).

Aufgabenlösungen

196 (1) *Stelle die Vor- und Nachteile des Hochdammbaus in einer Tabelle gegenüber.*

Vorteile	Nachteile
Dauerbewässerung und damit höhere Erntemengen möglich	Versalzung und Versumpfung durch nicht angepasste Bewässerung (keine Drainage)
Das Süsswasser fliesst nicht mehr ungenutzt ins Meer	Schlamm als natürlicher Dünger fehlt, Intensivierung des Anbaus ist nur mit teurem Mineraldünger möglich
Die gleichmässige Wasserführung verhindert Überschwemmungen und ermöglicht eine ganzjährige Schifffahrt	Kulturland im Delta geht verloren, weil der Schlamm, der sich hier absetzte, nun fehlt
Neues Bewässerungsland kann erschlossen werden	Wenig Nährstoffe im Wasser führen zum Rückgang der Fischbestände
Die Energiegewinnung aus Wasserkraft ermöglicht die Industrieansiedlung und bringt eine Stromversorgung in die Dörfer	Der fehlende Schlamm führt zu erhöhter Fliessgeschwindigkeit und damit zur Erosion der Flussufer
Niemand muss mehr hungern, da die Erntemengen stark gestiegen sind	Die ganzjährige Bewässerung fördert die Ausbreitung der Bilharziose, einer Wurmerkrankung
Auch Pflanzen wie Reis und Zuckerrohr können jetzt angebaut werden	Der Schlamm sammelt sich im Stausee und wird diesen voraussichtlich in etwa 400 Jahren gefüllt haben
	Für den Bau mussten ca. 100 000 Menschen umgesiedelt werden und viele Kulturschätze versanken im Wasser

Zusatzaufgabe

Informiere dich über das Toschka-Projekt in Ägypten. Halte darüber einen Kurzvortrag.

Von der ägyptischen Regierung wurde 1997 ein Megaprojekt zur Erschliessung der Westlichen Wüste verkündet. Hier sollen bis 2017 überwiegend mit Nilwasser 420 000 ha Bewässerungsland gewonnen werden. Mit 225 000 ha umfasst die Toschka-Senke das Kerngebiet des Erschliessungsvorhabens. Pro Hektar Land wird von der Schaffung von vier neuen Arbeitsplätzen ausgegangen, weitere 8 bis 10 sollen in Transport und Weiterverarbeitung und Verwaltung entstehen. Zudem soll das gesamte Gebiet 3 Mio. Menschen Lebensraum bieten. Dies würde die dicht besiedelten Gebiete Unterägyptens entlasten und gleichzeitig dringend benötigte Arbeitsplätze stellen. Die Arbeitslosigkeit liegt in Ägypten offiziell bei nur 10,6 %, es herrscht aber eine hohe verdeckte Arbeitslosigkeit. Die Umsetzung des Vorhabens soll mithilfe ausländischer Investoren gelingen, die exportorientierte landwirtschaftliche Grossbetriebe errichten. Diese sollen in der Region eine Leitfunktion für deren Entwicklung übernehmen.

Das Projekt ist aber nicht unumstritten. Für seine Verwirklichung müssen eine riesige Pumpstation und ein 72 km langer Kanal gebaut werden. Eigentlich steht die für die Bewässerung der Toschka-Senke zusätzlich benötigte Wassermenge von 5 Mrd. m³ auch nicht zur Verfügung. Bevölkerung, Tourismus und Industrie werden in Zukunft bis zu 20 Mrd. m³ Wasser mehr als heute beanspruchen und die anderen acht Nil-Anrainerstaaten melden ebenfalls einen höheren Bedarf an. Zudem werden die hohen Temperaturen von im Sommer bis zu 51 °C die Verdunstung fördern und zur Bildung von Salzseen führen, ausserdem entspricht der zusätzliche Siedlungsraum dem Bevölkerungsanstieg von lediglich 3 Jahren. Es ist auch zu hinterfragen, ob der Anbau von Cash Crops der Versorgung der Bevölkerung wirklich dient, andere Länder haben damit schlechte Erfahrungen gemacht. Schon heute geht in Ägypten mit Reis- und Zuckerrohranbau viel Fläche für die Ernährung der einheimischen Bevölkerung verloren.

Zusatzinformationen

Seit 3000 v. Chr. nutzen die Ägypter die saisonale Nilflut für den Bewässerungsanbau. Bei der traditionellen Beckenbewässerung hatte man im Niltal Bassins angelegt, die sich mit der Flutwelle des Nil füllten, darin staute sich das Wasser bis zu sieben Wochen. Nach dem Abfluss des Wassers konnte der gut durchfeuchtete und mit frischem Schlamm gedüngte Boden bestellt werden. Ab 1861 wurden kleinere Wehre errichtet und ermöglichen so erstmals eine ganzjährige Bewässerung. Mit der Inbetriebnahme des alten Assuandammes von 1902 ging Ägypten zur grossflächigen Dauerbewässerung über. 1920 wurde mit dem „Nile Control Project" eine wasserwirtschaftliche Gesamtplanung für den Nil erstellt. Es wurden verschiedene Dämme errichtet, wie z.B. der Sennardamm und Er-Roseires-Damm am Blauen Nil, der Djebel-Aulia-Damm am Weissen Nil und der Khaschm-El-Girba-Damm am Atbara sowie der Owen-Falls-Damm als Mehrjahres-Ausgleichsspeicher am Ausfluss des Viktoriasees. Auch der im Bau unterbrochene Jonglei-Kanal im Sudd gehört zu dieser Gesamtplanung.

Natur- und Lebensraum Wüste
Schülerbuch Seiten 198–199

Grundbegriff: Nomadismus

Abbildungen

M1 Nomaden auf der Suche nach Weideland
Die Kamele sind mit dem gesamten Hab und Gut der Nomaden beladen und transportieren dieses zum nächsten Rastplatz, der Futter und Wasser für die hier abgebildete Ziegenherde bietet. Bei den afrikanischen Nomadenvölkern dienen die einhöckrigen Dromedare als Last- und Reittiere, liefern dazu auch lebensnotwendige Güter wie Fleisch, Fett und Milch, Wolle und Leder.

M2 Das Kamel
Abgebildet ist ein zweihöckriges Kamel, ein sogenanntes Trampeltier. Siehe auch Aufgabenlösung zu 198 (1).

M3 Tuareg in einem blauen Gewand
Die Tuareg ist traditionell gekleidet und trägt den Gesichtsschleier. Der Mund gilt als unrein, da er eine Körperöffnung ist und muss deshalb verdeckt werden. Obwohl die Tuareg überwiegend Moslems sind, verschleiern sich bei ihnen die Männer, nicht die Frauen. Diese haben einen hohen Grad an Selbstständigkeit, dürfen z.B. ihre Ehepartner wählen und sich auch scheiden lassen. Siehe auch Aufgabenlösung zu 108 (4).

Aufgabenlösungen

198 (1) *Erläutere die Bedeutung des Kamels für einen Nomaden.*
Das Kamel ist für die Nomaden ein Statussymbol. Je grösser die Herde ist, desto grösser ist auch das Ansehen ihres Besitzers. Gleichzeitig liefert das Kamel fast alle lebensnotwendigen Dinge zum Leben und dient noch als Transporttier. Seine hervorragende Anpassung an den trockenen Lebensraum machte das Kamel zum geeigneten Lasttier für den Karawanenhandel. So ermöglichte es seinem Besitzer grosse Verdienstmöglichkeiten.

198 (2) *Begründe den Ausspruch „Nomaden wandern, um zu überleben".*
Viele Nomaden verdienten vor Einführung der Lastwagen als Transportmittel ihr Geld als Führer von Handelskarawanen durch die Sahara. Sie waren auch im Salzhandel aktiv und züchteten Kamele, Schafe und Ziegen. Eine sesshafte Lebensweise als Ackerbauern war ihnen fremd. Bis auf die Viehzucht sind ihre Verdienst- und Arbeitsmöglichkeiten heute gering. Um für ihre Herden genug Futter und Wasser zu finden, müssen sie wandern.

198 (3) *Erkläre, wie sich das Kamel an seinen Lebensraum angepasst hat. Gehe dabei auch auf die Unterschiede zwischen Kamelen und Dromedaren ein (andere Medien).*
Kamele haben verschiedene Strategien entwickelt, bei Wassermangel zu überleben. Sie kommen bis zu acht Tage ohne Wasser aus. Sie können in Notzeiten die Fettreserven ihres Höckers abbauen, bei diesem Prozess der Zellatmung entsteht Wasser. Ihre variable Körpertemperatur (nachts 34°C, tagsüber 41°C) spart nachts Energie und verhindert tagsüber das Schwitzen. Ihre Nase funktioniert wie eine Klimaanlage. Der an den Schleimhäuten vorbeiströmenden feuchten Luft wird hierbei das Wasser entzogen und wieder dem Blut zugeführt. Wenn Kamele trinken, nehmen sie grosse Wassermengen (100 bis 200 l) in kurzer Zeit auf. Dies ermöglichen ihnen die oval geformten Blutkörperchen, hätten sie runde wie die Menschen, würden diese platzen. Das dichte sandfarbene Fell isoliert sie vor der Tageshitze und der Nachtkälte, gleichzeitig dient die Fellfarbe als Tarnung. Die verschliessbaren Augen mit den langen Wimpern schützen vor eindringendem Sand. Die breiten gespreizten Füsse (Schwielensohler) verhindern das Einsinken in den Sand. auch verliert das Kamel wenig Wasser mit Kot und Urin, da dieses in Nieren und Enddarm zurückgewonnen wird.
Einhöckrige Dromedare sind bevorzugt in Afrika und Arabien zu finden, zweihöckrige Trampeltiere in Asien. Sie sind untereinander kreuzbar, bilden also nach biologischer Auffassung eine Art. Es bestehen zwischen ihnen aber einige morphologische Unterschiede. So hat das Trampeltier zwei Höcker, etwas grössere Füsse, ein höheres Gewicht, kann salzhaltiges Wasser unbeschadet trinken und muss in Zentralasien grosse Temperaturschwankungen (von +45°C bis -35°C) ertragen können.

199 (4) *Stelle die Lebensumstände der Tuareg früher und heute einander gegenüber.*
Früher: Nomaden, lebten in Zelten, Karawanenführer, beherrschten den Transsaharahandel, kriegerisches Volk, hielten Ackerbauern als Sklaven in den Oasen, bewegten sich frei über alle Grenzen hinweg.
Heute: gezwungenermassen vielfach sesshaft, leben in Häusern, Teilnomadismus der Wanderhirten, Arbeit als Ölarbeiter, Touristenführer, Ackerbauer, Bauarbeiter, Handwerker, Lkw-Fahrer.

199 (5) *Überlege, welche Auswirkungen eine erzwungene Sesshaftigkeit für die Tuareg haben kann.*
Viele Tuareg sind entwurzelt. Sie haben wenig Möglichkeiten. die traditionellen Kenntnisse wie Orientierung in der Sahara ohne Kompass, Lage der günstigen Wasserstellen, Überlebenstechniken in der Wüste weiterzugeben. So gehen innerhalb einer bis zwei Generationen viele Fähigkeiten verloren. Ihre freie Lebensweise und damit ihr Stolz wurden ihnen genommen, manche wehren sich mit Gewalt gegen die Unterdrückung.

Natur- und Lebensraum Wüste
Schülerbuch Seiten 200–201

Grundbegriff: Industrieoase

Abbildungen

M1 Abwanderung aus den Oasen
Die Abbildung zeigt die Ziele der Oasenbewohner, die die Oasen verlassen. Besonders die Jüngeren wandern von den Oasen in die

Grossstädte, Ferienzentren, Fabriken oder auf die Ölfelder. Sie wollen ein leichteres, komfortableres Leben mit geregelten Arbeitszeiten und besserem Verdienst als dies als Oasenbauer möglich wäre. Siehe auch Aufgabenlösung zu 200 (2) und 200 (4).

M2 Erdöl- und Erdgasvorkommen in der Sahara
Die zahlreichen Öl- und Gasvorkommen liegen besonders in der algerischen und libyschen Wüste. Mithilfe von Pipelines wird das Öl zu den Häfen transportiert. Siehe auch Aufgabenlösung zu 200 (2).

M3 Bewässerungskreisel in der Sahara
Mitten in der Wüste wachsen auf den künstlich beregneten Feldern Agrarprodukte heran. Siehe auch Aufgabenlösung zu 200 (2) und 200 (4).

M4 Beregnungsarme
M4 zeigt einen Ausschnitt aus der Bewässerungsanlage. Um einen zentralen Brunnen kreisen die riesigen Beregnungsarme in einem Radius von ca. 1100 m und versorgen die Pflanzen regelmässig mit dem benötigten Wasser. So kann in der Sahara Getreide angebaut werden. Siehe auch Aufgabenlösung zu 200 (1) und 201 (5).

Aufgabenlösungen

200 (1) *Nenne Gründe für die Anlage der Bewässerungskreisel.*
Oasen sind in der gesamten Wüste zu finden, konzentrieren sich aber in den nördlichen Bereichen. Hier liegen grosse Beckenlandschaften, in denen sich Wasser auch aus ferner liegenden Niederschlagsgebieten sammeln kann. Gleichzeitig kann heute mit modernen Pumpen das Wasser aus grossen Tiefen heraufbefördert werden, sodass sich gerade im Bereich der alten Grundwasserspeicher die Oasen vergrössern lassen und auch neue entstehen können. Besonders Libyen hat hier ca. 10 000 ha grosse neue Bewässerungsflächen angelegt, um im grossen Massstab Agrarprodukte zu erzeugen und teure Importe zu vermeiden.

200 (2) *Beschreibe die Veränderungen in der Wüste durch die Erschliessung von Erdöl und Erdgas (M2).*
Erdöl- und Erdgasfunde haben das Leben in der Wüste stark verändert. Es entstanden Industrie-Oasen, moderne Wohnorte mit viel Komfort. Die Arbeiter haben hier die Möglichkeit, bei geregelter Arbeitszeit gut zu verdienen. Diese Oasen haben keine landwirtschaftlichen Flächen mehr.

Hassi Messaoud z. B. liegt in der nordöstlichen algerischen Sahara. Von hier führen zur etwa 600 km entfernten Mittelmeerküste bei Bejaia und Skikda zwei Erdölleitungen (Pipelines) und eine in das etwa 750 km entfernte, ebenfalls an der Küste liegende Oran. Von den zu Ölhäfen ausgebauten Küstenorten wird das Erdöl mit grossen Tankern weiter verschifft bzw. in den Erdölraffinerien vor Ort verarbeitet.

200 (3) *Die neu erbauten Ferienzentren benötigen viel Wasser. Nenne Folgen für den Grundwasserspiegel.*
Das fossile Grundwasser wird in grossen Mengen für die Bedürfnisse der Touristen heraufgepumpt und kann sich mangels Nachschub nicht erneuern. So sinkt der Grundwasserspiegel kontinuierlich ab. Dadurch wiederum trocknen die Oasen aus. Die Oasengärten verfallen, die Wüste breitet sich aus, die Versorgung der Bewohner muss nun von ausserhalb erfolgen.

201 (4) *Stelle positive und negative Aspekte des Bewässerungsprojektes einander gegenüber.*
Positiv: Die Felder tragen zur Versorgung der einheimischen Bevölkerung bei und vermeiden teure Importe von Getreide, die neuen Betriebe in der Wüste bieten Arbeitsplätze.
Negativ: Der Grundwasserspiegel sinkt kontinuierlich ab, die Reserven sind endlich und sollen in den nächsten 50 Jahren zu Ende gehen. Die Bauern wollten nicht in die Wüste ziehen, so fehlen Arbeitskräfte. Die Entfernungen zu den Zentren des Verbrauchs sind viel zu weit, so verdirbt ein grosser Teil der Produktion.

201 (5) *Schätze den Erfolg des Projektes der „grünen Augen" ein.*
Die Kosten des Projektes sind sehr hoch, die Bewässerungs- und Transportkosten machen es mit den zehnfach über dem Weltmarktpreis liegenden Produktionskosten zum teuersten Getreide der Welt. Die langfristigen ökologischen Auswirkungen des Anbaus sind nicht abschätzbar. Informationen über die momentane Höhe des Grundwasserspiegels sind seit Jahren nicht mehr zugänglich. Da eine spezielle Entwässerung der Flächen nicht stattfindet, können die landwirtschaftlich genutzten Böden innerhalb weniger Jahre versalzen. Der Erfolg des Projektes ist gering gegenüber den Kosten.

Zusatzaufgaben

Aufgabe 1
Der Oasenbauer Ibrahim Mohammed aus einer libyschen Oase im Kufrabecken möchte Tomaten, Zucchini, Zwiebeln und Geflügel in Tripolis verkaufen. Welche Probleme muss er lösen (Atlas)?
Da die Oase ca. 1000 km von Tripolis entfernt ist, muss sich der Bauer überlegen, wie er seine Waren davor schützt, unterwegs in der Hitze zu verderben. Da die Strassen schlecht sind, muss er für die Reise mindestens zwei Tage einplanen. Er bräuchte also eine Kühlmöglichkeit für seine Produkte. Kühllastwagen sind aber teuer und lohnen sich nur bei grossen Mengen.

Er hat ausserdem nur zwei Wege zur Auswahl, einer davon ist zwar kürzer, aber nur eine Piste, d. h. er ist nicht asphaltiert. Eine Eisenbahnverbindung existiert nicht.

Aufgabe 2
Beurteile den Bau von Ferienanlagen in den Oasen aus Sicht a) der Oasenbewohner b) der Touristen.
a) Zunahme des Tourismus bewirkt bessere und leichtere Verdienstmöglichkeiten in Hotels und Restaurants sowie durch den Verkauf von Souvenirs als auf den Feldern.
Die Touristen verbrauchen viel zu viel von dem knappen Wasser. Der Tourismus ist keine verlässliche Einnahmequelle, beim Ausbleiben der Touristen (z. B. verursacht durch Terroranschläge der islamischen Fundamentalisten oder Bürgerkriege) verlieren viele ihre Arbeitsplätze. Da der Feldbau aufgegeben wurde, fehlen dann Geld und Nahrungsmittel. Fremde europäische Lebensweisen treffen auf traditionelle Strukturen, dies schafft Probleme im Umgang miteinander.
b) Sie können sich in beschützten und abgegrenzten Anlagen unabhängig von der sie umgebenden einheimischen Bevölkerung erholen. Das Wüstenklima garantiert einen Sonnenurlaub. Die Touristen lernen (bei Bedarf) eine andere Kultur und Lebensweise kennen.

Aufgabe 3
Stelle die Zusammenhänge zwischen Klima, Vegetation und Leben der Menschen in der Wüste Sahara dar. Halte einen Kurzvortrag.

Die grösste Wüste der Erde, die Sahara, liegt in Nordafrika. Sie hat eine Ost-West-Ausdehnung von ca. 4600 km und eine Nord-Süd-Ausdehnung von ca. 1900 km. Die Wüsten befindet sich im Bereich des Wendekreises, da hier durch absteigende, sich erwärmende Luftmassen die Niederschläge selten und gering sind.

Ohne Wasser ist ein Leben unmöglich. Wenn es ca. alle 10 Jahre einmal ausreichend regnet, erblüht die Wüste innerhalb weniger Tage zu einem Blumenmeer. Die Pflanzen müssen dann in sehr kurzer Zeit ihren gesamten Lebenszyklus absolvieren, da sie die nächste Generation von Samen produziert haben müssen, bevor die Wüste wieder austrocknet.

Dort, wo Wasser an die Oberfläche gelangt, entwickeln sich Oasen. Hier werden in Gartenwirtschaft Getreide, Dattelpalmen, Zitrusfrüchte, Gemüse und Obst angebaut. Die Wohnsiedlungen der Oasenbauern liegen am Rand der Oasen, um möglichst wenig Anbaufläche dafür zu verschwenden.

Wüsten sind lebensfeindliche Räume. Das Hauptproblem stellt die ausreichende Wasserversorgung dar. Ohne die genaue Kenntnis von Wasserstellen ist eine Wüstendurchquerung lebensgefährlich. Problematisch ist für den Menschen auch die extrem grosse Hitze mit der grossen täglichen Temperaturamplitude. Wegen der fehlenden Vegetation ist auch die Brennholzbeschaffung zum Kochen schwierig. In den Randgebieten der Wüste (Steppe, Sahel) wird aufgrund des spärlichen Graswuchses nomadische bzw. halbnomadische Viehwirtschaft betrieben.

Ohne ausreichende Schutzmassnahmen können Menschen die hohen Temperaturen von mehr als 50°C nicht überstehen. Dazu gehören schützende Kleidung und Kopfbedeckung (Burnus, Turban) ebenso wie Gebäude mit wenigen Fenstern zu den schattigen Innenhöfen.

Die Tuareg sind ein Nomadenstamm, der viele Jahrhunderte den Wüstenhandel organisierte. Mit ihren Kamelen transportierten die Tuareg Salz, Datteln und andere Handelsgüter von Nordafrika nach Schwarzafrika und umgekehrt. Daneben lebten sie von Raubzügen und hielten Sklaven für den Ackerbau in den Oasen. Mit der Kolonialisierung wurden Raub und Sklavenhaltung verboten, gleichzeitig trennten neue Staatsgrenzen die alten Weidegebiete voneinander. Nach dem Ende der Kolonialherrschaft mussten die Tuareg ihre Felder in den Oasen abtreten, zusätzlich übernehmen immer mehr Lkws die Transportaufgaben, sodass traditionell nomadisch lebende Tuareg heute nur noch selten anzutreffen sind.

Natur- und Lebensraum Wüste
Schülerbuch Seiten 202–203

Abbildungen

M1 Desertec Parabolrinnen-Anlage in Marokko
Die abgebildeten Parabolrinnen sind Teil eines solarthermischen Kraftwerkes, mithilfe dessen die zukünftige Stromversorgung preiswert sichergestellt werden soll. Da bereits eine Stromtrasse nach Spanien existiert, ist das erste Projekt in Marokko geplant. Weitere sollen im nordafrikanischen Raum und im Nahen Osten folgen.

M2 Masdar City – Simulation
Die Simulation zeigt die Vision einer CO_2-neutralen Stadt für ca. 50 000 Personen und 1000 Firmen. Hier sollen nur automatische und fahrerlose Elektrofahrzeuge zwischen festen Haltepunkten unterwegs sein, die gesamte Energieversorgung soll aus erneuerbaren Quellen stammen und das Wasser aus Meerwasserentsalzungsanlagen. Müll soll nicht produziert werden. Siehe auch Aufgabenlösung zu 202 (3) und 203 (5).

M3 Lage von Masdar City
Masdar City liegt in den Vereinigten Arabischen Emiraten in der Nähe von Abu Dhabi, etwa 30 km landeinwärts. Siehe auch Aufgabenlösung zu 202 (3).

Aufgabenlösungen

202 (1) *Nenne Gründe für die Entwicklung des Desertec-Projektes.*
Der Energiebedarf der Menschheit steigt in den nächsten Jahren weiter an, die fossilen Energiequellen sind aber endlich. In den Wüsten wird eine hohe Solarstrahlung empfangen, die über Leitungsnetze für Verbraucher im Umkreis von 3000 km nutzbar gemacht werden könnte. Die umfangreiche Nutzung der Solarenergie wäre auch ein Beitrag zum Klimaschutz, da bei der Nutzung keine CO_2-Emissionen anfallen. Mit dem Bau der Solaranlagen könnten auch Meerwasserentsalzungsanlagen betrieben werden, was der steigenden Wasserknappheit im Nahen Osten und Afrika entgegenwirken könnte.

202 (2) *Auch in deiner Gemeinde werden umweltfreundliche und umweltschützende Projekte durchgeführt. Schreibe diese in dien Heft und vergleiche dein Ergebnis mit dem der Klasse.*
Individuelle Lösung.

202 (3) *Erkundige dich nach dem Fortschritt von Masdar City (andere Medien).*
Über das Planungsstadium ist das Projekt bislang kaum hinausgekommen. Die Finanzkrise und wohl auch die zu hoch gesteckten Ziele verhinderten dies. So wird die Ökostadt wohl doch eine zusätzliche externe Energieversorgung erhalten und erst 2025 statt wie geplant 2016 fertig werden. Auch das Mobilitätskonzept wurde an die finanziellen Realitäten angepasst. So sollen zukünftig zwischen den Häusern selbst gesteuerte Elektrofahrzeuge und Sedgways unterwegs sein. Mit diesen Änderungen werden die Gesamtkosten von 22 auf 20 Mrd. Dollar gesenkt. Bezugsfertig sind bislang einige Gebäude des Masdar-Institutes. Die hier lebenden und arbeitenden Wissenschaftler sollen auf dem Gebiet der erneuerbaren Energien forschen und ihre Ergebnisse auf Alltagstauglichkeit überprüfen.

203 (4) *Suche eine Grafik, die den Energieverbrauch der Schweiz in den letzten 50 Jahren anzeigt (andere Medien). Bewerte die Befürchtung der Wissenschaftler „Strom wird irgendwann ein Luxusartikel sein".*
Individuelle Lösung. Lösungshinweis: http://www.vimentis.ch/content/docs/strompolitik.pdf

Ab 2020 werden die Kernkraftwerke im Land altersbedingt sukzessive abgeschaltet werden, gleichzeitig läuft ein Stromimportvertrag mit Frankreich aus. Unterstellt man einer weiter steigenden Stromverbrauch, wird eine grössere Stromversorgungslücke entstehen. Diese wird, wenn bis dahin keine Alternativen bei der Stromversorgung umgesetzt werden, sicherlich zu grösseren Preissteigerungen führen.

Lebensräume der Menschen

203 (5) *Recherchiere über die Fortschritte des Projektes und den heutigen Entwicklungsstand (andere Medien; www.desertec.org).*
In Marokko wird das erste Referenz-Kraftwerk errichtet werden. Dazu sollen die benötigten Flächen im ersten Halbjahr 2011 vermessen werden. Mit dem ersten Stromtransfer wird spätestens 2016 gerechnet. Die seit Dezember 2010 erfolgten politischen Umwälzungen in den nordafrikanischen Staaten lassen die Umsetzung des Desertec-Projektes im Moment allerdings fraglich erscheinen, auch wenn in Marokko bislang (bis Mai 2011) nur vereinzelte Protestaktionen stattgefunden haben.

Alles klar? Grübeln und Tüfteln
Schülerbuch Seiten 204–205

Level 1 zum Diplom
1. Robert E. Peary, Roald Amundsen, Robert F. Scott, Fridtjof Nansen, Walter W. Herbert, Frederick A. Cook z. B.
2. Iglus
3. Ski-doo
4. Insel Spitzbergen
5. Südhalbkugel
6. -89,2°C
7. Krill
8. Christine Läderach
9. 210 m²
10. Beluga Fraternity
11. borealer Nadelwald
12. 9 Millionen Franken
13. Antarktisvertrag
14. Forschungsanstalt im Kanton Waadt
15. Nordamerika, Europa, Asien

Level 2 zum Diplom
1. Palisander
2. Brandrodung
3. Pygmäen
4. Wanderfeldbau
5. Banane
6. Maniok
7. Biopiraterie
8. Malaria
9. Stockwerkbau
10. Urwaldriese

Level 3 zum Diplom
(Die Berichtigungen sind kursiv in Klammern gesetzt.)

Die Sahara ist die kleinste (*grösste*) Wüste der Welt. Sie liegt in der (*subtropischen und tropischen*) kalten Zone und ist dicht (*sehr dünn*) besiedelt. Die Temperaturen betragen am Tag durchschnittlich weniger (*mehr*) als 20°C. In den Nächten sinkt die Temperatur auf bis zu -30°C (*-10°C*). Trockentäler in der Wüste nennt man Sidaw (*Wadis*). Den grössten Teil nimmt die Sandwüste (*Felswüste*) ein. In den Oasen bewässert man die Felder mit Regenwasser (*Grundwasser*), das man in Regentonnen sammelt (*aus den wasserführenden Schichten heraufpumpt*). Typisch für die Oasen ist die Zottelpalme (*Dattelpalme*). Am Rande der Sahara (*und in der Sahara*) leben die Tuareg. Sie sind Bauern (*früher meist Nomaden gewesen*). Meistens leben sie in Iglus in grossen Iglustädten (*Zelten in Familiengruppen*). Einige haben Arbeit als Jeepfahrer und Reiseführer (*Ölarbeiter*) für die Ölindustrie gefunden. Durch Erdöl- und Erdgasfunde sind neue Oasen entstanden, sogenannte Förderoasen (*Industrieoasen*). Hier arbeiten viele Touristen (*ehemalige Oasenbewohner*).

Literatur
Baumann, M. E.: Diercke Spezial. Russland und China. Bildungshaus Schulbuchverlage, Braunschweig, 2008.
Böcker, N.: Das Lesetagebuch. Konstruktive Text(v)erarbeitung am Beispiel „Regenwald". In: Praxis Geografie, 11/2002, S. 9-11.
Claassen, K.: Die Wüste hat viele Gesichter - Sahara die grösste Wüste der Welt. In: Praxis Geografie, 7-8/2001, S. 27-29.
Claassen, K.: Im tropischen Regenwald. Praxis-Blätter Klima- und Vegetationszonen. In: Praxis Geografie, 2/2001, S. 26, 34-37.
Drisch, B.: Raubbau am tropischen Regenwald. In: Praxis Geografie, 12/2010, S. 32-35.
Himbert, S.: Sahelzone. In: Praxis Geografie, 1/2009, S. 6-8.
Keil, M.: Satellitenfernerkundung für die Regenwaldüberwachung. In: Praxis Geografie, 3/2003, S. 8-12.
Mingenbach, H.-M.: Kakao – Ein Lernen an Stationen zu einem Klassiker. In: Praxis Geografie 12/2005, S. 37-49.
Praxis Geografie: Themenheft Polarregionen, 10/2003
Praxis Geografie: Themenheft Orient zwischen Tradition und Moderne, 3/2005
Praxis Geografie: Themenheft Agrarprodukte aus den Tropen, 12/2005
Praxis Geografie: Themenheft (Über-)Leben in Afrika, 6/2005
Praxis Geografie: Themenheft Polarjahr 2007/2008, 1/20008
Praxis Geografie: Themenheft Lateinamerika, 10/2008
Praxis Geografie: Themenheft Desertifikation, 6/2009
Praxis Geografie: Themenheft Afrika, 12/2009
Praxis Geografie: Themenheft Tropischer Regenwald, 6/2010
Rauch, T.: Diercke Spezial. Afrika im Prozess der Globalisierung. Westermann Verlag Braunschweig 2007.
Schleicher, Y. (Hrsg.): Diercke – Multimediale Methoden, Braunschweig 2010
Schoop, W.: Diercke Spezial. Lateinamerika. Westermann Verlag Braunschweig 2008.

Internet – Adressen
http://earthobservatory.nasa.gov (bei Suche „desertification" eingeben)
http://gw.eduhi.at/programm/dehmer/puzzle/puzzle1.htm (tropischer Regenwald)
http://www.fherrgen.de/Down/Karikaturen/ehilfe/ehilfe.htm (Entwicklungshilfe)
http://www.globales-lernen.de/Schwerpunkte/Regenwald/material (Oro Verde)
http://www.greenpeace4kids.de
http://www.jaduland.de/afrika/nil/index/segenspender(2).html
http://www.regenwald.org
http://www.runiceurope.org/german/umwelt/wueste/info.htm (Wüstenbildung durch Übernutzung)
http://www.solidarische-welt.de/westafrika/index.shtml (ASW Projekte in Westafrika)
http://www.theobroma-cacao.de (Kakao)
http://www.tu-berlin.de/~kehl/ project/lv-twk/15-trop-sum2-twk.htm

(Savannen Afrikas)
http://www.amazonas.de/amazonas/indianer_yanomami.html
(Yanomami)
www.aberhallo.de/lexikon/index.php/Steppe
http://hypersoil.uni-muenster.de/
(Boden: Informationen, Materialien)
www.waldportal.org/taiga/
http://www.aktuell.ru
http://www.planet-schule.de/wissenspool/sibirien/inhalt/arbeitsblaetter.html
http://www.planet-wissen.de (Artikel über Sibirien)
http://www.awi.de/de/infrastruktur/stationen/neumayer_station/
http://www.antarktis-station.de/station/muellentsorgung/index.php
http://www.leguan-reisen.de/516.0.html (Antarktis)
http://raonline.ch/pages/edu/nat/glacier08a08.html
http://www.raonline.ch/pages/edu/st3/health_sanitation03.html
(trop. Krankheiten)
http://www.evb.ch/p43.html (biopiratrie)
http://www.bananen-seite.de/Bananen/staude.html
http://www.kindernetz.de/oli/tierlexikon/kamel/-/id=74994/nid=74994/did=82832/rg6zvs/index.html
http://www.swiss-village.com/ (Masdar City)

Lebensräume der Menschen

Diercke Geografie – Das Schweizer Geografiebuch für die Sekundarstufe I   123

Arbeitsblatt: Der Naturraum des tropischen Regenwaldes (einfach)

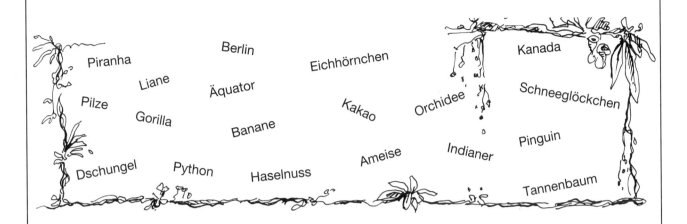

Piranha, Berlin, Eichhörnchen, Kanada, Liane, Äquator, Orchidee, Schneeglöckchen, Pilze, Gorilla, Kakao, Banane, Indianer, Pinguin, Dschungel, Python, Haselnuss, Ameise, Tannenbaum

Aufgaben:

1. Umkreise oben alle Begriffe, die zum tropischen Regenwald passen.
2. Ergänze den Text unten, indem du diese Begriffe einsetzt:
   Brettwurzeln – mittleren Baumschicht – obere Baumschicht – Stockwerken – Strauchschicht – untere Baumschicht – Urwaldriesen
3. Die Agroforstwirtschaft nutzt die Vorteile des Stockwerkbaus. Erkläre.

Der Stockwerkbau des tropischen Regenwaldes

Der tropische Regenwald hat einen typischen Aufbau. Er besteht aus fünf Schichten oder

_____. Die unterste Schicht heisst Kraut- und _____.

Sie reicht bis 10 Meter Höhe. Dann folgt die _____.

In dieser Schicht gibt es kleinere Bäume oder höhere Sträucher. In der _____

_____ gibt es Bäume mit schmalen Kronen, die bis 20 Meter hoch sind.

Die _____ bildet in 40 Meter Höhe das geschlossene

Blätterdach des tropischen Regenwaldes. Über das Blätterdach hinaus ragen vereinzelte, bis 60 Meter

hohe _____. Ihren Halt bekommen die Bäume nicht durch ein fest im Boden

verankertes Wurzelwerk wie die Bäume bei uns, sondern durch spezielle _____.

Diercke Geografie – Das Schweizer Geografiebuch für die Sekundarstufe I   125

Arbeitsblatt: Der Naturraum des tropischen Regenwaldes (schwer)

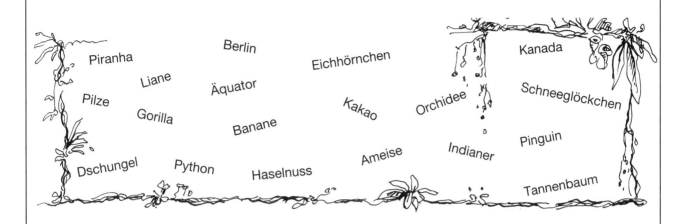

Aufgaben:

1. Umkreise oben alle Begriffe, die zum tropischen Regenwald passen.
2. Ergänze den Text unten, indem du die Begriffe einsetzt.
3. Die Agroforstwirtschaft nutzt die Vorteile des Stockwerkbaus. Erkläre.

Der Stockwerkbau des tropischen Regenwaldes

Typisch für den Regenwald ist sein Aufbau aus fünf Schichten oder (1) _____. Der Wald bildet ein dichtes Blätterdach, am Boden ist es deshalb relativ dunkel. Nur wenigen Schatten liebenden Pflanzen reicht dort die Lichtmenge. Die meisten versuchen, möglichst weit nach oben ans Licht zu gelangen. Mit Schlingen als Kletterhilfen an den Bäumen wachsen so Lianen und (2) _____ schnell empor. Die unterste Schicht heisst Kraut- und (3) _____. Sie reicht bis in eine Höhe von (4) _____ m. Dann folgt die (5) _____. In dieser Schicht gibt es kleinere Bäume oder höhere Sträucher. In der (6) _____ gibt es Bäume mit schmalen Kronen, die bis zu 20 m hoch sind. Die obere Baumschicht bildet in 40m Höhe das (7) _____ des tropischen Regenwaldes. Hier findet man auch Aufsitzerpflanzen (8) (_____) wie Blattfarne, Bromelien und Orchideen. Sie wachsen in Astgabeln auf vermoderten Pflanzenresten, ernähren sich von den Staubteilchen aus dem Regenwasser oder bilden lange Luftwurzeln zur Erde. Über das Blätterdach hinaus ragen einzelne bis 60 m hohe (9) _____ , wie die wertvollen Mahagonibäume. Ihren Halt bekommen die Bäume nicht durch ein fest im Boden verankertes Wurzelwerk wie die Bäume bei uns, sondern durch spezielle (10) _____ .

Die Pflanzen im Regenwald sind (11) _____ , sie tragen gleichzeitig Blüten, Früchte und wechseln ihr Laub nach und nach.

Diercke Geografie – Das Schweizer Geografiebuch für die Sekundarstufe I   127

Arbeitsblatt: Ausbreitung der Wüste

Die Wüste rückt unaufhaltsam vor

In Afrika gehen jedes Jahr grosse Flächen Ackerland verloren, weil der Mensch dem Boden keine Zeit zur Regenerierung gibt: Folge der explosionsartig zunehmenden Bevölkerung.

Der Rand der Sahara ist nicht genau auszumachen. Beginnt die Wüste an den versandeten Maisfeldern im Norden von Burkina Faso oder bei den Sanddünen in der einst blühenden Oase von Timbuktu in Mali? Es ist keine klare Grenze, sondern ein breiter Gürtel zunehmender Verödung, der bedeutet, dass die Wüste unaufhaltsam vorrückt. Jedes Jahr dehnt sich die Sahara auf der gesamten Front zwischen Mauretanien und Äthiopien um fünf bis zehn Kilometer nach Süden aus.

Den Ländern der Sahelzone gehen dadurch pro Jahr bis zu 70 000 Quadratkilometer Ackerland verloren, eine Fläche etwa so gross wie Bayern. Mehr als ein Drittel der gesamten Nutzfläche ist in Afrika von einer schleichenden Umweltkatastrophe bedroht. Diese hat der Mensch selbst verursacht. Früher sind die Nomaden mit ihrem Vieh weitergezogen, bevor die Weiden ganz abgegrast waren. Die Bauern gaben ihren Feldern Zeit, die Fruchtbarkeit zurückzugewinnen. Mit der Zunahme der Bevölkerung wurde der Boden jedoch so sehr beansprucht, dass die dünne Bodenschicht abgetragen wurde. Die letzten Bäume und Sträucher wurden abgeholzt. Holz ist für die meisten Afrikaner der wichtigste Brennstoff. Der Verlust an Wäldern in den Tropen und Savannen schreitet so rasch voran, dass für 100 gefällte Bäume nur neun neu angepflanzt werden. Die Elfenbeinküste (Côte d'Ivoire) verlor in 25 Jahren zwei Drittel ihrer Wälder.

Die Nutzfläche, die zur Ernährung der Menschen zur Verfügung steht, wird immer kleiner. Zugleich nimmt die Anzahl der Bewohner in rasantem Masse zu. Afrika gehört neben Asien zu den Kontinenten mit dem schnellsten Bevölkerungswachstum (ca. drei Prozent im Jahr) – ausgerechnet die Region, die es sich am wenigsten „leisten" kann. Die Fläche des Kontinents beträgt 30,3 Mio. km^2. Im Jahr 1900 lebten hier 133 Mio. Menschen, 1990 waren es 648 Mio. und 2005 ca. 888 Mio. Mitte des 21. Jahrhunderts wird der Kontinent 1,8 Mio. Einwohner haben. Was jetzt versäumt wird, ist nach Ansicht vieler Experten nicht zu korrigieren und hat für die Generationen des 21. Jahrhunderts katastrophale Auswirkungen. Afrika wurde mehr und mehr zum Kontinent der Katastrophen: 30 Millionen Afrikaner sind vom Hungertod bedroht; die Hungerhilfe wurde längst zur Dauereinrichtung. Das rapide Wachstum der Bevölkerung bedeutet, dass ein Ausweg aus Hunger, Elend und Armut immer unwahrscheinlicher wird. Im Gegenteil, der Weg in die Katastrophe scheint beinahe vorgezeichnet.

Aufgaben:

1. Suche die Staaten Burkina Faso, Mali, Mauretanien, Elfenbeinküste (Côte d'Ivoire) und Äthiopien im Atlas. Benenne die Hauptstädte.

2. Welche Angaben werden im Text über die jährliche Ausdehnung der Wüste gemacht?

3. Wer ist für diese Entwicklung verantwortlich? Erläutere.

4. Berechne die Bevölkerungsdichte Afrikas 1900, 1990, 2005 und Mitte des 21. Jahrhunderts. Beurteile das Bevölkerungswachstum.

5. Bringe die abgebildeten Stichwörter in eine logische Reihenfolge, die Ursache und Wirkungen darstellt.

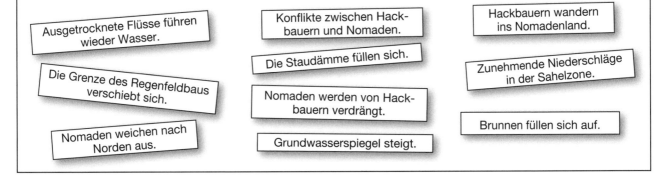

- Ausgetrocknete Flüsse führen wieder Wasser.
- Konflikte zwischen Hackbauern und Nomaden.
- Hackbauern wandern ins Nomadenland.
- Die Grenze des Regenfeldbaus verschiebt sich.
- Die Staudämme füllen sich.
- Zunehmende Niederschläge in der Sahelzone.
- Nomaden werden von Hackbauern verdrängt.
- Brunnen füllen sich auf.
- Nomaden weichen nach Norden aus.
- Grundwasserspiegel steigt.

Arbeitsblatt: Vorlage für ein Quartett

Diese Vorlage kann zur Erstellung eines Quartetts benutzt werden.

Hier sollt ihr ein „Wüsten-Quartett" basteln. Dazu müsst ihr zu verschiedenen Bereichen, die alle etwas mit dem Thema Wüste zu tun haben, jeweils vier Karten gestalten.
Zum Beispiel:
(A) Wüstentypen:
1. Felswüste, 2. Kieswüste, 3. Sandwüste, 4. Salzwüste.
(B) Anbauprodukte einer Oase:
1. Datteln, 2. Gurken, 3. Weizen, 4. Tomaten.
Es gibt verschiedene Möglichkeiten, die Karten zu gestalten. Ihr könnt zeichnen, malen, ausschneiden und aufkleben oder einfach nur einen Begriff auf die Karte schreiben.
Oben auf der Karte werden alle vier Begriffe, die zu einem Quartett gehören, aufgeschrieben und jede Karte wird mit einem Buchstaben und einer Zahl versehen (siehe Musterkarte).
Ihr müsst mindestens 8 Quartette erstellen. Das kann in Gruppen geschehen, nachdem ihr zuvor die Themenbereiche, die im Spiel vorkommen sollen, abgesprochen habt.
Damit ihr jeweils vier Karten zu einem Themenbereich zusammenbekommt, solltet ihr ein Lexikon benutzen.

Gespielt wird dann nach den bekannten Regeln.

Hinweise für Lehrerinnen und Lehrer:
Kopieren Sie die Karten auf Karton.

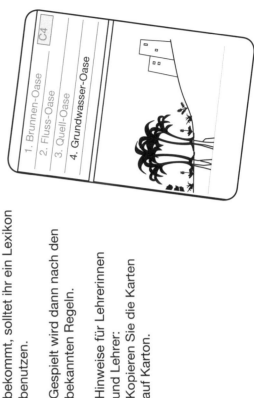

Hier abschneiden. Diesen Teil zunächst einmal kopieren, zu einem DIN-A 4-Blatt ergänzen und für die Schülerinnen und Schüler kopieren.

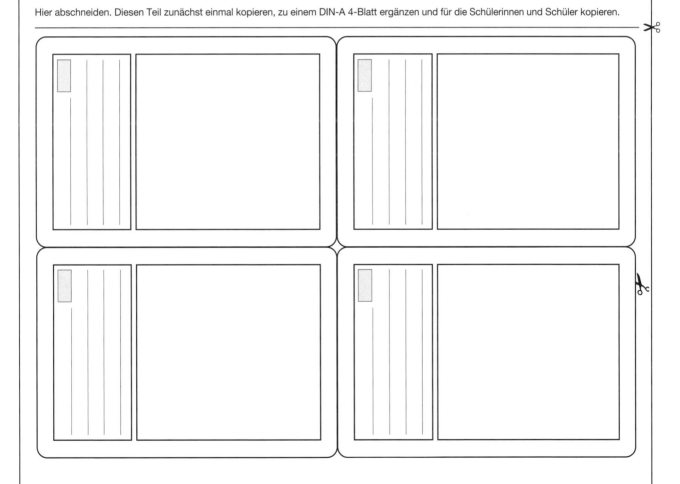

Die Erde – Wandel durch Entwicklung

Schülerbuch Seiten 206–281

Kompetenzen

Nach der Bearbeitung des Kapitels verfügen die Schüler über folgende Kompetenzen:

- Sie können den nordamerikanischen Naturraum charakterisieren und klimatische Besonderheiten in ihrem Entstehen und mit ihren Auswirkungen erklären.
- Sie können die Entwicklung und den Strukturwandel der US-amerikanischen Wirtschaft darstellen.
- Sie können die Bedeutung der japanischen Wirtschaft in der Welt beschreiben.
- Sie können eine Raumanalyse durchführen.
- Sie können die wirtschaftliche Entwicklung von Schwellenländern mit ihren Konsequenzen für die Bevölkerung darstellen.
- Sie können die gegensätzliche Entwicklung der Bevölkerungszahlen in Industrie- und Entwicklungsländern beschreiben und erklären.
- Sie können Bevölkerungspyramiden auswerten.
- Sie können Verstädterung definieren und die Folgen nennen.
- Sie können eine Karikatur auswerten.
- Sie können Entwicklungsindikatoren von Ländern nennen.
- Sie können Merkmale von Entwicklungsländern beschreiben und Probleme ihrer wirtschaftlichen Entwicklung beschreiben.
- Sie können das Konzept des fairen Handels nennen.
- Sie können Dimensionen von Hunger nennen und die Folgen von Hunger und Erkrankungen für die Bevölkerung und die Volkswirtschaft eines Landes erklären.

Doppeltopic

Schülerbuch Seiten 206–207

M1 Hüttensiedlung in Mumbai/Indien
Das Foto verdeutlicht die grossen Kontraste zwischen Arm und Reich in Indien. Im Bildhintergrund erhebt sich eine moderne Hochhaussiedlung. Sie ist mit einem Zaun abgegrenzt. Zaun und Fluss trennen diese Häuser von der im Vordergrund zu sehenden Hüttensiedlung. Auf einem brachliegenden Gelände haben sich die Menschen aus Planen, Wellblechen und Pappen provisorische Unterstände gebaut. Rechts in der Bildmitte steht das einzige Gebäude, das aus Steinen errichtet ist. Befestigte Strassen, Strom- und Wasserversorgung gibt es nicht. Die Frauen transportieren das Wasser in Metallkrügen heran, Wäsche gewaschen wird in einem Eimer vor der Hütte.

Amerika – Abgrenzung des Doppelkontinents

Schülerbuch Seiten 208–209

Abbildungen

M1 Die Gliederung Amerikas
Der Text gibt Auskunft über die geografische Namensgebung für die Teile des Doppelkontinentes.

M2 Die Bevölkerung Amerikas
Der Text erläutert die Bedeutung der Begriffe „Angloamerika" und „Lateinamerika".

M3 Rocky Mountains in Kanada
Das Foto zeigt den nördlichen Teil der Gebirgskette, die sich am westlichen Kontinentalrand erstreckt. Dieses Felsengebirge entstand während der letzten 35 Mio. Jahre und ist durchschnittlich 2500 m hoch. Höchster Berg der Rocky Mountains ist der Mount Elbert mit 4400 m Höhe. Die Rocky Mountains sind in Kanada und auch den USA weitgehend unbesiedeltes Gebiet (Einwohnerdichte unter 4 Ew./km^2). Die Hochgebirgslandschaften mit ihren kurzen Vegetationszeiten bieten kaum Lebensgrundlagen ausser Pelztierzucht, Holzwirtschaft und Rohstoffabbau. Sie stellen aber ein beliebtes Ferienziel dar, jährlich besuchen mehrere Millionen Touristen die Skigebiete und zahlreichen Nationalparks.

M4 Maya-Ruinen in Mexiko
Die Maya als indigenes Volk sind seit etwa 2000 v. Chr. in Mittelamerika ansässig. Ihre Herkunft ist unbekannt. Die grossen Siedlungen und Tempel dieser Hochkultur wurden in der Zeit zwischen 400 und 900 n. Chr. erbaut. Aus der Zeit danach sind keine steinernen Bauten mehr bekannt und ein Grossteil der Bevölkerung verschwand, die Städte wurden verlassen. Man vermutet als Grund dafür ein Zusammentreffen von drei Faktoren: Zum einen können Kriege zwischen den etwa 50 Stadtstaaten, die zwei grossen Machtblöcken zugerechnet werden, Schuld sein. Diese sorgten für grosse Verluste. Manche Forscher nehmen auch die komplette Entwaldung des Mayagebietes als Ursache an, die wohl ein Ausbleiben der lebensnotwendigen Regenfälle nach sich zog. Eine dritte Ursache könnte ein globales Dürreereignis gewesen sein, das den Maya zum Verhängnis wurde. Die Mayakultur wurde im 16. Jh. mit der Eroberung des Kontinentes durch die Europäer endgültig zerstört. Heute leben etwa 6 Mio. Maya in den Staaten Mittelamerikas, die von den jeweiligen Regierungen immer noch benachteiligt werden.

M5 Anden in Argentinien
Die Anden sind die Fortsetzung der Rocky Mountains in Südamerika. Zusammen bilden sie mit etwa 14 000 km die längste Gebirgskette der Welt. Das Gebirge besteht aus mehreren parallel verlaufenden Gebirgszügen mit z.T. ausgedehnten Hochflächen dazwischen (Altiplanos). Wie auf dem Bild erkennbar, ist die Vegetation in den grösseren Höhen bis auf einige Gräser nicht mehr vorhanden. Auf dieser Höhenstufe, der Tierra helada (gefrorenes Land, 4000 bis 5100 m) liegen die Temperaturen unter 6°C. Im Hintergrund sind die schneebedeckten Gipfel der Tierra nevada – Höhenstufe (verschneites Land, über 5100 m, unter 0°C) zu erkennen. Mit 6960 m Höhe ist der Aconcagua in Argentinien der höchste Berg der Anden.

Seit etwa 150 Mio. Jahren schiebt sich die ozeanische Nazca-Platte unter die kontinentale südamerikanische Platte und hebt die Gesteinsmassen hoch. Auch heute wachsen die Anden noch in die Höhe, wenn auch nur wenige Millimeter pro Jahr. Dies hat seismische Aktivitäten zur Folge. In Chile z.B. werden um die 500 Erdbeben im Jahr registriert. Das Beben vom 11. März 2010 ist das stärkste Erdbeben der vergangenen 50 Jahre im Land gewesen und hat mit einer Stärke von 8,8 und dem nachfolgenden Tsunami grosse Schäden angerichtet.

M6 Übungskarte – Doppelkontinent Amerika
Auf der Übungskarte sind die topografischen Gegebenheiten des Kontinentes dargestellt. Zusätzlich sind am rechten Kartenrand die

Rekorde des Kontinentes verzeichnet.
Die dazugehörigen Namen lauten von oben nach unten: Grönland, Kordilleren (Rocky Mountains und Anden), Angel Falls, Amazonas, Cotopaxi, Titicacasee, Pazifischer Ozean. Siehe auch Aufgabenlösung zu 208 (1) und 208 (2).

Aufgabenlösungen

208 (1) *Bestimme die Namen der in der Übungskarte angegebenen topografischen Objekte (M6). Fertige dazu eine Übersicht an.*

Gebirge	Flüsse (kein j)	See, Ozean, Meeresteil (kein I, J)	Insel, Inselgruppe, Halbinsel	Stadt	Stadt (fortgesetzt)
(1) Rocky Mountains / Kordilleren	a Mississippi	A Hudson Bay	[1] Grönland	S.F.: San Francisco	M.S.: Mexiko-Stadt
(2) Sierra Nevada	b Missouri	B Oberer See	[2] Grosse Antillen	O.: Ottawa	Ha.: Havanna
(3) Kaskadenkette	c Ohio	C Michigansee	[3] Kleine Antillen	M.: Montreal	C.: Caracas
(4) Blaue Berge	d Colorado	D Huronsee	[4] Neufundland	T.: Toronto	P.: Panama-Stadt
(5) Grosses Becken	e Mackenzie	E Eriesee	[5] Alaska	Ch.: Chicago	Bo.: Bogotá
(6) Hochland von Mexiko / Sierra Madre	f St-Lorenz-Strom	F Ontariosee	[6] Florida	Bo.: Boston	Q.: Quito
(7) Appalachen	g Rio Grande	G Golf von Mexiko	[7] Niederkalifornien	De.: Detroit	L.: Lima
(8) Anden / Kordilleren	h Amazonas	H Karibisches Meer	[8] Yucatan	L.A.: Los Angeles	B.: Brasilia
(9) Brasilianisches Bergland	i Orinoco	K Pazifischer Ozean	[9] Falklandinseln	N.Y.: New York	R.J.: Rio de Janeiro
(10) Bergland von Guayana	k Paraná	L Atlantischer Ozean		W.: Washington	S.P.: Sao Paulo
				D.: Dallas	Mo.: Montevideo
				H.: Houston	B.A.: Buenos Aires
				N.O.: New Orleans	S.: Santiago

208 (2) *Ermittle die Staaten Amerikas, die in der Übungskarte eingetragen sind (M6).*
Kanada, Vereinigte Staaten von Amerika (USA), Mexiko, Kuba, Haiti, Dominikanische Republik, Guatemala, Belize, El Salvador, Honduras, Nicaragua, Costa Rica, Panama, Venezuela, Kolumbien, Guyana, Suriname, Französisch-Guayana, Ecuador, Brasilien, Peru, Bolivien, Paraguay, Chile, Argentinien, Uruguay.

208 (3) *Finde weiteres Fotomaterial zu Nord- und Südamerika (andere Medien).*
Individuelle Lösung.

Nordamerika

Schülerbuch Seiten 210–211

Abbildungen

M1 Die Grosslandschaften Nordamerikas
Physisch-geografisch betrachtet, erstreckt sich Nordamerika vom Nordpolarmeer bis zum Isthmus von Tehuantepec im südlichen Mexiko und liegt zwischen dem Atlantik und dem Pazifik. Im Nordosten zählt Grönland, das mit Dänemark assoziiert ist, noch zum nordamerikanischen Kontinent, während im Nordwesten die Beringstrasse Nordamerika von Asien trennt.

Die Schemazeichnung gibt einen groben Überblick über die verschiedenen Grosslandschaften Nordamerikas. Im Osten und Westen verlaufen Gebirgszüge (Appalachen und Rocky Mountains), im Zentrum des Kontinents liegen die Inneren Ebenen und im Norden der Kanadische Schild. Die in der Karte eingetragenen Städte sind: L.A. Los Angeles, C. Chicago, N.O. New Orleans, W. Washington D.C., N.Y New York.

M2 Landschaftsquerschnitt durch Nordamerika (Profillinie siehe M1)
Der Landschaftsquerschnitt durch die USA kann im Vergleich mit M1 beschrieben werden, denn es ist ein West-Ost-Schnitt durch Nordamerika. Das kontinentale Staatsgebiet der USA reicht vom Pazifik im Westen bis zum Atlantik im Osten. Die Reliefzeichnung liefert zusätzlich zahlreiche Details, die in M1 nicht erkennbar sind. Die Rocky Mountains als Nord-Süd ausgerichtetes Hochgebirge gliedern sich in mehrere Gebirgsketten, Hochebenen, das Kalifornische Längstal und das Grosse Becken. Die Inneren Ebenen sind in die Great Plains und die Region der Grossen Seen (Great Lakes) untergliedert. Im Osten befinden sich die Appalachen, ein parallel zur Atlantikküste verlaufendes Mittelgebirge. Im Osten wird der Kontinent von dem atlantischen Küstenstreifen begrenzt, in dem zahlreiche grosse Städte liegen wie z. B. Philadelphia, New York und Boston.

Aufgabenlösungen

210 (1) *Nenne die Lage der USA im Gradnetz (ohne Hawaii und Alaska; Atlas).*
Die USA liegen zwischen den Breitengraden von ca. 49° n. B bis ca. 24° n. B. und zwischen den Längengraden von ca. 67° w. L. bis ca. 124° w. L.

210 (2) *Ermittle die Ausdehnung der USA von Westen nach Osten und von Norden nach Süden (Atlas).*
Die West-Ost-Ausdehnung beträgt ca. 4500 km (entspricht etwa Zürich – Aralsee), die Nord-Süd-Ausdehnung ca. 2600 km (entspricht etwa Zürich – Nordkap).

Zusatzaufgabe

Sammle Informationen über die Niagarafälle im Internet und vergleiche sie mit anderen Wasserfällen der Erde. Halte darüber einen Kurzvortrag.
Der Name der Niagarafälle leitet sich von dem indianischen Namen für „donnerndes Wasser" ab. Die Wasserfälle liegen auf kanadischem (Provinz Ontario) und US-amerikanischem (Bundesstaat New York) Territorium, geteilt durch Goat Island. Auf kanadischer Seite liegt der Kanadische Hufeisenfall, der 750 m breit und 49 m hoch ist, auf US-amerikanischer Seite liegt der Amerikanische Fall mit 350 m

Die Erde – Wandel durch Entwicklung

Breite und 51 m Höhe. Die Fälle verlagern sich durch rückschreitende Erosion jährlich um 1,5 m zurück. So wurden sie seit dem Ende der Eiszeit vor 10 000 Jahren elf Kilometer in Richtung Eriesee verlegt.

Der Niagarafluss ist der 55 km lange Abfluss des Eriesees zum Ontariosee. Er bildet mit mehreren Stromschnellen und den Niagarafällen den Grenzfluss zwischen Kanada und den USA.

Andere Wasserfälle der Erde: Dettifoss (Island, 44 m hoch, sehr wasserreich mit bis zu 400-500 m³/Sek.), Iguazufälle (Brasilien, Argentinien, 70 m hoch, hufeisenförmig, 2,7 km breit, 22 grössere und 250 kleinere Fälle), Rheinfall (Schweiz, 24 m hoch, 150 m breit, Wassermenge von 104–1070 m³/sek.), Triberger Wasserfälle (Deutschland, 163 m hoch), Victoriafälle (Simbabwe, Sambia, 107 m hoch,).

Nordamerika

Schülerbuch Seiten 212–213

Grundbegriffe: Northers, Blizzards

Abbildungen

M1 Nordamerika: Niederschläge, Winde und Meeresströmungen
Die Karte zeigt die Lage der verschiedenen Klimazonen auf dem nordamerikanischen Kontinent. Eingezeichnet sind weiterhin die Trockengebiete, die vorherrschenden Windrichtungen sowie die Lage der Tornadogebiete im Mittleren Westen. Siehe auch Aufgabenlösung zu 212 (1) und 212 (2).

M2 Wetter- und klimabestimmende Luftmassen und Stürme
In der Schemazeichnung sind die drei Klimastationen aus M3 verortet. Weiterhin sind die polaren und maritimen Luftmassen, die Tornados und Hurrikane eingezeichnet. Siehe auch Aufgabenlösung zu 212 (5) und 212 (6).

M3 Klimadiagramme
Die drei Klimadiagramme von New York, dem Death Valley und von Los Angeles zeigen Orte auf Breitengraden zwischen 40° und 34° Nord. Siehe auch Aufgabenlösung zu 212 (3) und 212 (4).

Aufgabenlösungen

212 (1) *Beschreibe die Anordnung der Klima- und Vegetationszonen Nordamerikas und erstelle dazu eine Lageskizze.*
Der mittleren Breitenlage entsprechend liegt der grösste Teil der etwa 9,8 Mio. km² grossen USA in der gemässigten Zone. Südwärts ab 38° n. Br. schliesst sich die Subtropenzone (subtropisches Ostseitenklima) mit milden Wintern und heissen Sommern an. Beide Klimagürtel reichen, nur örtlich durch die Hochgebirgsklimate der Gebirge des Westens unterbrochen, vom Pazifik bis zum Atlantik. Ganz im Süden hat die Halbinsel von Florida noch einen Anteil an der tropischen Zone (feuchtes Passatklima).

Am Nordrand des Kontinents herrscht von Labrador bis Alaska ein polares Trockenklima mit niedrigen Temperaturen und geringen Niederschlägen.

Die Westküste hat im Norden ein ozeanisches Westseitenklima mit den höchsten Niederschlägen des Kontinentes, während im Süden durch die Wirkung des sommerlichen pazifischen Hochs Mittelmeerklima (Winterregenklima der Westseiten) herrscht. Lageskizze: Individuelle Lösung

212 (2) *Erkläre, wie sich das Relief und die Meeresströmungen auf das Klima Nordamerikas auswirken (M1, Atlas).*
Das Gebirge an der Westseite des Kontinentes führt im Norden zu hohen Niederschlägen an den Küsten. Die Sperre des Hochgebirges wirkt sich auch auf das Klima im Inneren des Kontinentes aus. Im Lee der Küstengebirge sind die Niederschläge sehr gering, es bilden sich im Südwesten ausgeprägte Trockenregionen wie z. B. die Mojavewüste und die Gilawüste, im Nordosten liegen semiaride Gebiete. Die Trockenzone reicht bis etwa zum 100° W. Verstärkt wird sie östlich der Gebirge noch durch föhnartige Winde (cSinook, Snow Eater). Insgesamt sind für den kontinentalen Raum grosse Jahresschwankungen der Temperatur und mässige Niederschläge charakteristisch.

Im Bereich der Inneren Ebenen finden wegen fehlender Reliefhindernisse intensive Austauschvorgänge zwischen der aus Nordkanada zuströmenden stabilen kalten und trockenen Polarluft sowie instabiler warmer und feuchter maritimer Tropikluft statt. Extreme Wetterwechsel mit Starkwindereignissen und Überschwemmungen sind häufig.

Auch der Einfluss der umgebenden Meere führt zu einer weiteren Differenzierung der klimatischen Ausstattung. So bringt der Golfstrom mit seinem warmen Wasser der humiden atlantischen Nordküste höhere Temperaturen als von der Breitenlage her zu erwarten wäre. Trotzdem erfolgt durch die überlagernde westliche Strömung eine Ausbreitung der kontinentalen Klimamerkmale bis an die Ostküste.

Der kalte Kalifornienstrom senkt die Wasseraufnahmekapazität der darüber liegenden Luft und die meridionale Streichrichtung der Gebirge bedingt, dass sich die Wirkung der feuchten pazifischen Luftmassen hauptsächlich auf die pazifische Küste und die Küstengebirge beschränkt.

212 (3) *Werte die Klimadiagramme vergleichend aus (M3).*
Die Klimastation von New York liegt in der warmgemässigten humiden Zone der Ostküste mit warmen Sommern und kalten Wintern. Die Durchschnittstemperaturen liegen bei 12,4°C, die jährliche Niederschlagssumme bei 1071 mm.

Das Death Valley in der Mojave-Wüste im Westen der USA hat Wüstenklima mit sehr heissen Sommern und kalten Wintern. Es erhält durch die Kessellage zwischen den Gebirgen ausgesprochen geringe Niederschläge von 40,6 mm pro Jahr und ist mit einer gemessenen Höchsttemperatur von knapp 57°C eine der heissesten Regionen des Landes.

Los Angeles liegt in der Subtropenzone mit warmgemässigtem, sommertrockenem, winterfeuchtem Mittelmeerklima an der Westküste der USA. Die Durchschnittstemperaturen betragen 18,0°C. Es gibt keine Frostperioden, selbst im Winter sinken die Temperaturen nicht unter 13°C. Die Niederschläge sind insgesamt mit 373 mm gering und fallen vorwiegend im Winterhalbjahr. Zwischen April und November herrscht hier arides Klima.

212 (4) *Stelle den Zusammenhang von Klima und Vegetation in Nordamerika mithilfe von Beispielen dar.*
Individuelle Lösung.
Sachhinweise:
Kühlgemässigtes regenreiches Klima im Nordwesten: Mammutbäume;
Trockenklimate der Becken: Wüstenvegetation;
Kühles Kontinentalklima: Graslandschaften der Prärien;
Humides Ostseitenklima: Mischwald;
Tropisches feuchtes Passatklima: Sümpfe, Sumpfzypressen, Palmen.

212 (5) *Erkläre, warum es in Nordamerika in der gemässigten Zone zu extremen Wetter- und Klimaerscheinungen kommt.*

Die extremen Wetter- und Klimaerscheinungen in der gemässigten Zone Nordamerikas werden durch die Reliefrichtung in diesem Gebiet verursacht. Der Nord-Süd-Verlauf der Gebirge verhindert das Vordringen der aus Westen kommenden, feuchten Meeresluft in östliche Richtung. Die mitgeführte Feuchtigkeit der Luft fällt bereits in Form von Steigungsregen im Westen der Gebirge oder in Gebirgsnähe. Durch die fehlenden Gebirge in Ost-West-Richtung können Luftströme, die aus dem Norden oder Süden kommen, ungehindert vordringen. So bewegt sich arktische Kaltluft aus dem Norden in südliche Richtung sowie warm-feuchte Luft vom Golf von Mexiko in nördliche Richtung. Das Aufeinandertreffen der unterschiedlichen Luftmassen kann zur Entstehung von starken Stürmen führen.

Die Northers (Cold Waves) können im Winter von heftigen Schneestürmen (Blizzards) begleitet sein. Die Southers (Hot Waves) hingegen können im Frühjahr zu plötzlicher Schneeschmelze führen und damit ausgedehnte Überschwemmungen im Zentralbereich des Kontinents auslösen. An der Front zwischen Warm- und Kaltluft entstehen vor allem im Frühjahr Tornados. Diese kurzlebigen (einige Minuten bis eine Stunde) und kleinräumigen (300 m bis 1000 m Breite) Wirbelstürme sind sehr heftig und richten grosse Zerstörungen an. Die Hurrikane (auch Zyklone, Taifune oder Willy-Willy genannt) dagegen sind grossräumige tropische Wirbelstürme, die von der Karibik her über die Golfküste und Florida ins Landesinnere vorstossen. Ihre Zerstörungskraft beruht auf der ausserordentlich hohen Windgeschwindigkeit und auf Überschwemmungen, die durch Starkregen und Flutwellen an der Küste entstehen.

212 (6) *Berichte über die Auswirkungen von Blizzards und Northers in den letzten fünf Jahren in Nordamerika (andere Medien).*
Individuelle Lösung.
Sachhinweise:
Blizzard vom 31.01. bis 02.02.2011 (Groundhog Day Blizzard); betroffen war das gesamte Gebiet der USA östlich der Rocky Mountains. Folgen: Eisregen, Tornados, Wintergewitter mit reichlichen Schneefällen (maximale Neuschneemenge: 0,60 cm in Wisconsin), Ausfall der Stromversorgung in vielen Orten, gestrichene Flüge, geschlossene Flughäfen und Schulen.

Norther (Kaltlufteinbruch) am 05.11.2010; betroffen war die Ostküste bis hinunter nach Florida. Folgen: Sinken der Schneefallgrenze unter 500 m, kräftige Schnee- und Regenschauer, schneller Temperatursturz auf bis zu -12°C in den Appalachen und ca. 15°C in Florida, Gefahr von Bodenfrost in den südlichen Bundesstaaten.

Zusatzaufgabe

Informiere dich über den Hurrikan Katrina und halte darüber einen Kurzvortrag.
„Katrina" war ein Hurrikan der Höchststufe, der im August 2005 grosse Teile der Bundesstaaten Florida, Louisiana, Mississippi, Alabama und Georgia verwüstete. Zusätzlich zu der hohen Geschwindigkeit rasten Gewitterwolkenbänder von 20 bis 500 km Länge um das Zentrum des Sturms herum und regneten sich in Sturzbächen ab. Im Auge des Hurrikans wurde durch den hohen Unterdruck ein Wasserberg angesaugt. Diese Flutwelle stieg auf sechs Meter über Normal an und begrub bei Erreichen des Festlandes die Küste unter sich.

Am schlimmsten traf es New Orleans, da die Stadt wie in einer riesigen Schüssel zwischen Mississippi und dem Lake Pontchartrain bis zu zwei Meter unter dem Meeresspiegel liegt. Normalerweise pumpen 22 Pumpstationen das Grund- und Regenwasser ab, diese versagten aber nach dem Hurrikan durch einen Stromausfall. So konnte das Wasser, das durch die gebrochenen Deiche aus dem See eindrang, nicht mehr abgepumpt werden und setzte die Stadt bis zu 7,6 m unter Wasser. Die Zahl der Toten wird heute mit etwa 2000 angegeben, Zehntausende wurden obdachlos und die materiellen Schäden werden mittlerweile auf 123 Mrd. US-$ beziffert. Auch 2011 sind noch nicht alle Schäden behoben.

Nordamerika

Schülerbuch Seiten 214 – 215

Grundbegriffe: Hurrikan, Tornado

Abbildungen

M1 Satellitenbild eines Hurrikans
Auf dem Bild ist ein Hurrikan abgebildet, der von der Karibik bis an die Atlantikküste von Florida, Georgia und South Carolina reicht. Die Lebensdauer beträgt mehrere Tage, über Land wird er instabil. Gut erkennbar sind auf dem Satellitenbild die Drehrichtung im Uhrzeigersinn und das „Auge" des Hurrikans. Die Drehrichtung des Hurrikans wird durch die Erdrotation hervorgerufen. Die Fortbewegungsgeschwindigkeit des Hurrikans beträgt meist nur 15 bis 50 km/h. Charakteristisch ist der gewaltige Durchmesser von ca. 500 bis 1000 km. Hurrikansaison ist zwischen Juli und November. Siehe auch Aufgabenlösung zu 214 (1) bis 214 (3).

M2 Querschnitt durch die Luftschichten eines Hurrikans
Der tropische Wirbelsturm bildet sich ausschliesslich über Wasserflächen, die über längere Zeit eine Oberflächentemperatur von mehr als 26,5°C aufweisen. Weiterhin muss die Atmosphäre über dem Meer frei von vertikalen Winden sein, die sonst die horizontale Rotation unterbinden. Im Auge des Hurrikans, das einen Durchmesser von 15 – 50 km hat, herrscht Windstille. Das Auge wird durch einen Wolkenwall mit vertikaler Luftbewegung begrenzt. Die umlaufenden Luftmassen erreichen Geschwindigkeiten bis maximal 450 km/h. Die grossen Mengen aufsteigender Luft kühlen sich ab, kondensieren und es bilden sich umfangreiche Regenbänder aus. Die nachgesogene feucht-warme Luft liefert dem Hurrikan ununterbrochen Energie nach. Die Corioliskraft versetzt diese Luft in eine Rotationsbewegung, sodass ein ausgedehnter Wirbel entsteht. Siehe auch Aufgabenlösung zu 214 (1) bis 214 (3).

M3 Die Fujita-Skala (Stärke der Tornados)
In der Tabelle ist die Einteilung der Tornados nach Windgeschwindigkeiten und Auswirkungen dargestellt. Theoretisch gibt es in der Skala auch Stürme der Kategorie F12, damit Windgeschwindigkeiten von über 1000 km/h, die in der Realität wohl aber nicht vorkommen. Da die Sturmgeschwindigkeiten nur schwer messbar sind, beurteilt man die Tornados im nachhinein anhand ihrer Auswirkungen. Die Skaleneinteilung wurde von Dr. Ted Fujita, einem amerikanischen Tornadoforscher, entwickelt. Seit 2006 wird in den USA eine modifizierte Version dieser Skala verwendet. Siehe auch Aufgabenlösung zu 214 (1) bis 214 (3).

M4 Querschnitt durch die Luftschichten eines Tornados
Die Luftströmungen zeigen eine zyklonale Drehrichtung um den Wirbel herum. Über dem Wirbel befinden sich grosse Gewitterwolken,

Die Erde – Wandel durch Entwicklung

von denen die Kaltluft (blaue Pfeile) schnell nach unten sinkt. Warmluft ersetzt diese, Konvektion setzt ein, die Luft wird verwirbelt und beginnt mit hoher Geschwindigkeit zu rotieren. Kondensationsvorgänge im Inneren des Wirbels machen den Tornado sichtbar.

M5 Ein Tornado berührt den Boden
Das Foto zeigt eine Windhose in den Inneren Ebenen der USA. Besonders im Frühjahr und Sommer entsteht durch das Aufeinandertreffen warmer und kalter Luftmassen über dem Festland die Drehbewegung des Tornados und damit der Sog des bis zu 1500 m langen Rüssels. In dem Windfeld des Rüssels können Windgeschwindigkeiten bis zu 500 km/h auftreten. Charakteristisch für Tornados sind ihre schmale Zugbahn mit hoher Zerstörungskraft und ihre Kurzlebigkeit.

Im kontinentalen Inneren Nordamerikas entstehen im Durchschnitt pro Jahr 146 Tornados. Die bislang grösste Tornado-Katastrophe suchte die USA am 19. Februar 1884 heim, als 57 Tornados an einem Tag 1200 Todesopfer forderten. Siehe auch Aufgabenlösung zu 214 (1) und 214 (2).

Aufgabenlösungen

214 (1) *Beschreibe die Gefahren, die von Wirbelstürmen ausgehen.*
Hurrikane verursachen weiträumige und grosse Sturmschäden wie entwurzelte Bäume und zerstörte Häuser, die Starkregenfälle und Sturmfluten verursachen Überschwemmungen mit Folgeschäden.

Tornados verursachen kleinräumige, aber grosse Schäden. Insbesondere wenn mehrere Tornados nacheinander über ein Gebiet hinwegziehen, können sie grosse Zerstörungen anrichten und viele Menschen töten. Durchschnittlich sterben in den USA bei Tornados 150 Menschen pro Jahr.

214 (2) *Vergleiche die verschiedenen Wirbelstürme nach Entstehung, Merkmalen und Auswirkungen. Stelle dein Ergebnis tabellarisch dar.*

	Hurrikan	Tornado
Entstehung	Bildung nur über mindestens 26,5 °C warmem Wasser (Konvektion warmer Luft, Unterdruck saugt neue Luft an); Entstehung im westlichen Atlantik in der Passatwindzone, meist im Spätsommer und Herbst; Wirbelbewegung durch Erdrotation hervorgerufen; Windstille im Auge (Durchmesser 15–50 km); Vertikale Luftströmungen um das Auge.	Aufeinandertreffen kalter und warmer Luftmassen über Land; meist im Frühjahr und Sommer; Ersatz der durch Konvektion aufgestiegenen Luft durch eine horizontale Strömung; Verwirbelungen entstehen an der Wolkenuntergrenze; Unter dem Wirbel strömt Luft ein, der Wirbel wächst auf den Boden zu. Unterdruck im Inneren führt zur Kondensation, der Schlauch wird sichtbar.
Merkmale (Windgeschwindigkeit Vorkommen, Zugbahn)	Windgeschwindigkeiten bis über 300 km/h; Fortbewegung des Sturmtiefs 15–50 km/h; entstehen in der Karibik; ziehen auf gebogenen Bahnen bis zur Küste der USA	im Wirbel Windgeschwindigkeiten bis zu 500 km/h; der Wirbel wandert mit ca. 50 km/h vorwärts, häufig im Mittleren Westen; dauern wenige Sekunden bis zu einer Stunde
Auswirkungen (Art und Ausmass der Zerstörung)	Grossflächige Zerstörungen, wenn sie auf Land treffen (Durchmesser bis zu 500 km): Starkregen, Orkan, hohe Wellen an der Küste	der extreme Unterdruck kann Häuser zerstören, Autos anheben und versetzen, Bäume entrinden

214 (3) *Informiere dich über die Fujita-Skala und die Saffir-Simpson-Skala (andere Medien). Was sagen sie aus?*
Fujita-Skala: Mit dieser Skala werden die Stärke und Auswirkung eines Tornados gemessen. Die Einteilung reicht von F0, einem Sturmtornado mit Windgeschwindigkeiten von 64 bis 116 km/h bis zu F5, einem verheerenden Tornado mit Windgeschwindigkeiten von 417 bis 510 km/h. Bei Stürmen der schwächsten Kategorie brechen Äste und flachwurzelnde Bäume kippen um, bei denen der stärksten Kategorie fliegen Autos mehr als 100 m weit und Bäume werden entrindet.
Saffir-Simpson-Skala: Mit dieser Skala werden die Stärke und Auswirkung eines Hurrikans gemessen. Hierfür ist die Windgeschwindigkeit entscheidend und der Anstieg des Wasserspiegels. Ein Hurrikan der Kategorie 1 hat eine Windgeschwindigkeit von 119–153 km/h und verursacht Wasserhöhen von 1,2 bis 1,6 m über dem Normwert. Ein Hurrikan der höchsten Kategorie 5 hat Windgeschwindigkeiten über 250 km/h und hebt den Wasserspiegel um mehr als 5,5 m.

Wirtschaftsmacht USA

Schülerbuch Seiten 216–217

Grundbegriff: Industrieland

Abbildungen

M1 Die zehn umsatzstärksten Unternehmen der Welt (2009; in Mrd. US-$)
In der Liste sind die 10 Unternehmen aufgeführt, die 2009 weltweit die grössten Gewinne machten. Waren 2007 noch alle Positionen von amerikanischen Firmen belegt, hat die Finanzkrise 2009 zu grossen Gewinneinbrüchen und zu einer Verschiebung der Umsatzstärken geführt. 2009 steht an erster Stelle ein niederländisches Unternehmen, und neben europäischen Firmen sind auch eine chinesische und eine japanische Firma vertreten.

M2 Der Nationalstolz der Amerikaner zeigt sich auch in üppigem Flaggenschmuck, zum Beispiel bei Paraden zum Nationalfeiertag
Die amerikanischen Farben blau und weiss dominieren das Bild. Zum Unabhängigkeitstag am 4. Juli werden Paraden abgehalten und die Orte in den Nationalfarben geschmückt. Die amerikanische Flagge (Sternenbanner) zeigt 13 Streifen, die für die ursprünglich sich unabhängig erklärt habenden 13 Kolonien stehen. Die momentan 50 Sterne in der linken oberen Flaggenecke symbolisieren die heute 50 Bundesstaaten der USA. Sollte ein weiterer Bundesstaat hinzukommen, wird ebenfalls ein Stern ergänzt. Siehe auch Aufgabenlösung zu 217 (1) und 217 (2).

M3 Bedeutende Industrieregionen in den USA
Die Karte zeigt die Lage der verschiedenen Industriezweige in den USA. Ältester und immer noch produktionsstärkster Industrieraum ist der Manufacturing Belt im Nordosten, auch wenn er in den vergangenen Jahrzehnten an Bedeutung verloren hat. Im Nordwesten hat sich aufgrund reichlich und preiswert verfügbarer Wasserkraft u. a. die energieintensive Aluminiumindustrie mit dem Flugzeugbau als Nachfolgeindustrie angesiedelt. An der Südwestküste und der Südostküste befinden sich mehrere Industriegebiete mit verschiedenen Schwerpunkten. Siehe hierzu auch die Ausführungen zu den Seiten 218–221 des Schülerbuches.

M4 Ursachen für die rasche wirtschaftliche Entwicklung der USA
Hier werden in Kurzform die begünstigenden Faktoren genannt. Siehe auch Aufgabenlösung zu 217 (3).

Aufgabenlösungen

217 (1) *Begründe, warum die USA als das Land der „Superlative" bezeichnet werden kann (andere Medien).*
Die USA sind das drittgrösste Land der Welt mit der drittgrössten Anzahl an Einwohnern (310 Mio., Ende 2010). Mit ihrer Wirtschaftskraft stehen sie trotz der Einbrüche durch die Finanzkrise 2009/2010 weiterhin an der Weltspitze. Sie verbrauchen weltweit die meiste Energie (2182 Mio t Öleinheiten, d. h. 19,5 % des Weltverbrauchs). Umgerechnet auf den Pro-Kopf-Verbrauch stehen die US-Amerikaner mit 10 460 Watt/Kopf an 5. Stelle, die Schweiz mit 5482 Watt/Kopf an 16. Stelle. 32 der 100 grössten Unternehmen haben ihren Hauptsitz in den USA. Hier gibt es die meisten Millionäre, Düsenjets, Autos und Wolkenkratzer.

217 (2) *Fertige eine Lageskizze der USA an und trage wichtige Industriegebiete ein (M3).*
Individuelle Lösung.

217 (3) *Erläutere die Ursachen für die rasche wirtschaftliche Entwicklung der USA.*
Aus Europa und Asien wanderte eine grosse Anzahl von Menschen nach Amerika aus, die in ihren Ursprungsländern keine Zukunft mehr sahen. Sie besassen einen ausgeprägten Aufstiegswillen und kamen in ein gering besiedeltes Land, das ihnen viele Möglichkeiten bot: Nach Vertreibung und Ermordung der einheimischen Bevölkerung, der Indianer, standen ihnen weite Landflächen für den Ackerbau und die Viehzucht zur Verfügung. Die Gesetzgebung war und ist auf Selbstverantwortung und möglichst freie Entfaltungsmöglichkeiten der Wirtschaft ausgelegt. Umfangreiche Rohstoffvorkommen liessen das grösste zusammenhängende Industriegebiet der Welt, den Manufacturing Belt, entstehen. Zu den weiteren Ursachen siehe auch M4 im Schülerbuch.

Heute stellen nicht mehr die Industrie und die Landwirtschaft die meisten Arbeitsplätze. Die USA haben den Übergang zur postindustriellen Dienstleistungsgesellschaft bereits vollzogen, der in Europa noch andauert.

Der Rückgang hat seine Ursachen in der zunehmenden Technisierung innerhalb der Wirtschaftssektoren und in dem Streben nach ständiger Produktionssteigerung bzw. Optimierung der Produktionsabläufe. Diesen Anforderungen wird durch Automatisierung der Produktionsabläufe, durch den Einsatz von Robotern und die bestmögliche Auslastung der Produktionsanlagen entsprochen. Die menschliche Arbeitskraft tritt hinter die durch die Technisierung hervorgebrachten Möglichkeiten für eine profitable Produktion zurück.

Aufgabenfelder im Dienstleistungsbereich (u.a. Handel, Verkehr, Transport, Erziehung, Bildung, Sport, Kultur, Wissenschaft, Medien, Gastronomie, Gesundheitswesen, Versicherungen, Kreditinstitute) gewinnen an Bedeutung. In den Industrieländern hat die wirtschaftliche Entwicklung zu steigendem Einkommen der Menschen und zu einer Erhöhung des Lebensstandards geführt. Die Nachfrage nach und der Bedarf an Dienstleistungen ist gestiegen. Um sich den verbesserten Lebensbedingungen der Menschen und den sich daraus resultierenden Folgen anzupassen, erweitert auch der Dienstleistungsbereich ständig sein Angebot und seine Reichweite. Dieser Wirtschaftssektor bietet so mehr und mehr Menschen die Möglichkeit für eine Beschäftigung. Grundlage des Dienstleistungsbereichs ist die menschliche Arbeitskraft. Diese im grossen Umfang mittels Automatisierung zu ersetzen, scheint derzeit kaum vorstellbar.

Zusatzinformation: Die Wirtschaft der USA
Die USA werden aufgrund der Grösse ihres Binnenmarktes von aussenwirtschaftlichen Faktoren selbst weniger beeinflusst als sie ihrerseits die wirtschaftliche Entwicklung in der übrigen Welt beeinflussen. Die Ausfuhren z.B. machen in den USA nur etwa 10 % des BIP aus, in Deutschland sind es schon 35 %. Umgekehrt entsteht etwa ein Viertel des Weltsozialproduktes in den USA, damit gehören sie zu den führenden Nationen. Die US-amerikanischen Unternehmen sind multinationale Konzerne, die einen grossen Anteil ihres Umsatzes auf ausländischen Märkten erwirtschaften. Die dortigen Produktionsstätten sind häufig aufgekaufte Unternehmen. Ein bedeutender Anteil des Welthandels besteht so bereits aus unternehmensinternen Transaktionen über Ländergrenzen hinaus. Wichtigste Handelspartner sind nach den NAFTA-Staaten Mexiko und Kanada die Mitgliedsländer der Triade (Japan und EU). Dies zeigt wieder die Bedeutung des „erweiterten Binnenmarktes" für die amerikanische Wirtschaft. Grosse Zuwachsraten verzeichnet der Handel mit China, welches seit der Jahrtausendwende zu einer der wichtigsten Importnationen der USA wurde.

Die Standorte der Industrie sind auf den Export ausgerichtet. Sie befinden sich entweder an grossen Wasserstrassen (Manufacturing Belt) oder an den Küsten.

Ein grosser Teil der landwirtschaftlichen Produkte der USA ist für den Export bestimmt. Umgekehrt resultiert daraus auch eine grosse Abhängigkeit der Farmer vom Weltmarkt. Insgesamt vom Ausland abhängig sind die USA durch den grossen Bedarf an Energierohstoffen. Durch deren Import und durch den über Jahre ständig wachsenden Import von Industrieprodukten hatte sich bis 2009 ein stark wachsendes Handelsdefizit zu allen grossen Wirtschaftsnationen der Welt ergeben. Grundsätzlich wurde dies aber dadurch relativiert, dass ein Grossteil der amerikanischen Produkte für den Binnenmarkt produziert wird, sodass deren Erlöse nicht in der Handelsbilanz erscheinen. Zusätzlich brachen durch die Finanzkrise die Importe um 31 % ein, sodass sich das Aussenhandelsdefizit auf fast die Hälfte (auf 450 Mrd.US-$) verringerte.

Wirtschaftsmacht USA

Schülerbuch Seiten 218–219

Grundbegriff: Manufacturing Belt

Abbildungen

M1 Der Manufacturing Belt zu Beginn des 20. Jahrhunderts
Die Karte bildet die Ausdehnung des Industriegebietes und die Zuwanderungsherkunft der Arbeiter ab. Zu Beginn des 20. Jh. erreichte der Manufacturing Belt seine grösste Ausdehnung. New York war die Stadt, in der die Einwanderer aus Europa ankamen, viele wanderten auf der Suche nach Arbeit weiter in die Industriestädte. In Pittsburgh war zu der Zeit die Stahlindustrie vorherrschend, in Detroit damals wie heute die Autoindustrie und in Chicago lag der industrielle Schwerpunkt wie heute neben der Stahlindustrie auch auf der Lebensmittelindustrie. Auch hatte und hat die Stadt eine wichtige Funktion als Handelsstadt.

Die Erde – Wandel durch Entwicklung

M2 Der Manufacturing Belt – Bodenschätze und Industrie
Die thematische Karte informiert über die wichtigsten Lagerstätten und Industriestandorte. Grundlage für die industrielle Entwicklung dieser Region waren die Kohle- und Eisenerzvorkommen. Auch als die Eisenerze in unmittelbarer Nähe aufgebraucht waren, konnten über die Grossen Seen Eisenerze aus Duluth (Mesabi Range) und Kanada schnell und günstig herangeschafft werden. Eisen- und Stahlerzeugung sowie Eisen- und Metallverarbeitung haben Schwerpunkte in Pittsburgh, Chicago, Detroit, Cleveland, Baltimore. Das Zentrum der Kraftfahrzeugindustrie ist Detroit. Die chemische Industrie konzentriert sich auf New York und Pittsburgh. Für die Nahrungsmittelindustrie ist Chicago von grosser Bedeutung (Verarbeitung der Rinder und Schweine aus dem Mittleren Westen). Neue Ansiedlungen im Bereich der Luft- und Raumfahrtindustrie, der chemischen Industrie, der Textil- und Bekleidungsindustrie erfolgen vorwiegend in Küstennähe. New York, Columbus und Indianapolis sind Standorte der Biotechnologie. Siehe auch Aufgabenlösung zu 219 (1) und 219 (3).

M3 Wandel des Manufacturing Belts: a) bis Ende der 1960er-Jahre, b) bis heute
Die Karten bieten einen Vergleich der wirtschaftlichen Situation und der industriellen Basis zwischen dem Ende der 1960er-Jahre und 2011. Siehe auch Aufgabenlösung zu 219 (1) bis 219 (3).

M4 Eine Region verändert sich
Der Text nennt Einzelheiten des Strukturwandels der letzten 60 Jahre. Siehe auch Aufgabenlösung zu 219 (1) bis 219 (3).

M5 Boston und die Route 128
Der Kartenausschnitt des Bostoner Stadtgebietes verdeutlicht die Veränderungen durch den Strukturwandel. Boston und Umgebung ist heute entlang der Route 128 Zentrum verschiedener Forschungseinrichtungen und Industrieparks. Diese arbeiten in der Regel eng mit den Universitäten und Forschungszentren zusammen, sodass neue Erkenntnisse ohne Reibungsverluste in die Praxis umgesetzt werden können. Siehe auch Aufgabenlösung zu 219 (1) bis 219 (3).

Aufgabenlösungen

219 (1) *Beschreibe die Lage und die Standortfaktoren des Manufacturing Belts (M2–M5).*
Der Manufacturing Belt erstreckt sich etwa von Boston über Milwaukee nach St. Louis und zurück zur Küste. Seine Ost-West-Ausdehnung beträgt ca. 1700 km. Hier lebt auf einem Achtel der Staatsfläche fast die Hälfte der Bevölkerung. Er liegt auf den Staatsgebieten von Wisconsin, Illinois, Indiana, Ohio, West Virginia, Virginia, Pennsylvania, Delaware, New-Jersey, Rhode Island, Connecticut, New York, Massachusetts, Vermont, New Hampshire, Maine und Michigan.

Folgende Standortfaktoren waren wichtig für die Entwicklung der Industriestandorte: Rohstoffe (Eisenerzvorkommen) und Energie (Kohle) im Gebiet Pittsburgh; der grosse Reichtum an Bodenschätzen und gute Transportmöglichkeiten u. a. auf den Wasserwegen führten zum Aufbau einer vielfältigen, überwiegend Rohstoffe verarbeitenden Industrie. Der Schwerpunkt der Industrie lag auf der Schwerindustrie und nachfolgend der Autoindustrie als Schlüsselindustrie (besonders in Chicago und Detroit), verbunden mit der entsprechenden Zulieferindustrie. Die Flachlandregion an den Grossen Seen mit einer reichen landwirtschaftlichen Nutzung bot gute Möglichkeiten zur Siedlungskonzentration. Der Grossraum wurde unter diesen Voraussetzungen zu einem Verdichtungsraum für Siedlung, Verkehr, Produktion und Handel. In ihn strömten sowohl Zuwanderer aus Übersee als auch aus wirtschaftlich weniger attraktiven Landesteilen. Die Gunstfaktoren und die Marktvorteile führten zur weiteren Ansiedlung von Betrieben und einem weiteren Ausbau der Verkehrswege. Bis zum 2. Weltkrieg lebten hier 40 % der Bevölkerung, die 70 % der industriellen Wertschöpfung und 52 % des Volkseinkommens erwirtschafteten.

Heute sind die Nähe zum Absatzmarkt an der Küste, Arbeitskräfte, die Verkehrslage an den Grossen Seen (Umschlaghäfen) und die Städte an den Grossen Seen als Absatzmarkt von Bedeutung.

219 (2) *Benenne die Städte und Seen in M3.*
Städte:

1: Duluth	2: St. Paul	3: Chicago	4: St. Louis
5: Indianapolis	6: Cincinnati	7: Detroit	8: Cleveland
9: Pittsburgh	10: Buffalo	11: Boston	12: New York
13: Philadelphia	14: Baltimore		

Seen
Oberer See, Michigansee, Huronsee, Ontariosee, Eriesee

219 (3) *Beschreibe den Strukturwandel des Manufacturing Belts (M3–M5).*
Die wirtschaftliche Grundlage der Region war lange Zeit die Eisen- und Stahlindustrie mit ihren Folgeindustrien.

In den 1970er-Jahren kam es zu einem relativen Bedeutungsverlust des Manufacturing Belts. Dafür waren verschiedene Faktoren verantwortlich:

Infolge rationeller Produktion, Ersatz von Stahl durch Aluminium und Kunststoffe sowie durch Einfuhren sank die Nachfrage nach US-Stahl (Stahlkrise). Es erfolgte der Niedergang der traditionellen Industrien, deren Erzeugnisse nicht mehr aktuell (also im übertragenen Sinne „rostig") waren. Fabriken wurden stillgelegt und rosteten auch im realen Sinn vor sich hin. Daher erhielt die Region auch den Beinamen „Rust Belt". Zwischen 1950 und 1980 gingen in diesem Raum etwa 60 % der Arbeitsplätze verloren.

Zunehmend wirkten sich im Gebiet um die Grossen Seen auch Agglomerationsnachteile aus, wie z. B. Mangel an Nutzflächen bei steigenden Preisen, hohes Lohnniveau, Infrastrukturengpässe bei Verkehr und Energie sowie Umweltschutzauflagen infolge der starken Belastung des Raumes.

Verstärkt wurde der Bedeutungsrückgang durch die steigende Konkurrenz aus anderen Ländern. Schwellenländer erhöhten ihre Marktanteile auf dem Stahlmarkt und Autoproduzenten aus Japan und Europa drängten mit technologisch fortgeschritteneren Automodellen auf den US-amerikanischen Markt.

Die Folgen waren Krisen im Kohle- und Stahlbereich sowie im Fahrzeugbau der USA, besonders in monostrukturierten Räumen wie Pittsburgh und Detroit.

Damit einher ging ein bis heute währender Niedergang vieler Grossstädte. Aus Detroit z. B. wanderten grosse Teile der Bevölkerung, der Kaufhäuser und der Unternehmen in die Suburbs ab. Die Stadt verlor zwischen 1950 und 2000 beinahe 50 % ihrer Bewohner. Heute leben noch 950 000 Menschen in Detroit, davon 79 % Afroamerikaner. Die Stadtfläche liegt zu etwa einem Drittel brach, 4000 Gebäude stehen leer und zwischen 1978 und 1998 wurden 108 000 Gebäude abgerissen, aber nur 9000 neu errichtet. In den Suburbs hat sich die weisse Mittelschicht niedergelassen, 78 % der hier lebenden 4,5 Mio. Einwohner sind Weisse. Revitalisierungsprojekte, die die City von Chicago beleben sollen, sind geplant, ihr Erfolg bleibt abzuwarten. Dennoch bietet der industrielle Kernraum nach wie vor Standortvorteile, die Grundlage für eine Revitalisierung des Raumes sind. Wege dazu sind Anpassung der bestehenden Produktionsbereiche an den technischen Weltstandard, wie z. B. in der Automobilindustrie; die Diversifizierung der Produktpalette wie z. B. bei GM und Ford mit dem Einstieg in die Luft- und Raumfahrtindustrie; Ausbau und Konzentration von Schlüsseltechnologieunternehmen, v. a. der Sparten Elektronik und Mikrocomputer. Standortvorteile sind, besonders in den südlichen Neuenglandstaaten, höchstrangige Forschungseinrichtungen (Massachusetts Institute of Technology, Harvard), qualifizierte Arbeitskräfte, Marktnähe.

Pittsburgh z. B. hat mit der Konzentration auf Biotechnologie und Medizin den Aufschwung in der Stadt geschafft. Der Bau von Technologie-Parks mit Beziehungen zu benachbarten Universitäten und Forschungseinrichtungen und von Dienstleistungscentern mit überregionaler Distributionslogistik zog viele Firmen an. Arbeitsplätze in der Leicht- und Unterhaltungsindustrie, Handel und Entwicklungsgesellschaften belegen den Strukturwandel.

Zusatzaufgabe

Vergleiche die Entwicklung Pittsburghs mit der des Ruhrgebietes.
Gemeinsamkeiten: Beide Industriegebiete sind als Montanreviere entstanden und haben heute ähnliche Strukturprobleme. Beide Gebiete setzen auf einen Strukturwandel, der auf Diversifikation und Einsatz von Forschung und Hightech basiert.
Unterschiede: Der Manufacturing Belt ist mit ca. 1700 km von sehr viel grösserer Ost-West-Ausdehnung als das Ruhrgebiet mit nur 68 km. Er ist auch keine durchgehende Stadt- und Industrielandschaft, sondern ein industrieller Kernraum mit 10 strukturell unterschiedlich ausgerichteten Industrieschwerpunkten. Die Zugänglichkeit und Abbaukosten der Kohlevorkommen (Steinkohle im Tagebau) sind in den USA günstiger.

Wirtschaftsmacht USA

Schülerbuch Seiten 220 – 221

Abbildungen

M1 Blick auf das Hauptquartier des Softwareunternehmens Oracle im Silicon Valley bei San Francisco
Das Unternehmen ist mit über 100 000 Angestellten eines der führenden Softwareunternehmen der USA. Das Foto zeigt das Hauptquartier der Firma im Silicon Valley in Redwood Shores, einem Stadtteil von Redwood City an der Bucht von San Francisco. Die Firma ist durch Übernahmen in den letzten Jahren stark gewachsen und hat mittlerweile eine breite Produktpalette, die neben Softwarelösungen für Unternehmen und öffentliche Einrichtungen auch Hardware im Angebot hat.

M2 Der Sunbelt
Die Karte zeigt die Ausdehnung des Sonnengürtels südlich des 37. Breitengrades im Süden und Südwesten der USA mit drei grossen dicht besiedelten und industrialisierten Wirtschaftsregionen, die unterschiedliche Schwerpunkte haben. Im Südosten (Florida) dominiert die Tourismusindustrie, an der Golfküste (Texas, Teile von Louisiana) die petrochemische Industrie und in Kalifornien Medien- und Computerindustrie. Daneben sind Petrochemie, Raumfahrttechnik, Flugzeugbau, Mikroelektronik, Rüstungsindustrie und Agrobusiness in allen drei grossen Regionen Wachstumsindustrien vertreten. Der gesamte Grenzbereich zu Mexiko ist gekennzeichnet durch Industrien, die auf billige Arbeitskräfte angewiesen sind.

M3 Standortfaktoren verschiedener Industriegebiete
Wegen veränderter Standortbedingungen (bedingt durch den Wandel bei der Rohstoff- und Energiebasis) verlagerte sich das industrielle Wachstum in den Westen und Süden. Erdöl wurde für die Grundstoffindustrie sowohl Energieträger als auch Rohstoff. Die petrochemische Industrie gewann an Bedeutung. Sie siedelte sich im sonnigen Süden (Sunbelt) des Landes an, hier liegen auch die Fördergebiete bzw. die Häfen zur Anlandung des Energieträgers und Rohstoffes.

Strategische Überlegungen im 2. Weltkrieg hatten die Verlagerung kriegswichtiger Industrien an die Westküste eingeleitet. Ihr folgten in den folgenden Jahrzehnten die elektrotechnische und elektronische Industrie an die neuen Standorte der Luft- und Raumfahrttechnik. Im Silicon Valley nehmen die Umweltprobleme seit einigen Jahren durch die hohe Bevölkerung und die ohne Planung erfolgte Ausweitung der Industrieansiedlungen immer mehr zu. Viele der Produktionsprozesse verschmutzen die Umwelt in hohem Masse. Es kommt bereits zu Abwanderungen, da auch das Preisniveau sehr hoch geworden ist und nicht einmal eine Vollzeitstelle mehr ein auskömmliches Leben erlaubt.

Aufgabenlösungen

221 (1) *Nenne die US-Staaten, die im Sunbelt liegen, und bestimme die Städtenamen (M2, Atlas).*
Bundesstaaten: Kalifornien, Arizona, New Mexico, Texas, Louisiana, Mississippi, Alabama, Georgia, Florida.
Städtenamen: S.F.: San Francisco, L.A.: Los Angeles, S.D.: San Diego, P.: Phoenix, D.: Dallas, H.: Houston, N.O.: New Orleans, A.: Atlanta, T.: Tampa, M.: Miami.

221 (2) *Nenne die Standortfaktoren, die den Sunbelt attraktiv machen.*
Viele Forschungsgelder, zahlreiche Rüstungsaufträge, billige Arbeitskräfte, niedrige Grundstückspreise, flexible Arbeitskräfte, gute Verkehrsanbindungen, niedrige Steuern, geringer Einfluss der Gewerkschaft, ausreichende Anzahl angelernter Arbeitskräfte, hoher Wohn- und Freizeitwert, gute Fachausbildung, Subventionen, angenehmes Klima, gute Infrastruktur.

221 (3) *Informiere dich über das Silicon Valley und fertige einen Steckbrief an.*
Name: Silicon Valley (Silizium-Tal), der Name leitet sich von dem viel in der Elektronik- und Computerindustrie verwendeten Silizium ab.
Lage: Kalifornien, in der ursprünglich Santa Clara Valley genannten 4000 km² grossen Region.
Entwicklung: Gegründet auf dem Gebiet der Stanford University, 1952 als Stanford Industrial Park für neu zu gründende Industrieunternehmen attraktiv gestaltet. Heute Sitz von ca. 7000 Firmen mit über einer halben Million Beschäftigten. Die Hightech-Unternehmen erwirtschaften einen Gesamtumsatz von ca. 185 Mrd. US-$.

221 (4) *Begründe, warum der Süden auch für die Automobilindustrie immer interessanter wird.*
Die Nähe zu den Rohstoffen ist nicht mehr vorrangiger Standortfaktor. Neue Werke entstehen bevorzugt an überregionalen Verkehrswegen wie Eisenbahn, Highway oder Flughafen. Damit ist

auch der Sunbelt ein möglicher Produktionsstandort. Auch sind die Arbeitskräfte dort preiswert. Siehe auch Aufgabenlösung zu 221 (2).

Zusatzaufgaben

Aufgabe 1
Welche Gründe hatte das Unternehmen IBM, Werke im Sunbelt zu bauen?
IBM (International Business Machines) fand in Kalifornien hervorragende Human Resources vor. Die zahlreichen Universitäten des Landes lieferten gut ausgebildete und motivierte Wissenschaftler und Techniker. Die Forschungsabteilungen vieler Universitäten beschäftigten sich zudem mit Fragen und Technologien, die auch für IBM interessant waren (und sind). Die Zusammenarbeit mit diesen Einrichtungen sorgt nach wie vor dafür, dass wissenschaftliche Ergebnisse schnell in vermarktbare Produkte umgesetzt werden. Weitere Standortfaktoren sind die bundesstaatlichen Subventionen, die preiswerte Produktion und der geringe Einfluss der Gewerkschaften.

Aufgabe 2
Begründe, weshalb Human Resources für IBM wichtiger sind als Rohstoffe.
IBM ist ein weltweit operierender Konzern, der Hightech-Produkte herstellt. Ihr Wert besteht vor allem in dem Wissen, das sie enthalten. Der Wert der Rohstoffe, die zum Beispiel ein Computer enthält, ist vergleichsweise gering, bei Softwareprodukten ist er praktisch gleich Null. Deshalb ist die Verfügbarkeit von Wissen, also von Menschen, die die notwendigen Kenntnisse haben, wichtiger als die von Rohstoffen, die man relativ leicht herbeitransportieren kann.

Wirtschaftsmacht USA

Schülerbuch Seiten 222–223

Abbildungen

M1 Das Kuner Feedlot ist einer der grössten Rindermastbetriebe
Das Foto vermittelt einen Eindruck von der Grösse eines Betriebes zur industriellen Fleischproduktion. Bis zu 120 000 Tiere können in den eingezäunten Parzellen gehalten werden. Siehe auch Aufgabenlösung zu 222 (1).

M2 Das Kuner Feedlot – eine Factory Farm
In einem Feedlot ist die Aufzucht und Mästung bis zur Schlachtreife perfekt durchorganisiert. Alle Arbeitsabläufe sind so gestaltet, dass sie bei geringstem personellem und finanziellem Einsatz den höchstmöglichen Gewinn erwirtschaften. Symptomatisch dafür ist auch die Schnelligkeit, mit der die Tiere im Feedlot „umgesetzt" werden. Früher war ein Rind auf der Weide frühestens nach 1,5 Jahren schlachtreif, heute in etwas mehr als 4 Monaten. Siehe auch Aufgabenlösung zu 222 (2).

M3 Lage des Kuner Feedlot (Colorado)
In der Karte ist der Standort des Feedlot in der Nähe des Ortes Greeley im Bundesstaat Colorado eingezeichnet. Der Ort liegt im Regenschatten der Rocky Mountains und hat ein sehr trockenes Klima. Weitere Feedlots konzentrieren sich in den Bundesstaaten Texas, New Mexico, Oklahoma, Kansas, Colorado, Nebraska, denn unter den genannten Bundesstaaten und zusätzlich unter Wyoming und South Dakota befindet sich ein riesiges Grundwasserreservoir, das Ogallala Aquifer. Dieses Grundwasser stellt die Versorgung des Viehs und den Anbau der Futterpflanzen sicher. Siehe auch Aufgabenlösung zu 222 (2).

M4 Agroindustrielle Betriebsführung (Beispiel)
Das Schaubild zeigt vertikale und horizontale Verflechtungen der einzelnen Betriebe des Agrobusiness. Hier wird auch ersichtlich, dass viele Arbeitsabläufe ausgegliedert worden sind, so minimiert die Factory Farm ihr unternehmerisches Risiko und verlagert es auf die Zulieferer. Siehe auch Aufgabenlösung zu 222 (2) und 222 (3).

M5 Mastbuchten
Die Aufnahme vermittelt einen Eindruck von den Dimensionen eines Feedlot. Auf einem halben Hektar Fläche werden hier 300 Tiere in einer Mastbucht gehalten. Das Gras haben die Rinder längst zertrampelt. Im Vordergrund links ist eine Strasse zu sehen, auf der der Lkw täglich das Futter herantransportiert.

Aufgabenlösungen

222 (1) *Nenne wichtige Kennzeichen einer Factory Farm.*
Eine Factory Farm ist hoch mechanisiert und kapitalintensiv. die industrielle, marktorientierte Organisation der Factory Farm ermöglicht eine Massenproduktion.

222 (2) *Beschreibe in eigenen Worten die Wirtschaftsweise des Kuner Feedlots (M2, M4).*
Einzelne Farmbetriebe (Family Farms) beliefern das Feedlot mit Kälbern. Futteranbau treibende und eine entsprechende Futtermühle beliefernde Einzelfarmen (auch Family Farm) produzieren das Futter für die Mast und sind gleichzeitig Abnehmer der tierischen Exkremente für Düngerzwecke. Das Futter wird in der Futtermühle gemischt. Je nach Preis und Verfügbarkeit enthält es unterschiedliche Anteile der verschiedenen Futterpflanzen. Dieses Futter wird dann von den Angestellten mit Lkws an die Tiere verteilt. Der hohe Anteil an Kraftfutter lässt sie schnell wachsen, in den eigenen Schlachthäusern werden sie dann geschlachtet und zum Endverbraucher transportiert.

222 (3) *Nenne wesentliche Merkmale der amerikanischen Landwirtschaft und erläutere sie.*
Die Vielfältigkeit der physisch-geografischen Voraussetzungen hat den USA den Aufbau einer diversifizierten Landwirtschaft ermöglicht. Menschlicher Einsatz allein reicht allerdings heute nicht mehr, um gewinnbringend zu wirtschaften.

Die traditionelle Familienfarm mit ihren geringen Betriebsgrössen ist seit Beginn des 20. Jh. zunehmend unrentabel geworden. Parallel zur Mechanisierung und Intensivierung der Landwirtschaft stieg die durchschnittliche Betriebsgrösse deshalb stark an, die Anzahl der Farmen ging entsprechend zurück (1950 gab es 5,5 Mio. Farmen, 2008 nur noch 1,8 Mio.). Viele Farmer waren nicht kapitalstark genug, um ständig neue, leistungsfähigere Maschinen kaufen zu können, mit denen sie auf hinzugepachteten Flächen immer mehr erzeugen konnten und mussten. Diese Spirale endete für viele Farmer mit der Pleite und mit dem Verkauf der Farm. Das Farmensterben führte zu grossen Flächenstilllegungen (bis 1995 über 6 Mio. ha) und auch zur massiven Umstrukturierung der Besitzverhältnisse (Anstieg der Farmgrösse von 80 ha im Jahr 1950 auf 200 ha im Jahr 2008). Heute dominieren im Agrarsektor global agierende kapitalstarke Industrieunternehmen, die auch bei sinkenden Agrarpreisen und Subventionen noch konkurrenzfähig sind. Sie haben den Produktionsprozess sowohl horizontal als auch vertikal so gestaltet, dass sie das für sie bestmögliche Preis-Leistungsverhältnis erzielen. Dabei haben sie umfangreiche Abhängigkeitsverhältnisse der Zulieferbetriebe geschaffen, die nun die Feedlots als alleinige Auftraggeber haben.

Die Landwirtschaft der USA gehört zu den leistungsstärksten der Welt. Dies zeigt sich u. a. am Export vieler landwirtschaftlicher Erzeugnisse. Sie ist also auch international sehr konkurrenzfähig.

Zusatzaufgabe

Gib einen Überblick über die landwirtschaftlichen Produktionsgebiete in den USA (Atlas).

Die Karte ermöglicht einen Überblick über die unterschiedlichen Landbauzonen der USA. Um das Gebiet der Grossen Seen zieht sich ein Gebiet, in dem vorherrschend Milchwirtschaft (Molkereiprodukte, Käse) betrieben wird. Nach Süden schliesst sich im Gebiet des Mittleren Westens der Mais-Soja-Gürtel an, in dem die Futtermittel für die Schweine- und Rinderzucht produziert werden. Weiter nach Westen und Süden wird Weizen angebaut. Kombinationsformen finden sich in grossen Teilen des Südens und Südostens der USA. Sonderkulturen sind je nach Klimagunst verbreitet in Virginia, Ohio, Kentucky (Tabak), in Alabama, Georgia (Erdnüsse), in Texas, Mississippi, Carolina (Baumwolle), in Kalifornien, Florida, Texas (Südfrüchte, Wein). Rinder- und Schweinemast wird intensiv im Mais-Soja-Gebiet betrieben. Im Süden der USA (Texas, Oklahoma, Arkansas) gibt es ebenfalls Rinder- und Schweinemast. Dort wird Fleisch in Feedlots produziert (siehe auch S. 222 f. des Schülerbuches). Grosse Flächen der Prärie bis zum Fuss der Rocky Mountains werden als Weideland genutzt. Grosse Teile der Rocky Mountains und Appalachen sind mit Wald bedeckt.

Asien – Kontinent der Rekorde

Schülerbuch Seiten 224–225

Abbildungen

M1 Übungskarte von Asien
Hier sind die massgeblichen topografischen Gegebenheiten abgebildet. Zusätzlich sind die verschiedenen Rekorde verortet und z.T. auch benannt. Siehe auch Aufgabenlösung zu 224 (1) und 224 (2).

Aufgabenlösungen

224 (1) *Finde die Grenzlinie zwischen Europa und Asien (Info-Box).*
Der Verlauf der Grenzlinie wird in der Info-Box detailliert beschrieben. Im Atlas lässt sich der Grenzverlauf nachvollziehen.

224 (2) *Bearbeite die Übungskarte. Vergleiche die mit * gekennzeichneten Rekorde mit denen Europas (S. 47) und des Doppelkontinents Amerika (S. 209).*

Gebirge	Gewässer, Meer	Landschaften	Städte	Staaten
(1) Ural	a Rotes Meer	[1] Taurus	Me.: Mekka	1 Türkei
(2) Kaukasus	b Euphrat	[2] Mittelsibirisches Bergland	Je.: Jerusalem	2 Syrien
(3) Himalaya	c Tigris	[3] Gobi oder Schamo	D.: Damaskus	3 Libanon
Berg: Mount Everest	d Persischer Golf	[4] Hochland von Tibet	I.: Istanbul	4 Israel
	e Ob		A.: Ankara	5 Irak
	f Jenisej		Ba.: Bagdad	6 Saudi Arabien
	g Lena		Te.: Teheran	7 Kuwait
	h Nordpolarmeer		Kr.: Karachi	8 Iran
	i Kaspisches Meer		Kb.: Kabul	9 Russland
	j Aralsee		Ba.: Bombay (Mumbai)	10 Kasachstan
	k Baikalsee		D.: Delhi	11 Afghanistan
	l Amur		A.A.: Almaty (Alma Ata)	12 Pakistan
	m Indus		N.: Nowosibirsk	13 Nepal
	n Ganges		Ka.: Kalkutta	14 Indien
	o Brahmaputra		Dh.: Dhaka	15 Sri Lanka
	p Golf von Bengalen		Ir.: Irkutsk	16 Bangladesch
	q Huang He		B.: Bangkok	17 Mongolei
	r Jangtsekiang		Ha.: Hanoi	18 Thailand
	s Pazifischer Ozean		J.: Jakarta	19 Vietnam
			P.: Peking	20 Malaysia
			K.: Kanton	21 Singapur
			H.: Hongkong	22 Indonesien
			O.: Oimjakon	23 China
			Sh.: Shanghai	24 Nordkorea
			W.: Wladiwostok	25 Südkorea
			Se.: Seoul	26 Japan
			Ma.: Manila	27 Taiwan
			T.: Tokio	28 Phillippinen

Auf der Karte verortete Rekorde:
Grösster See: Kaspisches Meer
Tiefster Punkt: Uferzone des Toten Meeres (ca. 420 m u. M.)
Grösste Halbinsel: Arabische Halbinsel
Höchste Erdölförderung: Saudi-Arabien
Grösste Filmproduktion: Bombay (Mumbai)
Grösster Teeproduzent: China
Dichteste Bevölkerung: Bangladesch
Meiste Millionenstädte: China
Grösstes Flussdelta: Ganges- und Brahmaputradelta
Bevölkerungsreichster muslimischer Staat: Indonesien
Niederschlagsreicher Ort: Cherrapunji in Indien (10 420 mm Niederschlag)

Die Erde – Wandel durch Entwicklung

Höchster Berg: Mount Everest (Atlas: 8 846 m)
Grösster Ozean: Pazifischer Ozean
Grösstes Gebirge: Himalaya
Meeresfernstes Gebiet: Dsungarei (China)
Tiefster See: Baikalsee
Kältester Ort: Oimjakon

Vergleicht man diese Angaben mit den Rekorden Europas und Amerikas, so stellt man fest, dass die asiatischen Rekordzahlen durchgehend höher liegen. So ist der Montblanc etwas mehr als halb so hoch und der Cotopaxi etwa zwei Drittel so hoch wie der Mount Everest. Dieser befindet sich im grössten Gebirge der Welt, die Anden sind zwar länger, aber schmaler und die Alpen sind im Vergleich mit ca. 1200 km Länge und maximal 200 km Breite sehr klein.

Vergleicht man die Arabische Halbinsel mit der Grösse Grönlands, so stellt man fest, dass Grönland etwa 500 000 km² kleiner ist.

Japan – ein Wirtschaftsgigant

Schülerbuch Seiten 226–227

Grundbegriff: kleine Tigerstaaten

Abbildungen

M1 Aussenhandel Japans (2009)
Die beiden Kreisdiagramme zeigen detailliert die Export- und Importstruktur Japans. Siehe auch Aufgabenlösung zu 226 (1).

M2 Japans Wirtschaft in Zahlen (2009)
Vor dem Hintergrund eines Shinto-Heiligtums sind zwei Grafiken eingeblendet. Eine zeigt das seit 1980 rasante Wirtschaftswachstum. Deutlich erkennbar ist, dass dieses auf dem grossen Exportvolumen beruht. Da für die Importe durchgehend weniger gezahlt werden musste, erzielt Japan seit vielen Jahren einen Handelsüberschuss. Die andere Grafik zeigt das BNE pro Kopf verschiedener Staaten. Japan liegt hier bei 34 130 US-$. Grossbritannien, Deutschland und Frankreich weisen ähnlich hohe Werte auf, während die Schweiz mit 42 420 US-Dollar einen fast so hohen Wert hat wie die USA.

M3 Die wichtigsten Handelspartner Japans (2009)
Die Karte zeigt, erkennbar an der Breite der Pfeile, die wichtigsten Handelspartner Japans. Die grössten Exporte gehen nach China, in die USA, nach Südkorea und nach Taiwan. Umgekehrt kommen die meisten Importe aus den gleichen Ländern, sie fallen aber bis auf China wertmässig geringer aus. Staaten, die mehr nach Japan exportieren als sie importieren, sind überwiegend Rohstoffproduzenten. Z.B.: Aus Australien kommen Bergbauprodukte, aus Indonesien z.B. Holz, aus Saudi-Arabien, Katar und den VAE Erdöl.

M4 Anteil der Wirtschaftsbereiche am BNE Japans (2009)
Japan ist ähnlich wie die Schweiz eine Dienstleistungsgesellschaft. Lediglich die Landwirtschaft hat in Japan einen etwas höheren Stellenwert als in der Schweiz. Da der Reisanbau hoch subventioniert ist, werden in Japan auch sehr kleine Felder noch bestellt. (Schweiz: I: 1,1 %, II: 27,7 %, III: 71,2 %)

Aufgabenlösungen

226 (1) *Erkläre, warum Japan eine Wirtschaftsmacht ist.*
Trotz zahlreicher Ungunstfaktoren hat sich das Land seit dem 2. Weltkrieg von einem Agrarstaat zu einer wohlhabenden Industrienation und grossen Wirtschaftsmacht entwickelt.

Diese Ungunstfaktoren sind die ständige Gefahr von Naturkatastrophen, die Raumenge und die wenigen Rohstoffe (es gibt lediglich geringe Vorkommen an Steinkohle, Erdgas, Kupfer, Blei/Zink, Schwefel, Silber). Die Naturkatastrophen sind zwar nicht vermeidbar, aber Schutz- und Vorsorgemassnahmen sollen die grössten Gefahren abwenden bzw. mindern, der Raumenge begegnet man durch Neulanderschliessungen. Japan hat es verstanden, sich durch qualitativ hochwertige und dabei preiswerte Produkte weltweit Absatzmärkte zu erschliessen. Die Rohstoffe für die Produktion werden aus der ganzen Welt importiert. Exportiert werden Fertigwaren wie Elektronikprodukte, Computer und Fahrzeuge, die in einer überwiegend automatisierten Fertigung hergestellt werden.

Auf den Neulandflächen an den Küsten haben die Industrieunternehmen ausreichend Platz und den Vorteil, dass die aus dem Ausland angelieferten Rohstoffe direkt von den modernen Kaianlagen in die unmittelbar daneben liegenden Fabriken gebracht werden können. Exportprodukte sind ebenso schnell wieder verschiffbar, Transportkosten werden so minimiert.

Zusatzaufgaben

Aufgabe 1
Japan wird auch als „Risikoraum" bezeichnet. Begründe dies.
Japan ist von verschiedenen Naturkatastrophen bedroht. Taifune/Starkregen (bis zu 180 x im Jahr), Erdbeben (ca. 500 leichte Beben im Jahr), Seebeben (sehr selten); Vulkanausbrüche (selten). Die schwersten Erdbeben der vergangenen Jahre ereigneten sich 1995 in Kobe und am 11. 03. 2011 vor der nördlichen Küste von Honshu. 1995 starben 6336 Menschen, fast 35 000 wurden verletzt, 106 000 Gebäude zerstört, 100 ha Wohngebiet durch Brände zerstört. Der Sachschaden betrug über 100 Mrd. US-$. Die Toten und Verletzten sowie die durch den Tsunami verursachten Sachschäden des Erdbebens von 2011 sind bislang (Mai 2011) nicht absehbar. Auch die Folgen der Kernschmelze im Kernkraftwerk Fukushima bleiben abzuwarten.

Aufgabe 2
Beschreibe die Naturkatastrophen, von denen Japan betroffen ist und erkläre deren Ursachen.

Katastrophe	Auswirkungen
Taifune, Starkregen	Überschwemmungen der Küstenebenen durch hohe Niederschläge, Bergrutsche, Blockierung des Schiffsverkehrs, viele Tote und Verletzte, 75 % aller Sachschäden, extreme Schneehöhen im Winter im Nordosten Honshus und Hokkaidos
Erdbeben	Schlammlawinen, Bergrutsche, grosse Zerstörungen besonders in den Städten, Strom- und Gasausfall, Brände, Verkehrsstaus, viele Tote und Verletzte, 24,5 % aller Sachschäden

Katastrophe	Auswirkungen
Seebeben	Kann Tsunamis (Meereswellen mit grosser Geschwindigkeit von 1000 km/h und Höhen von ca. 33 m) auslösen, Überschwemmungen, grosse Sachschäden, viele Tote und Verletzte, Vernichtung von Städten und Agrarflächen, Blockierung des Schiffsverkehrs, 0,5 % aller Sachschäden
Vulkanausbrüche	Ascheregen legt sich auf die Landschaft und die Pflanzen, Steinauswurf verletzt Menschen, Lavaströme zerstören Häuser und Agrarflächen

Ursachen: Japan liegt im Bereich der Zugstrassen der Taifune und der zirkumpazifischen Erdbeben- und Vulkanzone. Die hohe Reliefenergie der Inseln verschärft die Probleme noch.

Japan – ein Wirtschaftsgigant

Schülerbuch Seiten 228–229

Grundbegriff: Neulandgewinnung

Abbildungen

M1 Bevölkerungsentwicklung in Japan
Die Grafik zeigt die Bevölkerungsentwicklung zwischen 1935 und 2009, gegliedert nach ländlichem und städtischem Raum. Siehe auch Aufgabenlösungen zu 228 (1).

M2 Innenstadt von Tokio
Das Foto zeigt einen der Innenstadtbezirke von Tokio, Shibuya City. Hier dominieren die Hochhausbauten, da Bauland in Tokio extrem teuer ist. In den 23 Bezirken, aus denen sich Tokio zusammensetzt, leben ca. 8,5 Mio. Menschen. Tokio ist aber von weiteren Millionenstädten umgeben, sodass die Metropolregion von ca. 50 km Umkreis fast 50 Mio. Einwohner hat.

M3 Neulandgewinnung in der Bucht von Tokio
Das Luftbild verdeutlicht das Ausmass der Landgewinnungsmassnahmen rund um die Bucht von Tokio. Die Neulandgewinnung hat in Japan eine lange Tradition. Schon seit 450 Jahren werden zur Gewinnung neuer Landflächen Bergrücken abgetragen und in den Tälern (Yamakiri-chi) bzw. vor der Küste (Umetate-chi) aufgeschüttet. In den letzten Jahrzehnten konnten mit modernen Methoden grosse Neulandflächen gewonnen werden. Das Material für die Neulandgewinnung vor der Küste wird auch vom Meeresboden heraufgebaggert. Zusätzlich entstehen im Meer vor den grossen Städten in den letzten Jahrzehnten vermehrt künstliche Inseln aus Bauschutt und Müll. Die Flächen werden im Inland bevorzugt für die Anlage neuer Siedlungen genutzt, an der Küste dominieren Industrie- und leistungsfähige Hafenanlagen. Siehe auch Aufgabenlösungen zu 228 (1) und 228 (2).

Aufgabenlösungen

228 (1) *a) Beschreibe die Entwicklung und Verteilung der Bevölkerung in Japan.*
b) Nenne mögliche Gründe für die unterschiedliche Bevölkerungsdichte.
a) Die Einwohnerzahl Japans ist seit 1935 von ca. 45 Mio. Menschen auf 127,7 Mio. im Jahr 2010 gestiegen. Gleichzeitig hat die Stadtbevölkerung im Vergleich zur Landbevölkerung immer weiter zugenommen. Heute leben nur noch etwa 15 % der Japaner im ländlichen Raum. Die Bevölkerung ist, wie in anderen Industrieländern auch, stark überaltert. Nur noch 13 % der Bevölkerung sind unter 15 Jahren, aber 21 % über 65 Jahre. (Schweiz: 16 %, 17 %).
b) Da die japanischen Inseln zu fast 80 % aus bewaldetem Bergland bestehen, sind die knappen Ebenen dicht besiedelt. Es gibt kaum Flächen in den natürlichen Ebenen, die für Siedlungen oder Industrieanlagen noch Erweiterungsmöglichkeiten bieten. So ziehen viele Menschen an die Küsten in die grossen Städte. Diese bieten zudem ein grösseres Arbeits- und Freizeitangebot als die ländlichen Gebiete.

228 (2) *a) Erläutere, welche Probleme sich aus der hohen Bevölkerungszahl in der Agglomeration Tokios ergeben.*
b) Wie versucht man, das Problem der Raumknappheit in der Bucht von Tokio zu lösen?
a) Das Stadtgebiet von Tokio ist sehr dicht bebaut. Die Preise für Wohnungen sind sehr hoch, eine Dreizimmer-Wohnung kostet ca. 3900 CHF Kaltmiete. Da es sich nur wenige Arbeitnehmer leisten können, in der Stadt selbst zu wohnen, müssen sie lange Anfahrtswege in Kauf nehmen. Fahrzeiten von 2 Stunden pro Wegstrecke sind nicht selten. Täglich werden die U-Bahnen von fast 8 Mio. Menschen genutzt. Das U-Bahnnetz ist mit den Vorort- und Regionalzügen umsteigefrei verbunden, die Züge sind ständig überfüllt. Freizeiteinrichtungen und Grünanlagen sind in der übervölkerten Region knapp. Öffentliche Einrichtungen wie z.B. Freibäder werden deswegen stark frequentiert. Die Umweltbelastung ist insgesamt hoch.

b) Um die etwa 1200 km² grosse Bucht von Tokio sind etwa 300 km² neue Landflächen aufgeschüttet worden, die die Küstenlinie von ursprünglich 300 km auf fast 900 km ansteigen liess. Insgesamt sind in Japan mittlerweile über 1000 km² Neuland entstanden. Auf den Neulandflächen werden überwiegend Verkehrswege, Hafenanlagen, Lager und Fabriken angelegt. Es gibt aber auch Flächen, auf denen Häuser für die Wohnbevölkerung errichtet werden. So wurde das Aufschüttungsareal Odaiba in der Bucht von Tokio zu einem beliebten Ausflugsziel mit Parks, Hotels, Einkaufsmöglichkeiten, Kulturveranstaltungen und dem einzigen Strand in Tokio (Baden verboten!).

Zusatzaufgaben

Aufgabe 1
Erstelle anhand der folgenden Stichworte eine Kausalkette zum Thema „Probleme Tokios": 37 Mio. Ew., Arbeitspendler, bauliche Verdichtung, Bodenpreise, öffentliche Verkehrsmittel, hohe Tagbevölkerung, Umweltbelastung, Metropolregion.
Metropolregion – 37 Mio. Ew. – hohe Bodenpreise – bauliche Verdichtung – Arbeitspendler – öffentliche Verkehrsmittel – hohe Tagbevölkerung – Umweltbelastung.

Aufgabe 2
Nenne den Aussenseiter und begründe deine Wahl: Gebirge – Bevölkerungsdichte – Industrie – Neulandgewinnung.
Zusammen gehören können: a) Bevölkerungsdichte – Industrie – Neulandgewinnung.

Die Erde – Wandel durch Entwicklung

Die hohe Bevölkerungsdichte zwang zur vermehrten Gewinnung von Neulandflächen, auf denen sich Industrieunternehmen ansiedeln konnten.
Zusammen gehören können: b) Gebirge - Bevölkerungsdichte –Neulandgewinnung. Da durch die vielen Gebirge in Japan Siedlungsflächen fehlen, zwang die hohe Bevölkerungsdichte zur vermehrten Gewinnung von Neuland für die Bebauung mit Wohnhäusern.

Gewusst wie: Raumanalyse

Schülerbuch Seiten 230–231

Abbildungen

M1 Lage Taiwans
Die Weltkugel verortet die Lage Taiwans in Südostasien. Der Staat befindet sich auf der Insel Formosa vor der Küste Chinas.

M2 Ein Land unter der Lupe
Die Lupe symbolisiert den vertieften Blick auf ein Land. Einzelne Aspekte sollen untersucht werden. Schrittweise wird dargestellt, wie in Kleingruppen vorgegangen werden kann, um sich zu einem vorher festgelegten Thema Informationen zu beschaffen und gegliedert zu präsentieren.
   Die Seiten sollten mit den Schülerinnen und Schülern vor Beginn der Gruppenarbeit gemeinsam durchgesprochen werden. Dies vermeidet Missverständnisse und Fehlinterpretationen. Z. B. sollte ein genauer Zeitrahmen vorgegeben werden. Bewährt hat sich ein gemeinsames Abgabedatum für alle Gruppen, auch wenn die mündliche Vorstellung der Ergebnisse später erfolgen soll. Siehe auch Aufgabenlösung zu 230 (1).

M3 Merkmale, die einen Raum prägen
Die Informationen sollen gegliedert vorgetragen werden. Hier sind die einzelnen Überbegriffe mit Erläuterungen versehen, die für ein Land relevant sein können. Siehe auch Aufgabenlösung zu 230 (1).

Aufgabenlösungen

230 (1) *a) Gruppenarbeit: Erstellt gemeinsam einen Steckbrief von Taiwan und findet Bilder zu den beschriebenen Landschaften (andere Medien). b) Präsentiert eure Ergebnisse auf einem Plakat oder mithilfe eines Vortrags.*

a) Individuelle Lösung. Sachhinweise:
Fläche: 36 006 km², Hauptinsel Formosa und weitere kleine Inseln vor der Küste Chinas
Einwohner: 23 120 000 (= 632 je km²)
Hauptstadt: Taipeh (2,6 Mio. E., 12 weitere Städte über 300 000 E.)
Amtssprache: Chinesisch, (weitere Sprachen der Ureinwohner vertreten)
Religion: 35 % Buddhisten, 33 % Daoisten, u. a., Konfuzianismus weit verbreitet
Staatsform: Parlamentarische Republik, von der UN zugunsten Chinas ausgeschlossen, inoffizielle Beziehungen zu den meisten Staaten, offizielle zu 23 Staaten
BIP: 379,4 Mrd. US-$
Erwerbstätigkeit: I: 5,8 %, II: 33,1 %, III: 61,1 %
Arbeitslosigkeit: 5,9 %
Import: 174,7 Mrd. US-$
Export: 203,7 Mrd. US-$
Geschichte: Gegründet 1947 infolge des chinesischen Bürgerkrieges und des 2. Weltkrieges. Jahrzehnte herrschten hier die Kuomintang (Chinesische Nationalpartei). Mehr politische Freiheiten erst seit 1987
Klima: tropisches Klima, gemässigte Temperaturen im Norden, etwas wärmer im Süden. Beste Reisezeit: März und April (Temp. zwischen 15 und 26°C), zwischen Juni und Oktober Taifunzeit, Flugdauer ca. 13 Std.
Zeitunterschied: +7 Stunden (MEZ)
Sehenswürdigkeiten: Hauptstadt Taipeh mit vielen Tempeln und grosser chinesischer Kunstsammlung. Im Inselinneren: Sonne-Mond-See, Jadeberg, Berg Ali mit Gebirgsbahn, viele Tempel.
(Zahlen nach Fischer Weltalmanach 2011)

b) Individuelle Lösung

230 (2) *Analysiere einen der kleinen Tigerstaaten (kleine Tigerstaaten: siehe Minilexikon).*
Individuelle Lösung

Weltmacht China

Schülerbuch Seiten 232–233

Grundbegriff: landwirtschaftliche Nutzfläche

Abbildungen

M1 Anbauregionen und deren klimatische Einordnung
Die Abbildung verortet die drei Regionen Chinas mit ihren unterschiedlichen klimatischen Bedingungen und damit verbundenen landwirtschaftlichen Nutzungsmöglichkeiten. Siehe auch Aufgabenlösung zu 232 (1).

M2 Gemüseanbau in Guilin
Guilin in Südchina liegt im Kegelkarstgebiet am Li-Fluss. Hier kann in bevorzugter klimatischer Lage sowohl mehrfach pro Jahr Reis als auch eine Vielzahl von Gemüsesorten angebaut werden. Siehe auch Aufgabenlösung zu 232 (1) und zu 233 (3).

Aufgabenlösungen

232 (1) *Erstelle eine Übersicht der Landwirtschaftsregionen Chinas und ihren Anbauprodukten (M1, Atlas).*

	Gelbes China	Grünes China	Trockenes China
Relief	Ebenen, Bergland, Schwemmland	Schwemmland, Bergländer	Gebirge, Wüste, Steppe
Landwirtschaftliche Nutzung	Mais, Hirse, Sojabohnen, Zuckerrüben, Sommerweizen, Winterweizen, Baumwolle, Süsskartoffeln	Reis (bis zu 4 Ernten), Mais, Gemüse, Baumwolle, Raps, Tee, Süsskartoffeln, Zuckerrohr	Extensive Weidewirtschaft

233 (2) *Beschreibe die Rolle, die Märkte im Alltag der Chinesen spielen.*

Sie sind für die Agrargesellschaft und das soziale Alltagsleben von grosser Bedeutung. Die Märkte dienen den privatwirtschaftlich ausgerichteten Bauern als Absatzort für ihre Waren. Ihre Anbauprodukte richten sie nach den jeweiligen Bedürfnissen der Stadtbewohner aus. Grossmärkte bieten ein reichhaltiges Angebot für die Einzelhändler in der Stadt. Die Märkte dienen auch der Kontaktpflege und dem Austausch von Neuigkeiten. Vielfach werden an den Ständen auch Nahrungsmittel zubereitet und davor sofort verzehrt.

233 (3) *Berichte über die Veränderungen in der chinesischen Landwirtschaft.*

Seit dem Ende der 1970er-Jahre wurde die chinesische Wirtschaft sukzessive aus der staatlichen Bevormundung entlassen. So konnten auch die Bauern wieder selbst entscheiden, was sie in welchen Mengen anbauen wollten. Es entstanden schnell wieder Märkte, auf denen die nun wieder reichlich vorhandenen Agrarerzeugnisse angeboten wurden. Die Bauern gelangten zu bescheidenem Wohlstand. Das Land gehört allerdings immer noch dem Staat, die Bauern durften es lediglich pachten. So sind sie immer wieder der Willkür der lokalen Partei- und Wirtschaftsgrössen ausgesetzt, die wertvolles Land in der Nähe der Städte gern als Bauland (gegen Schmiergeld) vergeben.

233 (4) *Zeichne eine Lageskizze Chinas mit den Anbauregionen. Begründe die landwirtschaftliche Nutzung anhand der klimatischen Bedingungen.*

Lageskizze: Individuelle Lösung
Landwirtschaftlich nutzbar sind lediglich die Gebiete des grünen (gemässigtes bis subtropisches Klima, ganzjähriger Niederschlag) und des gelben Chinas (winterkaltes, sommerheisses Sommerregengebiet) im Osten. Hier reichen die Niederschläge aus, im heissen Süden lassen sich sogar bis zu drei Ernten pro Jahr erzielen. Im trockenen China, also in den Gebieten im Westen, ist es überwiegend winterkalt und sie bestehen vorwiegend aus Steppen, Wüsten und Hochgebirgen (winterkaltes, niederschlagsarmes Wüsten- und (Hoch)gebirgsklima).

Zusatzaufgabe

Informiere dich über die Gründe für die zeitweiligen Ernährungsengpässe in China. Halte darüber einen Kurzvortrag (andere Medien).

Bis zur Gründung der Volksrepublik China im Jahr 1949 war die Landwirtschaft feudalistisch organisiert. Wenigen Grossbauern stand ein Heer von Landlosen gegenüber, die sich für Naturalien als Gegenleistung auf den Feldern der Grossgrundbesitzer verdingten und für gepachtetes Land eine hohe Abgabe in Form von Reis zu zahlen hatten. Jeder Nahrungsmangel schlug sofort auf die arme Landbevölkerung durch. Häufig galt schon eine zweite Mahlzeit am Tag als Luxus. Regelmässig wiederkehrende Hungersnöte durch Kälteeinbrüche, ausbleibenden Niederschlag, Überschwemmungen und durch Bürgerkriegsereignisse dezimierten über Jahrhunderte immer wieder die Bevölkerung.

Von 1960 bis 1963 war eine verfehlte Form der Industriepolitik unter Mao Zedong dafür verantwortlich, dass etwa 30 Mio. Menschen verhungerten. Um die Stahlproduktion für den Aufbau einer Industrie zu erhöhen, mussten damals auch die Bauern Stahl kochen und dazu als „Rohstoff" ihre landwirtschaftlichen Geräte zur Verfügung stellen.

Die nach der Gründung der VR China erzwungene Organisation in Volkskommunen ohne privatwirtschaftliche Anteile (jedweder privater Anbau von Nahrungsmitteln war verboten) liess die Nahrungsmittelproduktion ebenfalls zeitweise schrumpfen.

Weltmacht China

Schülerbuch Seiten 234–235

Abbildungen

M1 Shenzhen – eine der Wirtschaftsförderzonen
Das Foto zeigt die Innenstadt von Shenzhen. Die heutige Millionenstadt (12 Mio. Ew.) hatte 1980 noch lediglich 30 000 Einwohner. Dann wurde sie zur Sonderwirtschaftszone erklärt, in der China den Kapitalismus erprobte. Da Shenzhen an der chinesischen Grenze zu der damaligen britischen Kronkolonie Hongkong lag, konnte die Stadt von dieser Nähe zu einem der bedeutendsten Wirtschaftszentren Asiens massiv profitieren. Mit Steuervergünstigungen und geringen Löhnen lockte China über Hongkong Auslandsinvestoren an, die in Shenzhen ihre Industrieprodukte (Haushaltsgeräte, Elektronik, Spielzeug etc.) produzieren liessen.

M2 Einem chinesischen Astronauten (Taikonaut) wird aus einer gelandeten Raumkapsel geholfen
In China gibt es wie in den USA und Russland ein Raumfahrtprogramm, über die Astronauten ist aber wenig bekannt. Der Name Taikonaut leitet sich vom chinesischen Wort für Kosmos bzw. Weltraum ab und hat sich für chinesische Astronauten eingebürgert.

M3 Wirtschaftsentwicklung im Vergleich
Die Grafik verdeutlicht die zunehmende Wirtschaftsstärke Chinas. Siehe auch Aufgabenlösung zu 234 (2).

M4 BIP pro Kopf in US-Dollar
Chinas Wirtschaft wächst in einem rasanten Tempo. Siehe auch Aufgabenlösung zu 234 (2).

M5 Pro-Kopf-Einkommen und Wirtschaftsförderzonen in China (2008)
Die Karte zeigt die sehr ungleiche Verteilung des Reichtums in China. Siehe auch Aufgabenlösung zu 234 (3) und 235 (4).

Aufgabenlösungen

234 (1) *Beschreibe die Veränderungen und Erfolge der chinesischen Wirtschaft.*

China ist 2010 die drittgrösste Wirtschaftsnation nach den USA und Japan. 2009 löste China Deutschland als Exportweltmeister ab (die Schweiz liegt sowohl beim Import als auch beim Export an zwanzigster Stelle). Das Wirtschaftswachstum beträgt jährlich etwa 10 Prozent, zahllose unserer Alltagsprodukte werden in China produziert. 2003 bereits stieg das Bruttonationaleinkommen erstmals über 1000 US-Dollar pro Kopf. In vielen Branchen wie z. B. Computerindustrie und Biotechnologie schliessen die Chinesen mittlerweile an westliche Kenntnisse an. Wirtschaftsspionage in europäischen und US-amerikanischen Unternehmen sowie das illegale Aneignen von Informationen bei Joint Venture-Unternehmungen haben dazu beigetragen.

Die Zahl der Chinesen, die unterhalb der Armutsgrenze leben, konnte seit 1981 um 420 Mio. Menschen gesenkt werden, 2009 kommen auf 100 Familien 135 Fernsehapparate. Fast alle Familien in der Stadt besitzen einen Kühlschrank und eine Waschmaschine.

234 (2) *Charakterisiere die wirtschaftliche Entwicklung Chinas (M3, M4).*
Die Wirtschaft Chinas ist in sehr grosser Geschwindigkeit gewachsen. Das chinesische BIP hat sich seit 2001 etwa vervierfacht. Das BIP der zum Vergleich genannten Länder ist um jeweils etwa ein Drittel gestiegen. Da in der Handelsbilanz die Erlöse aus dem Export die Ausgaben für den Import übersteigen, hat China eine positive Handelsbilanz und ist damit eine Exportnation. Der Exportüberschuss ist seit 1996 kontinuierlich gewachsen.

234 (3) *Erläutere die räumliche Verteilung des Pro-Kopf-Einkommens in China.*
Die Einkommensunterschiede in China sind sehr hoch. In den Gebieten der Ostküste liegt das BIP/Ew. bei 8000 bis über 12 000 Yuan (1100 bis 1650 CHF), während in den ländlichen Inlandprovinzen bis auf wenige Ausnahmen in Westchina die Einkommen bei 4000 bis 8000 Yuan (550 bis 1100 CHF) liegen. Vier Provinzen in Westchina haben nur Durchschnittseinkommen von weniger als 4000 Yuan (550 CHF). Dies zeigt zum einen den Unterschied zwischen den östlichen, bevölkerungsreichen, urbanen und finanzkräftigen Regionen und den westlichen, bevölkerungsarmen, ländlichen und finanzschwachen Regionen. Zum anderen gibt es auch eine wachsende wirtschaftliche und soziale Kluft innerhalb der Städte.

235 (4) *Erkläre, warum sich das Wirtschaftswachstum vor allem im Osten des Landes und dort insbesondere in den Küstenregionen vollzieht.*
Bevorzugt sind besonders die Küstenregionen, weil sie die ersten gewesen sind, die als offene Städte und Sonderwirtschaftszonen die freie Marktwirtschaft ausprobieren durften. Ausserdem liegen sie für den internationalen Handel günstig. Die in den Küstenstädten produzierten Waren werden in den Häfen direkt auf die Containerfrachter für den Export verladen. Dies spart Transportkosten und Zeit, denn im Inland sind die Strassen kaum ausgebaut.

Weltmacht China

Schülerbuch Seiten 236 – 237

Grundbegriffe: Landflucht, Wanderarbeiter

Abbildungen

M1 Einkommensgefälle zwischen Stadt und Land in China
Die Grafik verdeutlicht die sich öffnende Einkommensschere zwischen der Land- und der Stadtbevölkerung seit 1983. Siehe auch Aufgabenlösung zu 236 (1).

M2 Arbeitsvermittlung für Wanderarbeiter
Der Text gibt Auskunft darüber, wie die Wanderarbeiter überhaupt von Arbeitsmöglichkeiten in den Städten erfahren. Er nennt auch Gründe für die Landflucht. Siehe auch Aufgabenlösung zu 236 (1).

M3 Wanderarbeiter auf einer Baustelle in Peking
Eine Arbeitsmöglichkeit für Wanderarbeiter ist eine der vielen Baustellen in grossen Städten wie Peking. Hier arbeiten sie als Tagelöhner. Andere sammeln den Plastikmüll in den Städten, fahren illegal Taxi, verdienen etwas Geld mit einem Gemüsekarren oder arbeiten bei einer besser gestellten städtischen Familie als Fahrer, Haushaltshilfe, Gärtner etc. Siehe auch Aufgabenlösung zu 236 (2).

M4 Ankunft in der Stadt
Die Wanderarbeiter kommen auf den Bahnhöfen der grossen Städte in überfüllten Zügen an. Ihre ganze Habe transportieren sie in Säcken auf der Schulter, Koffer kann sich kaum jemand leisten. Siehe auch Aufgabenlösung zu 236 (2).

Aufgabenlösungen

236 (1) *Nenne Gründe für die Landflucht.*
Die Armut auf dem Land (Häuser haben oft noch weder Strom noch Wasseranschluss) führt zu grossen Wanderungsbewegungen in die Städte. Die landwirtschaftlichen Flächen sind klein, Maschinen häufig unbekannt und dadurch die Arbeit schwer. Die Erträge sind gering. Viele Familien erzielen damit nur ein Einkommen von ca. 76 bis 228 CHF im Jahr. Auch gehört ihnen das Land nicht und sie werden Opfer von illegalen Enteignungen durch die korrupten Parteikader, die sich dann an der Weitergabe der Landflächen bereichern. Entweder gehen nur einzelne Familienmitglieder als Wanderarbeiter oder ganze Familien ziehen um, da sie sich in der Stadt bessere Lebensbedingungen erhoffen. Sie bekommen häufig mangels beruflicher Fähigkeiten nur Aushilfsjobs und leben in den randstädtischen Armenvierteln. Da in China zudem das Wohnortprinzip (Hukou-System) für Sozialleistungen gilt, haben sie für sich und ihre Familie keinen Anspruch auf Kindergarten- und Schulplätze bzw. Krankenversorgung.

236 (2) *Beschreibe die Situation der Wanderarbeiter.*
Sie haben lange Arbeitszeiten, einen geringen Verdienst, keine Absicherung bei Krankheit oder Verletzung. Da sie nicht fest angestellt sind, können sie von einem Tag auf den anderen entlassen werden. Meist leben sie im Mehrbettzimmer in den Fabriken oder in Billigwohnraum am Stadtrand. Haben sie ihre Familie mitgebracht, müssen sie als nicht in der Stadt gemeldete Personen hohe Schulgebühren für die Kinder zahlen. Die hohe physische und psychische Belastung hat schon zu vermehrten Selbstmorden geführt (Beispiel: Firma Foxconn im Jahr 2010).

236 (3) *Erläutere die Nachteile der chinesischen Wirtschaftsentwicklung für die Arbeiter.*
Die Wanderarbeiter sind weitgehend Verfügungsmasse der Wirtschaftsunternehmen. Da sich sehr viele Menschen in China ein besseres Leben wünschen, ist die Konkurrenz um die Arbeitsplätze gross. So können die Unternehmer die Löhne niedrig und die Arbeitszeiten hoch halten. Ca. 100 unbezahlte Überstunden pro Monat sind eher die Regel als die Ausnahme. Häufig wird auch kaum mehr als der gesetzliche Mindestlohn von 570 Yuan gezahlt. Zur Lebenssicherung müssten die Arbeiter bei den ständig steigenden Preisen aber ca. 1600 Yuan verdienen.

Theoretisch haben die Arbeiter ähnliche Rechte wie in Europa, die verbreitete Korruption und die schlechten Chancen, ihr Recht einzuklagen, lassen die Arbeiter aber in einem in der Realität rechtlosen Status.

236 (4) *Äussere eine Vermutung über die zukünftige Entwicklung der Wanderungsbewegung. Begründe diese (M1).*
Sollte das Hukou-System weiter bestehen und sich die Einkommenssituation in den ländlichen Gebieten nicht verbessern, wird sich die Wanderungsbewegung wohl fortsetzen. Für 2010 schätzt man, dass etwa 300 Mio. Menschen in dem Land ihre Dörfer auf der Suche nach Arbeit verlassen haben.

Fleiss und Zuversicht sind chinesische „Grundtugenden". Verbunden mit einem starken Aufstiegswillen und dem Streben nach Reichtum sind die Chinesen bereit, für die bessere Zukunft hart zu arbeiten. So werden noch viele Menschen in die Städte ziehen, um ihren Lebensunterhalt zu sichern. Auch wenn sie in der Stadt als Menschen zweiter Klasse behandelt werden, können sie häufig nicht zurück, weil ihr Stück Land enteignet wurde.

236 (5) *Beschreibe die möglichen Folgen der Landflucht für das Hinterland und die Städte.*
Folgen für das Hinterland werden sein, dass dort zunehmend die Arbeitskräfte in der Landwirtschaft fehlen. Auch ist niemand mehr da, die zurück gebliebenen Alten zu versorgen. Da ein Sozialsystem in China nicht existiert, sind diese auf ihre Kinder als Versorger und Pflegende angewiesen. Auch viele Kinder (geschätzt 22 Mio.) sind ohne Eltern zurückgelassen worden. Ohne elterliche Aufsicht vereinsamen und verwahrlosen viele.

In den bevölkerungsreichsten Gebieten der Ostküste werden die Städte weiter anwachsen. Es wird Engpässe geben bei der Versorgung mit Wohnungen und der Anpassung der nötigen Infrastruktur. Allein das ständig steigende Verkehrsaufkommen führt zu einer extrem hohen Luftverschmutzung und zu ständigen Staus auf den Strassen. In den Städten werden in absehbarer Zeit auch die Arbeitsplätze für gut ausgebildete junge Menschen knapp werden. Für höhere Löhne haben bereits einige Belegschaften von Fabriken gestreikt. Steigen die Löhne, so werden auch sehr schnell die ausländischen Investoren wie Adidas, Metro, Aldi, Honda und andere Firmen ihre Fabriken in (noch) billigere Länder wie Vietnam oder Kambodscha verlagern. Dann fehlen auch die Arbeitsplätze für die Wanderarbeiter.

Zusatzaufgaben

Aufgabe 1
Beschreibe die Entwicklung der Stadt Shanghai. Berücksichtige dabei besonders den Stadtteil Pudong.
Das Stadtgebiet hat sich zwischen 1900 und 2009 stark ausgeweitet. Schon vor dem zweiten Weltkrieg galt Shanghai als Weltstadt. Der Kommunismus stoppte danach die freie Wirtschaftsentwicklung. 1984 wurde Shanghai zur Sonderwirtschaftszone mit vielen Privilegien erklärt. Am Rande der Stadt wurden Industriezonen und Hightech-Parks eingerichtet, in denen sich viele, auch ausländische Industriebetriebe niederliessen. Besonders die als Freihandelszonen ausgerichteten Gebiete waren dafür attraktiv. Shanghai hat mittlerweile ein sehr gut ausgebautes Strassen- und Schienennetz. Ein internationaler Flughafen und der Seehafen gewährleisten die Anbindung an den Weltverkehr.

Der östlich des Flusses Huangpu gelegene Stadtteil Pudong war bis in die 1990er-Jahre ein sumpfiges Gebiet mit geringer Besiedlungsdichte, bestanden mit niedrigen Holzhäusern. Seit 1994 wird Pudong zu einem Verwaltungs- und Wohnzentrum ausgebaut. Hier stehen mittlerweile mehrere Hundert Hochhäuser. In Pudong hat sich der neue Wirtschafts- und Hightech-Bezirk entwickelt, viele internationale Unternehmen haben hier ihre Dependencen. Hier leben auf etwa 800 km^2 schon fast 10 Mio. Einwohner.

Der neue Flughafen im Osten wird durch die Magnetschwebebahn mit dem Stadtteil verbunden.

Aufgabe 2
Erkläre, was mit der Bezeichnung „Shanghai – Metropole der Zukunft" gemeint ist?
Die in der vorhergehenden Aufgabe beschriebene Entwicklung wird sich fortsetzen. Der Hochhausbau ist weiterhin die dominierende Bauform, Strassen- und Schienenverkehr werden weiter ausgebaut. Im Süden der Stadt fand vom 1. Mai bis zum 31. Oktober 2010 die Expo 2010 statt. Unter dem Motto „Better City, Better Life" wurde mit grossem Aufwand ein knapp 6 km^2 grosses Gebiet beiderseits des Huangpu dafür hergerichtet. Nach dem Ende der Weltausstellung sollen die Gebäude von Dienstleistungsunternehmen genutzt werden. In der Nähe von Shanghai soll zur Entlastung eine weitere Stadt entstehen, die als „grüne" Stadt von einem deutschen Architekten geplant wird.

Aufgabe 3
Berichte über die Stadtentwicklung Pekings.
Individuelle Lösung. Sachhinweise:
1000 v. Chr. erste urkundliche Erwähnung; Entwicklung zum Handelsknotenpunkt und zur Militärbasis; wechselnde Bedeutung, 1153 n. Chr. erstmals Hauptstadt, ab 1408 Bau von verbotener Stadt und Himmelstempel; bis 1928 und ab 1949 politisches Zentrum Chinas, 1989 Niederschlagung der Demokratiebewegung auf dem Tiananmen-Platz; 2008 Austragungsort der Olympischen Sommerspiele; knapp 8 Mio. Einwohner; geringe Geburtenrate; hohe Zuwanderungsraten; heutiges Stadtbild als Ergebnis jahrzehntelanger verfehlter (ideologisch begründeter) Raumordnungspolitik.

Weltmacht China

Schülerbuch Seiten 238–239

Grundbegriffe: Familienplanung, Geburtenkontrolle

Abbildungen

M1 Folgen der Ein-Kind-Politik
Der Text nennt sowohl positive als auch negative Auswirkungen der Ein-Kind-Politik. Siehe auch Aufgabenlösung zu 239 (6).

M2 Staatlich geförderte Betreuung von Kindern
Da es in China üblich ist, dass beide Eltern berufstätig sind, ist die Ganztagsbetreuung der Kinder gut ausgebaut. Für viele Kinder ist dies auch die einzige Möglichkeit, in Kontakt zu Gleichaltrigen zu treten, da sie keine Geschwister haben. Siehe auch Aufgabenlösung zu 238 (3).

M3 Bevölkerungsdichte und Städtewachstum
Die Karte zeigt die Bevölkerungsverteilung in China. Deutlich wird die dichte Besiedlung in den östlichen Küstenregionen, besonders in den Regionen um Peking und Shanghai. Die westlichen gebirgigen Regionen sind dagegen fast menschenleer. Die in bevorzugten Lagen liegenden Städte an den Küsten und den Flussläufen des

Die Erde – Wandel durch Entwicklung

Jangtsekiang und des Huangho verzeichnen in Verbindung mit dem Wirtschaftswachstum auch einen grossen Anstieg der Stadtbevölkerung. So wuchs beispielsweise die Bevölkerung von Shenzhen von 1980 bis 2010 von 30 000 auf 7,6 Mio. im Jahr 2007, Peking von 8 Mio. auf 11 Mio., Shanghai von 10,8 Mio. auf 15 Mio., Chengdu von 1,25 auf 4,1 Mio. Einwohner. Siehe auch Aufgabenlösung zu 239 (5).

M4 Rigorose Geburtenkontrollen
Der Text listet die Anreize und die Strafmassnahmen auf, die die Chinesen dazu bewegen sollen, nur ein Kind zu bekommen. Siehe auch Aufgabenlösung zu 238 (3) und 238 (4).

M5 Chinesische Ein-Kind-Familie in Shanghai
Mit diesem Bild vor dem Hintergrund einer modernen Skyline wird für die Ein-Kind-Familie geworben. Dargestellt ist ein junges Paar mit einem Kind auf dem Arm. Auf Plakaten werden auch gern ältere Paare mit einem Mädchen dargestellt. Hiermit soll sowohl das staatlich bevorzugte höhere Heiratsalter als auch die Entscheidung für ein (meist von den Eltern weniger gewünschtes) Mädchen propagiert werden. Siehe auch Aufgabenlösung zu 238 (3) und 238 (4).

Aufgabenlösungen

238 (1) *Beschreibe die Lage der Gebiete mit der grössten Bevölkerungsdichte in China (M3).*
Die Gebiete mit der höchsten Bevölkerungsdichte befinden sich im Osten und Südosten, besonders in den Küstenregionen. Die Bevölkerungsdichte in den Ballungsgebieten liegt hier durchschnittlich bei über 200 Ew./km². Der Westen ist dagegen kaum besiedelt. Hier leben z. T. weniger als 1 Ew./km².

238 (2) *Erkläre die ungleiche Bevölkerungsverteilung (M3, Atlas).*
Der Grund dafür ist die unterschiedliche naturräumliche Ausstattung. Im Westen besteht ein grosser Teil des Landes aus Hochgebirge, Wüste und Steppe. Die landwirtschaftliche Nutzung ist somit fast unmöglich. Klima und Relief machen das Land für eine Besiedlung ungeeignet. Die grossen Schwemmlandebenen im Osten und die hügeligen Landschaften im Süden und Südosten sind dagegen gut für die Landwirtschaft und Besiedlung geeignet. Sie sind deshalb auch wirtschaftlich intensiv genutzt und besiedelt. Da die Städte zunehmend als Anziehungspunkt auf die Landbevölkerung wirken (bessere Infrastruktur, höhere Verdienstmöglichkeiten) steigen auch durch die Zuwanderung die Bevölkerungszahlen in den Küstenregionen.

238 (3) *Erkläre die Aussage „China – ein Volk ohne Geschwister".*
Da die Bevölkerungspolitik seit dem Ende der 1970er-Jahre in den dicht besiedelten Gebieten rigoros durchgesetzt wurde, leben hier mittlerweile fast nur noch Einzelkinder.

238 (4) *Nenne die Massnahmen der Familienplanung (M4).*
Anreize: begünstigte Zuteilung von Wohnraum, Förderung von Einzelkindern in Ausbildung und Beruf, höhere Rente und Versorgung im Alter für die Eltern, kostenlose Verhütungsmittel, bezahlte Sterilisation und Abtreibungen.
Strafmassnahmen: dauerhafte Lohneinbussen bei dem 3. Kind, Strafzahlungen, keine Lohn während der Schwangerschaft beim 3. Kind, Zwangsabtreibungen, keine Krankenversicherung für das 2. Kind.

239 (5) *Notiere Gründe, warum das Bevölkerungswachstum begrenzt werden soll.*
Trotz seiner Grösse hat China nur ein Gebiet von etwa 10 % der Landesfläche, welches landwirtschaftlich nutzbar ist. Dieses befindet sich im Osten und in den fruchtbaren Schwemmlandebenen der Flüsse. Diese Flächen stehen in Konkurrenz zur Ausweitung der Städte und Fabriken. So ist absehbar, dass sich die stark ansteigende Bevölkerung nicht mehr ernähren kann. Um Hungersnöte zu vermeiden, hat man diese Bevölkerungspolitik durchgesetzt. Die Bevölkerung steigt nach wie vor an, aber die Wachstumsgeschwindigkeit hat sich zumindest verlangsamt. Man schätzt, dass es sonst 400 Mio. Chinesen mehr gäbe.

239 (6) *Nenne Folgen, die die rigorose Bevölkerungspolitik für die chinesische Gesellschaft hat (M1).*
Die Politik war derart erfolgreich, dass sich nunmehr ein Mangel an Nachwuchs abzeichnet. Veränderte gesellschaftliche Normen und Verhaltensstrukturen lassen die Gesamtzahl der Nachkommen zusätzlich schrumpfen.
Es wird deshalb zukünftig einen Mangel an Arbeitskräften geben. Die steigende Lebenserwartung und damit anstehende Überalterung der chinesischen Gesellschaft führen zu Finanzierungsproblemen der Altersversorgung für den Staat. Gleichzeitig muss ein Ehepaar aus Einzelkindern nunmehr im Alter für beide Elternpaare sorgen. Früher verteilte sich dies auf die Grossfamilie.
Es werden mehr Jungen als Mädchen geboren, da diese traditionell einen höheren Wert in China haben. Mit der Ultraschalluntersuchung lässt sich das Geschlecht schon vor der Geburt feststellen. Die Jungen werden im kinderlieben China reichlich verwöhnt und deshalb auch schon als „kleine Kaiser" bezeichnet. Im heiratsfähigen Alter fehlen vielen dann die Lebenspartnerinnen. Auf dem Land werden „überzählige" Nachkommen versteckt, sie leben so als Illegale im eigenen Land.

Indien erwacht

Schülerbuch Seiten 240–241

Grundbegriff: Aufschüttungsebene

Abbildungen

M1 Klimadiagramme
Die angegebenen Stationen lassen sich im Profil (M2) wiederfinden und so im Kontext auswerten. Siehe auch Aufgabenlösung zu 241 (2).

M2 Landschaftsprofil durch Indien und Nepal
Die Abbildung zeigt die physischen Gegebenheiten des Landes als Profil auf der Höhe von Mumbai bis zum Hochhimalaya. Siehe auch Aufgabenlösung zu 241 (1).

M3 Landschaftsgliederung des indischen Subkontinents (die grauen Linien zeigen die Lage des Landschaftsprofils M2)
Im Osten (Arabisches Meer) und Westen (Golf von Bengalen) ist Indien von Meeren umgeben, im Norden vom Gebirgsmassiv des Himalaya sowie den iranisch-afghanischen und myanmarischen Gebirgen begrenzt. Es bildet so einen in sich abgeschlossenen Raum. Dieser gliedert sich in das zentrale Hochland von Dekkan, die parallel zu den Küsten verlaufenden Gebirgszüge der Westghats und Ostghats sowie die Tiefebene des Ganges am Fuss des Himalaya. Siehe auch Aufgabenlösung zu 241 (1).

Aufgabenlösungen

241 (1) *Beschreibe die Lage der dargestellten Grosslandschaften, deren Besiedlung und landwirtschaftliche Nutzung (M2, Atlas).*

Küstenregionen (Malabar- und Koromandelküste): Küstenebenen am Fuss der Küstengebirge, viele grosse Städte, Anbau von Reis, Zuckerrohr, Kokospalme, Mango, Tee, Kaffee, Gewürze, Bananen, Erdnüsse.

West- und Ostghats: Küstengebirge, kaum besiedelt, Anbau von Hirse, Hülsenfrüchten.

Dekkan-Hochfläche: zentrale Hochebene, gering besiedelt, Anbau von Hirse, Weizen, Reis, Zuckerrohr, Erdnüssen, Mais mithilfe von Bewässerung.

Ganges-Tiefebene: nördliche Ebene, dicht besiedelter Kernraum, Anbau von Reis, Weizen, Zitrusfrüchten, Baumwolle, Zuckerrohr, z.T. drei Ernten möglich.

Vorderer Himalaya: Flachere Regionen des Gebirgsmassivs im Norden, in den Tälern mässig besiedelt, Anbau von Reis und Mais in den Tälern und als Terrassenanbau, Tee an den Hängen.

Hochhimalaya: Hochgebirge im Norden, weitgehend unbesiedelt, kaum landwirtschaftliche Nutzung möglich.

241 (2) *Lokalisiere und werte die Klimastationen aus (M1, Atlas).*

Mangalore: liegt an der Westküste Indiens, ganzjährig fast gleich bleibende Temperaturen von 27,2°C, Gesamtniederschlag von 3410 mm, in den Sommermonaten sehr hohe Niederschlagsmengen, in den Wintermonaten kaum Niederschläge.

Allahabad: liegt im Nordosten des Landes, Mitteltemperatur von 25,9°C, bis Mai auf über 30°C ansteigend, dann bis Dezember/Januar auf etwa 15°C abfallend. Gesamtniederschlag von 958 mm, Niederschläge hauptsächlich im Sommer, sehr geringe Niederschläge in den restlichen Monaten.

Hyderabad: liegt im Zentrum des Landes, Mitteltemperatur von 26,7°C, bis Mai auf über 30°C ansteigend, dann bis Dezember/Januar auf etwa 20°C abfallend. Gesamtniederschlag von 803 mm, Niederschläge hauptsächlich im Sommer/Frühherbst, geringe Niederschläge in den restlichen Monaten.

Zusatzaufgabe

Erläutere die Bedeutung des Ganges-Flusssystems für Indien.

Mit etwa 2500 km Länge eines der grössten Flusssysteme der Erde, mit rund 80 000 km² grösstes Flussdelta der Erde, Hauptlebensraum der indischen Bevölkerung, Hauptanbaugebiet landwirtschaftlicher Produkte, heiliger Fluss, Lebensraum zahlreicher seltener Pflanzen und Tiere, geringe Bedeutung als Wasserweg für die Schifffahrt.

Indien erwacht

Schülerbuch Seiten 242–243

Grundbegriff: Monsun

Abbildungen

M1 Hoffnung auf Regen
Der Text gibt einen Hinweis auf den hohen Stellenwert, den der Monsun für Indien besitzt. Siehe auch Aufgabenlösung zu 242 (1).

M2 Sommermonsun und Wintermonsun
Die Profile zeigen die vorherrschenden Windrichtungen und die damit verbundenen Niederschlagsereignisse auf dem indischen Subkontinent. Siehe auch Aufgabenlösungen zu 242 (2) bis 242 (4).

M3 Monsunzeit in Mumbai
Das Foto verdeutlicht die Folgen der sehr hohen Niederschlagsmengen, die während des Monsuns in kurzer Zeit auf das Land niedergehen. Mit den Starkregenfällen ist die sowieso unzureichende Kanalisation überfordert, es kommt in den Strassen zu Überschwemmungen. Siehe auch Aufgabenlösung zu 242 (1).

M4 Der Monsun im jahreszeitlichen Wechsel
Auf beiden Karten sind die jeweiligen Verläufe der ITC und die vorherrschenden Windrichtungen im Sommer und im Winter dargestellt. Siehe auch Aufgabenlösung zu 242 (2).

M5 Anbaukalender
Das Kreisdiagramm zeigt die Monate, die Monsunzeiten und die in den entsprechenden Monaten anbaubaren Früchte.

M6 Durchschnittliche Niederschläge in mm
Die Tabelle der Monatsniederschläge vergleicht die der Stadt Basel mit denen von Cherrapunji, dem Ort mit einem der höchsten Niederschläge weltweit.

M7 Hochwasserkatastrophe 2010
Im Text wird verdeutlicht, welche ungeheuren Regenmassen im Sommer 2010 in Pakistan grosse Landstriche unter Wasser gesetzt haben. Siehe auch Aufgabenlösung zu 242 (1).

Aufgabenlösungen

242 (1) *Beschreibe die Auswirkungen des Monsuns auf die Menschen und die Wirtschaft (M6).*

Jedes Jahr sterben Menschen zuerst in der Hitzeperiode der Vormonsunzeit und später durch Überschwemmungen.

Der Sommermonsun bringt den Regen für die Hälfte der jährlichen Getreideproduktion. Bis zu drei Ernten pro Jahr sind maximal möglich. Fällt zu wenig oder zu viel Regen, gibt es Hungersnöte durch Dürren oder verfaulendes Getreide in den Überschwemmungsgebieten.

Der fehlende Niederschlag im Winterhalbjahr verringert die landwirtschaftliche Nutzung und begrenzt die Erzeugung von Lebensmitteln auf Reisanbau unter Bewässerung und den Anbau von Hülsenfrüchten.

242 (2) *Erkläre die Entstehung des Monsuns (M4).*

Die sommerliche Verschiebung der ITC nach Norden lenkt die Passatwinde über den Äquator. Der Corioliskraft folgend, werden sie nach Westen abgelenkt. Der Sommermonsun ist also ein aus südwestlicher Richtung kommender Wind. Die Luftmassen nehmen bei ihrem Weg über den warmen Indischen Ozean viel Feuchtigkeit auf und geben sie über dem Festland als Regen wieder ab.

Im Winter verschiebt sich die ITC wieder nach Süden. Der Wintermonsun weht dadurch aus nordöstlicher Richtung aus dem trockenen und kalten asiatischen Festland heraus. Dabei können die Luftmassen kaum Feuchtigkeit aufnehmen und so auch wenig Regen abgeben.

Die Erde – Wandel durch Entwicklung

243 (3) *Erkläre den Zusammenhang zwischen Niederschlagsverteilung und jahreszeitlicher Windrichtung in Indien (Atlas).*
Die aus Südwest in den Sommermonaten wehenden Monsunwinde bringen viel Feuchtigkeit mit, die sich an den westlichen Küstenstreifen vor den Westghats abregnen. An der Malabarküste werden deshalb Niederschlagssummen von über 1200 mm/Sommerhalbjahr erreicht. Hinter den längs der Küste verlaufenden Gebirgsketten der Ost- und Westghats liegt ein trockenes Hochland. Die hohen Sommertemperaturen relativieren die für mitteleuropäische Verhältnisse nicht geringen Niederschläge von 300 bis 1200 mm. Gangestiefebene und Koromandelküste erhalten ebenfalls hohe Niederschläge durch den vom Golf von Bengalen kommenden Sommermonsun. Die im Winter aus dem kalten trockenen Asien herauswehenden Winde bringen kaum Regen mit. Die Niederschläge bewegen sich im Winterhalbjahr fast überall zwischen 0 und 60 mm. Die Koromandelküste erhält auch im Winter Niederschläge (180 bis 300 mm).

243 (4) *Skizziere und erkläre die Entstehung von Steigungsregen.*
Skizze: Individuelle Lösung
Besonders hohe Niederschläge bis zu etwa 10 000 mm/Jahr erreichen den vorderen Himalaya, an dessen Hängen sich die Wolken abregnen (Steigungsregen). Beim Aufstieg der feuchten Luftmassen am Gebirge kühlen sie sich ab. Kältere Luft kann weniger Wasser als Dampf speichern, es kommt zur Kondensation. Werden die Wassertröpfchen zu gross, gehen sie als Regen nieder.

Indien erwacht

Schülerbuch Seiten 244–245

Grundbegriff: Kastensystem

Abbildungen

M1 Traditionelles Leben der Frauen auf dem Land
Hauptaufgabe der Frauen im ländlichen Indien ist die Versorgung von Haushalt und Familie. Dazu gehört auch der Transport von Wasser vom Brunnen nach Hause. Siehe auch Aufgabenlösung zu 244 (1).

M2 Modernes Leben der Frauen in der Stadt
Indische Frauen in den Städten sind gut ausgebildet, arbeiten heute ganz selbstverständlich mit Männern zusammen und sitzen in Büros mit modernen Kommunikationsmitteln.

M3 Religionen in Südasien
Die Karte gibt an, welche Religionen in Indien und den angrenzenden Staaten vertreten sind. Siehe auch Aufgabenlösung zu 244 (2).

M4 Merkmale der Bevölkerung
In den Zahlen der Tabelle spiegelt sich die Ungleichheit zwischen Männern und Frauen. Gleichzeitig haben sich aber viele Bereiche seit den 1970er-Jahren positiv entwickelt. Eine Ausnahme ist die starke Zunahme der Kinderarbeit. Viele Familien sind heute auf das Einkommen ihrer Kinder angewiesen.

M5 Das Kastensystem des Hinduismus
Die Pyramide verdeutlicht die Zuordnung der verschiedenen Kasten zu bestimmten Berufsgruppen. Diese ist vergleichbar mit der Ständeeinteilung im mittelalterlichen Europa.

Aufgabenlösungen

244 (1) *Nimm Stellung zu der Aussage: Mädchen in Indien sind gefesselt durch Religion und Tradition.*
Nach den Lehren des Hinduismus und der Tradition muss eine Frau ihr Leben „rein" verbringen. Sie soll als Jungfrau in die Ehe gehen und nach dem eventuell früheren Tod des Ehemannes sind ihr jegliche sexuellen Kontakte oder eine zweite Heirat verwehrt. Auch ist sie den männlichen Familienmitgliedern untertan und schuldet ihnen absoluten Gehorsam.

Offiziell sind beide Geschlechter heute gleichberechtigt. Trotz einschlägiger Gesetze ist die Benachteiligung von Frauen und Mädchen im indischen Gesellschaftssystem aber nach wie vor existent. Eine Heirat ist in Indien traditionell eine passende Verbindung zweier Familien ähnlicher sozialer Herkunft, für die die Brauteltern zu zahlen haben. Die Frauen haben dabei auf dem Land kaum Mitspracherecht. Aber auch in den Städten sind arrangierte Ehen noch häufig. Kinderehen werden trotz des Verbots (seit 1978) ebenfalls immer noch geschlossen.

In der städtischen Mittelklasse sehen sich die Eltern der Braut besonders häufig sehr hohen Mitgiftforderungen ausgesetzt. Eine Nichterfüllung von Nachforderungen in den ersten Ehejahren kann die Ermordung der Frau durch die Familie des Ehemannes nach sich ziehen.

In den Städten zeigen die Frauen zunehmend Selbstbewusstsein und fordern als gebildete und emanzipierte, berufstätige Mitglieder der Gesellschaft ihre Rechte ein. Auf dem Land mit seiner hohen Analphabetenrate wissen viele Frauen nicht einmal um ihre Rechte. Die traditionellen patriarchalischen Strukturen haben sich oft erhalten. Frauen essen als Menschen zweiter Klasse meist erst nach den Männern und erhalten in armen Familien deshalb häufig zu wenig zu essen (hier sind 21 % der Mädchen unterernährt, aber nur 3 % der Jungen). Gleichzeitig tragen sie die Hauptlast der Familienarbeit und leisten zusätzlich Erwerbsarbeit auf dem Feld.

Da Jungen bevorzugt werden, kommt es zu einer Verschiebung der Geschlechterverhältnisse zu Ungunsten der Frauen, bedingt durch die Vernachlässigung der weiblichen Kinder und durch hohe Abtreibungsraten weiblicher Föten.

244 (2) *Gib einen Überblick über die Verbreitung des Hinduismus und beschreibe die Religion.*
Verbreitung: Der Hinduismus ist die prägende Religion auf dem indischen Subkontinent. Etwa 80 % der Inder sind Hindus. Weitere asiatische Länder mit bedeutenden Anteilen von Hindus sind Nepal, Myanmar, Malaysia und Singapur, Saudi-Arabien und die Golfstaaten (durch Einwanderung indischer Gastarbeiter). In Südamerika ist die Religion in Guyana, Suriname, Trinidad und Tobago verbreitet, in Europa in Grossbritannien (Indien ist ehemalige britische Kolonie).
Kennzeichen: früheste Religion (seit 1500 v. Chr.); mit Einwanderung des Volksstammes der hellhäutigen Arier entstanden; es gibt keinen Religionsstifter und keine verbindliche Lehre; Bindung an eine Kastenordnung; Toleranz gegenüber anderen Religionen; das Leben der Natur und der Menschen befindet sich in unaufhörlicher Verbundenheit mit der Seele der Welt; Lebewesen dürfen nach hinduistischem Glauben weder verletzt noch getötet werden. Sie werden deshalb auch nicht verzehrt, fromme Hindus sind Vegetarier.
Ziele sind: religiöses Leben, materieller Wohlstand, körperlicher Ge-

nuss und Erlösung vom leidvollen Kreislauf der Wiedergeburt; Gesetz des Karma: Alles was man tut, hat Folgen für das nächste Leben, je nach Güte wird man in einer hohen oder niedrigen Kaste wiedergeboren; richtiges Verhalten und die Einhaltung von religiösen Riten sowie der Sitten sind den Hindus wichtig; Kühe und andere Tiere gelten als heilig; Hindus verehren zahlreiche Gottheiten in vielen Tempeln; ihre Toten werden verbrannt und die Asche (im heiligen Fluss Ganges) verstreut.

244 (3) *Beschreibe die Merkmale des Kastenwesens.*
Nach der ursprünglichen hinduistischen Kastenordnung ist jedem Lebewesen in seinem Leben auf der rituellen Skala der Kasten ein fester gesellschaftlicher Standort zugewiesen, der in diesem Leben unveränderbar ist. In diese Kaste wird ein Mensch aufgrund seines Lebenswandels im vorherigen Leben hineingeboren (Belohnung oder Bestrafung). Hat man sich in sein Schicksal und in das zugeschriebene Leben gefügt, hat man die Chance, in einem zukünftigen Leben in einer höheren Kaste wiedergeboren zu werden. Die Sozialordnung war lange Zeit sehr statisch, wenn auch regional unterschiedlich ausgebildet.

Darüber hinaus muss generell zwischen Gruppen von Menschen mit mehr oder weniger grossem Besitztum unterschieden werden. Es ist durchaus realistisch, dass Angehörige niederer Kasten in grösserem Wohlstand leben als solche höherer Kasten, die zwar soziales Prestige geniessen, deren Wohlstand jedoch gering ist. Besitzverhältnisse sind auch in Indien sehr wichtig. Es ist in jedem Fall falsch, Kasten- und Besitzverhältnisse als gleichrangige soziale Ebenen zu betrachten.

Veränderungen ergaben sich mit der Kolonialisierung (Vereinheitlichung der Kasten), der offiziellen Abschaffung der Unberührbarkeit 1950, der starken Verstädterung in den letzten Jahrzehnten (Abgrenzungsgebote lassen sich im städtischen beruflichen Leben nicht einhalten) und der Politik der positiven Diskriminierung seit 1980.

Diese Politik hat zur Folge, dass die Vielfalt der Ausgrenzungsfaktoren (wie z. B. Patriarchat, bildungsferner Familienhintergrund) auf „die Kaste" reduziert wird und so wieder bestimmten Gruppen Vorteile verschafft. Die heute in die Gruppen der Scheduled Castes (Dalits), Scheduled Tribes (Adivasi und Other Backward Classes)) einsortierten ca. 50 % der Bevölkerung erhalten so bevorzugt Hochschulplätze und Stellen in der staatlichen Verwaltung.

Zusatzaufgaben

Aufgabe 1
Informiere dich über weitere in Indien vertretene Religionen.
Buddhismus (0,8 %): ca. 520 n. Chr. von Gautama Buddha gestiftet, Mönchsreligion, Meditation zur Suche nach dem Weg des Heils, Ablehnung des Kastenwesens, Menschen werden ständig wiedergeboren, bis sie nach tugendhaftem Leben ins Nirwana (Erlösung von allem Weltlichen, Vereinigung der Seele mit der Weltseele) eingehen.
Islam (13,4 %): 622 n. Chr. Von Mohammed, dem Propheten, gegründet, Koran als Lehrbuch, nur ein Gott (Allah, der Mensch ist gegen Allahs willen machtlos), Mekka als heilige Stadt., Weltreligion, Verbreitung erfolgte mit der Eroberung Indiens durch die Araber ab ca. 700 n. Chr.
Sikhismus (1,9 %): Ende des 15. Jh. gegründete Reformbewegung zur Einigung von Hindus und Moslems, Ablehnung von Bildern und Kasten.
Christentum (2,3 %): Ab ca. 1500 erfolgte die Eroberung Indiens durch die Europäer (1858 – 1947 britische Kolonie), sie brachten ihre Religion mit. Weltreligion, bildet zusammen mit der Kultur des griechischen und römischen Altertums die geistige Grundlage des Abendlandes.

Aufgabe 2
Informiere dich über die Bedeutung der Kühe im Hinduismus. Halte einen Kurzvortrag.
Kühe sind in der hinduistischen Religion unantastbar. Sie werden als heilig verehrt und in vielen Bundesstaaten ist es verboten, sie zu töten. Dieses Verbot ist geschichtlich bedingt. Früher waren die Tiere überlebenswichtig für ihre Besitzer, da sie alles lieferten, was zum Leben gebraucht wurde (Arbeitskraft, Dünger, Milch, Medizin). Heute laufen viele Kühe auch in den Städten frei herum, da die Bauern sie nach Ende der Laktatzeit nicht mehr füttern wollen bzw. die Tiere sich dort selbst ihr Futter aus Abfällen suchen sollen.

Indien erwacht

Schülerbuch Seiten 246 – 247

Grundbegriffe: Kolonialzeit, Softwareindustrie

Abbildungen

M1 Durchschnittliche Nettoverdienste für Angestellte und Lebenshaltungskosten in Bangalore (in Rupien/Rupees [Rs] 2010; 46 Rs entsprechen 1 CHF)
Die beiden Tabellen zeigen die Verdienste in verschiedenen Berufsgruppen und einen Ausschnitt aus den Lebenshaltungskosten. Auffällig ist, dass für eine sehr kleine Wohnung eine zum Gehalt unverhältnismässig hohe Miete verlangt wird. Viele Angestellte in geringer bezahlten Berufsgruppen können sich diese nicht leisten und wohnen in den Slums.

M2 Am IT-Park in Bengalaru (Bangalore, Indien)
Jeden Tag kommen neue Migrantenfamilien in Städten wie Bangalore an. Sie fliehen vor der Hoffnungslosigkeit auf dem Land und streben ein besseres Leben an. Für die meisten von ihnen erfüllt sich diese Hoffung nicht. Sie müssen ihr Leben in einem der vielen Slums fristen. Wasseranschluss und Kanalisation sind hier selten zu finden, Stromleitungen werden illegal angezapft. Niemand weiss genau, wie viele Menschen hier leben, man schätzt sie allein in Mumbai auf etwa 8 bis 12 Mio.

Viele Slumbewohner arbeiten als Chauffeure, Wachpersonal, Putzfrauen oder Gelegenheitsarbeiter auf dem Bau oder im Hafen. Diejenigen, die nicht einmal in einem Slum eine Bleibe haben, leben als sogenannte Pavement Dvellers unter Planen auf den Bürgersteigen.

Das andere Gesicht der indischen Städte ist das der rasch wachsenden und gut verdienenden Mittel- und Oberschicht. Sie arbeitet in klimatisierten Bürogebäuden, wie im Bildhintergrund erkennbar, und lebt in Gated Communities, also bewachten Wohnvierteln, die mit allem Komfort ausgestattet sind.

M3 Infosys-City am Stadtrand von Bangalore
1981 liehen sich der heutige Chef Nandan Nilekani und weitere fünf junge Pioniere 300 Dollar Startkapital und gründeten eine Firma zum Verkauf billiger Software an den Westen. Mit der Öffnung Indiens für Marktwirtschaft und Welthandel explodierten ab 1991 die jährlichen

Wachstumsraten der Firma. 2008 machte Infosys mit etwa 94 000 Angestellten weltweit über vier Milliarden US-Dollar Umsatz.

Sitz der Firma ist seit 1983 Bangalore. Hier, im angenehmen Klima 1000 m über dem Meer, hat sich in den letzten Jahren ein IT-Zentrum entwickelt. Durch den IT-Boom ist Bangalore auf die doppelte Grösse von mittlerweile 5,5 Mio. Einwohnern gewachsen.

Die Stadt ist völlig überfüllt, die Infrastruktur nicht ausreichend und die Umweltverschmutzung gross. Trotzdem ist es für junge Inder ein Traum, in einem der Softwarehäuser der Stadt einen Arbeitsplatz zu erhalten, denn für indische Verhältnisse werden sehr hohe Gehälter gezahlt.

M4 Hightech-Cities
Die Karte verortet die Lage der 18 grossen Software-Zentren in Indien. Sie liegen über das ganze Land verteilt in den grossen Städten. Grosse Entwicklungszentren befinden sich in Bombay, Bhubaneshwar, Neu-Delhi, Kalkutta, Bangalore, Gauhat, Madras, Hyderabad Poona, Triavandrum, Mysore, Manipal, Gandhinagar, Jaipur, Lucknow, Simla und Srinagar.

Auch wenn nur ca. 1,7 Millionen Menschen in der Informationstechnologie beschäftigt sind, erwirtschaften sie doch mit 19 Mrd. US-Dollar mehr als die Hälfte aller Dienstleistungsexporte. Nach dem Willen indischer Unternehmer sollen Indiens Hightech-Städte Europa und Amerika in den nächsten Jahren auch in Medizintechnik und Bio- und Gentechnologie ernsthafte Konkurrenz machen. Als Nachteil könnte sich in Zukunft erweisen, dass Indien zu wenig in die Hardwareproduktion investiert. Wenn ähnlich gut ausgebildete Kräfte z. B. auf den Philippinen für weniger Geld arbeiten, werden die Dienstleistungen dorthin verlagert werden.

M5 Abnehmer der indischen Software (2008)
Das Kreisdiagramm zeigt, dass die Abnehmer hauptsächlich aus den USA und Europa kommen, lediglich 22 % verteilen sich auf fünf weitere Regionen/Länder.
Siehe auch Aufgabenlösung zu 246 (4).

Aufgabenlösungen

246 (1) *Beschreibe die Gegensätze in Indien.*
Einerseits ist Indien ein Entwicklungsland, es gibt sehr viele unterernährte Arme. Die meisten Menschen leben in Dörfern und sind den Traditionen verhaftet. Der Ochsenkarren ist das häufigste Transportmittel. Viele Menschen sind immer noch von Bildung ausgeschlossen. Andererseits exportiert Indien Getreide. Die städtische Bevölkerung ist moderner Lebensweise aufgeschlossen. Moderne Industriebranchen sind in grossem Umfang vertreten. Eliteuniversitäten bilden viele Ingenieure aus.

246 (2) *Begründe, warum viele internationale Firmen Zweigwerke in Indien errichten.*
Da die Hälfte der Bevölkerung jünger als 30 Jahre ist, werden auch in den nächsten Jahren genügend billige, gut ausgebildete und hoch motivierte Arbeitskräfte für die Wirtschaft zur Verfügung stehen. Grosse Städte haben ausserdem eine schnelle, zuverlässige und billige Datenanbindung sowie Flughäfen, die europäische Besuche erleichtern. Weitere Vorteile sind die staatlichen Vergünstigungen für ausländische Investitionen und der grosse heimische Markt mit wachsender Kaufkraft bzw. die Nähe zu den wachstumsstarken asiatischen Märkten. Unternehmen wie Siemens, Bosch, Sixt, BMW und MAN haben mittlerweile Fabriken und Niederlassungen gegründet.

Besonders die Einrichtung steuer- und bürokratiefreier Sonderwirtschaftszonen in ganz Indien zieht Investoren an.

246 (3) *Erkläre, wodurch sich Indien zu einem führenden Softwarehersteller entwickeln konnte.*
In den Hightech-Cities gibt es grosse Universitäten, die viele gut ausgebildete und hoch motivierte junge Absolventen auf den Arbeitsmarkt bringen.

Mit dem Ausbau von Internet und Datentransfermöglichkeiten war es erstmals möglich, in Echtzeit auf mehreren Kontinenten gemeinsam an etwas zu arbeiten. Zeitverzögerungen durch Kommunikationsverzögerungen treten nicht mehr auf. Dies zieht auch ausländische Investitionen an, die für eine kaufkräftige Bevölkerung im Ausland produzieren und gleichzeitig 40 bis 60 Prozent der in Europa anfallenden Kosten sparen. Neben indischen Firmen nutzen deshalb auch viele europäische und amerikanische Unternehmen das indische Know-how. Nur 10 bis 25 % der europäischen Gehälter müssen hier für Tätigkeiten wie Abrechnungen, Bearbeitung von Steuerbescheiden, Kundenbetreuung und Programmentwicklung gezahlt werden. Fast jeder dritte Software-Ingenieur weltweit ist mittlerweile ein englischsprachiger Inder. Die Angestellten der Callcenter arbeiten nicht nur für einen Bruchteil der amerikanischen und europäischen Löhne, sie sprechen auch gut englisch und akzeptieren lange Arbeitszeiten. Ausserdem ist durch die Zeitverschiebung so auch in der europäischen/amerikanischen Nacht jederzeit jemand in Indien erreichbar.

Zusatzaufgaben

Aufgabe 1
Beurteile die Zukunftsperspektiven der indischen Softwareindustrie und der global ausgerichteten Dienstleistungen im Kommunikationsbereich.
Indien hat eine ausgesprochen schlecht ausgebaute Infrastruktur ausserhalb des Datennetzes. Die grosse Nachfrage und gute Absatzmöglichkeiten auf den Märkten der Industrieländer ermöglichen es, unter Ausnutzung alle Kostenvorteile eines Entwicklungslandes erhebliche Devisenmengen zu erwirtschaften. So ist die Computerindustrie eine standortangemessene Produktion. Im Unterschied dazu wäre es ungleich schwieriger und teurer, ein Werk für die Herstellung von Präzisionsmaschinen in einem rückständigen Entwicklungsland zu errichten.

Von Nachteil ist aber, dass nur wenig Menschen (ca. 1 700 000 Inder) von dieser Entwicklung profitieren, da die Computerindustrie arbeitsextensiv ist. Bevorzugt profitiert hier auch noch die zahlenmässig geringe Mittelschicht. Dazu ist die Konzentration auf einen Dienstleistungsbereich auch anfällig für regional auftretende Wirtschaftsflauten.

Problematisch kann auch das Wirtschaftswachstum in Indien selbst werden. Dann können höhere Lohnforderungen der Angestellten dazu führen, dass die Softwarestandorte in andere, billigere Länder verlagert werden.

Die Weltbevölkerung

Schülerbuch Seiten 248–249

Grundbegriffe: Bevölkerungsdichte, Ökumene

Abbildungen

M1 Bevölkerungsdichte weltweit
Die Weltkarte zeigt in Flächenfarben die Verteilung der Bevölkerung innerhalb der Staaten. Siehe auch Aufgabenlösung zu 248 (1).

M2 Geometrische Figurenkarte Bevölkerungsdichte weltweit
Diese Karte zeigt die Bevölkerungsdichte in den Staaten und den Verstädterungsgrad in den einzelnen Staaten anhand von Flächengrössen in Kombination mit Farbgebungen. Je grösser die Fläche eines Staates dargestellt ist, desto grösser ist seine Bevölkerungsdichte. Je dunkler die Fläche gefärbt ist, desto höher ist der Verstädterungsgrad. Siehe auch Aufgabenlösung zu 248 (4).

M3 Bevölkerungsdichte im Vergleich
Die Tabelle vergleicht die Bevölkerungsdichten verschiedener Städte. Im Stadtgebiet von Tokio, in Mumbai und in einem Slum in Mumbai leben die meisten Einwohner pro km². Zürich ist dagegen vergleichsweise dünn besiedelt.

Aufgabenlösungen

248 (1) *Beschreibe die Bevölkerungsverteilung auf der Erde (M1).*
Die meisten Menschen leben auf der Nordhalbkugel. Hier weisen China, Indien sowie die Staaten auf dem Kontinent Europa die höchsten Bevölkerungsdichten auf. Weitgehend unbesiedelt sind die Binnengebiete Afrikas, Südamerikas, Kanadas, der USA, Australiens und Russlands.

248 (2) *Benenne und erkläre die Grenzen des bevorzugten Siedlungsraumes.*
Die Grenzen zur Anökumene sind bedingt durch zu grosse Trockenheit, Kälte oder Höhe. Weltweit sind innerhalb der Staaten die Binnenländer und Höhenregionen geringer besiedelt als die Küsten und Flachländer. Innerhalb der möglichen Siedlungsräume werden die Subtropen und gemässigten Breiten in Küstennähe bevorzugt. Hier ist das Klima angenehm, es gibt Möglichkeiten, sich durch Landwirtschaft zu ernähren und eine günstige Verkehrslage fördert alle wirtschaftlichen Aktivitäten.

248 (3) *a) Benenne die grossen Siedlungsgebiete der Erde. b) Finde weitere bevölkerungsreiche Gebiete (M1, Atlas).*
a) China, Indien, Europa, Ostküste und Westküste der USA.
b) Hauptinseln der Philippinen (Luzon, Mindanao), Insel Java (zu Indonesien), Küste Westafrikas, Küstengebiete Brasiliens, Kolumbiens und Perus, Insel Hispaniola (Haiti, Dominikanische Republik), Küstengebiete Marokkos, Algeriens, Tunesiens, Niloase.

248 (4) *Eine geometrische Figurenkarte stellt Relationen zwischen Ländern dar. Werte M2 aus.*
Die höchsten Verstädterungsgrade der Länder habe folgende Staaten: Kanada, USA, Mexiko, Kuba, Venezuela, Brasilien, Chile, Argentinien, Norwegen, Niederlande, Grossbritannien, Deutschland, Frankreich, Spanien, Libyen, Saudi-Arabien, Jordanien, Israel, Libanon, Australien, Südkorea, Singapur.
Die absolut sehr bevölkerungsreichen Staaten wie China, Indien, Indonesien und Nigeria haben dagegen noch einen hohen Anteil an ländlicher Bevölkerung und die Flächen dieser Staaten sind sehr gross. So errechnet sich ein geringerer Anteil an der städtischen Bevölkerung, als man nach den absoluten Zahlen erwarten würde.

Das Bevölkerungswachstum auf der Erde

Schülerbuch Seiten 250–251

Grundbegriffe: Bevölkerungswachstum, Entwicklungsland, Schwellenland, Migration

Abbildungen

M1 Erdbevölkerung nach Ländern (Auswahl)
Hier wird für siebzehn Länder die Anzahl der Bewohner angegeben. Diese wird umgerechnet auf 100 Erdbewohner, zeigt also den prozentualen Anteil der Staaten an der Gesamtbevölkerung.

M2 Karikatur
Der dargestellte Globus quillt über vor Menschen. Die Erde ist darunter nicht mehr zu sehen. Der Ausspruch „Juhui!! Noch Einer…!!!" eines anonymen Bewohners ist die Reaktion auf einen auf die Erde herab fallenden weiteren Menschen.
Die Karikatur versinnbildlicht die schon heute vorhandene Überbevölkerung der Erde, die durch die Bevölkerungsexplosion weiterhin wachsen wird.

M3 Bevölkerungsprognose
Die Grafik zeigt das bislang erfolgte Bevölkerungswachstum seit 400 v. Chr. und die Prognose für das Jahr 2025. Deutlich wird das exponentielle Wachstum seit Beginn des 19. Jh., während bis dahin die Bevölkerung nur sehr langsam wuchs.

M4 Bevölkerungsentwicklung im Vergleich
In der Tabelle werden die demografischen Daten der Schweiz mit denen Äthiopiens verglichen. Siehe auch Aufgabenlösung zu 250 (4).

M5 Bevölkerung und natürliche Wachstumsrate 2009
In der Tabelle werden für die einzelnen Kontinente die prozentualen Wachstumsraten sowie die absoluten Bevölkerungszahlen genannt. Siehe auch Aufgabenlösung zu 250 (4).

Aufgabenlösungen

250 (1) *a) Nenne die fünf Staaten mit dem grössten Bevölkerungswachstum (www.weltbevoelkerung.de).
b) Suche Staaten, in denen die Bevölkerungszahl abnimmt (www.weltbevoelkerung.de).*
a) Niger (3,5 %), Burkina Faso, Uganda (je 3,4 %), Liberia (3,3 %), Ost-Timor (3,1 %), Jemen, Guineaje 3,0 %).
b) Serbien (-0,5 %), Lettland, Ukraine, Bulgarien (je -0,4 %), Ungarn, Weissrussland, Deutschland, Rumänien, Russische Föderation, Kroatien (je -0,2 %), Litauen, Portugal (je -0,1 %)
(Quelle: DSW Datenreport. Zahlen für 2010)

Die Erde – Wandel durch Entwicklung

250 (2) *Erkläre, was das Weltbevölkerungswachstum von 1,2 Prozent bedeutet. Berechne den absoluten Wert der Bevölkerungszunahme.*

Wächst die Weltbevölkerung durchschnittlich um 1,2 %, so bedeutet dies, dass in vielen Ländern die Wachstumsraten darüberliegen können. Die Industriestaaten (hierzu zählen Europa, Nordamerika, Japan, Australien und Neuseeland) haben nur noch sehr geringe Wachstumsraten bzw. rückläufige Bevölkerungszahlen. Hohe Zuwachsraten gibt es besonders in den afrikanischen Ländern, aber auch in einigen asiatischen Staaten. Mitte 2010 leben geschätzt 6,892 Mrd. Menschen auf der Welt. Wächst die Bevölkerung mit 1,2 %, wächst die Bevölkerung in diesem Jahr um 82,704 Mio. Menschen.

250 (3) *Berechne die absolute Bevölkerungszunahme der einzelnen Kontinente (M5).*

Absolute Bevölkerungszunahme 2009 in Millionen nach Kontinenten.

Kontinent	Wachstumsrate in %	Bevölkerung in Mio.	abs. Bevölkerungswachstum 2009 in Mio.
Afrika	2,4	1000	24,0
Asien	1,2	4117	49,4
Europa	0,0	738	0,0
Lateinamerika	1,4	580	8,1
Nordamerika	0,6	341	2,0
Australien/ Ozeanien	1,1	36	0,4
Welt gesamt	1,2	6801	81,6

250 (4) *Werte M4 und M5 aus.*

M4: Da Äthiopien eine sehr viel höhere absolute Bevölkerungsmenge als die Schweiz hat, ist auch die absolute Bevölkerungszahl im Jahr 2025 in der Schweiz sehr viel geringer. Gleichzeitig fällt die Wachstumsrate in Äthiopien, bedingt durch den Kinderreichtum pro Frau sehr viel höher aus. Dies kompensiert die hohe Säuglingssterblichkeit und die geringe Lebenserwartung in dem Entwicklungsland. Da Äthiopien dadurch eine sehr junge Bevölkerung hat, die wiederum Kinder bekommen wird, wächst dann die ohnehin schon grosse Bevölkerung bis 2025 sehr hoch an.

M5: Hier wird deutlich, dass die Industrienationen nur geringe bis keine Wachstumsraten mehr aufweisen, während in den afrikanischen, asiatischen und südamerikanischen Staaten nach wie vor viele Kinder geboren werden. Damit verschiebt sich der Bevölkerungsschwerpunkt in den kommenden Jahrzehnten weiter in Richtung der letztgenannten Kontinente.

Gewusst wie: Bevölkerungspyramiden auswerten

Schülerbuch Seiten 252–253

Abbildungen

M1 Altersstruktur Chinas 2010 – Bevölkerungspyramide
Das Bevölkerungsdiagramm zeigt in Fünferschritten die Verteilung der Bevölkerung in den einzelnen Altersgruppen Chinas. Siehe auch Aufgabenlösung zu 253 (1).

M2 Altersstruktur Chinas 2025/2050 – Bevölkerungspyramiden
Hier ist die mutmassliche Entwicklung der Bevölkerung dargestellt, wie sie sich zwischen 2025 und 2050 entwickeln wird. Siehe auch Aufgabenlösung zu 253 (3).

M3 Verschiedene Typen von Bevölkerungspyramiden
Je nach Bevölkerungsstruktur sieht ein Diagramm anders aus. Siehe auch Aufgabenlösung zu 253 (2).

Aufgabenlösungen

253 (1) *Beschreibe den Aufbau einer Bevölkerungspyramide (M1).*

Eine Bevölkerungspyramide zeigt die Verteilung der Altersgruppen jeweils für Männer und Frauen. Dazu ist auf der X-Achse die Bevölkerung in Millionen aufgetragen. Links wird in blauer Farbe die männliche, rechts in roter Farbe die weibliche Bevölkerung dargestellt. Hier werden 10-Millionen-Abschnitte gewählt, maximal sind 70 Millionen Menschen pro Altersklasse einzutragen. Auf der Y-Achse ist das Alter in Jahren in Fünferschritten angegeben. Hier endet das Diagramm mit der Altersangabe: über 85 Jahre.

Im oberen Bereich (85–55 Jahre) zeigt das Diagramm den typischen pyramidenförmigen Bau eines Entwicklungslandes mit stark steigender Bevölkerung. Die Hungerkatastrophe 1960 bis 1962, der darauf folgende Babyboom und die Ein-Kind-Politik führten seitdem zu einem sehr ungleichmässigen Aufbau der Bevölkerungspyramide im Bereich von 55 bis 25 Jahren und danach zu einem sichtbaren Rückgang der jüngeren Jahrgänge. Deutlich wird auch, dass mehr Jungen als Mädchen zur Welt kommen.

Zusatzinformation

Nach einem ersten Anstieg sinkt die Bevölkerungszunahme von 1960 bis 1962 durch eine Hungersnot (vermutet werden 30 Mio. Tote) stark ab, steigt aber in den nächsten Jahren auf ein Wachstum von 3,3 %. Kinderreichtum galt in China als grosses Glück, auch die kommunistische Regierung förderte diese Einstellung. Als Ende der 1970er-Jahre die Folgen dieses Wachstums sichtbar wurden, erliess der Staat den Massnahmenkatalog der Ein-Kind-Politik. So liegt heute das Wachstum nur noch bei etwa 0,6 %.

253 (2) *Erläutere die verschiedenen Typen von Bevölkerungspyramiden (M3).*

Je nach Bevölkerungsstruktur sieht ein Diagramm anders aus. Wachsende Bevölkerungen wie Indien haben einen pyramidenförmigen Aufbau mit vielen jungen und wenigen alten Menschen, statische wie Frankreich einen glockenförmigen Aufbau mit gleich stark vertretenen Altersgruppen bis ins hohe Alter. Schrumpfende Bevölkerungen wie Italien oder auch Deutschland haben einen urnenförmigen Bau mit wenigen jungen Menschen und, bedingt durch die hohe Lebenserwartung, vielen Älteren.

253 (3) *Werte die Bevölkerungspyramiden Chinas 2025/2050 (M2) unter der Nutzung der vorgegebenen Schrittfolge aus. Vergleiche und begründe.*

1. Die beiden Bevölkerungspyramiden zeigen die Altersstruktur in China für die Jahre 2025 und 2050. In beiden Diagrammen sind die Angaben in absoluten Zahlen gehalten.
2. Die Alterspyramide Chinas zeigt im oberen Bereich die typische Pyramidenform eines Entwicklungslandes, im unteren Bereich läuft das Diagramm schmaler zu und erhält so die Form einer Urne.
- Durch die fehlenden Geburten wird sich der Aufbau des Diagramms bis 2050 in Richtung einer Glocke verändern. Die Lebenserwartung

wird steigen, sodass in höheren Jahrgängen ähnlich hohe Prozentanteile vorhanden sein werden wie in den jüngeren.

3. Vergleicht man die geschlechtsspezifische Altersverteilung z. B. für die Altersgruppe der 20jährigen, so gibt es etwa 41 Mio. Mädchen, das sind 2,77 % der Gesamtbevölkerung.

4. In der Altersgruppe der 20-jährigen, gibt es etwa 44 Mio. Jungen, das sind 2,97 % der Gesamtbevölkerung.

5. Addiert man beide Werte, so zeigt sich, dass diese Altersgruppe 5,74 % der Gesamtbevölkerung ausmacht.

6. Die Gesamtanteile der Kinder und Jugendlichen (0 bis 14 Jahre) betragen 5,61 % der Gesamtbevölkerung
Die Gesamtanteile der erwerbsfähigen Personen (15 bis 64 Jahre) betragen 66,28 % der Gesamtbevölkerung
Die Gesamtanteile der Senioren (über 65 Jahre) betragen 13,45 % der Gesamtbevölkerung

7. Die Grafiken verdeutlichen die zunehmende Überalterung der chinesischen Gesellschaft. Chinas Bevölkerungspyramide ist wegen der Ein-Kind-Politik ein Sonderfall. Die Geburtenraten werden durch die Ein-Kind-Politik weiterhin gering sein, sodass trotz steigender Lebenserwartung die Gesamtbevölkerung bis 2050 sinken wird. Da pro Familie nur noch ein Kind gestattet ist, wird die Geburt eines Jungen bevorzugt. Weibliche Föten werden häufiger abgetrieben. Dies verschiebt die Zusammensetzung der Bevölkerung zugunsten des männlichen Anteils.
Im Jahr 2025 sind in allen Altersklassen bis 70 Jahre mehr männliche als weibliche Einwohner vorhanden. Danach kehrt sich dieses wegen der geringeren Lebenserwartung der Männer um.

- Die in den Altersklassen 50 bis 60 Jahre und 35 bis 40 Jahre auffallend hohen Bevölkerungsanteile an der Gesamtbevölkerung sind auf den Babyboom nach den „drei bitteren Jahren" und den Echoeffekt der Babyboomgeneration zurückzuführen.
- In den Altersklassen von 0 bis 50 Jahren sind im Jahr 2050 jeweils mehr männliche als weibliche Einwohner zu finden. In den Jahrgängen von 50 bis 60 Jahren ist die Geschlechterverteilung gleichmässig und in den darüber liegenden Altersklassen sind mehr Frauen als Männer vertreten.

8. Der signifikant höhere Anteil der Jungen gegenüber den Mädchen weist auf einen kulturell bedingten unterschiedlichen Stellenwert der Geschlechter hin. Das Fehlen der Mädchen wird dazu führen, dass junge Männer keine Partnerinnen mehr finden werden. Die schrumpfenden Altersjahrgänge an der Basis führen absehbar zu Nachwuchsproblemen in der Wirtschaft. Es fehlen Versorgungsmöglichkeiten der Senioren, da für diese Generation kaum eine Rentenversorgung existiert und die finanzielle Verantwortung nicht mehr zwischen Geschwistern geteilt werden kann.

- Alle Prozentangaben basieren auf dem Vorhersagewert für 2025 ausgehend vom "mittleren" Szenario der Long-Range World Population Projections: (Based on the 1998 Revision / United Nations.)

Zusatzaufgaben

Aufgabe 1
Erstellt ein Bevölkerungsdiagramm für eure Schule in absoluten Zahlen.
Individuelle Lösung.

Aufgabe 2
Recherchiert die Entwicklung der Bevölkerung der Schweiz bis 2060.
Individuelle Lösung.

http://www.bfs.admin.ch/bfs/portal/de/index/news/publikationen.html?publicationID=3989

Ursachen des Bevölkerungswachstums

Schülerbuch Seiten 254–255

Grundbegriff: demografischer Übergang

Abbildungen

M1 Grossfamilie in Europa zu Beginn des 20. Jahrhunderts
Das Foto zeigt eine typische Familie mit den Eltern und ihren neun Kindern.

M2 Entwicklung von Sterbe- und Geburtenrate
Hier ist das Modell des demografischen Übergangs als Grafik dargestellt. Die Kurven zeigen die Geburten- und Sterberate sowie die daraus berechnete Wachstumsrate jeweils in Promille in den fünf verschiedenen Phasen. Siehe auch Aufgabenlösung zu 254 (3).

M3 Phasen des demografischen Übergangs
Die Kennzeichen der einzelnen Phasen werden erläutert. Siehe auch Aufgabenlösung zu 254 (3) und 245 (4).

M4 Statistische Daten zur Bevölkerungsentwicklung
Die Tabelle zeigt für acht Staaten, die sich in verschiedenen Phasen des demografischen Übergangs befinden, die Geburten-, Sterbe- und Wachstumsrate. Siehe auch Aufgabenlösung zu 254 (4) und 245 (5).

Aufgabenlösungen

254 (1) *Beschreibe den Bevölkerungsanstieg seit dem 19. Jahrhundert.*
Im Jahr 1800 betrug die Bevölkerung 0,98 Mrd. Menschen, bis 1900 stieg sie auf 1,65 Mrd. an. 1950 lebten schon 2,52 Mrd. Menschen auf der Welt, bis 2010 hat sich dies auf geschätzte 6,892 Mrd. vervielfacht.

254 (2) *a) Erkläre den Begriff Bevölkerungsexplosion.*
b) Trifft diese Entwicklung auf alle Länder zu? Begründe!
a) Den sehr schnellen Anstieg der Bevölkerung in sehr kurzer Zeit bezeichnet man als Bevölkerungsexplosion. Besonders seit 1950 wuchs die Erdbevölkerung exponentiell.
b) Dieser Anstieg verlief in den einzelnen Staaten unterschiedlich. Die Industriestaaten haben durch die veränderten Lebensverhältnisse eine stagnierende bis abnehmende Bevölkerung. Hier verhindern lange Ausbildungszeiten, Verhütungsmöglichkeiten und der Wunsch nach persönlicher Freiheit grosse Kinderscharen. In den Entwicklungsländern steigt die Bevölkerung noch stark an. Bislang orientiert sich das generative Verhalten der Menschen an den früher hohen Sterberaten in jungen Jahren. Deswegen und auch mangels Verhütungsmitteln bzw. wegen dem fehlenden Selbstbestimmungsrecht der Frauen haben die Familien hier häufig viele Kinder. Die verbesserten hygienischen und medizinischen Bedingungen lassen aber viel mehr Kinder als früher überleben, sodass die Bevölkerung schnell ansteigt.

254 (3) *Erläutere den demografischen Übergang (M2, M3).*
In einer Agrargesellschaft der Phase 1 (Vorbereitung) herrschten hohe Geburten- und Sterberaten. So ist die Wachstumsrate kaum vorhanden und durch Hungerkatastrophen auch in manchen Jahren negativ. In der frühindustriellen Gesellschaft der Phase 2 (Einleitung) kommt es durch verbesserte Lebensbedingungen, aber gleichbleibendes generatives Verhalten zu einem schnellen Bevölkerungsanstieg. In der Übergangsphase 3 (Umschwung) ändert sich das generative Verhalten, die Lebenserwartung steigt weiter und die Geburtenraten sinken stark ab. Die Bevölkerung steigt, bedingt durch die hohe Zahl der Menschen im fortpflanzungsfähigen Alter, zuerst weiter stark an und sinkt gegen Ende der Phase ab. In der Industriegesellschaft der folgenden Phase 4 (Einlenken) werden immer weniger Kinder geboren, die Wachstumsrate sinkt bei gleich bleibender geringer Sterberate weiter ab. In der Phase 5 der postindustriellen Gesellschaft (Ausklingen) haben sich Geburten- und Sterberate auf einem geringen Niveau eingependelt, die Bevölkerungszahl stagniert bzw. sinkt.

254 (4) *Ordne vier Länder den jeweiligen Phasen des demografischen Übergangs zu (M3, M4).*
Norwegen: Phase 5
Schweiz: Phase 5
Türkei: Phase 4
Äthiopien: Ende Phase 2, Beginn Phase 3
Nigeria: Ende Phase 2, Beginn Phase 3
Brasilien: Phase 4
Bangladesh: Ende Phase 3
Japan: Phase 5

254 (5) *Analysiere die Tabelle und ziehe Rückschlüsse auf die jeweiligen Lebensbedingungen in diesen Ländern (M4).*
Je höher die Alphabetisierung der Frauen in einem Land ist, desto geringer werden die Geburtenraten und die Säuglingssterblichkeit sinkt ebenfalls. Das Wissen der Mütter senkt das Risiko von Krankheiten durch z. B. Hygienemängel und falsche Ernährung. Gleichzeitig steigt mit dem Bildungsstand das Heiratsalter, so wird die generative Phase der Frauen kürzer. In den Industriestaaten sind diese Voraussetzungen erfüllt. In Ländern wie Äthiopien und Nigeria dagegen sind diese Bedingungen noch kaum gegeben. In Bangladesh, der Türkei und Brasilien deuten die geringeren Wachstumsraten auf eine Verbesserung der Lebensverhältnisse hin

Ursachen des Bevölkerungswachstums

Schülerbuch Seiten 256–257

Abbildungen

M1 Madiha aus Tansania
Siehe Aufgabenlösung zu 257 (1).

M2 Ursula aus der Schweiz
Siehe Aufgabenlösung zu 257 (1).

M3 Zwei Frauen berichten aus ihrem Leben
Die auf den Fotos abgebildeten Frauen aus Äthiopien und der Schweiz stellen ihre unterschiedlichen Lebensentwürfe vor. Siehe Aufgabenlösung zu 257 (1) und 257 (2).

M4 Anteil der Kinder unter 15 Jahren an der Bevölkerung
Auf der Welt leben insgesamt 1,9 Mrd. Kinder, das sind 28 % der Gesamtbevölkerung. Die Grafik zeigt, dass der Anteil der Kinder unter 15 Jahren mit 41 % in Afrika am höchsten ist. Den geringsten Anteil weist Europa mit 16 % auf.

M5 Überalterung
Die Karikatur zeigt eine umgekehrte Bevölkerungspyramide in Form von Personen verschiedenen Alters. Oben befinden sich viele, darunter vier weitere Ältere, in der Mitte zwei arbeitsfähige Personen mittleren Alters, die die Senioren tragen und an der Basis sitzt ein Baby, das die gesamte Last der Personen zu tragen hat. Damit soll verdeutlicht werden, dass die Rentensysteme in Zukunft von nur wenigen Jungen finanziert werden müssen. Auf zwei Verdiener werden vier Rentner kommen.

Aufgabenlösungen

257 (1) *Werte die Fotos aus (M1, M2).*
M1: Dargestellt ist die 43jährige Madiha aus Tansania mit ihrem Ehemann und ihren 10 Kindern vor ihrem Gehöft. Die Familienmitglieder sind einfach gekleidet. Madiha hat eine für tansanische Verhältnisse typische Grossfamilie. Ihre Aufgabe ist die Versorgung der Familie und die Bewirtschaftung des Landstückes. Für die Mädchen der Familie ist eine Schulbildung mangels Geld nicht vorgesehen.
M2: Dargestellt ist die 35jährige Ursula aus der Schweiz mit ihrem Ehemann und dem einzigen Kind bei einem Ausflug im Schnee. Alle sind gut gekleidet. Ursula arbeitet weiterhin, sie teilt sich die Betreuung mit ihrem Mann und hat tagsüber einen Betreuungsplatz für ihren Sohn. Weitere Kinder sind nicht geplant.

257 (2) *Nenne Gründe für die unterschiedliche Kinderzahl der Familien in Afrika und der Schweiz (M3).*
Afrika: Kinder sind notwendig als Arbeitskräfte, übernehmen die Versorgung der Eltern bei Krankheit und im Alter. Kinder sind wichtig für das Ansehen der Frau, gleichzeitig fehlen Verhütungsmittel.
Schweiz: Kinder behindern die Karriere der Eltern, meist der Mutter, benötigen einen Betreuungsplatz, kosten viel Geld und senken den Lebensstandard der Familie.

257 (3) *Gib der Karikatur (M5) eine andere Unterschrift.*
Individuelle Lösung.

257 (4) *Gruppenarbeit: Diskutiert mögliche Folgen der Überalterung und präsentiert eure Ergebnisse.*
Individuelle Lösung.

Verstädterung – ein weltweites Phänomen

Schülerbuch Seiten 258–259

Grundbegriff: Urbanisierung

Abbildungen

M1 Weltweite Verstädterung
Die thematische Karte zeigt den aktuellen Stand der weltweiten Verstädterung. Metropolen mit bis zu 5 Mio. Einwohnern sind domi-

nierend in den Industriestaaten. Solche mit über 10 Mio. Einwohnern sind mehrheitlich in den Entwicklungsländern, besonders in Asien, zu finden.

Die Armut auf dem Land führt zu grossen Wanderungsbewegungen in die Städte, da sich die Menschen hier bessere Lebensbedingungen erhoffen.

M2 Entwicklung von Shanghai
Seit Beginn der 1980-er Jahre hat die Stadt einen ungeahnten Wirtschaftsaufschwung erzielt. Hier haben sich zahlreiche Unternehmen u. a. der IT- und Biotechnologiebranche angesiedelt. Die zahlreichen Arbeitsmöglichkeiten ziehen viele Arbeitskräfte an, die Bevölkerung steigt ständig.

M3 Skyline von Shanghai
Shanghai liegt in der reichsten Region Chinas und ist derzeit (2010) die grösste chinesische Stadt. Hier leben auf etwa 3900 km^2 etwa 14,2 Mio. Menschen als Einheimische und zusätzlich ca. 5 Mio. Wanderarbeiter. Der Wirtschaftsaufschwung zeigt sich in den zahlreichen Neubauten. Das Foto zeigt den Blick vom alten Stadtkern auf die andere Seite des Flusses Huangpu. Hier liegt der neue Stadtteil Lujiazui mit dem markanten Fernsehturm (Oriental Pearl Tower). Der neue Stadtteil ist eine Finanz- und Handelszone und Teil der Sonderwirtschaftszone Pudong.

Weiterhin entstehen in der Stadt neue Hochhäuser, besonders in Pudong. Allein 3400 Häuser sind in Shanghai über 24 m hoch, 198 sogar über 100 m.

M4 Lage von Shanghai
Die Stadt ist ein Verkehrsknotenpunkt an der Ostküste Chinas. Die verkehrsgünstige Lage am Huangpu-Fluss und dem Pazifik führte dazu, dass Shanghai heute den grössten chinesischen Hafen und den zweitgrössten Containerhafen der Welt hat. Die Stadt betreibt als einzige weltweit eine Magnetschwebebahn im ÖPNV.

Aufgabenlösungen

258 (1) *Nenne zehn Länder mit jeweils einem geringen und einem hohen Urbanisierungsgrad (M1, Atlas).*
Geringer Urbanisierungsgrad: Burkina Faso, Äthiopien, Thailand, Laos, Vietnam, Kambodscha, Namibia, China, Indien, Pakistan.
Hoher Urbanisierungsgrad: Venezuela, Brasilien, Argentinien, Chile, Uruguay, Gabun, Sahara, Libyen, Saudi-Arabien, Australien.

258 (2) *Vergleiche die Städte London und Shanghai. Welche ihrer Eigenschaften kennzeichnen sie als Metropolen?*
London: Die Stadt hat etwa 7,7 Mio. Einwohner, in Greater London wohnen ca. 13 Mio. Menschen, sie ist Hauptstadt des Vereinigten Königreiches von Grossbritannien und Nordirland, ist ein internationales Banken- und Handelszentrum, ein Kernraum der Hightech-Industrie und der Dienstleistungen und eine Hochburg der Kultur. Die internationale Verkehrsanbindung ist gut ausgebaut.
Shanghai: Das Stadtgebiet hat sich zwischen 1900 und 2011 stark ausgeweitet. 1984 wurde Shanghai zur Sonderwirtschaftszone mit vielen Privilegien erklärt. Shanghai hat ein sehr gut ausgebautes Strassen- und Schienennetz, einen internationalen Flughafen und einen Seehafen. Seit 1994 wird Shanghai zu einem Verwaltungs- und Finanzzentrum ausgebaut.

258 (3) *Gruppenarbeit: a) Führt ein Rollenspiel zu möglichen Problemen von Megacities durch. Die Rollen sind: Städteplaner, Politiker und Bewohner.*
b) Fasst die Chancen und Risiken von Megacities zusammen.
a) Individuelle Lösung.
b) Chancen für die Bewohner sind mögliche Teilhabe am Wirtschaftswachstum und damit am Wohlstand. Bei gutem Verdienst sind eine Ausbildung der Kinder, Freizeitaktivitäten und eine soziale Absicherung finanzierbar.
Risiken: Überforderung der Infrastruktur. Die Luft- und Wasserverschmutzung ist sehr gross (Smog, Abwässer fliessen zum Teil ungeklärt in die Gewässer). Der stark wachsende Autoverkehr verursacht Lärm und tägliche kilometerlange Staus.

Auch die sozialen Probleme nehmen zu. Wanderarbeiter sind rechtlos, ihre Kinder haben kaum Chancen auf Bildung. Arbeitslosigkeit, Slumbildung, Drogenmissbrauch, Kriminalität und Prostitution sind ebenfalls Begleiterscheinungen des Städtewachstums.

Verstädterung – ein weltweites Phänomen

Schülerbuch Seiten 260–261

Grundbegriffe: Favela, Slum

Abbildungen

M1 Brasilien mit seinen grössten Städten
Mit ca. 19 und 12 Millionen Einwohnern zählen die Metropolregionen São Paulo und Rio de Janeiro zu den grössten der Welt. Sie liegen im Südosten des Landes an der Atlantikküste. Beide Städte sind wichtige Wirtschafts-, Finanz- und Kulturzentren des Landes mit vielen Universitäten, Hochschulen, Theatern und Museen.

M2 Folgen der Land-Stadt-Migration
Durch den starken Zustrom der Landbevölkerung und durch die hohen Geburtenraten steigen die Einwohnerzahlen in den Agglomerationen immer weiter an. Neben der Bevölkerungszunahme ist auch die Ausdehnung der Siedlungsflächen ohne funktionierende Stadtplanung eine Folge des schnellen Wachstums. Viele soziale Probleme sind die Folge.

M3 Favela in Rio de Janeiro
Die Favelas befinden sich überwiegend an den Berghängen der Stadt und bestehen vielfach aus Holzhütten. Die Favelas haben kaum befahrbare Strassen, eine Infrastruktur fehlt meist. Das starke Stadtwachstum der letzten Jahre hat zu einem Anwachsen der alltäglichen Gewalt geführt. Die Polizei ist schlecht bezahlt und schlecht ausgerüstet, ihre Möglichkeiten, gegen die Kriminalität vorzugehen, sind begrenzt. In der Favela leben die Menschen in einer Gemeinschaft, die Schutz bietet vor dem Terror der bewaffneten Banden, dem sie sonst ausgesetzt wären. Viele Favelas entwickeln sich innerhalb weniger Jahre zu ganz normalen Stadtvierteln mit Steinhäusern statt Wellblechhütten. Siehe auch Aufgabenlösung zu 261 (4).

Aufgabenlösungen

260 (1) *Erkläre die Landflucht in Brasilien und nenne die Push-Faktoren.*

Die Erde – Wandel durch Entwicklung

Push-Faktoren: Kaum vorhandene Arbeitsmöglichkeiten, daraus resultierende Armut, Landkonflikte, Missernten, Überschwemmungen, Gewalt, Vertreibung, Überschuldung.

In Brasilien strömen täglich Tausende von Menschen auf der Suche nach Arbeit aus den ländlichen Regionen in die Städte. Besonders die Grossstädte sind als politische, wirtschaftliche und kulturelle Zentren der jeweiligen Länder für die ländliche Bevölkerung attraktiv.

260 (2) *Stelle dir ein Schweizer Bergdorf vor. Erkläre, welche Push- und Pull- Faktoren auf die Bergbewohner einwirken und stelle sie in einer Tabelle zusammen.*
Unter „Push"-Faktoren versteht man die Ursachen, die die Bevölkerung vom Land weg-/ab„stossen". Unter „Pull"-Faktoren versteht man die Ursachen, die die Bevölkerung in die Stadt „ziehen".

Push – Faktoren	Pull – Faktoren
Zu kleine Agrarfläche, geringer Verdienst kaum Arbeitsmöglichkeiten ausserhalb der Landwirtschaft, kein Arzt, keine Schule, keine Einkaufsmöglichkeiten, keine Freizeitmöglichkeiten	Hoffnung auf Arbeit im sekundären oder tertiären Sektor, höherer Verdienst, Schulen, Ausbildungsmöglichkeiten, Ärzte, Konsummöglichkeiten, Freizeitaktivitäten möglich

260 (3) *„Menschen verlassen ihre Heimat nicht, ausser sie werden durch die Umstände gezwungen". Stimmst du dieser Aussage zu? Begründe.*
Individuelle Lösung.

261 (4) *Sind Slums „Siedlungen der Hoffnung" oder „Siedlungen der Hoffnungslosigkeit"? Beziehe Stellung dazu und begründe.*
Für die überwiegende Zahl der Zuwanderer erfüllen sich die Hoffnungen auf ein besseres Leben nicht. Einige haben aber Glück und erreichen ihre Ziele. Insofern kann nicht die ganze Siedlung jeweils so oder so bezeichnet werden. Betrachtet werden müssen die Individuellen Schicksale.

Gewusst wie: Eine Karikatur auswerten

Schülerbuch Seiten 262–263

Abbildungen

M1 Karikatur 1
Siehe Aufgabenlösung zu 262 (2).

M2 Catharina hat eine Auswertung zur Karikatur 2 geschrieben
Der Text kann als Beispiel für die Lösung der Aufgabe 262 (2) herangezogen werden.

M3 Karikatur 3
Die Karikatur zeigt ein Boot voll mit Menschen verschiedener Herkunft, die untätig auf einen Wasserfall zufahren. Ein Schild mit der Aufschrift „Wir sind alle sehr besorgt." wird hochgehalten. Das Boot symbolisiert die Menschheit auf der Erde (Flagge), die zwar um ihren eigenen Untergang bei gleich bleibendem Ressourcenverbrauch weiss, aber nichts dagegen unternimmt.

M4 Karikatur 4
Diese Karikatur symbolisiert die gegenseitige Abhängigkeit der Industrie- und Entwicklungsländer voneinander. Statt sich aber gegenseitig zu helfen, erschweren sie sich das Leben und Wirtschaften, sodass sie sich „im Würgegriff" haben.

Aufgabenlösungen

262 (1) *Gib den Karikaturen 1, 3 und 4 Titel.*
Individuelle Lösung. Lösungsbeispiele:
1. Hunger und Überfluss in der Welt
3. Menschheit am Abgrund
4. Im Würgegriff

262 (2) *Werte eine Karikatur auf dieser Doppelseite aus.*
Individuelle Lösung. Lösungsbeispiel für Karikatur 1:
1. Schritt: Die Karikatur behandelt das Thema „Nord-Süd-Konflikt". Dargestellt wird der Überfluss auf der nördlichen Halbkugel und der Mangel auf der südlichen Halbkugel.
2. Schritt: Vor der oberen, umgestülpten Globushälfte sitzt ein gut genährter, lächelnder Mann auf einem Stuhl an einem mit einem Tischtuch bedeckten Tisch, der sich mit Besteck aus diesem Globuskuchen ein Stück herausschneidet. Vor der unteren Globushälfte, die als leere Schale gezeichnet ist, stehen sehr magere, verhärmte Menschen verschiedenen Alters, die mit blossen Fingern in die leere Schale hineingreifen.
3. Schritt: Der gut genährte Mann steht für die Menschen der Industrieländer, die sich Luxus (Besteck, Stuhl, Tisch, Tischdecke, gute Kleidung) leisten können. Die mageren, traurig aussehenden Menschen stehen für die Einwohner der Entwicklungsländer, die kaum Nahrung haben und auch nur unzureichende Kleidung.
4. Schritt: Der Karikaturist wendet sich an die Menschen der Industrieländer, um ihnen ihre Gedankenlosigkeit zu vermitteln. Er fordert dazu auf, für eine gerechtere Verteilung der Güter dieser Welt zu sorgen. Kritisch anmerken kann man hier, dass ein blosses Auffüllen der Schüssel die Probleme (wirtschaftliches und politisches Ungleichgewicht) nicht löst. Hilfe zur Selbsthilfe als nachhaltige Massnahme wird hier nicht angeregt.

262 (3) *Wähle eine Karikatur, die dir besonders gut gefällt, aus einer Zeitschrift oder Tageszeitung aus. Erläutere sie in einem kurzen Vortrag.*
Individuelle Lösung.

Merkmale von Entwicklungsländern

Schülerbuch Seiten 264–265

Grundbegriffe: Armutsgrenze, Grundbedürfnisse, UNO, HDI

Abbildungen

M1 HDI weltweit 2009
Die Karte gibt einen Überblick über die Einteilung der Länder nach dem HDI. Der HDI als Bewertungsmassstab umfasst die Lebenserwartung bei Geburt, Analphabetenrate, Schulbesuchsrate und BIP pro Kopf. Der HDI stellt den Menschen in den Mittelpunkt. Das bedeutet, den einzelnen Menschen im Land muss es gut gehen, wenn das Land einen hohen Punktwert im HDI-Index erreichen möchte. Bildung,

Gesundheit und die Möglichkeiten, sich angemessen zu ernähren, zu kleiden und zu wohnen, sollen einer breiten Masse der Bevölkerung zugänglich sein. Diese Bereiche werden bei der Berechnung der reinen Wirtschaftleistung eines Staates nicht berücksichtigt. Siehe auch Aufgabenlösung zu 265 (1).

M2 Industrie- und Entwicklungsländer im Vergleich
Das Diagramm vergleicht die Anteile an verschiedenen Produktionsbereichen und der Bevölkerung von Industrie- und Entwicklungsländern. Siehe auch Aufgabenlösung zu 265 (2)

M3 Die Grundbedürfnisse des Menschen
In beschrifteten Zeichnungen werden acht Grundbedürfnisse der Menschheit dargestellt. Es sind Nahrung, Unterkunft, Trinkwasser, Kleidung, ärztliche Versorgung, Arbeit, Bildung und politische Mitbestimmung. Deren Erfüllung soll allen Menschen ein würdiges Dasein ermöglichen. Siehe auch Aufgabenlösung zu 265 (3).

Aufgabenlösungen

265 (1) *Nenne jeweils zwei Staaten in Südamerika, Afrika und Asien, die zu den wirtschaftlich am wenigsten entwickelten Ländern gehören (M1, Atlas).*
Lösungsbeispiele:
Südamerika: Venezuela, Guyana,
Afrika: Sambia, Demokratische Republik Kongo
Asien: Pakistan, Irak

265 (2) *Erläutere die Anteile der Industrieländer und die der Entwicklungsländer an den einzelnen Bereichen (M2).*
Obwohl ein Grossteil der Weltbevölkerung in den Entwicklungsländern lebt, verbrauchen die etwa 25% der Weltbevölkerung in den Industrieländern einen hohen Anteil der Ressourcen wie z.B. Energie, Stahl, Dünger und Nahrungsmittel. Gleichzeitig gehören sie auch zu den grössten Verursachern von Umweltschäden. FCKW (heute verboten) und CO_2 werden hauptsächlich in den Industrienationen produziert. Damit ist ein grosser Teil der Weltbevölkerung von den wirtschaftlichen Erfolgen abgekoppelt, muss aber die resultierenden Umweltprobleme mittragen.

265 (3) *Analysiere, inwieweit die Grundbedürfnisse der einzelnen Menschen erfüllt werden: a) in einem reichen Industrieland, b) in einem Entwicklungsland (M3).*
a) In den Industrieländern werden die in M3 genannten Grundbedürfnisse überwiegend abgedeckt. Aber auch hier gibt es bei einem kleinen Teil der Bevölkerung Obdachlosigkeit, Arbeitslosigkeit oder eine fehlende Krankenversicherung verhindert die ärztliche Versorgung.
b) In einem Entwicklungsland ist die Erfüllung der Grundbedürfnisse nur einer kleinen Oberschicht möglich. Der überwiegende Teil der Einwohner kann diese Bedürfnisse nur zu einem geringen Anteil decken.

Merkmale von Entwicklungsländern

Schülerbuch Seiten 266–267

Abbildungen

M1 Lage von Peru
Der Globus verortet die Lage von Peru an der Westküste Südamerikas.

M2 Verteilung der Bevölkerung
Die Karte zeigt, dass ein Grossteil der Bevölkerung in der Sierra lebt, in der Costa sind nur die Flussoasen stärker besiedelt. Die Selva ist durchgehend dünn besiedelt. Siehe auch Aufgabenlösung zu 266 (1).

M3 Die Grosslandschaften von Peru
Das Blockbild zeigt die drei Grosslandschaften Perus (Costa, Sierra, Selva) mit den jeweiligen Höhenangaben und landwirtschaftlichen Nutzungsmöglichkeiten. Siehe auch Aufgabenlösung zu 266 (1).

M4 Tankwagen mit Trinkwasser bei Lima
Das Foto zeigt die Wüstenlandschaft bei Lima. Im Hintergrund sind Bäume zu sehen, die auf das Vorhandensein einer Flussoase hindeuten. Siehe auch Aufgabenlösung zu 266 (2).

M5 Am Titicacasee bei Puno
Der Titicacasee ist der weltweit höchstgelegene schiffbare See. Er liegt in einer Höhe von 3812 m. Zu sehen sind hier Indios, die aus Schilf die landestypischen Boote bauen. Siehe auch Aufgabenlösung zu 266 (2).

M6 Niederschläge und Temperaturen
Für drei Beispielorte der drei Landschaften werden die Jahresniederschläge sowie die Temperaturen im Januar (Südsommer) und Juli (Südwinter) aufgeführt. Siehe auch Aufgabenlösung zu 266 (1).

Aufgabenlösungen

266 (1) *Stelle Informationen zu den drei Grosslandschaften Perus unter folgenden Aspekten zusammen a) Landschaft (Höhenlage, Pflanzen, Flüsse); b) Bevölkerungsverteilung, Städte; c) Landwirtschaft.*
Costa:
a) Sie liegt als 2000 km langer und 50 bis 150 km breiter Wüstenstreifen am Pazifischen Ozean und umfasst daneben den Westabhang der Kordilleren bis zu einer Höhe von ca. 3000 m. Die Costa umfasst etwa 10% der Landesfläche. Die Temperaturen sind hoch, die Niederschläge extrem gering. Unterbrochen wird die Wüste nur von 20 grossen und einigen kleineren Flussoasen, in denen Bäume, Sträucher, Gras und Nutzpflanzen gedeihen.
b) Die Costa ist an den Flussläufen dicht besiedelt. Hier liegen auch grosse Städte wie Lima und Callao. Sonst sind die Küstengebiete so gut wie unbesiedelt.
c) Intensive Landwirtschaft wird in den Oasen betrieben. Mit Bewässerung werden Grundnahrungsmittel wie Mais, Obst und Gemüse angebaut, aber auch Wein, Zuckerrohr und Datteln.
Sierra:
a) Sie gehört zum Hochgebirge der Anden und besteht aus drei bis zu 6700 m hohen Gebirgsketten mit dazwischenliegenden tiefen, von Flussläufen durchzogenen Tälern. Die Sierra nimmt etwa 30% der Landesfläche ein. Die Flüsse verlaufen von Norden nach Süden. Im Süden erstreckt sich als Hochebene der Altiplano. Natürliche Vegetation sind Gräser und Sträucher.
b) In den Tälern ist die Sierra dicht besiedelt. Das Klima ist rauer als an der Küste, die Temperaturen sind geringer, die Niederschläge höher. Hier wird Landwirtschaft betrieben. Grössere Städte sind Puno und Juliaca.
c) In den Tälern werden unter 200 m Höhe Zitrusfrüchte angebaut, in Höhen von 2000 bis 3500 m Höhe Kartoffeln und andere Knollenfrüchte, Gerste, Weizen, Mais, Bohnen und Erbsen. Auch Rinderzucht

ist hier vertreten. In Höhen über 3 500 m liegen die Weiden der Lamas, Schafe und Ziegen.

Selva:
a) Dieser Landesteil umfasst den Ostabhang der Kordilleren ab etwa 3000 m Höhe mit seinem Nebelwald und den östlich anschliessenden Regenwald. Dies sind etwa 60 % der Landesfläche Perus. Die Niederschläge sind hier sehr hoch, die Temperaturen ebenfalls. Das Tiefland ist von Flussläufen durchzogen, die sowohl in Nord-Süd-Richtung als auch in Ost-West-Richtung verlaufen.
b) Der Regenwald ist so gut wie unbesiedelt und zum Teil noch unerschlossen. Grössere Siedlungen gibt es nicht.
c) Landwirtschaftlich ist das Gebiet nutzbar für die Produktion von Coca, Bananen, Kakao und Kaffee. Holzeinschlag ist verbreitet, die freien Flächen dienen dann als Rinderweide.

266 (2) *Ordne M4 und M5 den Grosslandschaften Perus zu.*
M4 liegt in der Costa, M5 liegt in der Sierra.

Merkmale von Entwicklungsländern

Schülerbuch Seiten 268–269

Grundbegriff: Terms of Trade

Abbildungen

M1 Grabstock statt Pflug
Ein Bauer bearbeitet sein Land mit dem selbst angefertigten Grabstock, der die Funktion eines Pfluges erfüllt und die Erde aufreisst.

M2 Massnahmen zur Verbesserung der Situation in der Sierra
Hier werden Ideen genannt, deren Verwirklichung die Einwohner dazu bewegen könnte, ihre Heimat nicht zu verlassen. Siehe auch Aufgabenlösung zu 268 (3).

M3 Die Dorfgemeinschaft von Macari, im Hintergrund das neu errichtete Trinkwasserreservoir
Die Dorfgemeinschaft besteht überwiegend aus Indios. Sie alle haben gemeinsam mithilfe der Fördergelder die Lebensverhältnisse im Dorf verbessert, z. B. durch den im Hintergrund erkennbaren begrünten Trinkwasserbehälter.

M4 Herr Caracas berichtet vom Arbeiten in der Mine San José
Der Text beschreibt die ausgesprochen schlechten Arbeitbedingungen in den Bergwerken, die an die Bedingungen im europäischen Frühkapitalismus erinnern. Die schon im Kindesalter beginnende Arbeit ist auch eine Folge der mangelnden finanziellen Ausstattung des Staates. Das Land hat kein Geld, eine materielle und soziale Infrastruktur zu errichten. Die Kinder müssen für wenig Geld arbeiten, um auf dem Weltmarkt billige und konkurrenzfähige Produkte anbieten zu können.

M5 Veränderungen der Terms of Trade
Die Abbildung verdeutlicht die unterschiedliche Entwicklung der Preise von Rohstoffen und Fertigwaren in den letzten Jahrzehnten. Entsprachen 1955 dem Wert eines Traktors noch 16 Tonnen Zinkerz, so verschlechterte sich für Peru das Verhältnis bis 2005 auf 57 Tonnen Zinkerz. Seitdem sind dank grosser Nachfrage die Rohstoffpreise weltweit wieder gestiegen.

M6 Peru: Die Last der Schulden drückt.
Peru hat durch das ungünstige Austauschverhältnis zu wenig Geld erhalten, um die benötigten Industriewaren zu finanzieren. Um diese trotzdem kaufen zu können, machte das Land Schulden. Steigende Zinsen, sinkende Rohstoffpreise und steigende Preise für Industriewaren haben in den letzten Jahrzehnten dazu geführt, dass die Schulden bis 2008 auf 35 Mrd. US-$ wuchsen.

M7 Schichtwechsel in einem Bergwerk
Das Bild zeigt eine Erzmine oben in den Anden. Das Aussehen der Häuser zeigt, dass die Eigentümer wenig in die Ausstattung der Mine investieren.

Aufgabenlösungen

268 (1) *Beschreibe die Wirtschaftsweise der Bauern in den Anden und die damit verbundenen Probleme.*
Die bäuerlichen Kleinbetriebe bearbeiten ihr Land in Handarbeit wie seit mehreren Hundert Jahren. Diese Methode ist sehr arbeitsintensiv und die Erträge sind gering. Es fehlt an ausreichenden Landflächen, Maschinen, Dünger und modernem ertragreichen Saatgut. Viele Landlose müssen für wenig Geld in den landwirtschaftlichen Grossbetrieben oder in den Bergwerken als Tagelöhner arbeiten oder sie wandern in die Städte ab.

268 (2) *Welche Auswirkungen hat die Landflucht auf die Lebensverhältnisse in der Sierra?*
Sie führt dazu, dass gerade die leistungsfähigen, gebildeteren jungen Bewohner das Land verlassen. Sie könnten Veränderungen herbeiführen wie z. B. die Einführung moderner Agrarmethoden, die zur Verbesserung der Lebensverhältnisse beitragen könnten. Da gleichzeitig die Geburtenraten bei den Landlosen weiterhin hoch sind, steigt durch die Landflucht die räumliche Disparität zwischen Stadt und Land.

268 (3) *Beurteile die Ziele der Dorfgemeinschaft von Macari.*
Individuelle Lösung. Lösungsvorschlag:
Zielsetzung ist die Verhinderung der Abwanderung. Dies lässt sich nur erreichen, wenn die Lebensverhältnisse auf dem Land sich so verbessern, dass die Dorfbewohner ein ausreichendes Einkommen erzielen. Dauerhaft müssen sie sich dabei von den Fördermitteln unabhängig machen. Der Kauf der Maschinen lässt vermuten, dass sie ihre Ziele erreicht haben.

268 (4) *Nimm Stellung zur Entwicklung der Terms of Trade.*
Individuelle Lösung

Merkmale von Entwicklungsländern

Schülerbuch Seiten 270–271

Grundbegriff: Unterentwicklung

Abbildungen

M1 Limas Bedeutung innerhalb Perus
Das Diagramm zeigt die überragende Bedeutung Limas innerhalb Perus. Für knapp 30 % der Bevölkerung des Landes stehen etwa 75 % der industriellen Arbeitsplätze zur Verfügung. Hier leben 70 % der Internetnutzer, etwa 70 % der Ausgaben für Elektrizität und

Telefon werden in Lima getätigt, ebenso etwa 65 % der öffentlichen Ausgaben. Am Aussenhandel hat die Hauptstadt einen Anteil von ca. 75 %, am BNE einen von etwa 50 %.

M2 Hauptplatz in Lima mit der Kathedrale
Das Foto zeigt die Plaza Major, den Hauptplatz mit der Kathedrale, die im spanischen Kolonialstil errichtet wurde. Vorbild für die 1622 fertiggestellte Kirche war die Kathedrale von Sevilla in Spanien.

M3 Strassenkinder in Lima
Der Schlafplatz einer Gruppe von Kindern ist der Bürgersteig. Auf Pappen und Papier haben sie sich ein notdürftiges Lager gebaut. Eine Decke muss für mehrere Kinder reichen.

M4 Indikatoren der Unterentwicklung
Die Indikatoren teilen sich auf die Gebiete Wirtschaft, Kultur, Gesellschaft und Natur auf. Jedem Oberbegriff sind wiederum verschiedene Einzelbegriffe untergeordnet, die diese näher kennzeichnen. Siehe auch Aufgabenlösung zu 271 (5).

M5 Entwicklungshemmnis Korruption
Die Veruntreuung von Steuergeldern und illegale Absprachen untergraben die demokratische Regierung eines Landes und verhindern eine positive Entwicklung, die allen zugute käme. Siehe auch Aufgabenlösung zu 270 (4).

M6 Korruptionsindex (CPI) ausgewählter Länder (2010)
Das Balkendiagramm zeigt die Werte zwischen 0 (viel Korruption) und 10 (kaum Korruption) für verschiedene Länder. Als sehr korrupt gilt Nigeria, als wenig korrupt dagegen Dänemark.

Aufgabenlösungen

270 (1) *Lima zieht viele Menschen an. Erkläre, was die Hauptstadt so attraktiv macht.*
Lima ist die grösste Stadt des Landes. Hier konzentriert sich das politische, wirtschaftliche und kulturelle Leben. Die Stadt ist im Verhältnis zum Rest des Landes reich und bietet gute Lebensbedingungen, wie Arbeitsplätze, höhere Einkommen, Bildungschancen und eine ausgebaute Infrastruktur.

270 (2) *Vergleiche deine Lebenssituation mit derjenigen eines Strassenkindes in Lima und stelle die Unterschiede in einer Tabelle zusammen.*
Lösungsbeispiel:

Strassenkind in Lima	Schüler/in in der Schweiz
meist ohne Eltern (Waise oder ausgesetzt), Leben in der Strassenbande	Leben mit den Eltern
Keine Wohnung	Eigenes Zimmer in der Wohnung der Eltern
Kein (geregelter) Schulbesuch	Schulausbildung mit Abschluss
Arbeiten, um zu überleben	Arbeiten zur Taschengeldaufbesserung
Milieu aus Drogenkonsum, Kriminalität und Prostitution	Gesicherte Lebensverhältnisse

270 (3) *Erläutere, warum Entwicklungsländer besonders von der Korruption betroffen sind.*
In vielen Entwicklungsländern ist Korruption ein florierender Wirtschaftszweig. Begünstigt wird dies durch die Tatsache, dass die Bürokratie viele Beschäftigte im Staatsdienst alimentiert, wenn auch nicht besonders gut. Viele Regeln und Gesetze sind (absichtlich) undurchschaubar und z.T. auch widersprüchlich gehalten und erfordern häufig eine zeitraubende Beschäftigung mit ihnen. Um sie zu umgehen, werden von den Bürgern dann Bestechungsgelder akzeptiert. Dies funktioniert besonders gut in Ländern, in denen Bestechung nicht als unmoralisch angesehen wird. In manchen Staaten hat Bestechung eine lange Tradition, sie behindert aber das Wirtschaftswachstum und lässt das Land auf dem Stand eines Entwicklungslandes verharren.

270 (4) *Erarbeitet in Gruppen Vorschläge, wie Korruption bekämpft werden kann und präsentiert eure Ergebnisse der Klasse.*
Individuelle Lösung. Lösungsbeispiele:
Ausreichende Bezahlung der Staatsbeamten, durchschaubare und dauerhaft gültige Gesetze, moralische Ächtung von Korruption, härtere Strafen.

271 (5) *Gruppenarbeit: Diskutiert, welche Indikatoren der Unterentwicklung auf Peru zutreffen (M4).*
Individuelle Lösung. Lösungsbeispiel:
Auf Lima lassen sich alle genannten Indikatoren anwenden. Beispiele sind aus den vorherigen Seiten zu nennen.

Merkmale von Entwicklungsländern

Schülerbuch Seiten 272–273

Grundbegriff: fairer Handel

Abbildungen

M1 Francisco Sanchez prüft die Reife der Kaffeekirschen
Das Foto zeigt die noch grünen Kaffeekirschen am Strauch. Erreichen sie den richtigen Reifegrad, werden sie von Hand gepflückt. An jedem Strauch muss mehrmals in Abständen geerntet werden.

Kaffee wird mittlerweile mit 80 verschiedenen Sorten in über 50 Ländern der Welt angebaut, die fast ausschliesslich in den Tropen liegen. Hier entsprechen die klimatischen Bedingungen den Anbauvoraussetzungen. Die Kaffeepflanze benötigt 1000 bis 2000 mm Niederschlag im Jahr, ganzjährig Temperaturen zwischen 18°C und 25°C und gedeiht am besten in Höhenlagen zwischen 600 und 1400 m.

M2 Wer verdient wie viel am Kaffeeladenpreis?
Kaffee legt einen langen Weg zurück, bis er beim Verbraucher landet. An jeder Station verdient jemand am Kaffee. Deutlich wird die sehr unterschiedliche prozentuale Beteiligung der Akteure am erzielten Preis. Siehe auch Aufgabenlösung zu 272 (3).

M3 Produkte des fairen Handels
Neben Kaffee wurden mit den Produzenten auch für andere Produkte faire Abnahmevereinbarungen getroffen. Hier sind u. a. Honig, Schokolade, Kakao und Rohrzucker aufgeführt.

M4 Vergleich der Kaffeepreise
Die Grafik spiegelt den schwankenden Verlauf der Rohstoffpreise zwischen 1990 und 2010 wieder. In den meisten Jahren lag der Kaffeepreis an der Börse von New York unter dem Kaffee-Garantiepreis im fairen Handel.

Die Erde – Wandel durch Entwicklung

M5 Das Schweizer Fairtrade-Siegel
Eine eindeutige Gestaltung des Siegels wurde bewusst vermieden, es sollte aber einen hohen Wiedererkennungswert haben. Das Siegel zeigt eine angedeutete Weltkugel und erinnert gleichzeitig an das asiatische Yin und Yang Symbol, das für Harmonie und Ausgleich steht. Die Farbgebung steht für Erde und Himmel, grün ist auch die Farbe der Hoffnung.

Aufgabenlösungen

272 (1) *Berichte über Probleme, die Bauer Sanchez im Zusammenhang mit dem Kaffeehandel schildert.*
Bauer Sanchez ist darauf angewiesen, seine Ernte an einen Zwischenhändler zu verkaufen, der ihm dann die Preise diktieren kann. Sind diese auf dem Weltmarkt niedrig wie Anfang des Jahrtausends, decken die Erlöse nicht einmal die Produktionskosten. Die asiatischen Staaten treten am Weltmarkt zunehmend als Konkurrenten der traditionellen Kaffeeerzeuger auf. Sie produzieren lediglich für den Weltmarkt, der Eigenverbrauch ist in diesen Ländern ausgesprochen gering, da hier traditionell Tee getrunken wird. Die wichtigsten Kaffee-Exportländer sind Brasilien, Vietnam, Indonesien, Kolumbien und die mittelamerikanischen Staaten. Die bedeutendsten Importländer sind die USA, Deutschland, Frankreich, Japan und Italien.

272 (2) *Nenne Vorteile, die Herr Sanchez durch den fairen Handel hat.*
TransFair zahlt einen gleich bleibenden Preis unabhängig von den Weltmarktschwankungen, dies bietet Bauer Sanchez ein dauerhaftes und gesichertes Einkommen. Ausserdem ermöglicht es ihm und seiner Familie menschenwürdige Lebens- und Arbeitsbedingungen.

272 (3) *Ermittle die Hauptverdiener am Kaffee (M2).*
Der Preis setzt sich aus den finanziellen Anteilen verschiedener Gruppen am Anbau, Export und Verkauf des Produktes zusammen. Die staatlichen Steuereinnahmen der exportierenden (17,2 %) und der importierenden (26,3 %) Staaten bilden dabei den grössten Anteil bei der Festlegung des Kaffeepreises. Ebenfalls einen entscheidenden Einfluss auf die Höhe des Preises haben die Forderungen der Einzelhändler (23,7 %). Der Verdienst der Plantagenarbeiter in den Ländern, die den Kaffee anbauen, ist mit nur 5,1 % sehr gering.

272 (4) *Erläutere die Aufgaben von fairem Handel.*
Der faire Handel verhindert die Ungerechtigkeit der Verteilung der Einnahmen und bietet eine mögliche Alternative zu den herkömmlichen Handelsstrukturen. So wird den Produzenten ein menschenwürdiges Leben ermöglicht und den Verbrauchern ein gutes Gewissen.

273 (5) *Informiere dich über die Einkaufsmöglichkeiten eines der in M3 abgebildeten Produkte aus fairem Handel unter www.trans-fair.org.*
Die Produktdatenbank gibt einen Überblick über die fair gehandelten Produkte. Mittlerweile haben auch viele Supermarktketten die Produkte aus dem zunehmend umfangreichen Angebot in ihre Sortimente aufgenommen. Neben Kaffee sind u. a. auch Honig, Tee, Schokolade und Kakao erhältlich.

273 (6) *Gestalte ein Plakat, das für den Kauf von Fairtrade-Produkten wirbt.*
Individuelle Lösung.

Merkmale von Entwicklungsländern

Schülerbuch Seiten 274–275

Abbildungen

M1 Hunger
Der Text nennt als Folge der Wirtschaftskrise einen Anstieg der Hungernden auf über eine Milliarde Menschen.

M2 Unterernährung
Der Text nennt Zahlen zur Unterernährung bei Kindern und weist auf die dadurch erhöhte Krankheitsanfälligkeit hin.

M3 Durchschnittliche tägliche Nahrungsversorgung pro Kopf der Bevölkerung in kJ
Die Karte zeigt in Flächenfarben die täglich verfügbare Nahrungsmenge in den einzelnen Ländern. Deutlich wird die starke Unterversorgung besonders in Afrika und Südasien.

M4 Im Vergleich: Bangladesch und die Schweiz
Die beiden Bilder illustrieren die Verfügbarkeit von Nahrung in den beiden Ländern. Mangel und Überfluss stehen sich hier gegenüber.

M5 Auswirkungen von Unterernährung
Das Schaubild verdeutlicht, dass Unternährung wiederum durch den wirtschaftlichen und sozialen Stillstand Unterernährung produziert.

M6 Übergewicht
In den reichen Ländern kämpfen die Menschen mit Krankheiten, die durch Überernährung verursacht werden.

M6 Karikatur
Die Karikatur versinnbildlicht den Überfluss auf der Nordhalbkugel und den Mangel auf der Südhalbkugel.

Aufgabenlösungen

274 *Gruppenarbeit: Bildet Gruppen von sieben Personen. Jeder von euch wählt sich ein Material aus, liest es und wertet es aus. Informiert euch über unbekannte Begriffe (andere Medien). Stellt anschliessend euer Ergebnis der Gruppe vor.*
Individuelle Lösung

Merkmale von Entwicklungsländern

Schülerbuch Seiten 276–277

Abbildungen

M1 Lebenserwartung in verschiedenen Ländern 2009
Die Tabelle zeigt die Lebenserwartung ausgewählter Staaten verschiedener Kontinente. Deutlich wird die einem langen Leben förderliche Situation in Europa und den USA. In armen Staaten sinkt die Lebenserwartung auf fast die Hälfte derjenigen in der Schweiz.

M2 Armut in der Welt
Die Karte verortet in Flächenfarben die Anteile derjenigen, die in den verschiedenen Staaten von weniger als einem US-$ pro Tag leben müs-

sen. Dies betrifft in manchen Ländern, besonders in Afrika, mehr als 50 % der Landesbevölkerung. Die Staaten ohne Angaben haben meist eine soziale Grundabsicherung, sodass das Problem hier nicht auftritt.

M3 Unterernährung weltweit
Die Flächenfarben der Karte geben die prozentualen Anteile der unterernährten Landesbevölkerung an. Siehe auch Aufgabenlösung zu 277 (3).

M4 Nachrichten zur Ernährungssituation
In zwei Fallbeispielen werden Ursachen des Hungers erläutert. Siehe auch Aufgabenlösung zu 277 (4).

M5 Einige Ursachen des Hungers
Das Schaubild führt verschiedene politisch und naturgeografisch bedingte Ursachen des Hungers an. Siehe auch Aufgabenlösung zu 277 (4).

Aufgabenlösungen

276 (1) *Nenne fünf Länder, in denen Unterernährung herrscht (M3, Atlas).*
Z. B. Bolivien, Venezuela, Afghanistan, Mongolische Volksrepublik, Somalia, Madagaskar.

276 (2) *Nenne Gunst- und Ungunstgebiete der Erde für die Nahrungsmittelproduktion (Atlas).*
Gunstgebiete: Mitteleuropa, Nordamerika (bis auf die Gebirge des Westens), Ostküste Chinas, Indien, Südafrika, Südbrasilien.
Ungunstgebiete: Polargebiete, Sibirien, Nord-Kanada, Hochgebirge der Welt, Westchina, grosse Teile Australiens, Regenwaldgebiete.

277 (3) *Beschreibe die Welternährungssituation der Erde. Beachte regionale Unterschiede.*
Insgesamt ist die Welternährungssituation von einem Überfluss in manchen Gebieten und einem dauerhaften Mangel in anderen geprägt. Besonders von Unternährung betroffen sind die afrikanischen Staaten, einige asiatische und vier amerikanische Staaten. Ausgeprägt ist die Unterernährung in den Subtropen und Tropen. In den Tropen sind die Böden häufig nicht sehr ertragreich und besonders in den Subtropen schränkt das Klima (hohe Temperaturen, Niederschlagsmangel) die Nutzung stark ein.

Politisch und wirtschaftlich unsichere Verhältnisse und eine ungerechte Landverteilung tragen ebenfalls eine grosse Verantwortung für die mangelnde Nahrungsproduktion mancher Länder. Brasiliens Grossgrundbesitzer z. B. lassen einen grossen Teil ihres Besitzes ungenutzt, verpachten ihn aber auch nicht.

277 (4) *Analysiere die Fallbeispiele (M4). Welche Ursachen für Hunger werden dargestellt?*
Fallbeispiel 1: Hier ist die Ursache die grosse Armut. Die Menschen haben keine Ausbildung, entsprechend auch keinen Beruf. Sie verdienen deshalb im informellen Sektor zwar etwas Geld, aber zu wenig, um sich Lebensmittel leisten zu können. Sie müssen sich deshalb von den Abfällen ernähren.
Fallbeispiel 2: Naturkatastrophen wie die Waldbrände in Russland verursachen einen Angebotsmangel und damit eine Preiserhöhung. Damit sind die Grundnahrungsmittel für den ärmeren Teil der Bevölkerung nicht mehr erschwinglich. Ausserdem können die Bauern das Saatgut und den Dünger nicht mehr bezahlen, also keinen Anbau zur Eigenversorgung und zum Verkauf mehr betreiben. Das zieht einen weiteren Angebotsmangel nach sich.

277 (5) *Schreibe eine kurze Zeitungsmeldung zu möglichen Folgen des Hungers.*
Individuelle Lösung

Merkmale von Entwicklungsländern
Schülerbuch Seiten 278–279

Abbildungen

M1 Folgen der Aidserkrankung für die Gesellschaft
In dem Text werden die Probleme benannt, die Aids in den Ländern verursacht. Siehe auch Aufgabenlösung zu 278 (1).

M2 HIV/Aids-Rate in einigen Ländern südlich der Sahara
2010 waren weltweit etwa 40 Mio. infiziert, mehr als zwei Drittel davon in Afrika. Die Zahl der Neuinfektionen beträgt im Jahr etwa 3 Mio., etwa 2 Mio. starben 2010 an der Krankheit. Afrika nimmt in allen drei Gruppen weltweit eine Spitzenstellung ein: Täglich sterben in Afrika etwa 3000 Menschen an Aids (weltweit sind es ca. 6000 pro Tag, (Schweiz weniger als 500 im Jahr)). Stark betroffen sind die Staaten südlich der Sahara z. B. Swasiland, Botsuana, Lesotho, Südafrika, Simbabwe, Namibia, Sambia.

M3 Anzahl der Aids/HIV-Infizierten weltweit 2009
Die Karte zeigt die Verteilung der HIV-Infizierten auf den verschiedenen Kontinenten. Im südlichen Afrika und Süd- und Südostasien leben die meisten Infizierten.

Aids (Acquired Immune Deficiency Syndrome; erworbenes Abwehrschwächesyndrom) ist eine schwere durch ein Virus (HIV = Humanes Immundefekt Virus) ausgelöste Abwehrschwächung des körpereigenen Immunsystems. Das Virus befällt vor allem die Zellen des Abwehrsystems, setzt sie ausser Funktion und zerstört sie schliesslich. Nach erfolgter Infektion kann es zu vorübergehenden Symptomen ähnlich wie bei einer Grippe kommen (akute HIV-Erkrankung), die Krankheit Aids (Vollbild) stellt sich aber meist erst nach mehreren Jahren ein. Hierbei wird ein Infizierter durch die zunehmende Schwächung des Immunsystems wehrlos gegen Krankheitserreger, die ein gesunder Mensch ohne Probleme abwehrt. Die dadurch ausgelösten Krankheiten (wie auch Tumore) verursachen schliesslich den Tod.

Die Infektion ist nur durch einen Bluttest (auch erst ca. 12 Wochen nach der Infektion!) nachweisbar, das Ansteckungsrisiko beim ungeschützten Geschlechtsverkehr besteht durchgehend ab dem ersten Tag der Infektion (hohe Viruskonzentrationen befinden sich im Blut, in Scheiden- und Samenflüssigkeit). Auch von der Mutter kann das Virus während der Schwangerschaft, der Geburt oder beim Stillen übertragen werden. Mit Medikamenten kann das Risiko dieses Übertragungsweges aber auf 2 % reduziert werden. Der Krankheitsverlauf beim Infizierten ist mit Medikamenten momentan nur hinauszuzögern, ein wirksames Heilmittel gibt es noch nicht, auch eine Schutzimpfung existiert nicht. Siehe auch Aufgabenlösung zu 278 (2).

M4 Aufklärung von Jugendlichen für Jugendliche
Der Text erläutert die Vorteile, wenn die Aufklärungsarbeit von Jugendlichen übernommen wird. Ein Mädchen zeigt einer Gruppe von Jungen ein Kondom, dies baut Hemmschwellen im Umgang mit Verhütungsmitteln ab. Siehe auch Aufgabenlösung zu 278 (2).

Die Erde – Wandel durch Entwicklung

M5 Aufklärungsarbeit an Schulen
Mittlerweile wird in manchen schwarzafrikanischen Staaten Aids auch in der Schule thematisiert. Gesundheitsberaterinnen klären die Jugendlichen über die Gefahren auf.
Siehe auch Aufgabenlösung zu 278 (2).

M6 Aufklärungsplakat aus Tansania
Das Plakat nennt drei Möglichkeiten, eine Infektion zu vermeiden: ein Kondom zu verwenden, keinen Geschlechtsverkehr haben und Treue.

Aufgabenlösungen

278 (1) *Nenne Folgen einer hohen Aids/HIV-Rate für die Gesellschaft und Wirtschaft eines Landes.*
Die hohe Infektionsrate führt zu einer starken Abnahme der Lebenserwartung auf das Niveau der 1950er-Jahre (zwischen 33 und 48 Jahren) und damit zukünftig zu einem absoluten Rückgang der Bevölkerung z. B. in Botsuana, Sambia, Simbabwe, Lesotho, Südafrika und Swasiland. Jeder dritte Todesfall z. B. in Südafrika geht auf Aids zurück. Betroffen ist von der Krankheit der produktivste Teil der Bevölkerung, die 15–49-Jährigen. Es kommt zu einem Verlust wichtiger Arbeitskräfte, die Dörfer veröden, Witwen und Waisen müssen den Unterhalt für die Restfamilie verdienen und haben keine Zeit für Bildung. Die landwirtschaftliche Produktion sinkt. Die Grossfamilien lösen sich auf, Armut, Hunger und Gewalt sind häufige Folgen der Aidserkrankung. Fortschritte bei der Aidsbekämpfung hat aber z. B. Uganda gemacht, die mit einer umfassenden Aufklärung und Gesundheitsfürsorge die Infektionsraten stark gesenkt haben.

278 (2) *Gruppenarbeit: Diskutiert die Möglichkeiten und den Nutzen der Aufklärungsarbeit in Afrika.*
Individuelle Lösung. Sachhinweis:
Aufklärung könnte die hohen Infektions- und Sterberaten senken. Bislang ist das Thema Sexualität häufig tabu, Krankheiten werden nicht thematisiert, es ist kein Geld für Medikamente da, die Krankheit wird stigmatisiert, zum anderen tragen Arbeitspendler, Flüchtlinge und Vertriebene die Krankheit in neue Gebiete. Die untergeordnete und abhängige Stellung der Frauen führt ebenfalls zur Ausbreitung der Krankheit, da ihnen die sexuelle Selbstbestimmung häufig verwehrt ist. Wenn hier Verhaltensänderungen erreicht werden können, sinken auch die Infektionsraten.

Alles klar? Grübeln und Tüfteln

Schülerbuch Seiten 280–281

Abbildungen

M1 Weltbevölkerung
Auf der Karte ist die Weltbevölkerung in Flächen dargestellt. Die Staaten sind anhand der unterschiedlichen Farben zu erkennen. Staaten mit besonders hoher bzw. niedriger Bevölkerung sind entweder sehr gross bzw. sehr klein gezeichnet.

M2 Menschen, denen maximal 2 US-$ am Tag zur Verfügung stehen
Auf der Karte sind die Armen der einzelnen Staaten in Flächen dargestellt. Die Staaten sind anhand der unterschiedlichen Farben zu erkennen. Staaten mit besonders hoher bzw. niedriger Anzahl Armer sind entweder sehr gross bzw. sehr klein gezeichnet.

M3 BNE pro Einwohner
Auf der Karte sind die Einkommen der Einwohner der einzelnen Staaten in Flächen dargestellt. Die Staaten sind anhand der unterschiedlichen Farben zu erkennen. Staaten mit besonders hohem bzw. niedrigem Einkommen sind entweder sehr gross bzw. sehr klein gezeichnet.

Aufgabenlösungen

280 (1) *Löse das Pyramidenrätsel. Übertrage es zunächst in dein Heft. Finde das Lösungswort, indem du die Treppe der Pyramiden hinabsteigst.*

1 Staat in den Anden: Peru
2 Elendsviertel in den Städten Brasiliens: Favela
3 lang gezogenes Faltengebirge: Anden
4 Hauptstadt Brasiliens: Brasilia
5 Staat, der an Angloamerika grenzt: Mexiko
6 eine Metropole Lateinamerikas: São Paulo
7 Indianervolk der ehemaligen Hochkultur: Azteken
8 wasserreichster Fluss der Erde: Amazonas
9 in Amazonien lebendes Indianervolk: Yanomami
10 weltbekannter Strand von Rio: Copacabana
11 Bezeichnung für ein Land, das sich auf dem Weg vom Entwicklungs- zum Industrieland befindet: Schwellenland

Lösungswort: Panamakanal

281 (2) *Werte die abgebildeten Worldmapper-Karten aus. Vergleiche dabei die unterschiedliche Grösse ausgewählter Regionen und nenne Gründe dafür.*
Lösungsbeispiel:
Vergleich von Indien mit den USA
In Indien leben etwa 1,2 Milliarden Menschen, also etwa ein Sechstel der Weltbevölkerung. Deshalb ist in Karte 1 der indische Subkontinent sehr gross dargestellt. In Karte 2 ist Indien noch grösser dargestellt, da hier sehr viele Menschen leben, die nur maximal 2 US-$ am Tag zur Verfügung haben. Entsprechend der Armut ist Indien in der 3. Karte sehr klein dargestellt. Das BNE pro Einwohner betrug hier 2008 nur 1040 US-$.
Die USA haben nur etwa 305 000 Einwohner, ihre Fläche ist deshalb sehr viel kleiner als die Indiens dargestellt. Da hier aber vergleichsweise wenige Arme leben, sind die USA in der 2. Karte nur als schmaler Streifen erkennbar. In der 3. Karte erscheint der Staat stark aufgebläht. Das BNE pro Einwohner ist also sehr hoch. Es betrug 2008 47 930 US-$.

Literatur

Banerjee, B. K. und Söber, G.: Diercke Spezial. Südasien. Braunschweig, 2009.

Baumann, M.E.: Diercke Spezial. Russland und China., Braunschweig, 2008.

Böhn, D., und Reichenbach, T.: Shanghai – wir gestalten die Zukunft. In: Praxis Geografie, 1, 2005.

Böttner, L.: Das Teewelthandelsspiel. In: Praxis Geografie 7–8/2010.

Bronger, A.: Metropolen, Megastädte, Global Cities. Die Metropolisierung der Erde. Darmstadt: Wissenschaftliche Buchgesellschaft 2004.

Deutsche Stiftung Weltbev. (Hrsg.): DSW-Datenreport 2010. Hannover, 2010.

Diercke 360°. Themenheft Nordamerika, Braunschweig 3/2007

Dörnte, C. u. a.: Diercke Spezial. Der asiatisch-pazifische Raum. Bildungshaus Schulbuchverlage, Braunschweig, 2006.

Ehlers, K.: Asiens Sprung in die Gegenwart. Dornach: Pforte Verlag 2006

Gerhard, U.: Stadt und Wirtschaft der USA im Wandel. In: Praxis Geografie, 3/2006.

Grounds, B.: Typisch USA. In: Praxis Geografie, 11/2009.

Hassenpflug, W., und Baumann, R.: Peking – Hutong oder Hochhaus, Acker oder Gewerbe? In: Praxis Geografie, 10/2006.

Horn, V.: Indien-Master. In: Praxis Geografie 06/2007.

Ihlau, O.: Weltmacht Indien. München, 2006.

Mayer, O.: Tokio – Wirtschaftsmetropole und Risikostandort. In: Praxis Geografie 7–8/2009.

Palings, H.: Bevölkerung aus der süssen Tüte. In: Praxis Geografie 7–8/2010.

Praxis Geografie: Themenheft Indien, 06/2007.

Praxis Geografie: Themenheft Weltbevölkerung, 5/2007.

Praxis Geografie: Themenheft Globales Lernen, 4/2005.

Praxis Geografie: Themenheft Japan, 4/2007

Praxis Geografie: Themenheft Megastädte, 7-8/2009.

Praxis Geografie: Themenheft Immer älter?, 9/2010.

Praxis Geografie: Themenheft USA aktuell, 11/2010.

Praxis Geografie: Themenheft Weltagrarmarkt, 6/2011.

Praxis Geografie: Themenheft Südostasien, 3/2011.

Praxis Geografie: Themenheft Kooperatives Lernen, 12/2010.

Rauch, T.: Das Geografische Seminar: Entwicklungspolitik. Braunschweig 2009.

Sasse, E.: Unerwünscht – Mädchen in Indien. In: Praxis Geografie, 4/2009, S. 46.

Schleicher, Y. (Hrsg.): Diercke – Multimediale Methoden, Braunschweig 2010

Scholz, F.: Entwicklungsländer. Westermann Verlag, Braunschweig 2006.

Soeren, J. van: „So leben wir alle Tage …". Aktuelle weltpolitische Probleme in der Karikatur. In: Praxis Geschichte, 1/2004

Zeng, G., und Wang, T.: Zhangjiang Hightech-Park in Shanghai: Modell für chinesische Hightech-Parks? In: Geografische Rundschau, 5, 2008.

Internet-Adressen

http://www.weltbevoelkerung.de/info-service/weltbevoelkerungsuhr.php?navid=36
http://www.das-hunger-projekt.de/index.php?menuid=3&titleid=37 (Senegal)
http://www.swisseduc.ch/geografie/werkstatt/suedamerika/docs/landflucht-schluss.ppt
http://www.bpb.de/themen/D70A7L,0,Kaste_und_Kastensystem_in_Indien.html
http://www.enchantedlearning.com/geografy/
http://www.oecd.org
http://www.rugmark.de
http://www.westermann-kommunikation.de/dat/pdfs/Mumbai_d%5B1%5D.pdf
www.lehrer-online.de/bevoelkerungswachstum.php
http://www.shanghai.gov.cn/shanghai/node17256/index.html
http://www.getting-around.de/artikel_84_0.html (Blick vom Jin Mao Tower in Pudong)
http://german.beijingreview.com.cn/Wirtschaft/node_12583.htm
http://www.borglinz.eduhi.at/usa/industrie/industrie.htm (Industrie USA)
http://www.diercke.de/kartenansicht.xtp?stichwort=kuner
http://www.spiegel.de (Zeitschrift „Der Spiegel")
http://www.asien-auf-einen-blick.de/japan/wirtschaft.php
http://japan-infos.de/kategorie/japan-wirtschaft
http://www.zdf.de/ZDFmediathek/beitrag/video/1301036/Japan-Wirtschaft-schwer-angeschlagen#/hauptnavigation/startseite

Arbeitsblatt: Arm und Reich – Ein Ländervergleich

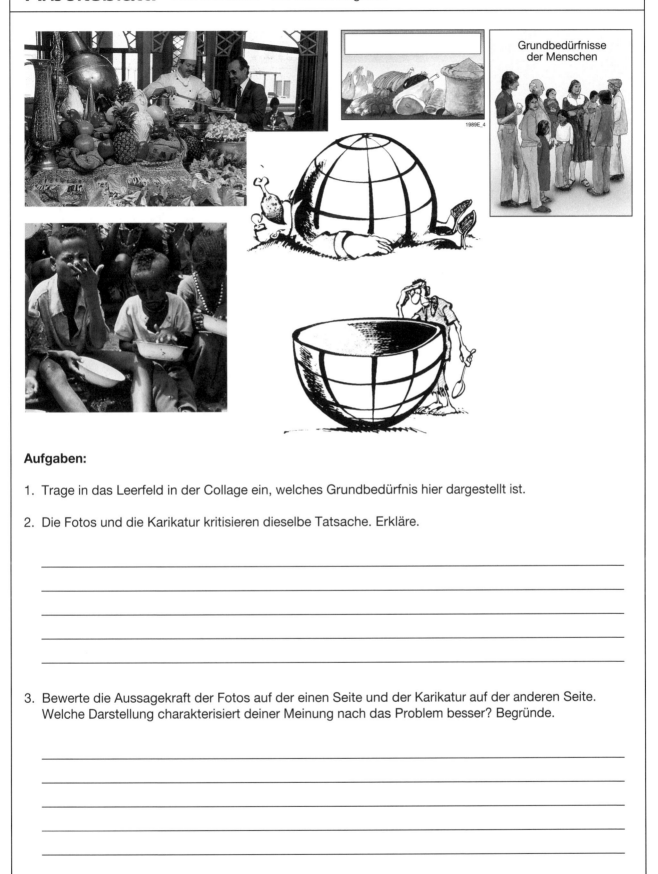

Aufgaben:

1. Trage in das Leerfeld in der Collage ein, welches Grundbedürfnis hier dargestellt ist.

2. Die Fotos und die Karikatur kritisieren dieselbe Tatsache. Erkläre.

   _____
   _____
   _____
   _____
   _____

3. Bewerte die Aussagekraft der Fotos auf der einen Seite und der Karikatur auf der anderen Seite. Welche Darstellung charakterisiert deiner Meinung nach das Problem besser? Begründe.

   _____
   _____
   _____
   _____
   _____

4. Zeichne selbst eine Karikatur zum Thema „Überfluss und Mangel".

Diercke Geografie – Das Schweizer Geografiebuch für die Sekundarstufe I   167

Arbeitsblatt: Der neue chinesische Drache

Aufgaben:

1. Beschreibe, was in der Karikatur dargestellt ist.

2. Was bedeuten die dargestellten Gegenstände?

3. Was möchte der Karikaturist aussagen?

Arbeitsblatt: Leben in der Einen Welt (einfach)

Aufgaben:

1. Schreibe die drei Grosslandschaften Perus auf.

   _____   _____   _____

2. Setze im Text die folgenden Begriffe an den richtigen Stellen ein: Krankheiten, Hütten, Landflucht, fliessendes Wasser, Markt, Toiletten, Städtewachstum

   Die Bauern in den ländlichen Gebieten Perus erhalten nur wenig Geld für ihre Nahrungsmittel, die

   sie auf dem _____ verkaufen. Andere Waren werden dagegen von Tag

   zu Tag teurer. Jährlich wandern Zehntausende in die Städte ab, weil sie sich dort Arbeit erhoffen.

   Diese _____ hat zur Folge, dass die Städte immer grösser werden.

   Das _____ nimmt zu. Da sich die Hoffnungen der Zuwanderer nicht erfüllen

   und sie nicht einmal eine Wohnung bekommen, leben sie in _____ .

   Dort gibt es kein _____ , keine _____ und oft

   sind _____ verbreitet.

3. Rohstoffe und Industriewaren sind auf dem Weltmarkt unterschiedlich teuer. Das hat auch Folgen für das Land Peru. Vervollständige die folgenden Sätze zu diesen Aussagen mit den passenden Begriffen: weniger, gestiegen, Terms of Trade, gesunken.

   Die Preise für Rohstoffe sind _____ , die Preise für Industriewaren sind

   _____ . Das bedeutet für Peru, dass es immer _____

   Industriewaren gegen seine Rohstoffe auf dem Weltmarkt eintauschen kann. Man sagt auch,

   das sich die _____ verschlechtern.

4. Ordne den Bildern die folgenden Grundbedürfnisse zu und trage sie in die Zeichnungen ein: Kleidung, Bildung, Arbeit, Trinkwasser, ärztliche Versorgung, Unterkunft, Nahrung

5. Welche Probleme haben vor allem die Kinder in den Entwicklungsländern?

   _____

   _____

   _____

Diercke Geografie – Das Schweizer Geografiebuch für die Sekundarstufe I   171

Arbeitsblatt: Leben in der Einen Welt (schwer)

Aufgaben:

1. Schreibe die drei Grosslandschaften Perus auf.

   _____   _____   _____

2. Ergänze den Text, indem du die Lücken richtig ausfüllst.

   Die Bauern in den ländlichen Gebieten Perus erhalten nur wenig Geld für ihre Nahrungsmittel, die
   sie auf dem _____ verkaufen. Andere Waren werden dagegen von Tag
   zu Tag teurer. Jährlich wandern Zehntausende in die Städte ab, weil sie sich dort Arbeit erhoffen.
   Diese _____ hat zur Folge, dass die Städte immer grösser werden.
   Das _____ nimmt zu. Da sich die Hoffnungen der Zuwanderer nicht erfüllen
   und sie nicht einmal eine Wohnung bekommen, leben sie in _____ .
   Dort gibt es kein _____ , keine _____ und oft
   sind _____ verbreitet.

3. Wie haben sich die Preise für Rohstoffe und Industriewaren auf dem Weltmarkt entwickelt und was bedeutet das für Peru?

   _____
   _____
   _____

4. Schreibe die sieben wichtigsten Grundbedürfnisse des Menschen auf die Linien in die Zeichnung.

5. Welche Probleme haben vor allem die Kinder in den Entwicklungsländern?

   _____
   _____

Diercke Geografie – Das Schweizer Geografiebuch für die Sekundarstufe I   173

Arbeitsblatt: Kaffeehandel

Aufgaben:

1. a) Hinter den internationalen Kfz-Kennzeichen „verbergen" sich die grössten Kaffee-Exportländer der Erde.
Finde heraus, wie sie heissen.
b) Färbe die Exportländer in der Karte ein.

- BR _____
- CO _____
- GCA _____
- RI _____
- VN _____

Plantagenarbeiter	5%
Plantagenbesitzer	8%
Exporteur	4%
Exportland (Exportsteuer)	18%
Reederei (Seefracht)	1%
Importeur	8%
Deutscher Staat (Zoll, Kaffesteuer, Mwst)	25%
Rösterei in Deutschland	7%
Einzelhändler in Deutschland	24%

2. Erstelle in deinem Heft eine Liste mit je zehn Kaffee-Exportländern und Kaffee-Importländern.

3. Ein Paket Kaffee (500g) kostet 5,00 CHF. Rechne mithilfe der Tabelle aus, wie viel die jeweiligen Personen bzw. Institutionen daran verdienen (gerundet).

4. Was passiert, wenn der Preis für Kaffeebohnen fällt?
Erläutere mögliche Folgen für die Kaffee-Exportländer.
_____
_____
_____

Handelsströme (in 1000 t)
- 10 - 50
- 50 - 100
- 100 - 150
- 150 - 200
- über 200

wichtige Kaffee-Exportländer
wichtige Kaffee-Importländer

Die Erde – ein unruhiger Planet

Schülerbuch Seiten 282–307

⚠ Kompetenzen

Nach Bearbeitung dieses Kapitels sollen die Schülerinnen und Schüler über folgende Kompetenzen verfügen:
- Sie können den Schalenbau der Erde erklären.
- Sie können die Entstehung von Gebirgen und Tiefseegräben darstellen.
- Sie kennen die Ursachen von Vulkanismus und Erdbeben.
- Sie kennen verschiedene Methoden der Erdbebenmessung.
- Sie können die Vorteile und Risiken der Erdwärmegewinnung beurteilen.
- Sie können eine gezielte Internetrecherche durchführen.
- Sie können die Entstehung von Tsunamis erklären und kennen Frühwarnsysteme.
- Ihnen sind die Zusammenhänge in der Entstehung der Alpen und des Oberrheingrabens bekannt.
- Sie kennen die Kriterien zum Anlegen einer Gesteinssammlung.
- Sie können die gängigen Vulkantypen und ihre Besonderheiten unterscheiden.

Doppeltopic

Schülerbuch Seiten 282–283

M1 Geysir auf Island – solche heissen Springquellen sind ein Anzeichen für Bewegungen der Erdplatten

Insel und Staat liegen im europäischen Nordmeer, das an den nördlichen Polarkreis grenzt. Der Staat hat eine Fläche von 103 000 km^2 und nur 297 000 Einwohner (2008) und ist damit der am dünnsten besiedelte Staat Europas. In der Hauptstadt Reykjavik lebt mit 116 000 Einwohnern fast ein Drittel der Gesamtbevölkerung.

Island ist eine vulkanische Insel und liegt genau auf der Plattengrenze zwischen der Nordamerikanischen und der Eurasischen Platte. Sie befindet sich damit im Bereich des Mittelatlantischen Rückens, der eine tektonisch sehr unruhige Zone mit aktiven Bruchlinien darstellt. Regelmässig treten Erdbeben auf. Häufige Vulkanausbrüche (zuletzt der Eyjafjajökull im April 2010 und der Grimsvötn im Mai 2011) und Erdbeben zeugen von der Aktivität.

Auf Island gibt es etwa 700 heisse Quellen, ca. 30 davon sind Geysire. Sie treten in der Umgebung der etwa 40 aktiven Vulkane auf und schleudern in regelmässigen Abständen heisses Wasser in die Luft. Bevor ein Geysir ausbricht, läuft folgender Prozess ab: Grundwasser sickert nach unten in Hohlräume. Von unten bringt vulkanische Wärme das Wasser zum Kochen. Der entstehende Dampf verursacht nach einiger Zeit einen Überdruck, der das restliche Wasser aus den Hohlräumen nach oben drückt. Wird der Druck des Wasserdampfes zu gross, schiebt er die über ihm stehende Wassersäule schlagartig nach oben an die Erdoberfläche. Dies ist die Wasserfontäne des Geysirs. Lässt der Druck wieder nach, sinkt der Geysir in sich zusammen, bis sich der Überdruck erneut aufbaut.

Das (un-)bekannte Erdinnere

Schülerbuch Seiten 284–285

Grundbegriffe: Erdkruste, Erdmantel, Magma, Erdkern, Pangäa, Kontinentaldrift

Abbildungen

M1 Schalenbau der Erde und Pfirsich im Vergleich
Pfirsich und Erde werden in teilweise aufgeschnittenem Zustand dargestellt und ermöglichen so den Vergleich. Siehe auch Aufgabenlösung zu 284 (2).

M2 Beweise für die Kontinentaldrift
Die Zeichnung zeigt den auseinanderbrechenden Urkontinent Pangäa. Beschriftet sind Südamerika und Afrika. Unten auf der Zeichnung befindet sich die heutige Antarktis, rechts Australien und darüber Indien. Siehe auch Aufgabenlösung zu 284 (4).

M3 Wegeners Vorstellungen von der Kontinentaldrift
Die Zeichnung gibt die Vorstellung Wegeners wieder, nach der der Urkontinent Pangäa auseinanderbrach. Als Gründe vermutete Wegener erstens das Versinken eines Kontinentes und zweitens eine grosse Bruchspalte, die die Kontinente auseinanderzog. Die zweite Möglichkeit erschien ihm plausibler, da Kontinente auf etwas schwimmen, da sie leichter sind als die Platten der ozeanischen Kruste. Beweisen konnte er mit den damaligen Mitteln seine Theorie nicht. Erst ab 1963 konnte durch Tiefseeexpeditionen der Beweis der Richtigkeit erbracht werden. Siehe auch Aufgabenlösung zu 284 (4).

Aufgabenlösungen

284 (1) *Beschreibe, wie die Geowissenschaftler den Aufbau des Erdinneren erforschen.*
Mit Bohrungen wollen Forscher das Erdinnere erforschen. Aufgrund der mit der Tiefe sehr schnell zunehmenden Temperatur kann nicht so tief gebohrt werden, dass die Erdkruste durchstossen wird. Forscher machen sich deshalb Erdbeben zunutze. Die bei einem Zerbrechen des Gesteins im Untergrund entstehenden Energiewellen werden von Seismografen aufgezeichnet. Die Primärwellen werden zuerst registriert. Sie schwingen in der Ausbreitungsrichtung und können sich in Stoffen aller Aggregatzustände ausbreiten. Die Sekundärwellen werden nach den P-Wellen registriert. S-Wellen breiten sich senkrecht zur Ausbreitungsrichtung aus und können dies ausschliesslich in festen Stoffen. Durch Vergleiche zwischen beiden Wellenarten lassen sich Rückschlüsse auf den inneren Aufbau der Erde ziehen.

284 (2) *Vergleiche Pfirsich und Schalenbau. Was stellst du fest?*
Der Pfirsich bietet einen guten Vergleich zur realen Situation. Lediglich die feste oberste Schicht des Erdmantels und die Fliesszone lassen sich im Vergleich zum Pfirsich nicht von der Erdkruste unterscheiden.

284 (3) *Beschreibe den Schalenbau der Erde (M1).*
An der Zeichnung wird deutlich, dass die Erdkruste nur hauchdünn ist, denn schon ab etwa 50 km Tiefe folgt der feste bis zähflüssig plastische Erdmantel (bis 700 km Tiefe). Die kontinentale und ozeanische Kruste bilden zusammen mit dem festen Teil des obe-

ren Erdmantels die bis in 100 km Tiefe reichende Gesteinshülle (=Lithosphäre). In der Erdkruste kann eine Temperatur bis zu 1 000°C herrschen, im 700 bis 2900 km tief liegenden unteren Erdmantel bis zu 3400°C. Hier produziert der radioaktive Zerfall Hitze, die das Gestein zu Magma schmilzt, das dann in Schwächezonen in den oberen Erdmantel aufsteigen kann. Es folgt bis 5200 km Tiefe der äussere Erdkern, in der einzigen flüssigen Schicht befindet sich auf ca. 2700°C erhitztes Eisen und Nickel. Dies verursacht die Magnetfelder der Erde. Der innere Erdkern reicht bis 6370 km tief und ist ein schwerer und heisser „Fussball" von 2700 km Durchmesser. Hier steigen die Temperaturen auf bis zu 6000°C. Bedingt durch den hohen Druck im Zentrum ist der Kern fest.

284 (4) *Welche Beweise kannst du für Wegeners Theorie der Verschiebung der Kontinente vorbringen?*
«Legt» man Südamerika und Afrika aneinander, setzen sich auf beiden Kontinenten an den gleichen Stellen alte Gebirgszüge, Moränen und Gletscherspuren fort. Auch findet man gleiche Fossilien von Sauriern und Farnen auf den verschiedenen Kontinenten.
Weitere Beweise sind der nachgewiesenermassen sich in Afrika fortsetzende Lauf des Ur-Amazonas und fossile Steinkohlenwälder in aneinandergrenzenden Gebieten der Kontinente.

285 (5) *Finde weitere Beispiele für Konturen zueinanderpassender Kontinente (Atlas).*
Nordamerika und Westeuropa, Madagaskar und Afrika, Antarktis und Afrika.

Theorie der Plattentektonik

Schülerbuch Seiten 286–287

Grundbegriffe: Plattentektonik, Lithosphäre, Asthenosphäre, Konvektionsströme, konvergierende Plattengrenze, divergierende Plattengrenze, Transformstörung

Abbildungen

M1 Modell der Plattentektonik
Das Blockbild zeigt die Entstehung und das Verschwinden der Lithosphäre in den verschiedenen Gebieten der Erde. Siehe auch Aufgabenlösung zu 286 (1).

M2 Plattentektonik – Vulkanismus – Erdbeben
Die Karte verortet die durch Vulkane und Erdbeben gefährdeten Gebiete. Siehe auch Aufgabenlösung zu 287 (2).

Aufgabenlösungen

286 (1) *Erläutere das heutige Modell der Plattentektonik. Worin liegt der Unterschied zu Wegeners Modell?*
Heute geht man davon aus, dass die Kontinente und Ozeane sich auf etwa 20 Platten befinden, die sich auf einer Gleitschicht, der Asthenosphäre bewegen. Die Kontinente sind in die Platten eingebettet und bewegen sich passiv mit. Wegener vermutete noch eine aktive Bewegung der Kontinente über dem Ozeanboden. Man unterscheidet drei Arten von Plattengrenzen.
Divergierende Platten: Untermeerische Gebirge wie z. B. der Ostpazifische Rücken, Mittelatlantische Rücken und der Arabisch-Indische Rücken haben auf ihrem Scheitel eine Bruchzone von 20 bis 50 km Breite. Hier tritt ständig Lava aus und schiebt die Platten auseinander. So entsteht durch Seafloor Spreading ständig neue ozeanische Lithosphäre. Vulkanismus und Erdbeben sind in diesen sogenannten divergierenden (konstruktiven) Zonen häufig. Riftzonen gibt es auch auf der kontinentalen Kruste (Ostafrikanischer Grabenbruch).
Konvergierende Platten: An anderen Stellen konvergieren Platten (destruktive Zone). Entweder taucht die ältere ozeanische Platte aufgrund ihrer höheren Dichte unter die jüngere ozeanische Platte ab oder es taucht die ozeanische aufgrund ihrer grösseren Dichte unter die kontinentale Platte ab. Diese sogenannten Subduktionszonen findet man z. B. an der Westküste Amerikas und an den Grenzen der Eurasischen Platte zur Pazifischen Platte und zur Indisch-Australischen Platte. Das abtauchende Material der Platten wird aufgeschmolzen und in den Mantel eingegliedert.
Transformzonen: An konservativen Plattengrenzen, den Transformzonen, bleibt die Lithosphäre erhalten. Beide Platten gleiten, begleitet von Erdbeben, aneinander vorbei.

287 (2) *Erkläre das globale Verteilungsmuster von Vulkanen (M2).*
An M2 wird deutlich, dass diese sich alle in den Grenzgebieten der verschiedenen tektonischen Platten befinden. Die rötlich gepunkteten gefährdeten Gebiete zeichnen ziemlich genau die Plattengrenzen nach. Vom linken Bildrand aus gesehen liegen in der Reihenfolge als Hauptplatten die Pazifische Platte, die Amerikanische Platte, die Afrikanische Platte und die Indisch-Australische Platte. Plattengrenzen sind Schwächezonen in der Erdkruste, hier schieben sich die Platten über- oder untereinander bzw. aneinander vorbei. Die ruckartigen Entspannungsbewegungen sind als Erdbeben spürbar. Wandert der schwere Ozeanboden unter den leichteren Kontinentalboden, nimmt er dabei Wasser mit in die Tiefe. Dies verringert den Schmelzpunkt der Gesteine, die dann als flüssige Lavablasen wieder an die Oberfläche steigen und bei Vulkanausbrüchen verheerende Schäden verursachen können.

Zusatzaufgaben

Aufgabe 1
Man spricht vom „Pazifischen Feuerring". Erläutere.
Rund um den Pazifischen Ozean erstreckt sich eine Kette von Vulkanen, die allesamt auf den Plattengrenzen als einer Schwächezone liegen. Man spricht deshalb auch vom „Ring of Fire" oder dem „circumpazifischen Feuerring".

Aufgabe 2
Suche im Atlas oder anderen Medien aktive Vulkane und nenne ihre Namen und die Länder, in denen sie liegen.
Auswahl: Ojos del Salado, mit 6887m höchster aktiver Vulkan - chilenisch-argentinische Grenze, Mt. St. Helens – USA, Popocatepetl, Nevado de Colima – Mexiko, Nevado del Ruiz – Kolumbien, Ätna, Vesuv, Stromboli – Italien, Mayon – Philippinen, Skurajima, Unzen, Aso, Mihara, Asama – Japan, Helgafell – Island, Mauna Loa, Kilauea – Hawaii.

Beispiele für Vorgänge an den Plattengrenzen

Schülerbuch Seiten 288–289

Grundbegriffe: Mittelozeanischer Rücken, Erdbeben, Vulkanismus, Verwerfungen

Abbildungen

M1 Der Mittelatlantische Rücken auf Island
Die auf dem Foto sichtbare tiefe Spalte zeugt von der Bewegung der Erdplatten, die in Island auseinanderdriften. Siehe auch Aufgabenlösung zu 288 (1).

M2 Mittelozeanischer Rücken
Die schematische Darstellung verdeutlicht den Prozess der Neuentstehung von Meeresboden. Aufsteigendes Magma bildet den Mittelatlantischen Rücken. Die beiden Lithosphärenplatten weichen hier auseinander. In der Mitte bildet sich ein Rift. Vulkanschlote an den untermeerischen Berghängen, aus denen schwarzer Rauch aufsteigt, werden als Black Smoker bezeichnet. Auch in grossen Tiefen findet sich im Bereich dieser Schlote noch Leben. Ermöglicht wird dies durch die Mineralien aus dem Erdinneren, welche von spezialisierten Lebewesen zur Chemosynthese genutzt werden. Siehe auch Aufgabenlösung zu 288 (1).

M3 Plattenbewegungen an der San Andreas-Spalte
An der Westküste Nordamerikas grenzen die Pazifische und die Amerikanische Platte aneinander. Die schematische Darstellung zeigt die Bewegungsrichtung der Platten, das Relief der Küstenlandschaft und die Lage der Städte San Francisco und Los Angeles. Siehe auch Aufgabenlösung zu 289 (2).

Aufgabenlösungen

288 (1) *Informiere dich über weitere Bezeichnungen von mittelozeanischen Rücken auf der Erde (Atlas).*
Lösungsbeispiele: Zentralindischer Rücken, Bengalischer Rücken, Ostpazifischer Rücken, Indisch-Antarktischer Rücken, Atlantisch-Indischer Rücken.

289 (2) *Es wird behauptet, die Städte San Francisco und Los Angeles werden irgendwann aneinander vorbeidriften. Erläutere.*
Die San-Andreas-Verwerfung in Kalifornien liegt in einer Transformzone. Da Los Angeles auf der Pazifischen Platte und San Francisco auf der Amerikanischen Platte liegt, werden beide Städte in einigen Millionen Jahren aneinander vorbei gleiten.

Beispiele für Vorgänge an den Plattengrenzen

Schülerbuch Seiten 290–291

Grundbegriffe: Faltengebirge, Tiefseegraben

Abbildungen

M1 Die Platten bewegen sich aufeinander zu
Die Zeichnung zeigt die Lage der Platten vor ca. 120 Mio. Jahren. Siehe auch Aufgabenlösung zu 290 (1).

M2 Die Platten stossen aneinander
Die aneinanderstossenden Platten bewirkten vor ca. 60 Mio. Jahren die beginnende Auffaltung. Siehe auch Aufgabenlösung zu 290 (1).

M3 Das Himalaya-Gebirge faltet sich auf
Die Kollision der Platten bewirkt auch heute noch ein weiteres Anwachsen der Gebirge. Da diese gleichzeitig durch die Verwitterungsprozesse wieder abgetragen werden, bleibt die Höhe der Gebirge in etwa gleich. Siehe auch Aufgabenlösung zu 290 (1).

M4 Auswirkungen des Erdbebens in Valdivia (Chile) 1960
Das Foto zeigt die zerstörerischen Auswirkungen des bislang stärksten gemessenen Erdbebens.

M5 Nazca-Platte – Atacamagraben – Anden
Die Zeichnung zeigt mit dieser Subduktionszone einen kleinen Ausschnitt der Schemazeichnung von S. 286/287. Die Nazca-Platte taucht unter die Südamerikanische Platte ab und lässt so den Atacamagraben und die Anden entstehen. Siehe auch Aufgabenlösung zu 291 (2).

Aufgabenlösungen

290 (1) *Belege folgende Aussage mit Beispielen: Die gewaltigen Gebirge der Erde entstanden und entstehen immer an gleicher Stelle, an der Nahtstelle zweier Platten.*
Diese Entstehungsgeschichte lässt sich sowohl beim Himalaya (Indische Platte taucht unter Eurasische Platte ab), als auch bei den Anden (Nasca-Platte taucht unter Südamerikanische Platte ab) und den Alpen (Afrikanische taucht unter Eurasische Platte ab) nachweisen.

291 (2) *Suche Tiefseegräben und notiere ihre maximale Tiefe (Atlas).*
Lösungsbeispiele: Marianengraben (11 034 m), Japangraben (9810 m), Sundagraben (7450 m), Atacamagraben (8066 m), Perugraben (3262 m), Mittelamerikanischer Graben (6662 m), Aleütengraben (6783 m),

291 (3) *Erkläre die Entstehung des Marianengrabens (Atlas).*
Im Bereich des Marianengrabens stossen die Pazifische und die Eurasische Platte aufeinander. Hierbei gleitet die Pazifische Platte in die Tiefe ab und bildet dadurch diesen Tiefseegraben.

Tsunami – Gefahr aus der Tiefe

Schülerbuch Seiten 292–293

Grundbegriffe: Tsunami, Seebeben

Abbildungen

M1 Seebeben als Auslöser
Die Abbildung zeigt in grafischer Darstellung die Entstehung eines Tsunamis. Siehe auch Aufgabenlösung zu 292 (1).

Die Erde – ein unruhiger Planet

M2 Auflaufen der Wellen an der Küste
Die Abbildung zeigt, wie sich mit zunehmend flacher werdendem Meeresboden die Wellen auftürmen. Siehe auch Aufgabenlösung zu 292 (1).

M3 Banda Aceh auf der Insel Sumatra/Indonesien vor der Flut
Auf dem Luftbild ist die Stadt Banda Aceh unversehrt zu erkennen. Vor dem Tsunami lebten in der Hauptstadt der Provinz Aceh etwa 260 000 Einwohner.

M4 Banda Aceh auf der Insel Sumatra/Indonesien nach der Flut
Auf dem Luftbild ist zu erkennen, dass besonders die nördlich gelegenen Stadtteile durch die Flutwelle stark zerstört worden sind. Man schätzt, dass in der Stadt etwa 60 000 Menschen durch den Tsunami getötet wurden, in der gesamten Provinz starben wohl 170 000 Menschen, 500 000 verloren ihr Hab und Gut.

M5 Ausbreitung des Tsunamis am 26.12.2004
Das Epizentrum des Erdbebens der Stärke 9,0 befindet sich vor der Nordspitze Sumatras. Von hier breitet sich die dadurch ausgelöste Flutwelle innerhalb von wenigen Stunden bis an die umliegenden Küsten aus. Die Flutwelle kann eine Geschwindigkeit bis zu 900 km pro Stunde erreichen. Nach sechs Stunden erreicht sie die ostafrikanische Küste. Da im Indischen Ozean noch kein Frühwarnsystem existierte, waren über 300 000 Tote zu beklagen.

M6 Ein neues Frühwarnsystem
Die IOC hat auch die Koordination eines übergreifenden Frühwarnsystems für den Indischen Ozean übernommen. Der Aufbau erfolgt seit November 2005 und war Ende 2009 abgeschlossen. Dazu werden an geeigneten Meeresstellen Bojen verankert, die ihre Daten an die Tsunami-Warncenter weiterleiten.

M7 Tsunamifrühwarnsystem
Seit 1965 wurde unter dem Dach der zwischenstaatlichen Ozeanografischen Kommission (IOC) der UNESCO für den Pazifik ein Frühwarnsystem mit mittlerweile 30 angeschlossenen Staaten aufgebaut. Auf Hawaii befindet sich das Sekretariat des Internationalen Tsunami Informationszentrums (ITIC), das Zugriff auf 100 Meeresspiegel weltweit hat, um bei Gefahr Warnmeldungen an über 100 staatliche Stellen rund um den Pazifik herauszugeben.

Aufgabenlösungen

292 (1) *Erläutere, wie ein Tsunami entsteht und sich ausbreitet (M1, M2).*
Ein starkes Seebeben mit Verschiebung der Platten um mehr als 10 m in der Höhe kann einen Tsunami verursachen. Dabei werden zuerst Wassermassen angesaugt, die sich dann mit einem Schlag nach oben heben und kreisförmig ausbreiten. Mit 600 bis 900 Stundenkilometern rast eine riesige flache Welle über das Meer. Die entstehenden Wellen werden umso höher, je flacher das Wasser wird. Hier werden sie abgebremst und das nachschiebende Wasser hebt sie zu einer bis zu 30 m hohen Wand an. Erreicht die Welle die Küste, richtet sie bis weit ins Inland grosse Verwüstungen an.

292 (2) *Lokalisiere die Küstengebiete der Erde, die durch Tsunamis besonders gefährdet sind und notiere ihre Namen (Atlas).*
Gefährdet ist die gesamte Küstenlinie des Indischen Ozeans z. B. Sumatras Westküste und nördliche Ostküste, Sri Lankas gesamt Küste, Indiens Ostküste. Tsunamis sind besonders im Pazifischen Ozean häufig. Die Ostseite des asiatischen Kontinentes mit den vorgelagerten Inseln wird immer wieder von Tsunamis heimgesucht (zuletzt im März 2011 in Japan).

292 (3) *Erkläre, wie ein Frühwarnsystem funktioniert.*
Am Meeresboden werden seismische Wellen von einem Drucksensor registriert und von der auf dem Meer schwimmenden Boje, die mit einem GPS-System ausgestattet ist, per Satellit an das entsprechende Tsunami-Warncenter weitergeleitet. Da die seismischen Wellen schneller als die Tsunamiwelle sind, bleibt eine Vorwarnzeit zur Evakuierung der betroffenen Küstenregionen.

Zusatzaufgabe

Ein Fischer kehrt vom Fischfang auf hoher See heim und findet sein Dorf vom Tsunami zerstört vor. Erkläre mithilfe von M1 und M2, warum der Fischer überlebte.
Auf hoher See ist die Wassertiefe so gross, dass sich die Wassermassen nur zu flachen Wellen auftürmen, die auch kleineren Booten kaum gefährlich werden. Erst mit dem Erreichen flacherer Gewässer und dem Auftreffen auf das Land werden die Wellen durch die nachdrückenden Wassermassen z. T mehr als 30 m hoch und so schnell, dass sie alles zerstören.

Erdbeben in der Schweiz

Schülerbuch Seiten 294–295

Grundbegriffe: Epizentrum, Hypozentrum, Seismograf/Seismometer

Abbildungen

M1 Ein Denkmal in Reinach, ein krummes Kreuz, erinnert an das Erdbeben von Basel.
Mit dem abgeschrägten Kreuz wird des Erdbebens von 1356 gedacht, dessen Epizentrum im Ort Reinach lag. Siehe auch Aufgabenlösung zu 294 (1).

M2 Vorgänge bei einem Erdbeben
Das Blockbild zeigt die Ausbreitung der Erdbebenwellen und verortet die Lage von Hypo- und Epizentrum.

M3 Erdbebengefahr in der Schweiz
Die Karte zeigt, dass die Erdbebengefahr in der Schweiz in den Regionen um Basel und im Süden in den Walliser und Berner Alpen am grössten ist. Siehe auch Aufgabenlösung zu 294 (1).

M4 Seismograf früher und heute
Der frühe chinesische Seismograf ermöglichte keine weiteren Aussagen zur Stärke des Erdbebens. Heutige Seismografen zeichnen die Bodenbewegungen auf Millimeterpapier auf. Diese Werte werden in eine international verwendete logarithmische Stärketabelle umgerechnet. Diese sogenannte Richter-Skala wurde 1935 von dem amerikanischen Seismologen Charles Francis Richter (1900–1985) entwickelt. Als Mass setzte Richter die Magnitude (M) ein (lat. magnitudo = Grösse). Der Punktwert gibt die Heftigkeit der Bodenbewegung in 100 km Entfernung vom Epizentrum an. Damit ist er indirekt ein Mass für die frei werdende Energie. 0,1 als schwächster Wert steht

für ein kaum wahrnehmbares Zittern der Erdoberfläche. Jeder höhere Skalenwert bedeutet eine Verzehnfachung der Stärke des Bebens, so ist 8,0 ein sehr starkes Beben mit grossen Zerstörungen. Da niemand um die maximale Erdbebenstärke weiss, ist die Skala nach oben offen. Weltweit treten jährlich etwa 50 000 Beben der Stärke drei bis vier, 800 der Stärke fünf oder sechs und durchschnittlich ein Grossbeben auf. Siehe auch Aufgabenlösung zu 294 (3).

Aufgabenlösungen

294 (1) *Beschreibe die Verteilung der Erdbebengefahr in der Schweiz (M3).*
Besonders gefährdet sind Gebiete, in denen während der letzten 800 Jahren grosse Beben aufgetreten sind und in denen sich die meisten der jährlich etwa 200 registrierten Beben ereignen. Dies ist das Gebiet um Basel, das Wallis, die Zentralschweiz, das St. Galler Rheintal, Mittelbünden, die Region Graubünden und das Engadin.

294 (2) *Erkläre, warum bestimmte Gebiete besonders gefährdet sind.*
Im Wallis liegt eine alte Subduktionszone, in der Region um Basel ist der Verlauf des Rhein-Rhônegrabens für die Gefahr verantwortlich.

294 (3) *Beschreibe die Funktion des Messgeräts von Cheng Heng. Welche Aussagen ermöglicht es (M4)?*
Das Erdbebenmessgerät besteht aus einem Metallbehälter, in dessem Inneren ein frei beweglicher Stab aufgehängt ist. Dieser ist über Seitenteile mit zwei aussen am Behälter befestigten Drachenköpfen verbunden, die eine Kugel im Maul haben. Bewegt sich die Erde, fällt die Kugel in das Maul des darunter sitzenden Frosches. Je nachdem, welche Kugel fällt, ist die Richtung, aus der die Erdstösse kommen, lokalisierbar.

Alpenfaltung und Oberrheingraben

Schülerbuch Seiten 296–297

Abbildungen

M1 Das Matterhorn
Das Foto zeigt das Schweizer Wahrzeichen, den höchsten Berg der Alpen. Das Matterhorn ist 4478 m hoch und liegt in den Walliser Alpen. Siehe auch Aufgabenlösung zu 297 (2).

M2 Entstehung der Alpen
Vor 100 Mio. Jahren: Auf dem Gebiet der heutigen Alpen befindet sich ein grosses Meer. Aus dem umgebenden Land transportieren Flüsse Erosionsmaterial in dieses Meer. Die Schalen von abgestorbenen Muscheln, Krebsen, Korallen und Skelette von Fischen sinken auf den schlammigen Meeresboden. Durch Druck und Hitze in grosser Tiefe entsteht daraus neues Gestein.
Vor 80 Mio. Jahren: Druck aus dem Süden (Afrikanische Platte) hat die Gesteinsschichten schon aufgefaltet, sodass die ersten Faltenrücken aus dem Meer auftauchen. Sofort setzen an diesen Verwitterung und Erosion an.
Vor 60 Mio. Jahren: Der Druck aus dem Süden hält an und hat die Schichten im Bereich des ehemaligen Meeres noch weiter zusammengedrückt und die Falten übereinandergeschoben. Das ganze Gebiet wird angehoben. Verwitterung und Erosion wirken auf die aus dem Meer herausgehobenen Gesteine.

Vor 10 Mio. Jahren: Das ganze Gebiet ist soweit angehoben, dass das Meer bis auf einen Rest im Norden und vor allem im Süden (Mittelmeer) verschwunden ist. Verwitterung und Erosion haben die Faltendecken schon wieder stark abgetragen. Die hohen Berge sind mit Gletschern bedeckt, die zur Erosion der Gebirge beitragen. Verwitterungsprozesse sorgen dafür, dass sich das bis heute anhaltende Wachstum und die Abtragung die Waage halten. Siehe auch Aufgabenlösung zu 297 (1).

M3 Modell zur Entstehung des Oberrheingrabens
Deutschland durchzieht ein etwa 300 km langer und zwischen 35 und 40 km breiter Grabenbruch, der vor ca. 170 Millionen Jahren angelegt wurde. Zwischen Schwarzwald und Vogesen riss der Graben vor ca. 40 Millionen Jahren auf und bildete den Oberrheingraben mit den ihn umgebenden Schichtstufenlandschaften. Je nach Härtegrad der Schichten weichen die Stufen zurück. Deutlich werden hier die Senkungs- und Abtragungsprozesse. Bis heute entstand eine Höhendifferenz zwischen der tiefsten Stelle und den Gipfeln der Randgebirge von fast 4500 m. Der Graben wurde aufgefüllt mit bis zu 300 m mächtigem Abtragungsmaterial aus den Randgebirgen. Siehe auch Aufgabenlösung zu 297 (1).

M4 Der Oberrheingraben
Die Karte verortet den Verlauf des Oberrheingrabens und den Vulkan Kaiserstuhl. Die Pfeile deuten die immer noch erfolgende Verbreiterung des Grabens an. Siehe auch Aufgabenlösung zu 297 (1).

Aufgabenlösungen

297 (1) *Gruppenarbeit: Zeichnet Profilskizzen des Oberrheingrabens und der Alpen, in denen ihr die verschiedenen Gesteinsschichten kenntlich macht.*
Individuelle Lösung

297 (2) *Beschreibe die Entstehung des Matterhorns.*
Vor ca. 60 Mio. Jahren begann die nordwärts gerichtete Bewegung der Afrikanischen Platte. Zwischen ihr und der Eurasischen Platte schoben sich die Alpen empor. Dabei schoben sich verschiedene Gesteinsschichten mehrfach übereinander und überkreuzten sich. Geologisch steht das Matterhorn deshalb auch auf der Afrikanischen Platte. In den vergangenen zwei Millionen Jahren wurden die Alpen von mehreren Eiszeiten überformt. Die Gletscher verhalfen dem Matterhorn durch den Gesteinsabrieb zu seiner heutigen gleichmässig abgeschrägten Form.

Zusatzaufgabe

Baue das Modell eines Faltengebirges nach:
a) Forme aus Plastilin oder Knetmasse die Alpen (M2):
Plastilin oder Knetmasse mit einem Nudelholz dünn ausrollen, mehrere Schichten übereinander legen und vorsichtig zusammenschieben.
b) Schreibe kleine Kärtchen mit den Erklärungen aus der Zeichnung (M4) und befestige sie an deinem Modell.
c) Stelle dein Modell in der Schule aus, damit sich auch andere Schülerinnen und Schüler informieren können.
Individuelle Lösung.

Die Erde – ein unruhiger Planet

Gewinnung von Erdwärme (Geothermie) / Gewusst wie: Internetrecherche

Schülerbuch Seiten 298–299

Grundbegriff: geothermische Energie

Abbildungen

M1 Erdwärme-Kraftwerk
Die Erdwärmekraftwerke im Oberrheingraben machen sich eine geothermische Anomalie der Region zunutze. Hier liegen in 2500 bis 5000 m Tiefe grosse Heisswasservorräte, die pro Kraftwerk etwa 6000 Haushalte mit Strom versorgen können. Die Restwärme lässt sich für die Fernwärmeversorgung einsetzen und liefert Heizwärme für etwa 250 Haushalte. Siehe auch Aufgabenlösung zu 298 (1).

M2 Geothermieverfahren
Das Blockbild zeigt den Ablauf der Heisswasserförderung für das Kraftwerk. Siehe auch Aufgabenlösung zu 298 (1).

M3 Suchmaschine
Eine bekannte Suchmaschine ist Google.ch. Google zeichnet allerdings viele Nutzerdaten auf. Eine weitere Suchmaschine ist z.B. ixquick.com. Sie erlaubt das anonymisierte Surfen im Netz über sogenannte Proxy-Server.

M4 Webkatalog
Ein Webkatalog wie Linx.ch bietet eine zielgerichtetere Suche durch ein Verzeichnis mit über 15 000 Links, sortiert nach Kategorien.

M5 Suchmaschinen und Webkataloge
Hier sind die Logos einer Auswahl an Zugängen zu Informationen abgebildet. Siehe auch Aufgabenlösung zu 298 (2).

Aufgabenlösungen

298 (1) *Informiere dich über eine mögliche Form der Wärmegewinnung und beschreibe die Darstellung (M2).*
Hier wird Erdwärme im Hot Fractured Rock-Verfahren zur Stromerzeugung genutzt. Darunter versteht man die Wärmegewinnung über Wasserzirkulation durch Bohrungen im Gestein. Dazu wird in das Gestein ein tiefer Schacht gebohrt. Über diese Produktionsbohrung erfolgt dann die Förderung des heissen Wassers aus bis zu 4500 m Tiefe. Das 120°C heisse Wasser wird über Leitungen in ein Kraftwerk gebracht und der Dampf treibt dort die Turbinen an. Über Wärmetauscher wird die Restwärme entzogen und das erkaltete 20°C warme Wasser mithilfe einer Injektionsbohrung in die Tiefe zurückgeleitet.

298 (2) *Nutze die Methode „Internetrecherche" zur Erklärung des Begriffs „Geopower Basel".*
Die Eingabe des Suchbegriffs bei Google liefert verschiedene Links zum Thema, z.B.
http://www.geopower-basel.ch/
Die Geopower Basel AG wurde 2004 gegründet. Zweck der Firma ist der Bau und die Nutzung eines Geothermiekraftwerkes (Deep Heat Mining). Mitinhaber sind mittlerweile auch öffentliche Institutionen. Von den verschiedenen Nutzungsmöglichkeiten hat sich die Geopower Basel AG für das Hot Fractured Rock-Verfahren entschieden.

Gesteine – im Entstehen und Vergehen / Gewusst wie: Bestimmen von Gesteinen

Schülerbuch Seiten 300–301

Grundbegriffe: magmatisches Gestein, Sedimentgestein, metamorphes Gestein

Abbildungen

M1 Kreislauf der Gesteine
Das Schema zeigt den Ablauf, wie Gesteine entstehen und vergehen. Siehe auch Aufgabenlösung zu 300 (1) und 300 (3).

M2 Auswahl von Gesteinen
Hier sind drei Beispiele für die verschiedenen Gesteinsgruppen aufgeführt. Genannt werden die Kennzeichen und die Verwendungsmöglichkeiten des entsprechenden Gesteins. Gesteine lassen sich nur mit längerer Übung und entsprechenden Hilfsmitteln eindeutig bestimmen. Die Mohs'sche Härteskala ist eine Möglichkeit, schon vor Ort im Gelände ein Gestein grob einzuordnen. Talk, Gips und Kalkspat lassen sich mit einem Fingernagel ritzen, Flussspat, Apatit und Othoklas (Feldspat) lassen sich mit einem Nagel ritzen, Topas, Korund und Diamant dagegen ritzen Fensterglas. Siehe auch Aufgabenlösung zu 300 (2) und 300 (3).

Aufgabenlösungen

300 (1) *Beschreibe den Kreislauf der Gesteine (M1).*
In den tieferen Erdschichten wird Magma aufgeschmolzen. Hierbei werden durch hohen Druck und Temperatur die Minerale zerstört. Kühlt das Magma ab, z.B. als Tiefengestein (Plutonit), entstehen durch Kristallisation neue magmatische Gesteine. Magmatische Gesteine, die während einer Plattenkollision entstehen, werden zusammen mit Sedimentgesteinen und metamorphen Gesteinen zu Gebirgsketten hervorgehoben. Diese sind dann wieder Verwitterungsvorgängen, Abtragung und Erosion ausgesetzt. Die erodierten Partikel unterschiedlichster Grössen und Zusammensetzungen gelangen überwiegend ins Meer. Hier werden sie zusammen mit biogenen Sedimenten der Meere selbst als Sedimentgestein abgelagert und verfestigt. Durch Absenkung geraten sie in immer tiefere Bereiche und werden dort unter hohem Druck und hoher Temperatur zu metamorphem Gestein umgewandelt. Dieses kann dann entweder aufgeschmolzen werden oder ohne diesen Umweg durch Hebungsvorgänge wieder an die Oberfläche gelangen. Auch die Sedimente können unverfestigt oder verfestigt bereits wieder in die Hebungsvorgänge einbezogen werden.

Die Gesteinschmelzen, die nicht im Erdinneren kristallisieren, gelangen über Vulkanausbrüche an die Oberfläche und bilden dort die vulkanischen Gesteine. Auch diese unterliegen den schon genannten Verwitterungsvorgängen. Der gesamte Kreislauf ist ununterbrochen im Fluss. Ein Zyklus dauert durchschnittlich etwa 200 Millionen Jahre. Der reale Zeitrahmen ist aber von den tektonischen Vorgängen in der entsprechenden Region abhängig.

300 (2) *Was verstehen wir unter Gesteinen? Aus welchen Materialien bestehen sie?*
Gesteine sind Ansammlungen bestimmter Minerale in verschiedener Zusammensetzung. Sind sie verfestigt, bestehen sie meist aus verschiedenen Mineralien in einem relativ konstanten Mischungsverhältnis. Über 50 Prozent der Gesteine bestehen aus Silikaten (Feldspäte und Quarz), die nächstgrössere Gruppe sind Gesteine aus Karbonaten (Calcit, Dolomit). Neben den mineralischen Bestandteilen enthalten Gesteine auch sogenannte Akzessorien in geringen Mengen (unter 1 Prozent). Diese ermöglichen eine Differenzierung der Gesteine und sind z.T. namengebend. Akzessorien sind z. B. Apatit, Chromit, Diamant, Titanist, Turmalin, Zirkon. Im Gestein ist auch immer Wasser vorhanden.

300 (3) *Nenne die wichtigsten Gesteinsgruppen und erkläre jeweils ihre Entstehung.*
Die Gesteine werden in drei grosse Gruppen eingeteilt.
Magmatische Gesteine (Erstarrungsgesteine): Sie entstehen durch Abkühlung und Kristallisation der glutflüssigen Gesteinsschmelzen im Erdinneren und erstarren entweder innerhalb der Erdkruste in Hohlkörpern (Intrusionen), dabei entstehen Plutonite (Tiefengesteine, z. B. Granit, Gabbro, Diorit) oder an der Erdoberfläche, dabei entstehen Vulkanite, z. B. Basalt, Rhyolith, Andesit, Tuff, Obsidian, Pegmatit). Ganggesteine (Porphyre) bilden sich in den Magmagängen, die an die Erdoberfläche führen und bilden Kristalle in einer feinkörnigen Grundmasse aus.

- Sedimentgesteine (Ablagerungsgesteine): Sie entstehen durch Ablagerung (Sedimentation) von Materialien unterschiedlicher Herkunft an der Erdoberfläche. Werden die übereinanderliegenden Sedimentschichten (Lockergestein) zusammengepresst und durch die Ausfällung neu gebildeter Minerale miteinander verkittet, spricht man von Festgestein.
- Klastische (Mechanische) Sedimente können unverfestigt sein, z. B. Kies, Sand, Ton und Löss. Sie bestehen aus Quarzteilchen, Feldspatkörnern und Tonteilchen. Sind sie verfestigt, spricht man von Konglomeraten, z. B. Sandstein, Tonstein und Tillit.
- Chemische Sedimente entstehen durch Ausfällungen, unverfestigte Sedimente sind z. B. Kalkschlamm und Kalktuff, verfestigte Sedimente Kalkstein und Travertin. Sind die Sedimente fest abgelagert, handelt es sich z. B. um Kalksinter, Kieselsinter, Steinsalz (Natriumchlorid), Gips oder Kalisalze.
- Biogene Sedimente entstehen auf pflanzlicher oder tierischer Basis. Dies sind z. B. Torf, Kohle, Erdöl, Bernstein, Asphalt, Korallen und Schwammkalk.
- Metamorphe Gesteine (Umwandlungsgesteine): Sie entstehen bei der Kollision von Lithosphärenplatten. In den Subduktionszonen tauchen die Gesteine schnell in grosse Tiefen ab und werden unter hohem Druck in metamorphe Gesteine umgewandelt. Zumeist bildet sich hierbei Schiefer. Auch im Bereich der Intrusionen entstehen durch die hohen Temperaturen der Magmakammern im Kontaktbereich Veränderungen im kühleren Nebengestein. Die Umwandlung erfolgt z. B. in Gneis, Marmor oder Quarzit.

Vulkane – gefürchtet und verehrt

Schülerbuch Seiten 302–303

Abbildungen

M1 Sage von San Gennaro
Auch wenn das «Wunder» niemals offiziell anerkannt wurde, ist die Zeremonie doch ein viel beachteter Brauch. Die beobachtete Verflüssigung entsteht durch die Drehung der Ampulle mit dem «Blut» des Heiligen. Beobachtungen des Vorganges legen die Vermutung nahe, dass es sich hierbei nicht um Blut, sondern eine sogenannte thixotrope Flüssigkeit nicht bekannter Zusammensetzung handelt. Diese hat die Eigenschaft, im bewegungslosen Zustand geleeartig zu sein und sich bei ständiger Bewegung immer mehr zu verflüssigen.

M2 Lavastrom
Das Foto zeigt die glutflüssige Lava, die sich langsam weiterbewegt. Am linken Bildrand ist an der grauen Farbe erkennbar, dass sich die Masse abkühlt. Sie bildet dabei sogenannte Stricklava aus.

M3 Ausbruch des Vesuv
Der Text beschreibt einige der bislang erfolgten Ausbrüche des Vesuvs in Kurzform. Siehe auch Aufgabenlösung zu 300 (2).

M4 Vesuv und Umgebung
Die Karte verortet den Vulkan in der Nähe der Grossstadt Neapel und zeigt die Verteilung der Asche und deren Mächtigkeit nach dem Ausbruch 79 n. Chr.

M5 Rekonstruiertes Opfer des Vulkanausbruchs von Pompeji
Während des Vulkanausbruchs starben viele Menschen. Sie wurden von der Ascheschicht, die der Vulkan ausstiess, begraben. Von den meisten Körpern blieb keine Substanz übrig, sie hinterliessen aber den Abdruck ihrer Umrisse in der zu Tuffstein verfestigten Asche. So konnten bis heute über 1000 Menschen in Pompeji ausgegraben bzw. ihre Umrisse ausgegossen werden.

Aufgabenlösungen

303 (1) *Suche weitere Vulkane in Italien und im Mittelmeergebiet (Atlas).*
Ätna, Vulcano, Stromboli, Santorin.

303 (2) *Erkläre die Ursache ihrer Entstehung (Atlas).*
Die genannten Vulkane liegen an den Plattengrenzen zwischen der Eurasischen, der Afrikanischen und der Ägäische Platte. Eine weitere vermutete Plattengrenze verläuft längs durch Italien und den Balkan. Am Rand der Platten herrscht hoher Druck, dadurch entstehen Risse und Spalten. In ihnen gelangt bei Vulkanausbrüchen glutflüssiges Magma an die Erdoberfläche und fliesst als Lava aus den Vulkanschloten aus.

303 (3) *„Der Vesuv nimmt und gibt."*
Was ist damit gemeint?
Vulkanausbrüche sind schwer vorherzusagen, können sich aber mit verschiedenen Warnsignalen ankündigen: Aus dem Schlot und Spalten am Hang strömt Gas und Rauch, es riecht nach Schwefel, Erdbeben erschüttern die Umgebung, der Vulkan bildet an der Seite eine Beule aus. Die Stärke der folgenden Eruption ist abhängig von den

Vorbedingungen. Ist der Schlot von früheren Ausbrüchen verstopft, steigt der Druck stark an, enthält das Vulkangestein viel Wasser, wird dies durch die hohen Temperaturen sofort zu Dampf und sprengt durch seine starke Ausdehnung das Gestein weg.

Beim Ausbruch des Vulkans fliesst Lava mit unterschiedlicher Geschwindigkeit aus dem Berg (je heisser sie ist, desto schneller fliesst sie), giftige Gaswolken aus Kohlendioxid und Schwefeldioxid, vermischt mit Asche und Rauch, steigen z.T. bis an die Grenze der Troposphäre. Die Explosion schleudert Gesteinsbrocken verschiedener Grössen in den Himmel.

Folgen sind: Ackerland und Siedlungen verschwinden unter der Lava; Gesteinsbrocken, Gase und Asche gehen auf die Menschen nieder und töten sie; ein weg gesprengter Vulkankegel kann als Schlammlawine abgehen und ganze Landschaften unter kochendem Schlamm begraben. Ein einstürzender Vulkankegel kann einen Tsunami auslösen. Da vulkanische Asche sehr fruchtbar ist, siedeln sich schon wenige Jahre nach einem Vulkanausbruch wieder Pflanzen an und auf dem sehr fruchtbaren Vulkanboden kann nach längerer Zeit auch wieder etwas angepflanzt werden. Dies führt dazu, dass trotz der ständigen Gefahr viele Menschen in Vulkannähe siedeln.

Typische Vulkane

Schülerbuch Seiten 304–305

Grundbegriffe: Schichtvulkan/Stratovulkan, Schildvulkan

Abbildungen

M1 Aufbau eines Schichtvulkanes
Die Zeichnung zeigt einen ausbrechenden Schichtvulkan, der Gas, Rauch, Asche, Gesteinsbrocken und Staub in die Luft schleudert, aus einem Seitenkrater tritt gleichzeitig Lava aus. Charakteristisch ist die wechselnde Schichtung von Lava und Asche, die sich zu einem hohen Kegel auftürmt. Siehe auch Aufgabenlösung zu 304 (1).

M2 Aufbau eines Schildvulkanes
Die Zeichnung zeigt einen Schildvulkan, der durch Magmaströme aus dem oberen Erdmantel gespeist wird. Siehe auch Aufgabenlösung zu 304 (1).

Aufgabenlösungen

304 (1) *Stelle die Unterschiede zwischen Schicht- und Schildvulkan tabellarisch dar*

Schichtvulkan	Schildvulkan
• kommen in fast allen Vulkangebieten vor	• vorwiegend in ozeanischen Gebieten (Island, Hawaii, unter dem Meeresspiegel)
• grosse Hangneigung, kegelförmig	• geringe Hangneigung, flache Wölbung
• Krater steil und trichterförmig	• flacher Krater mit steilen Wänden, oft mit einem Lavasee
• aufgebaut abwechselnd aus Asche und Lavaschichten	• aufgebaut aus Lavaschichten
• Ausdehnung bis zum 3 fachen der Höhe	• sehr grosse Ausdehnung bis zum 20 fachen der Höhe
• ca. 800°C heisse, langsam fliessende Lava	• ca. 1100°C heisse, dünnflüssige, schnell fliessende Lava (bis ca.50 km/h)
• Auswurf von Steinen	• keine explosiven Ausbrüche
• Beispiele: Kilimandscharo, Fujisan; Vesuv	• Beispiele: Kilauea, Mauna Loa

304 (2) *Suche im Atlas weitere Beispiele von Hotspot-Vulkanen*
Lösungsbeispiele: Midway-Inseln, Emperor-Seeberge, Island, Eifel Galapagos-Inseln.

Alles klar? Grübeln und Tüfteln

Schülerbuch Seiten 306–307

Aufgabenlösungen

306 (1) *Erläutere den Unterschied zwischen einem Schicht- und einem Schildvulkan. Welchen Vulkantyp zeigt die Abbildung? In der Abbildung sind Begriffe durch Zahlen ersetzt. Notiere die entsprechenden Begriffe.*
Zur ersten Frage siehe Aufgabenlösung 304 (1).
Der abgebildete Vulkan ist ein Schichtvulkan.
Die Ziffern bedeuten: 1 – Gas, Rauch und Staub, 2 – Hauptkrater, 3 – Gesteinsbrocken, 4 – Asche, 5 – Schlot, 6 – Nebenkrater/Seitenkrater, 7 – Lavastrom, 8 – Magmakammer.

306 (2) *Welcher Begriff passt nicht in die Begriffskette? Begründe.*
a) Kern – Mantel – Erdkruste – Gestein
b) Erdkruste – Kontinentalplatten – Lithosphäre – Asthenosphäre
c) Faltengebirge – Plattengrenze – Mittelozeanischer Rücken – Subduktionszone
a) Hier passt nicht: Gestein. Begründung: Die ersten drei Begriffe beschreiben den Schalenaufbau der Erde und nennen die Namen der Schalen von innen nach aussen.
b) Hier passt nicht: Erdkruste. Begründung: Die Lithosphäre schwimmt auf der Asthenosphäre. Auseinandergerissen bezeichnet man sie als Kontinentalplatten.
c) Hier passt nicht: Mittelozeanischer Rücken. Begründung: Die anderen drei Begriffe beschreiben die Entstehung eines Faltengebirges durch das Zusammentreffen der Platten an einer Plattengrenze und dadurch bedingtem Abtauchen der einen Platte.

306 (3) *Vulkanisches Rätsel: Die fünf Kreise nennen ein Auswurfprodukt des Vulkans.*
Kreise: Asche
Pyramidenrätsel: 1. Gas, 2. Kegel, 3. Schlote, 4. Lavastrom, 5. Nebenkrater, 6. Schichtvulkan.

307 (4) *Schreibe den Text ab und ergänze dabei die fehlenden Begriffe.*
Die Erde ist in mehrere … gegliedert. Die äussere „dünne Haut" der Erde besteht aus … und wird … genannt. Nach innen schliesst sich der … an. Seine oberste Schicht besteht auch aus … Die Gesteinshülle der Erde besteht aus mehreren einzelnen … Diese treiben auf einer zähflüssigen Gesteinsschmelze, dem … Der … ist noch weitgehend unerforscht.
Einzusetzende Begriffe: Schalen, festem Gestein, Erdkruste, Erdmantel, festem Gestein, Erdplatten, Magma, Erdkern.

307 (5) *Welche grundlegenden Erkenntnisse über die Entstehung der Kontinente verbindest du mit diesem Mann?*
Das Bild zeigt Alfred Wegener. Er begründete die Theorie der Plattentektonik, vermutete als Erster, dass die Kontinente ursprünglich eine

Landmasse bildeten und durch (ihm damals unbekannte Kräfte) sich verschoben hatten. Wegener starb bei einer Expedition, auf der er seine Vermutungen durch Untersuchungen bestätigen wollte.

307 (6) *a) Was zeigen die beiden Abbildungen?*
b) Erkläre beide Vorgänge.
a) Seafloor Spreading, Subduktion, d. h. das Abtauchen einer ozeanischen unter eine kontinentale Platte.
b) Zur Erklärung siehe Erläuterungen zu M2, S.288 und zu M5,

Literatur

Andler, R.: Selbstorganisiertes Lernen (SOL) im Geografieunterricht. In: Praxis Geografie, 12/2010.
Claassen, K.: Praxis Blatt. Erdbebenzonen der Erde.
  In: Praxis Geografie, 7-8/2010.
Diercke 360° Spezial. Japan. Mai 2011.
Kaminske, V.: Wo liegt das Gold? In: Praxis Geografie, 4/2010.
Praxis Geografie: Themenheft Endogene und exogene Kräfte, 5/2008.
Szymkowiak, A.: Zwei Erdbeben im Partnerpuzzle.
  In: Praxis Geografie, 12/2010.
Uhlenwinkel, A.: „Ich sehe was, was du nicht siehst" –
  Der Wandel der medialen Darstellung. In: Praxis Geografie, 9/2009.

Internet-Adressen

http://www.trekkingguide.de/ziele/island_vulkanismus_geologie.htm
http://www.bafu.admin.ch/erdbeben/07635/index.html?lang=de
(Erdbebengefahr in der Schweiz)
http://www.mineralienatlas.de/lexikon/index.php/
http://www.lead.ethz.ch/gesteinsbestimmung/
http://www.kristallin.de/gesteine/index.htm (Gesteinsbestimmung)
http://www.youtube.com/watch?v=mC9MLsenTCk (Die Entstehung der Kontinente – Alfred Wegener, Video, 15min)
http://www.google.de/search?q=plattentektonik&hl=de&client=firefox-a&hs=dgD&rls=org.mozilla:de:official&channel=s&biw=1280&bih=619&prmd=ivns&tbm=isch&tbo=u&source=univ&sa=X&ei=yA7pTeXdEcXAtAb67-HnCg&sqi=2&ved=0CC4QsAQ
(Bilder zu Plattentektonik)
http://www.geolinde.musin.de/tektonik/index.htm
(Interaktive Selbstlerneinheit)
http://www.planet-schule.de/sf/multimedia-interaktive-animationen-detail.php?projekt=plattentektonik
http://www.g-o.de/index.php?cmd=redaktion/lernwelten/uentwurf_gesteine.htm&header=lw (Kreislauf der Gesteine)
http://www.vulkane.net/junior/vor.html (Seite für Schüler)

Die Erde – ein unruhiger Planet

Arbeitsblatt: Wir bauen ein Vulkanmodell

1. Arbeitsschritt: Bearbeiten des Styropors
Aus den 5 cm dicken Styroporplatten werden folgende Stücke geschnitten: 2 Platten 50 x 70 cm, 1 Platte 40 x 60 cm, 2 Platten 30 x 50 cm, 1 Platte 20 x 30 cm, 1 Platte 10 x 10 cm. Diese Stücke werden Schicht für Schicht treppenförmig zu einem „Berg" aufgebaut, aber noch nicht verklebt. Dabei liegen die beiden grössten Stücke von 50 x 70 cm unten übereinander, darüber jeweils das nächstkleinere Stück. Ganz oben liegt die 10 x 10 cm grosse Platte. Dann wird jede Platte des Berges halbiert, damit man später in den Vulkan hineinsehen kann. Jede Hälfte wird Schicht für Schicht verklebt. Zum Schluss wird eine Vulkanhälfte auf die Grundplatte geklebt. Die andere wird neben die aufgeklebte Hälfte gestellt.

Aus Styropor entsteht die rohe Form.

2. Arbeitsschritt: Formen der Oberfläche und Anmalen des Modells
Beide Hälften sind zusammengeschoben. Mit einem Federmesser werden alle treppenförmigen Kanten etwas abgeschnitten, damit beim Gipsen nicht so viel Material verbraucht wird. Anschliessend werden 2 kg Gips mit etwa 1,5 l Wasser in einem Eimer angerührt. Mit dem Gipsbrei erfolgt die Formung der Oberfläche des Vulkanberges. Damit beide Hälften durch den Gips nicht zusammenkleben, wird Papier dazwischengesteckt. Nach dem Trocknen der Gipsschicht (Fingerprobe) wird das Vulkanmodell aussen und innen bemalt: rote Farben für die Lava, rotgelbe für das Magma, grau für die Ascheschichten, grün für Wald, Wiesen, …, braun für Ackerbau, schwarz für Konturen.

Mit Gips formen wir die Oberfläche.

3. Arbeitsschritt: Beschriften des Vulkanmodells
Aus Papier und Holzspiessen werden Fähnchen hergestellt, beschriftet und an die richtigen Stellen gesteckt. Im Inneren des Vulkans können die Begriffe auch aufgeklebt werden. So kann man den Vulkan wieder zusammenfügen. Zusätzlich können aus Holzresten kleine Häuser gebaut, Strassen gezeichnet werden …

Arbeitsmittel:
1 Styroporplatte 50 x 100 cm (Stärke 2 cm) als Grundplatte, 3 Styroporplatten 50 x 100 cm (Stärke 5 cm) zum Bau des Vulkans, Styroporkleber, Styroporschneider, Federmesser, Formsäge, 2 kg Gips, Eimer, Wasser, Filzstifte, Zollstock, Papier, dünne Holzspiesse, verschiedene Pinsel, Farben (Deckfarben oder Vollton- bzw. Abtönfarben).

Mit Farben malen wir das Modell an.

Das fertige Modell wird beschriftet.

Diercke Geografie – Das Schweizer Geografiebuch für die Sekundarstufe I   187

Arbeitsblatt: Wie sich ein Tsunami ausbreitet

1. Erkläre die Entstehung und Ausbreitung eines Tsunamis, indem du zu jeder Abbildung einen Text schreibst.

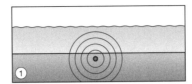 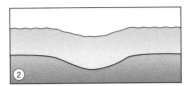
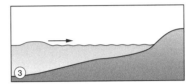 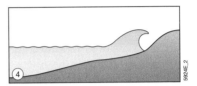

2. Der Begriff „Tsunami" bedeutet „grosse Welle im Hafen".
   Erläutere den Begriff.

3. a) Der Tsunami vom 26.12.2004 richtete z. B. grosse Schäden an einigen Küstenabschnitten des Golfs von Bengalen an, andere Küstenabschnitte waren weniger betroffen.
   Erkläre die unterschiedliche Zerstörungskraft mithilfe der Abbildungen.

Die Beschaffenheit des Meeresbodens und der Küste ist eine wesentliche Voraussetzung dafür, ob es zu einer Katastrophe kommt. In den drei Beispielen nimmt die Zerstörungskraft von oben nach unten zu.

Flacher Kontinentalrand

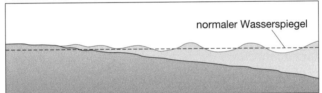
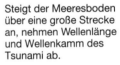

Steigt der Meeresboden über eine große Strecke an, nehmen Wellenlänge und Wellenkamm des Tsunami ab.

Atoll

An den steilen Flanken eines Atolls wächst die Welle kaum an. Schlimmstenfalls übersteigt der Wellenberg die Insel.

Trichterbucht

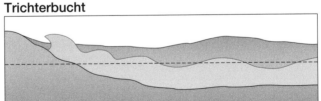

Eine spitz zulaufende, flacher werdende Bucht zwingt die Wassermassen in die Höhe. Haushohe Wellen stürzen über das Land.

b) Recherchiere, wie sich der Tsunami vom 11. März 2011 auf Japan auswirkte.

Arbeitsblatt: San Francisco bebte (einfach)

Nachrichten, 17. Oktober 1989, 17:04 Uhr

San Francisco.

Nach dem E_____ in der kalifornischen Millionenstadt wurde der Notstand ausgerufen. Nach einer Meldung des US-Fernsehsenders NBC sind 67 Menschen ums Leben gekommen, H_____ von Verletzten werden in den Krankenstationen versorgt. Ausserdem wurden Schäden in M_____ verursacht. Das E_____ dauerte ___ Sekunden.

Es hatte eine Stärke von 7,1 auf der R_____. Das E_____ lag westlich der S_____-A_____-S_____ bei San José. Das E_____ begann mit einem l_____ G_____. Dann bebte die Erde und H_____ brachen ein. Hochhäuser schwankten bis zu _____ Meter. Nach 8 Sekunden stürzte eine doppelstöckige S_____ von 1600 Metern ein. Bereits nach 12 Sekunden fiel der S_____ aus. Menschen blieben in F_____ stecken.

U-B_____ blieben stehen. Dann platzten auch noch die G_____. Ganze Strassenzüge standen in F_____.

K_____ gilt als erdbebengefährdetes Gebiet. Die S_____-A_____-S_____ verläuft durch San Francisco. Das letzte grosse E_____ ereignete sich in dieser Stadt 1906. Damals kamen 1500 Menschen ums Leben. Ein E_____ kann sich jederzeit wiederholen.

Aufgabe:

Setze in die Lücken die folgenden Begriffe an den passenden Stellen ein:
Erdbeben (5x), San-Andreas-Spalte, (2x), Häuserwände, Kalifornien, drei, 20, U-Bahnzüge, Strom, Schnellstrasse, leisen Grollen, Hunderte, Flammen, Gasleitungen, Milliardenhöhe, Epizentrum, Fahrstühlen, Richterskala.

Diercke Geografie – Das Schweizer Geografiebuch für die Sekundarstufe I   191

Arbeitsblatt: San Francisco bebte (schwer)

Nachrichten, 17. Oktober 1989, 17:04 Uhr

San Francisco.
Nach dem E_____ in der kalifornischen Millionenstadt wurde der Notstand ausgerufen. Nach einer Meldung des US-Fernsehsenders NBC sind 67 Menschen ums Leben gekommen, H_____ von Verletzten werden in den Krankenstationen versorgt. Ausserdem wurden Schäden in M_____ verursacht. Das E_____ dauerte ___ Sekunden.
Es hatte eine Stärke von 7,1 auf der R_____ . Das E_____ lag westlich der S_____-A_____-S_____ bei San José. Das E_____ begann mit einem l_____ G_____. Dann bebte die Erde und H_____ brachen ein. Hochhäuser schwankten bis zu _____ Meter. Nach 8 Sekunden stürzte eine doppelstöckige S_____ von 1600 Metern ein. Bereits nach 12 Sekunden fiel der S_____ aus. Menschen blieben in F_____ stecken.
U-B_____ blieben stehen. Dann platzten auch noch die G_____ . Ganze Strassenzüge standen in F_____ .
K_____ gilt als erdbebengefährdetes Gebiet. Die S_____-A_____-S_____ verläuft durch San Francisco. Das letzte grosse E_____ ereignete sich in dieser Stadt 1906. Damals kamen 1500 Menschen ums Leben. Ein E_____ kann sich jederzeit wiederholen.

Aufgabe:

Setze in die Lücken die richtigen Begriffe ein.

Globale Herausforderungen

Schülerbuch Seiten 308–327

Kompetenzen

Nach Bearbeitung dieses Kapitels sollen die Schülerinnen und Schüler über folgende Kompetenzen verfügen:

- Sie können den Schalenbau der Erde erklären.
- Sie können die Erde als System, das aus verschiedenen Teilsystemen besteht, beschreiben.
- Sie können die Probleme der Erde als Folgen menschlichen Handelns wahrnehmen und erkennen.
- Sie sind sich bewusst, dass der Mensch für die Lösung dieser Probleme selbst verantwortlich ist.
- Sie können die globalen Probleme anhand der Teilsysteme der Erde analysieren und die Wechselwirkungen zwischen der Anthropo- und der Natursphäre erklären.
- Sie können die Probleme der Gegenwart mithilfe ihres geografischen Wissens beurteilen und Entscheidungen für die Zukunft treffen.
- Sie sind motiviert, nachhaltig zu leben.

Doppeltopic

Schülerbuch Seiten 308–309

M1 „Wir gehen mit unserer Erde um, als hätten wir eine zweite im Keller"
Die Fotomontage zeigt die im Wasser halb versunkene Erdkugel. Eine riesige Welle ist kurz davor, die Erde zu überrollen.

Damit soll auf die vielfältigen Probleme hingewiesen werden, unter denen die Ökosysteme der Erde leiden. Verursacht werden diese, wie die Bildunterschrift sagt, von den Menschen, die nicht nachhaltig mit den Ressourcen der Welt umgehen, sondern diese zum Nachteil ihrer Nachkommen und aller anderen Lebewesen verschwenden.

„Krankheiten" der Erde

Schülerbuch Seiten 310–311

Grundbegriff: System Erde

Abbildungen

M1 Herausforderungen des Menschen bzw. Hauptprobleme des Ökosystems Erde
Unterteilt nach Natursphäre und Anthroposphäre sind hier die Kernprobleme aufgeführt, deren Bewältigung unsere Zukunft bestimmen wird. Siehe auch Aufgabenlösung zu 310 (1).

M2 Wechselwirkungen zwischen einzelnen Teilsystemen der Erde am Beispiel von Bodenübernutzung
Die Abbildung zeigt das Raster aus Teilsystemen, dass vom WGBU zur Beschreibung der komplexen Probleme der Erde entwickelt wurde. Je nach Fragestellung lassen sich beschreibende Verbindungen zwischen den Teilsystemen herstellen. Siehe auch Aufgabenlösung zu 310 (3).

Aufgabenlösungen

310 (1) *Zähle vier globale Probleme der Menschheit auf und ordne ihnen aktuelle Ereignisse zu.*
Individuelle Lösung. Lösungsbeispiele:
1. Verschmutzung und Übernutzung der Ozeane: Explosion der Bohrinsel Deepwater Horizon/Golf von Mexiko im April 2010.
2. Gesundheitsgefährdung: Havarie des Atomkraftwerkes Fukushima/Japan im März 2011.
3. Bevölkerungswachstum, Urbanisierung, Migration: Flüchtlingsströme von Nordafrika über das Mittelmeer nach Europa (ständig, vermehrt nach den arabischen Unruhen im Frühjahr 2011).
4. Klimaänderungen und Auswirkungen auf Mensch und Natur: Überschwemmungen in Queensland/Australien im Dezember und Januar 2010/2011.

310 (2) *Informiere dich genauer über einen der zehn schmutzigsten Orte der Welt. Erstelle ein Schema, das die Ursachen und Folgen der Probleme des Ortes darstellt (andere Medien).*
Sachhinweise:
Die 10 verschmutzten Orte waren im Jahr 2007 (in alphabetischer Reihenfolge):
Dsershinsk (Russland), Kabwe (Sambia), La Oroya (Peru), Linfen (China), Norilsk (Russland), Sukinda (Indien), Sumqavit (Aserbaidschan), Tianying (China), Tschernobyl (Ukraine), Vapi (Indien)

Individuelle Lösung. Lösungsbeispiel:
Tschernobyl: Explosion des Reaktors 1986
↓
Radioaktiver Niederschlag in vielen Regionen Europas, Verseuchung von Wasser und Boden in der Umgebung des Kraftwerks mit Uran, Plutonium, radioaktivem Jod, Cäsium-137, Strontium-90 u. a.
↓
Evakuierung aller Bewohner, Unbewohnbarkeit der Region auf unabsehbare Zeit, Tote durch die Strahlenkrankheit, Langzeitfolgen in Form von Leukämie, Schilddrüsenkrebs, Schädigungen des Erbgutes, Zunahme an Fehlbildungen bei Neugeborenen, Schädigungen des Immunsystems.

310 (3) *Ergänze das Schema um weitere Wechselwirkungen im Zusammenhang mit Bodenübernutzung (M2).*
Individuelle Lösung.
Lösungsbeispiele:
Luft, Klima: Über die Luft werden Schadstoffe in den Boden eingetragen, wie z. B. Schwermetalle.
Wasser: Falsche Bewässerung führt zu Versalzung der Böden, Wassermangel führt zur Austrocknung und begünstigt die Desertifikation.
Bevölkerung: Ein Anstieg der Bevölkerung führt zu einem erhöhten Flächenverbrauch und damit zu mehr Versiegelung. Damit steigt der Oberflächenabfluss.

310 (4) *Erstelle aus der Übersicht mit den Teilsystemen der Erde ein Wirkungsgefüge, das zeigt, welche Ursachen und Folgen der menschliche Treibhauseffekt hat (siehe S. 118/119). Beziehe möglichst alle Teilsysteme in deine Überlegungen mit ein und verbinde die einzelnen Faktoren wie im Beispiel mit Pfeilen (M2).*
Individuelle Lösung. Lösungsbeispiel:

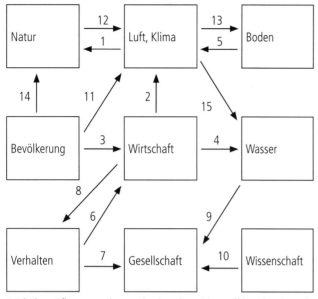

1 Erhöhtes Pflanzenwachstum durch mehr Kohlenstoffdioxid in der Luft.
2 Zunehmende Industrialisierung produziert mehr Kohlenstoffdioxid.
3 Ein Anstieg der Bevölkerung beschleunigt die industrielle Entwicklung.
4 In der Landwirtschaft wird durch den Nassreisanbau aus dem Wasser Methan freigesetzt.
5 Im überdüngten Boden wird Distickstoffoxid produziert und an die Luft abgegeben.
6 Menschen, die den Wald abholzen, erzielen durch ihr Verhalten kurzfristige Gewinne. Das wirtschaftliche Verbraucherverhalten fördert umweltschädliche Aktivitäten der Wirtschaft.
7 Brandrodung und Abholzung verursachen für die Allgemeinheit einen langfristigen Schaden durch Schmälerung der Lebensgrundlagen.
8 Die Logik des dauernden Wirtschaftswachstums führt zu einem umweltschädlichen Verhalten.
9 Höhere Temperaturen führen zu Wassermangel, dies führt zu gesellschaftlichen Spannungen bei der Verteilung.
10 Die Erforschung des Treibhauseffektes und die Kommunikation der Ergebnisse bewirken ein erhöhtes Bewusstsein des schädlichen Verhaltens und fördern Gesetze für besseren Umweltschutz.
11 Eine wachsende Bevölkerung produziert mehr Schadstoffe, die den Klimawandel begünstigen.
12 Abgebrannter Wald kann kein CO_2 mehr binden.
13 Höhere Temperaturen fördern Dürren, Erosion und Versalzung.
14 Mehr Einwohner beanspruchen auch mehr natürliche Ressourcen.
15 Durch die Klimaerwärmung schmelzen die Gletscher und der Meeresspiegel steigt an.

Syndromkonzept

Schülerbuch Seiten 312–313

Grundbegriffe: Syndromgruppe Nutzung, Syndromgruppe Entwicklung, Syndromgruppe Senken

Abbildungen

M1 Die drei Gruppen der Syndrome des globalen Wandels
„Die Entwicklung der menschlichen Gesellschaft und die Veränderungen der Umwelt sind eng miteinander verflochten und nicht mehr als getrennte Prozesse zu verstehen. Hinzu kommt die hohe Komplexität der Zusammenhänge, die die Analyse, Modellierung und übersichtliche Darstellung erschwert. Damit steht die Forschung vor einer ganz neuen Herausforderung: Um die Wechselwirkungen und Dynamiken im System Erde seit Beginn der Neuzeit zu verstehen, müssen Gesellschafts- und Naturwissenschaften interdisziplinär zusammenarbeiten. Hierfür müssen neue wissenschaftliche Konzepte entwickelt werden, die eine fachübergreifende Betrachtungsweise und innovative Lösungsvorschläge fördern.

Für eine solche integrierte Beschreibung globaler Umwelt- und Entwicklungsprobleme und ihrer Dynamik hat der Beirat einen eigenständigen, neuen Ansatz entwickelt, den „Syndromansatz".

Der Begriff „Syndrom" ist zwar der Medizin entlehnt, wo er komplexe „Krankheitsbilder" bezeichnet, doch soll er bei der Analyse des Systems Erde vor allem auf das Zusammenwirken vieler Co-Faktoren hinweisen. Hier wie dort gibt es die Erfassung der Vorgeschichte, die Diagnose auf der Basis von Untersuchungen, die Bewertung von Symptomen und schliesslich Vorschläge für eine Therapie. Das Ziel ist, die Syndrome zu lindern oder zu beseitigen, besser noch ihre Entstehung vorsorgend zu vermeiden.

Syndrome sind typische Ursache-Wirkungs-Muster des globalen Wandels mit Auswirkungen auf Umwelt und gesellschaftliche Entwicklung. Sie können an verschiedenen Stellen der Erde in unterschiedlicher Ausprägung auftreten. Anhand der Syndromanalyse lässt sich abschätzen, welche Weltregionen für bestimmte Syndrome anfällig sind oder dies zukünftig sein könnten."

Im WBGU-Jahresgutachten 1996 sind die 16 wichtigsten „Krankheitsbilder" des globalen Wandels beschrieben. Die Syndrome wurden in drei Gruppen gegliedert:

Gruppe Nutzung: Bei der Syndromgruppe „Nutzung" handelt es sich um Syndrome, die infolge einer einseitigen oder sorglosen Ausbeutung von Naturschätzen auftreten.
1. Landwirtschaftliche Übernutzung marginaler Standorte verbunden mit ländlicher Armut: Sahel-Syndrom
2. Raubbau an natürlichen Ökosystemen: Raubbau-Syndrom
3. Umwelt- und Entwicklungsprobleme durch Aufgabe traditioneller Anbaumethoden: Landflucht-Syndrom
4. Umweltdegradation durch industrielle Landwirtschaft: Dust-Bowl-Syndrom
5. Umweltdegradation infolge Abbau nicht-erneuerbarer Ressourcen: Katanga-Syndrom
6. Schädigung von Naturräumen durch Tourismus: Massentourismus-Syndrom
7. Umweltzerstörung durch militärische Einflüsse: Verbrannte-Erde-Syndrom

Gruppe Entwicklung: Die Gruppe „Entwicklung" umfasst Syndrome, die sich aus nicht-nachhaltigen Fortschrittsprozessen ergeben.
8. Umwelt- und Entwicklungsprobleme durch zentralistisch geplante Grossprojekte: Aralsee-Syndrom
9. Ökologische und gesellschaftliche Probleme infolge nicht angepasster Agrarentwicklungspolitik: Grüne-Revolution-Syndrom
10. Vernachlässigung ökologischer Standards im Zuge eines hochdynamischen Wirtschaftswachstums: Kleine-Tiger-Syndrom
11. Umweltdegradation und Verelendung durch ungeregelte Urbanisierung: Favela-Syndrom
12. Landschaftsschädigung durch die reguläre Expansion von Städten und Infrastrukturen: Suburbia-Syndrom
13. Umweltdesaster durch technisch-industrielle Unfälle: Havarie-Syndrom

Gruppe Senken: Der Gruppe „Senken" werden jene zugeordnet, die aus einer unangepassten Entsorgung von Stoffen in Boden, Wasser oder Luft entstehen."
14. Umweltdegradation durch weiträumige Verteilung zumeist langlebiger Wirkstoffe: Hoher-Schornstein-Syndrom
15. Umweltgefährdung durch Deponierung von Abfällen: Müllkippen-Syndrom
16. Langfristige ökologische Belastung im Umfeld von Industriestandorten: Altlasten-Syndrom.
(Quelle: http://www.wbgu.de/wbgu_syndromkonzept.html, 12.04.2010)

M2 Aus den Augen, aus dem Sinn?
Die Karikatur macht auf unsere Umweltsünden aufmerksam, die von uns gern verdrängt werden. Hier wird das Altlasten-Syndrom thematisiert. Siehe auch Aufgabenlösung zu 312 (5).

Aufgabenlösungen

312 (1) *Erkläre den „Syndromansatz" in eigenen Worten an einem selbst gewählten Beispiel.*
Individuelle Lösung.

312 (2) *Ordne die vier vorgestellten Syndrome begründet einer der drei Syndromgruppen zu (M1).*
Das Favela-Syndrom gehört zur Gruppe „Entwicklung". Hier erfolgt eine Umweltdegradation und Verelendung durch ungeregelte Urbanisierung. In den Slumgebieten der grossen Städte häufen sich Umwelt- und Entwicklungsprobleme auf engstem Raum. Verschärft wird die Lage durch die Landflucht.

Das Altlasten-Syndrom gehört zur Gruppe „Senken". Hier erfolgt eine langfristige ökologische Belastung im Umfeld von Industriestandorten. Geldmangel, Profitstreben und Gleichgültigkeit verhindern die sachgemässe Entsorgung.

Das Verbrannte-Erde-Syndrom gehört zur Gruppe „Nutzung". Hier erfolgt die Umweltzerstörung durch militärische Einflüsse. Der Naturreichtum „Boden" wird sinnlos unbrauchbar gemacht, um den Gegner zu schädigen.

Das Sahel-Syndrom gehört zur Gruppe „Nutzung". Hier erfolgt durch landwirtschaftliche Übernutzung marginaler Standorte verbunden mit ländlicher Armut eine Zerstörung der Lebensgrundlagen.

312 (3) *Bestimme für das Altlasten-Syndrom, mit welchen Kernproblemen es verknüpft ist (S. 310 M1).*
Innerhalb der Natursphäre sind folgende Kernprobleme betroffen: Die Bodendegradation (der Boden ist verseucht und damit nutzlos für die menschliche Ernährung), Verlust der Artenvielfalt (viele Tiere und Pflanzen gehen an den Giften zugrunde), Verschmutzung der Ozeane (sofern die Altlasten im Meer verklappt werden), Verschmutzung von Süsswasser (wenn die Bodengifte ins Grund- und Flusswasser gelangen).

Innerhalb der Anthroposphäre sind folgende Kernprobleme betroffen: Gesundheitsgefährdung (Gifte gelangen in den menschlichen Organismus), Gefährdung der Ernährungssicherheit (die Böden oder das Meer sind verseucht und damit nicht nutzbar für die menschliche Ernährung), nicht nachhaltige Lebensstile (wir hinterlassen unseren nachfolgenden Generationen eine verseuchte Landschaft).

312 (4) *Nenne Syndrome, von denen die Schweiz betroffen ist.*
Z. B. Landflucht-Syndrom (verlassene Bergdörfer), Massentourismus-Syndrom (Skitourismus in den Alpen), Suburbia-Syndrom (ausufernde Städte mit Verlagerung zentraler Funktionen) und Havarie-Syndrom (Chemieunfälle im/am Rhein).

312 (5) *Betrachte die Karikatur und erkläre ihre Aussage.*
Dargestellt ist ein Paar bei einer Hausbesichtigung in vermeintlich idyllischer Lage auf dem Land. Das Paar ist mit dem Auto angereist und hofft auf den Zuschlag beim Verkauf des Hauses. Für den Betrachter ist erkennbar, dass sich das Haus auf einer Deponie für radioaktiven Abfall befindet, die nur notdürftig mit Erde abgedeckt wurde.

Eine Kernaussage der Karikatur ist, dass der Mensch leichtfertig die Umwelt verschmutzt und seine Umweltsünden sehr schnell aus dem Gedächtnis streicht, wenn sie für ihn nicht mehr direkt sichtbar sind. Eine zweite Kernaussage ist die Skrupellosigkeit der Verkäufer, d. h. der Verursacher der Altlast. Diese wissen um das Problem, beseitigen es aber aus Profitgier nicht und verkaufen das Land zudem noch (wenn auch billig) an Ahnungslose weiter.

Das Aralsee-Syndrom

Schülerbuch Seiten 314–315

Abbildungen

M1 Der Aralsee 1979. Die weisse Linie zeigt den ursprünglichen Uferverlauf 1989 und 2009
Der Aralsee liegt in der Grenzregion zwischen Kasachstan und Usbekistan. Die Bildfolge stellt anschaulich den kontinuierlichen Schrumpfungsprozess des Grossen Aralsees dar. Der See trocknet aus. Aus einer ehemals zusammenhängenden Wasserfläche sind zwei getrennte Seen geworden. Nur noch ein Zehntel der früheren Wassermenge erreicht den Aralsee, der Wasserspiegel sinkt seit Jahrzehnten, die Wasserfläche wird kleiner, eine Salzwüste breitet sich aus. Die kasachische Regierung hat den See aufgegeben und geht davon aus, dass er in den kommenden 15 Jahren verschwunden sein wird. Der Kleine Aralsee ist seit 2000 nach einem Dammbau wieder gewachsen. In der Mitte des ehemaligen Grossen Sees befindet sich ein aufgegebenes, hochgradig verseuchtes Biowaffenzentrum. Sollte der See einmal wieder diese Flächen überspülen, ist nicht absehbar, welche gesundheitlichen Konsequenzen dies für die ansässige Bevölkerung haben könnte. Siehe auch Aufgabenlösung zu 315 (3) und 315 (4).

M2 Klimadiagramm Aralsee
Dargestellt ist die klimatische Situation am Aralsee in Mittelasien. Siehe auch Aufgabenlösung zu 315 (2).

M3 Schrumpfender Aralsee
Die Tabelle verdeutlicht die negativen Auswirkungen der steigenden Bewässerungsfläche auf Seefläche und Salzgehalt. Siehe auch Aufgabenlösung zu 315 (3) und 315 (4).

M4 Was in Muinak vom Aralsee übrig geblieben ist
Im Bild ist ein verrostetes Schiff zu sehen, das früher zum Fischfang verwendet wurde. Fische gibt es im See heute nicht mehr, der See ist zu einer Salzwüste geworden, die etwa die Grösse der Schweiz hat. Die einstige Hafenstadt Muinak liegt heute 80 km vom Seeufer entfernt. Siehe auch Aufgabenlösung zu 315 (3) und 315 (4).

Globale Herausforderungen

Aufgabenlösungen

315 (1) *Notiere die Anrainerstaaten des Aralsees. Verfolge die Flussläufe des Amudarja und des Syrdarja und notiere, wo sie entspringen, durch welche Länder sie fliessen und wo sie münden (Atlas).*
Anrainer: Kasachstan, Usbekistan.
Amudarja: Er entspringt im Hindukusch in der Grenzregion zwischen Tadschikistan und Afghanistan, durchfliesst Afghanistan, Turkmenistan, Usbekistan und mündet(e) in den Aralsee.
Syrdaja: Er entspringt im Tian Shan Gebirge in Kirgisistan, durchfliesst Kirgisistan, Tadschikistan, Usbekistan, Kasachstan und mündet(e) in den Aralsee.

315 (2) *Werte das Klimadiagramm aus und beachte dabei die Anbaubedingungen für Baumwolle.*
Die Station liegt im Inneren Asiens auf 44° 48`N und 59°36`O. Die Temperaturen zeigen grosse Unterschiede zwischen Sommer und Winter. Die Amplitude beträgt 38°C. Im Juli sind es maximal 25°C, im Januar sinkt die Temperatur auf -13°C. Die Jahresdurchschnittstemperatur beträgt 7,0°C. Die Niederschläge sind mit 134 mm insgesamt gering, sie verteilen sich relativ gleichmässig auf die Monate. Der Aralsee liegt in der Zone des sommerheissen Kontinentalklimas und in der Vegetationszone der Wüste.

Alle zentralasiatischen Staaten, die Baumwolle anbauen (Kasachstan, Kirgisistan, Tadschikistan, Turkmenistan, Usbekistan) liegen in der Zone des sommerheissen Kontinentalklimas mit geringen Niederschlägen. Für den Baumwollanbau sind zwar die Temperaturen optimal, aber die Feuchtigkeitsansprüche der Pflanze lassen sich nur bei intensiver Bewässerung decken.

315 (3) *Bestimme anhand der Grösse des Aralsees, wie sich die Küstenlinie, die Landwirtschaft, die Fischerei, das Klima und die Vegetation verändert haben (Atlas, M1).*
Der Aralsee war ehemals der viertgrösste Binnensee der Welt. Er war noch 1950 120-mal so gross wie der Bodensee. Er liegt im ariden bzw. semiariden Mittelasien. Der See wurde aus dem Norden vom 2294 km langen Syrdarja und aus dem Süden mit dem 2660 km langen Amudarja mit Wasser versorgt. Die Menge der Zuflüsse und die Verdunstung hielten sich die Waage und ermöglichten ein reichhaltiges Tier- und Pflanzenleben sowie den Menschen ein auskömmliches wirtschaften.
Die Ausweitung der Baumwollbewässerungsflächen war nur möglich durch den Bau eines ausgedehnten Bewässerungsnetzes, gespeist aus den Flüssen Syrdarja und Amudarja. In Turkmenistan erfolgte zusätzlich der Bau des 1300 km langen Karakumkanals zur Bewässerung.

Seit 1960 schrumpfte die Seefläche von 68 000 km² auf nur noch 28 187 km² im Jahr 2000. Gleichzeitig sank die Spiegelhöhe von 53 m auf 35 m. Verursacht wurde dies durch den kaum noch erfolgenden Wasserzufluss. Er sank von 56 km³ auf nur noch 3 km³. Damit erhöhte sich der Salzgehalt im See von 10 g/l auf etwa 70 g/l (zum Vergleich: Nordsee 30–40 g/l). In der Folge sank der Fischfang im See von 43 000 t im Jahr 1950 bis 1980 auf 0. Seitdem ist die Fischerei vollkommen zum Erliegen gekommen.

Im Jahr 2009 ist der östliche Teil des Grossen Sees ausgetrocknet und die Wassertiefe des östlichen Bereiches des Kleinen Sees ist nur noch gering (erkennbar an der hellgrünen Färbung). Die weisslichen Flächen in der Umgebung deuten auf ausgedehnte Salzablagerungen hin.

Die fehlende Verdunstung senkt die Luftfeuchte und verschärft das Kontinentalklima. Die Folge sind heissere Sommer und kühlere Winter sowie sehr häufig auftretende Salzstürme. Diese Sand- und Salzstaubstürme nehmen den umliegenden Flächen die Fruchtbarkeit, landwirtschaftliche Flächen gehen verloren.

Zwischen 2000 und 2005 hat sich zumindest der Wasserspiegel des Kleinen Aralsees wieder um etwa 8 m (= die Höhe des neuen Kok-Aral-Dammes) erhöht und damit ist die Wasserfläche um 30 % auf 3300 km² gewachsen. Hier sinkt der Salzgehalt und Fischfang ist wieder möglich.

315 (4) *Erstelle eine Übersicht der Probleme im Zusammenhang mit dem Verschwinden des Aralsees, indem du sie nach sozialen, ökologischen, ökonomischen und politischen Problemen gruppierst.*
Soziale Probleme: Krebs, Blutarmut bei Schwangeren, viele Totgeburten durch Gifte, Armut durch Arbeitslosigkeit, Verfall der Städte, Abwanderung.
Ökologische Probleme: Zunahme des Salzgehaltes im Wasser, Konzentration von Altgiften im weniger werdenden Seewasser, Baumwollmonokulturen laugen die Böden aus, hohe Düngermengen verseuchen Boden und Wasser, Bodenversalzung, Rückgang der Pflanzendecke, Desertifikation in grossem Ausmass, Zunahme des Kontinentalklimas, Zunahme von Salzstaubstürmen, hohe Luftverschmutzung, Aussterben vieler Fischarten.
Ökonomische Probleme: Teurer Dünger wird benötigt; Zusammenbruch der Fischindustrie, Verlust der Arbeitsplätze, Rückgang der Baumwollerträge, zunehmende Armut der Bauern, Abwanderung.
Politische Probleme: Streit um die Wasserrechte zwischen nun getrennten Staaten, die ehemals zur Sowjetunion zählten.

Zusatzinformation

„Das Aralsee-Syndrom beschreibt die Problematik zentral geplanter, grosstechnischer Wasserbauprojekte. Solche Projekte besitzen einen ambivalenten Charakter: Einerseits stellen sie gewünschte zusätzliche Ressourcen bereit (Wasser für Ernährungssicherheit, erneuerbare Energie) oder schützen vorhandene Strukturen und Menschen (Hochwasserschutz), andererseits können sie Umwelt und Gesellschaft nachteilig beeinflussen. Die Auswirkungen dieser Grossanlagen sind selten lokal oder regional begrenzt, sondern können weitreichende, oft auch internationale Ausmasse annehmen. (…)

Wie kann man die „Anfälligkeit" oder „Verwundbarkeit" der verschiedenen Regionen gegenüber dem Aralsee-Syndrom messen? Dazu wird ein komplexer globaler Indikator entwickelt, der zunächst die anthropogenen Abflussänderungen auf Landflächen durch Grossprojekte abschätzt. Ein zweiter Indikator spiegelt die Verwundbarkeit der verschiedenen Regionen für das Auftreten des Syndroms, die durch verschiedene naturräumliche und gesellschaftliche Faktoren beeinflusst wird, wider. Die Verknüpfung beider Datensätze ergibt dann einen weltweiten Indikator für die Intensität des Syndroms.

Aus der Anwendung des Syndromansatzes ergibt sich die allgemeine Maxime, dass die Integrität und Funktion der Wassereinzugsgebiete erhalten und die Degradation der darin liegenden Ökosysteme und Böden vermieden werden muss. Der Beirat misst der Verringerung oder Vermeidung der Disposition für wasserbauliche Grossprojekte mit schwerwiegenden ökologischen oder sozialen Folgen grosses Gewicht bei. Wenn sich grossskalige Anlagen dennoch als notwendig erweisen, müssen sie zunächst unter Internalisierung aller ökologischen und sozialen Kosten sorgfältig bewertet werden. Dazu nennt der Beirat Leitplanken, die nicht überschritten werden dürfen, und Empfehlungen zum Abwägungsverfahren."
(Quelle: http://www.wbgu.de/wbgu_jg1997_kurz.html#Heading12, 12.04.2010)

Zusatzaufgabe

Stelle Informationen zum Kok-Aral-Damm zusammen und bewerte das Projekt (u.a. Diercke-Globus, Google Earth).
Der Kok-Aral-Damm liegt zwischen der Mündung des Syrdarja und der Halbinsel Kok-Aral und staut seit 2005 das Wasser des Syrdarja auf, das sonst in den südlichen Teil des Aralsees floss. Kasachstan finanzierte den Bau des 13km langen Dammes mithilfe der Weltbank. Über ein geöffnetes Wehr kann Wasser in den südlichen Aralsee geleitet werden.

Auswirkungen: Der Seespiegel ist um mehrere Meter gestiegen, die Uferlinie hat sich entsprechend wieder landeinwärts verlagert, das Wasser ist weniger salzhaltig, es gibt wieder Fische im See, die Fischer haben wieder Arbeit, es regnet wieder häufiger, der Salzstaub in der Luft wird weniger.

Aber: Das dem kleinen Aralsee zugeführte Wasser fehlt nun dem grossen Aralsee und hat dort die negativen Auswirkungen verstärkt.

Gewusst wie: Eine Kausalkette anfertigen

Schülerbuch Seiten 316–317

Abbildungen

M1 Kausalkette – Warum schrumpft der Aralsee?
Das Material zeigt eine Kausalkette, angefertigt auf der Grundlage des darüberstehenden Textes. Um die Erstellung solch einer Kausalkette zu verdeutlichen, wurden im Text die wichtigen Passagen markiert und dann in einer logischen Reihenfolge angeordnet.

M2 Aussagen von Bewohnern der Region Muinak
Im Text werden die umfangreichen Probleme geschildert, die in der Aralseeregion durch die Umleitung der Flüsse entstanden sind. Siehe auch Aufgabenlösung zu 317 (2) und 317 (3).

M3 Stichworte für eine Kausalkette
Hier sind verschiedene Aspekte der Folgen des Baumwollanbaus in der Wüste dargestellt. Die Einzelaspekte sind ungeordnet. Siehe auch Aufgabenlösung zu 317 (2) und 317 (3).

Aufgabenlösungen

317 (1) *Erkläre, was man unter einer Kausalkette versteht.*
Mit einer Kausalkette kann ein logischer Ursache – Wirkungszusammenhang in Kurzform übersichtlich dargestellt werden.

317 (2) *Ordne die Stichworte zu einer Kausalkette. Finde eine Überschrift für diese Kausalkette M3).*

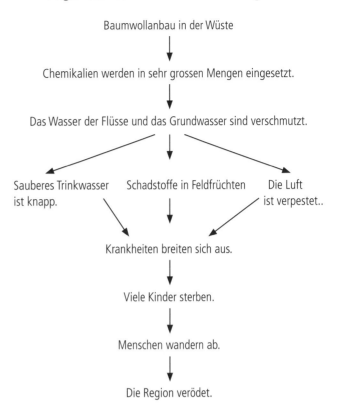

Folgen des Baumwollanbaus im Aralseegebiet

317 (3) a) *Verbinde die Kausalkette zum Text M2 mit den Aussagen aus M1 zu einer erweiterten Kausalkette.*
b) *Warum verlassen immer mehr Menschen die Region Muinak? Ergänze deine Kausalkette.*
a) Verbindungen lassen sich zwischen folgenden Aussagen herstellen: Die hohe Verdunstung verstärkt die schädliche Wirkung der Chemikalien, verursacht durch die höhere Konzentration im Wasser. Der Schrumpfungsprozess des Aralsees führt zur Verknappung des Trinkwassers. Die Ausdehnung der Wüste führt zur Abwanderung.
b) Die Flussumleitung bewirkt die Ausdehnung der Wüste und die Klimaänderung, damit wird den Einwohnern jede Lebensgrundlage entzogen. Abwanderung aus der Region ist die Folge.

Konfliktstoff Wasser

Schülerbuch Seiten 318–319

Abbildungen

M1 Wasserverfügbarkeit weltweit
Die Karte zeigt in Flächenfarben Gebiete mit Wasserüberschuss und ausreichenden Vorkommen in Blautönen. Rot gefärbt sind die Gebiet mit zunehmendem Mangel und solche, in denen heute schon zu wenig Wasser verfügbar ist. Siehe auch Aufgabenlösung zu 318 (1).

M2 Auswirkungen des Südostanatolien-Projekts
In den farblich abgesetzten Textkästen werden die positiven und negativen Folgen des Staudammprojektes getrennt aufgeführt. In einem Ausblick wird die Sorge der weiteren Anrainerstaaten um ihre zukünftige Wasserversorgung beschrieben. Siehe auch Aufgabenlösung zu 318 (2) bis 318 (4).

Globale Herausforderungen

Aufgabenlösungen

318 (1) *Notiere die Regionen mit Wassermangel. Trage Gründe für die Verteilung der Wasserüberschuss und der Wassermangelgebiete zusammen (M1).*
Regionen mit Wassermangel: Arabische Halbinsel, Naher Osten, Vorderasien, Australien, Zentrum Argentiniens, Norden Venezuelas, Westen der USA, Afrika bis auf die Regenwaldzone, Australien.

Die Wasserüberschussgebiete liegen überwiegend in der nördlichen Hemisphäre und hier in den gemässigten Breiten. Hier gibt es durch die Westwinde ganzjährig hohe Niederschläge und durch die mässigen Temperaturen eine geringe Verdunstung. Weitere bevorzugte Gebiete liegen in den Äquatorregionen der Kontinente Südamerika, Afrika und Asien mit ihren hohen Niederschlägen, bedingt durch die Lage der ITC.

In Wassermangelgebieten fallen nur geringe Niederschläge. Auch die Verdunstung ist durch die hohen Temperaturen gerade in den Sommermonaten sehr hoch und verstärkt den Mangel.

318 (2) *Nenne Gründe, warum Konflikte um Wasser im 21. Jahrhundert zunehmen werden.*
Eine wachsende Bevölkerung, gerade in den ariden Gebieten, fördert die Bewässerungslandwirtschaft z.B. durch erhöhte Grundwasserförderung und Flussumleitungen. Dadurch werden viele Flächen auch zukünftig versalzen und so nicht mehr für die Landwirtschaft zur Verfügung stehen. Das Grundwasser ist aber verbraucht und regeneriert sich kaum. Der Klimawandel verändert auch die Niederschlagshöhen in verschiedenen Regionen, Dürren werden häufiger. Damit beginnt ein Verteilungskampf um die Ressource „Wasser", das jeder Mensch zum Überleben benötigt.

318 (3) *Interpretiere die Bedeutung des Satzes eines türkischen Politikers: „Die anderen Staaten der Region haben Öl, wir haben Wasser."*
Der Osten der Türkei verfügt über reichliche Niederschläge, z.T. über 1000 mm, die die Flusssysteme von Euphrat und Tigris speisen. Damit ist die Türkei das einzige Land der Region, das über ausreichend Wasser verfügt. Zudem entspringen hier die beiden wasserreichsten Flüsse der Region. Dieses Wasser wird in vielen Stauseen gespeichert und soll der Bewässerung der landwirtschaftlichen Flächen dienen. Der Ölreichtum der arabischen Staaten wird in absehbarer Zeit versiegen und Öl ist zudem auch durch andere Energieträger ersetzbar. Wasser braucht jeder Mensch jeden Tag. Wer das Wasser kontrolliert, hat eine grosse Machtposition in der Region.

318 (4) *Erstelle eine Kausalkette mit dem Titel „Das Südostanatolien-Projekt". Beginne mit „Wassermangel in der Hauptvegetationszeit" und beziehe auch die Auswirkungen des Projekts auf die Nachbarländer ein.*

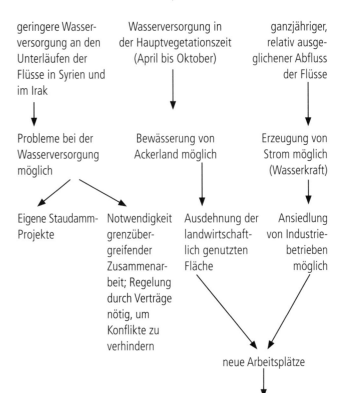

319 (5) *Diskutiert zu zweit: Das internationale Wasserrecht gibt keine Antwort darauf, wem das Wasser eines Flusses gehört. Dürfen die Oberanrainer oder die Unteranrainer entscheiden? Wie soll das Wasser verteilt werden?*
Individuelle Lösung. Sachhinweise:
Der gesamte Einzugsbereich der beiden Flüsse Euphrat und Tigris wird für Wasserprojekte genutzt. Im Oberlauf der Flüsse in der Türkei wurden in einem grossen Gebiet in Südostanatolien 22 Staudämme und 19 Wasserkraftwerke errichtet bzw. befinden sich im Bau. Die neuen Stauseeprojekte der Türkei liefern das Wasser für die Anlage weiterer landwirtschaftlicher Nutzflächen. Diese dienen auch der Erzeugung des Grundnahrungsmittels Getreide.

Auch Syrien verfügt über Staudämme am Euphrat und plant, das Wasser für Bewässerungsflächen zu nutzen.

Im Irak, wo ebenfalls mehrere Staudämme und Staustufen errichtet wurden, bestehen bereits entlang beider Flüsse ausgedehnte Bewässerungsflächen. Das in den türkischen Stauseen gespeicherte Wasser fehlt nun aber den anderen Anrainerstaaten, die ebenfalls bei wachsender Bevölkerung auf eine Ausweitung der Ackerflächen angewiesen sind.

319 (6) *Nenne mögliche Auswirkungen des Atatürkstausees für die Anrainerstaaten Syrien und Irak (Atlas).*
In beiden Ländern steht dann weniger Wasser für die Landwirtschaft bei einer steigenden Bevölkerung zur Verfügung. Das wenige noch ankommende Wasser versalzt durch die hohe Verdunstung schnell. Auch werden weniger Schadstoffe mit dem nur noch langsam fliessenden Wasser abtransportiert. Die Trinkwasserqualität verschlechtert sich stark, es häufen sich Gesundheitsschäden.

Zusatzaufgabe

Etwa 50 Prozent der Weltbevölkerung wohnen in einem grenzüberschreitenden Wassereinzugsgebiet. Nenne je einen Fluss mit mehreren Staaten in seinem Einzugsgebiet in Afrika, Amerika, Asien und Europa.
Afrika: Nil, Niger, Kongo
Europa: Rhein, Donau, Oder
Amerika: Amazonas, Paraguay
Asien: Mekong

Das Katanga-Syndrom

Schülerbuch Seiten 320–321

Abbildungen

M1 Bodenschätze Papua-Neuguineas
Der Kartenausschnitt zeigt die Lage der Bodenschätze Kupfer, Gold, Erdgas und Erdöl im Regenwald von Neuguinea. In dem kaum erschlossenen Gebiet müssen für deren Abbau Strassen erst gebaut werden.

M2 Problemfelder beim Kupferabbau in der Ok-Tedi-Mine
Die drei Textkästen thematisieren die verschiedenen Probleme, die der Abbau von Kupfer und Gold in der Region verursacht hat. Siehe auch Aufgabenlösung zu 320 (3).

M3 Gold- und Kupfermine Ok Tedi
Das Foto zeigt den Tagebau auf verschiedenen Ebenen. Im Vergleich zu den Lkws und Baggern wird die grosse Dimension der Mine deutlich.

Aufgabenlösungen

320 (1) *Erkläre das Katanga-Syndrom in eigenen Worten und beschreibe, inwiefern es zur Syndromgruppe „Nutzung" passt.*
Individuelle Lösung. Sachhinweise:
Nicht erneuerbare Ressourcen werden ohne Rücksicht auf die damit verbundenen Umweltzerstörungen ausgebeutet.
In der Syndromgruppe „Nutzung" ist die Umweltdegradation infolge nicht erneuerbarer Ressourcen aufgeführt.

320 (2) *Finde heraus, wozu Kupfer, Kobalt, Zinn, Uran und Mangan verwendet werden (andere Medien).*
Auswahl:
Kupfer: Münzmetall, Kabel für elektrische Leitungen, Kunsthandwerk.
Kobalt: Farbpigment, Katalysator bei der Entschwefelung, Zusatz in Legierungen.
Zinn: Bau von Musikinstrumenten, Haushaltsgegenstände, Leiterplatten, PVC, Desinfektionsmittel, Zahnfüllung.
Uran: Panzerplatten, Atombomben, Kernkraftwerk.
Mangan: Stahlhärtung, Fotosynthese, Enzym.

320 (3) *Erstelle eine Kausalkette, die die Probleme des Kupferabbaus bei Ok Tedi und deren Folgen darstellt. Beginne mit „Zunehmender Verbrauch von Rohstoffen in den Industriestaaten". Beziehe die verschiedenen Teilsysteme der Erde in deine Überlegungen mit ein. (M2, siehe S. 310).*
Individuelle Lösung.
In die Kausalkette lassen sich folgende Punkte in verschiedenen Seitenzweigen darstellen und miteinander verbinden:
Immer kürzere Lebensdauer elektronischer Geräte, Konsumdenken in den Industriestaaten, keine Umweltauflagen in Papua-Neuguinea, kein Schutz der Ureinwohner, kaum Entschädigungen, hohe Exporteinnahmen, Rodung grosser Regenwaldflächen, Abtragung des heiligen Berges, verstärkte Bodenerosion, giftiges Zyanid im Flusswasser, Fischsterben, hohe Sedimentation, Anstieg des Flussspiegels, Überflutung der Agrarflächen, Vergiftung des Bodens, Gesundheitsschäden, neue Arbeitsplätze, Schule und Krankenhaus, Konflikte im Clan, Alkoholprobleme, ungesicherte Zukunft nach Schliessung der Mine.

320 (4) *Erkläre den folgenden Satz in Bezug auf die Situation am Ok Tedi: „Let's become rich first and clean up later!"*
An der Mine haben sich zuerst die australische Bergbaugesellschaft und danach der Staat Papua-Neuguinea bereichert. Die hohen Gewinne wurden auf Kosten der Umwelt erzielt. Statt umweltverträgliche Massnahmen beim Abbau zu ergreifen, haben die Minenbetreiber beschlossen, die Schäden (wenn überhaupt) erst nach Ende der Abbauperiode (ca. 2020) zu beseitigen. Dabei ist fraglich, ob dies überhaupt noch möglich sein wird.

Ökologischer Fussabdruck

Schülerbuch Seiten 322–323

Grundbegriff: ökologischer Fussabdruck, Nachhaltigkeit, Agenda 21

Abbildungen

M1 Ökologischer Fussabdruck
Die Zeichnung zeigt einen Fuss im Gras, der statt eines Körpers eine bewohnte Landschaft trägt. Damit soll symbolisiert werden, dass unser Lebensstandard eine bestimmte Fläche benötigt. Umgerechnet in Einzelhandlungen kann jeder seinen persönlichen Fussabdruck berechnen.

M2 Wie viele „Erden" verbrauchen Nationen?
In Flächenfarben sind die Mengen dargestellt, die je nach Lebensweise und Konsum von den Nationen verbraucht werden. Unrühmliche Spitzenplätze bei dem ökologischen Defizit nehmen hier die USA und die VAE ein. Wollten alle Nationen so leben wie sie, bräuchte man 20 weitere Planeten. Deutlich bescheidener leben die Menschen in den afrikanischen und südasiatischen Staaten. Hier ist der ökologische Fussabdruck kleiner als die Biokapazität. Sie haben also noch Reserven, die sie ausschöpfen könnten.

Globale Herausforderungen

M3 Übernutzung der natürlichen Ressourcen durch den Menschen
Die Tabelle zeigt die unterschiedlichen Verbrauchswerte für verschiedene Staaten. Sichtbar werden grosse regionale Disparitäten. In Bangladesch werden pro Person nur 0,62 ha benötigt. Die Schweiz lebt mit 5,01 ha/Person über ihre Verhältnisse, ungeschlagen sind aber die VAE. Hier wird das vor Ort gewonnene Erdöl eingesetzt, um mit hohem Energieaufwand einen dem Klima nicht angepassten Lebensstil zu ermöglichen. Klimaanlagen und viel Benzin verbrauchende Luxusfahrzeuge sind weit verbreitet. Meerwasserentsalzungsanlagen zur Wassergewinnung brauchen viel Energie. Das Wasser wird z. B. zum Rasen sprengen, für Swimmingpools und die Anlage einer Indoor-Skianlage verwendet. Siehe auch Aufgabenlösung zu 322 (2).

M4 Wie man mit Fisch reich werden kann
Der Text stellt zwei Lebensstile einander gegenüber. Er verdeutlicht dabei, dass eine nachhaltige Lebensweise zwar kein Luxusleben, aber dafür einen langfristig auskömmlichen Ertrag ermöglicht. Siehe auch Aufgabenlösung zu 322 (4).

M5 Nachhaltigkeitsdreieck
Dieses Dreieck visualisiert nachhaltiges Handeln. Die drei geografischen Dimensionen der Nachhaltigkeit (ökonomische Sicherheit, Ökologisches Gleichgewicht und soziale Gerechtigkeit) werden jeweils als Eckpunkte eines gleichseitigen Dreiecks dargestellt. Der umlaufende Pfeil verdeutlicht die Verantwortung für zukünftige Generationen.

Aufgabenlösungen

322 (1) *Berechne deinen persönlichen ökologischen Fussabdruck (www.wwf.ch; andere Medien).*
Individuelle Lösung.

322 (2) *Viele Entwicklungsländer haben einen kleinen ökologischen Fussabdruck. Erkläre, warum und belege mit Beispielen, dass auch in Entwicklungsländern nicht unbedingt nachhaltig gelebt und gewirtschaftet wird (andere Medien).*
Diese Staaten haben einen kleineren Fussabdruck, da sie z. B. aufgrund des Klimas keine Heizungen benötigen und Klimaanlagen genau wie Privatautos für die meisten Einwohner noch unbezahlbarer Luxus sind. Die Energie verbrauchende Industrialisierung ist in den agrarisch geprägten Entwicklungsländern ebenfalls noch nicht so stark verbreitet. Viele Menschen sind (noch) zu arm, um sich die auch hier gewünschten Konsumgüter leisten zu können.
Lösungshinweis zu den Beispielen:
In vielen Entwicklungsländern breitet sich aber die Konsumkultur nach europäischem und amerikanischem Vorbild rapide aus. Viele Produkte in Umverpackungen aus Plastik werden nun auch hierher transportiert und verbraucht. Besonders der Getränkeverbrauch in Einwegflaschen hat stark zugenommen und die Mehrwegglasflaschen fast vollständig verdrängt. Die Folge sind riesige Müllberge, da nicht gleichzeitig für die Wiederverwertung bzw. Verbrennung geeignete Anlagen geschaffen wurden. Auch ist das Umweltbewusstsein in diesen Ländern mangels Bildung nur gering entwickelt. Müll wird häufig einfach in der Landschaft entsorgt. Die Umweltschäden durch unsachgemässe Entsorgung von flüssigen Abfällen (z. B. der Chemiefabriken) sind ebenfalls enorm. Viele Flüsse dienen der Bevölkerung als einzige Trinkwasserquelle und sind mittlerweile so stark verschmutzt und belastet, dass das Wasser eigentlich nicht mehr trinkbar ist.

Die stark steigende Bevölkerung übernutzt auch die Böden, so sind sie für zukünftige Generationen häufig nicht mehr ertragreich zu bewirtschaften.

322 (3) *Erkläre die Aussage der Karikatur (M4).*
Zu sehen sind zwei Personen, die einen grossen Quader mit der Aufschrift „Nachhaltigkeit" durch einen verwinkelten Gang zu transportieren versuchen. Der hintere Träger meint dazu „Ist schwer". Die Karikatur soll vermitteln, mit welch grossen Schwierigkeiten die Umsetzung des theoretischen Wissens um das nachhaltige Wirtschaften in die Praxis verbunden ist.

322 (4) *Zeige am Beispiel der Geschichte „Wie man mit Fisch reich werden kann", welches Hauptproblem einer nachhaltigeren Lebensweise im Weg steht (M4).*
Die Hauptprobleme sind die Gier nach dem schnellen Geld und menschlicher Egoismus. Wer nur seinen persönlichen Erfolg sieht, wird sich nicht darum sorgen, dass für die Mitmenschen dieser und folgender Generationen genügend übrig bleibt, um ein auskömmliches Leben zu führen. Auch die nachzukaufenden Ressourcen gehen aber einmal zu Ende und dann wird der Reiche feststellen, dass Geld nicht essbar ist.

322 (5) *Erstellt mit eurer Klasse ein Projekt, wie ihr Nachhaltigkeit in eurer Schule oder in eurem Alltag umsetzen könnt.*
Individuelle Lösung.

Lösungsansätze für die Zukunft

Schülerbuch Seiten 324–325

Abbildungen

M1 Die Zukunft der Erde liegt in unseren Händen
Abgebildet ist eine kleine Pflanze mit etwas Wurzelwerk und Erde, die in einer offenen Hand getragen wird. Damit soll symbolisiert werden, dass es für die Menschheit ohne die Pflanzen bzw. die intakte Natur keine Zukunft geben kann.

Aufgabenlösungen

324 (1) *Erstelle eine Liste der erneuerbaren Energiequellen und notiere ihre Vor- und Nachteile.*
Energiequellen: Windenergie, Solarenergie, Gezeiten (Wasserkraft), Biogas. (vgl. Geothermie S. 298)
Vorteile: Schadstoffarm, bis auf Biogas umsonst und dauerhaft verfügbar.
Nachteile: Ungleichmässige, regional sehr unterschiedliche Verfügbarkeit, Strom ist nicht in grossen Mengen speicherbar, Starkstromleitungen fehlen, Kritik an lauten und Schatten werfenden, hässlichen Windrädern nimmt zu, Solarmodule sind zunächst teuer, in Biogasanlagen wird Brotgetreide verbraucht.

324 (2) *Informiere dich über die Umweltpolitik der Schweiz. Stelle positive und negative Entwicklungen einander gegenüber (andere Medien).*
Positiv: Umweltpolitik ist Staatszweck (Artikel 2 der Bundesverfassung). CO_2-Abgabe trägt zur Verminderung des Verbrauchs bei,

Lenkungsabgabe auf Lösungsmittel verteuert umweltschädliche Produkte, Beschwerderecht für Umweltorganisationen bewirkt eine vermehrte Beachtung der Umweltaspekte bei Investoren, Gesetze regeln die Emissionen von Schadstoffen und tragen so zu deren Senkung bei, internationale Umweltabkommen werden umgesetzt. Negativ: Trotz vieler Erfolge gehen zu viel natürliche Böden und Kulturland verloren, die Biodiversität ist gefährdet, viele Bäume in den Wäldern geschädigt, die Energieversorgung ist momentan nur mit fossiler Energienutzung und Kernkraftwerken sicherzustellen.

324 (3) *Entwerft in Gruppen Plakate, auf denen ihr darstellt, wie ihr euch das Leben auf der Erde im Jahr 2100 vorstellt.*
Individuelle Lösung

324 (4) *Informiere dich darüber, ob es ökologisch sinnvoller ist, PET-Flaschen, Glasflaschen oder Aludosen zu kaufen (andere Medien).*
Im Handel sind einerseits Mehrwegglas- und PET-Flaschen und andererseits Einweg-PET-Flaschen sowie Aludosen. Jede Getränkeverpackung verbraucht neben den eigentlichen Rohstoffen auch Energie bei ihrer Herstellung und beim Transport.

Ökologisch sinnvoller sind wohl immer noch die Mehrwegverpackungen. Dabei sind Mehrwegglasflaschen besser als PET-Flaschen (auch wenn es hierzu widersprüchliche Berechnungen gibt). Denn trotz deren geringeren Gewichtes lassen sich diese nur bis zu 25 Mal wieder befüllen, Glas dagegen bis zu 50mal. Glasflaschen halten bis zu 6 Jahren und sind zu 100 % recyclebar, PET-Flaschen nicht. PET-Mehrwegflaschen sind aber immer noch besser als PET-Einwegflaschen. Sie wiegen mehr, sind aber grundsätzlich mit Kunststoffblockern behandelt. Diese verhindern, dass schädliche, hormonähnliche Stoffe aus dem Kunststoff in die Getränke diffundieren, wie dies bei den Einwegflaschen aus PET der Fall ist.

Einweg-PET-Flaschen werden nicht erneut befüllt und in Müllverbrennungsanlagen verbrannt. Nur ein kleiner Teil wird zu Granulat verarbeitet. Ihre Herstellung verbraucht den Rohstoff Erdöl.

Die schlechteste Umweltbilanz hat die Getränkedose aus Aluminium. Schon die Gewinnung des Rohstoffes ist sehr energieaufwendig, negativ wirken sich auch die Transportkosten und die fehlende Wiederbefüllungsmöglichkeit aus.

324 (5) *Wähle ein Unternehmen und untersuche, wie es Nachhaltigkeit und Umweltgedanken in seiner Geschäftspolitik umsetzt (andere Medien).*
Individuelle Lösung.

Alles klar? Grübeln und Tüfteln

Schülerbuch Seiten 326–327

Aufgabenlösungen

326 (1) 1. *Ordne folgende Probleme der Natur- bzw. der Anthroposphäre zu.*
- Verschmutzung und Übernutzung der Ozeane
- Entwicklungsunterschiede
- Verringerung der Artenvielfalt
- Desertifikation
- Migration

– Natursphäre
– Anthroposphäre
– Natursphäre
– Natursphäre
– Anthroposphäre

326 (2) *Ordne die Fotos einer der drei Syndromgruppen (Nutzung, Entwicklung, Senken) zu.*
A Senken
B Nutzung
C Entwicklung

326 (3) *Papua-Neuguinea*
1. a) Australische Verwaltung
2. f) 1975
3. h) 10 Mal
4. l) Pazifischer Ozean
5. n) vor allem Kupfer und Gold

326 (4) *Wasser*
1. b) Tschad
2. b) 70%
3. a) 1%
4. c) der Nahe Osten

327 (5) *Kreuzworträtsel*
waagerecht
2. Entwicklung
4. Mensch
5. Oekologie
6. Euphrat
senkrecht
1. Port Moresby
3. Afghanistan
4. Muinak

LÖSUNGSWORT: Nachhaltigkeit

Globale Herausforderungen

Literatur

Albers, H.-J.: Energie: Immer wichtiger – immer knapper – immer teurer. In: Praxis Geografie, 9/2009.
Brucker, A.: Vom viertgrössten See der Erde zur Salzwüste. In: Geografie heute, 204/2002.
Budke, A.: Wasser für Guadalajara/Mexiko. In: Praxis Geografie, 7–8/2009.
Budke, A.: Das Problemfeld Wasser in Guadalajara!. In: Praxis Geografie, 12/2010.
Budke, A.: Wasserkonflikte an Euphrat und Tigris. In: Praxis Geografie, 3/20083.
Dittmann, A.: Human Hazards in der Humanökologie. In: Praxis Geografie, 11/2003.
Donga, K. A.: Wasser und Ernährungssicherheit. In: Praxis Geografie, 10/2007.
Hoffmann, K. W.: Der Baikalsee – ein grossartiges und geheimnisvolles Naturphänomen in Gefahr. In: Praxis Geografie, 1/2009.
Korby, W.: Zukunft ohne Erdöl? Zukunft für nachwachsende Rohstoffe? In: Geografie und Schule, 169/2007.
Kremb, K.: Umwelt schützen – Armut verringern. In: Praxis Geografie, 9/2007.
Le Monde diplomatique: Atlas der Globalisierung. Berlin 2009.
Lohnert, B.: Migration und Verstädterung. Informelle Siedlungen und Umweltbelastungen. In: Geografie heute, 190/2001.
Praxis Geografie: Themenheft Bildung für eine nachhaltige Entwicklung, 9/2007.
Praxis Geografie: Themenheft Syndrome des Globalen Wandels, 6/2008.
Praxis Geografie: Themenheft Energie und Umwelt, 9/2008.
Praxis Geografie: Themenheft Ressource Wasser, 11/2008.
Praxis Geografie: Themenheft Bodenschätze, 4/2010.
Praxis Geografie: Themenheft Umweltbildung, 2/2011.
Reuschenbach, M.: Umweltkatastrophe am Aralsee. Mit Satellitenbildern Landschaftsveränderungen erkennen. In: Geografie heute, 235/2005.
Reuschenbach, M.: Das Gruppenpuzzle als Rollenspiel. Eine Unterrichtsform für die Bewertung der Umweltkatastrophe am Aralsee. In: Geografie heute, 265/2005.
Seckelmann, A. und Poth, H.: Wenn Gold nicht glänzt: Ressourcenabbau, Entwicklung und politische Konflikte. In: Praxis Geografie, 9/2009.
Spiegel Spezial. Kampf um Rohstoffe. Die knappen Schätze der Erde. Hamburg 5/2006.

Internet-Adressen

http://www.godmode-trader.de/rohstoffe/weltkarte Karten
http://www.wbgu.de
http://www.wbgu.de/wbgu_jg1997_kurz.html#Heading12
(Wege zu einem nachhaltigen Umgang mit Süsswasser, mit umfangreichem Foliensatz zum Syndromkonzept)
http://www.wbgu.de/wbgu_jg1998.pdf
(Strategien zur Bewältigung globaler Umweltrisiken)
http://www.aralsee.org
http://www.cig.ensmp.fr/~hydro/aral/Kokaral.pdf
http://www.fbgeo-sedelky.de/beispiele10.htm
(Beispiele für das Syndromkonzept)
http://www.diercke.de/unterricht/schulbuchplus/ebook/151065/kap26.xtp (Syndromkonzept)
http://www.ikaoe.unibe.ch/veranstaltungen/ws0506/modul1/einfuehrung/m1_einfuehrung_hammer.pdf (Syndromansatz)
http://www.adserver-management.com/article/Treibhauseffekt#
http://blk21.de/index.php?p=292 (Materialsammlung Syndrome des globalen Wandels)
http://www.uvek.admin.ch/themen/umwelt/00493/index.html?lang=de (Umweltpolitik)
http://www.bafu.admin.ch/ (Umweltpolitik)
http://www.swissworld.org/de/umweltschutz/
http://www.wwf.ch/de/tun/tipps_fur_den_alltag/footprintrechner_klimacheck/klimacheck/footprint_wwf_schweiz/
http://www.oekosystem-erde.de/html/rohstoffe.html

Diercke Geografie – Das Schweizer Geografiebuch für die Sekundarstufe I   203

Arbeitsblatt: Energiequellen und ihre Nutzung (einfach)

Aufgaben:

1. Trage in die Grafik die Energiequellen und ihre Nutzung ein.

2. Fasse die Aussagen des Schaubildes in einem kurzen Text zusammen.

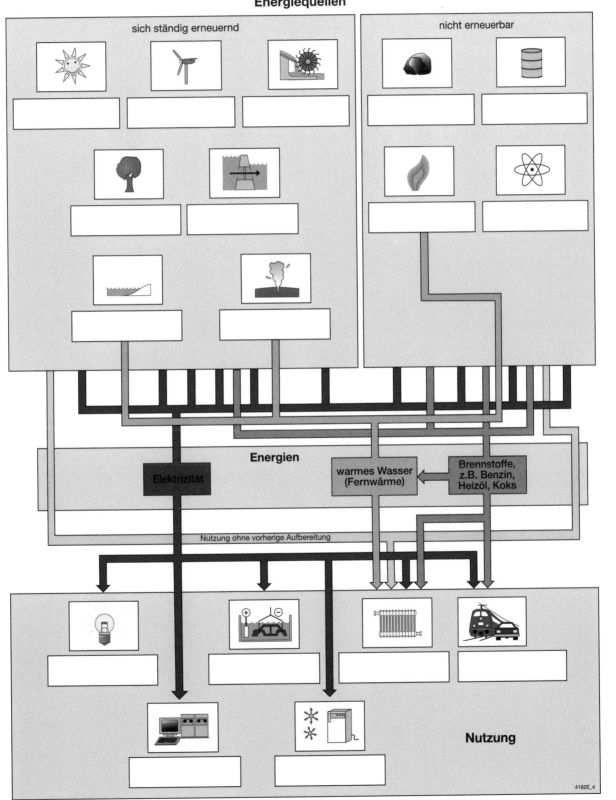

Diercke Geografie – Das Schweizer Geografiebuch für die Sekundarstufe I   205

Arbeitsblatt: Energiequellen und ihre Nutzung (schwer)

Aufgaben:

1. Trage in die Grafik die Energiequellen und ihre Nutzung ein.
2. Verfasse ein Streitgespräch zwischen einem Befürworter und einem Gegner der Förderung der erneuerbaren Energien in der Schweiz.

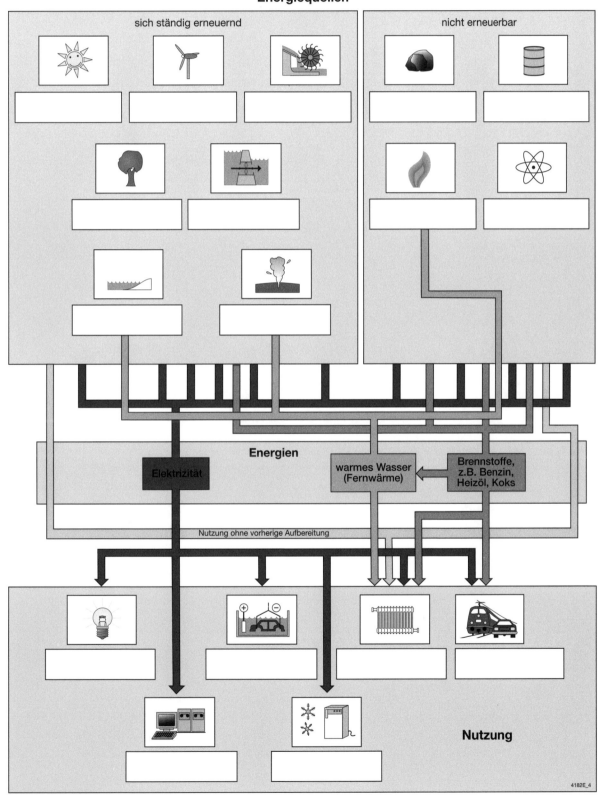

Diercke Geografie – Das Schweizer Geografiebuch für die Sekundarstufe I 207

Arbeitsblatt: Das Syndromkonzept

Augaben:

1. a) Erkläre, was man unter einem Syndromkonzept versteht.

   b) Beurteile, ob dieser Begriff gut gewählt wurde.

2. Recherchiere die einzelnen Syndrome und fülle die Tabelle aus.

3. Wähle ein Syndrom aus der Liste aus. Verfasse eine kurze Beschreibung des Syndroms.

Syndrom \ Kernproblem	Klima-wechsel	Verlust an Biodiversität	Boden-degradation	Süsswasser-verknappung	Gefährdung der Weltgesundheit	Gefährdung der Welternährung	Bevölkerungs-entwicklung	anthropogene Naturkatastrophen	Übernutzung und Verschmutzung der Weltmeere	globale Entwick-lungsdisparitäten
Übernutzungssyndrome										
Sahel - Syndrom		●	●	●		●	●	●		●
Raubbau - Syndrom										
Landflucht - Syndrom										
Dust - Bowl - Syndrom										
Katanga - Syndrom										
Massentourismus - Syndrom										
Verbrannte - Erde - Syndrom										
Entwicklungssyndrome										
Aralsee - Syndrom	●	●	●	●			●	●		●
Grüne - Revolution - Syndrom										
Kleine - Tiger - Syndrom										
Favela - Syndrom										
Suburbia - Syndrom										
Havarie - Syndrom										
Entsorgungssyndrome										
Hoher - Schornstein - Syndrom	●	●	●		●			●		
Müllkippen - Syndrom										
Altlasten - Syndrom										

Arbeitsblatt: Kupferbergbau in Chile

Wohlstand aus der Grube

Mitten in Chile, tief in einem Berg der Anden, flimmern rote und gelbe Leuchtstreifen. Sie werfen ein bisschen Licht in ein weitgehend dunkles, etwa acht Quadratmeter grosses Büro. Es ist der Kontrollraum von El Teniente, der weltweit grössten Untertagemine für Kupfererz. In ihren 2400 Kilometer langen Gängen, Schächten und Galerien schürfen die Arbeiter mit ihren Maschinen derzeit unter Hochdruck Erz, um die unaufhörlich steigende Nachfrage nach Kupfer auf dem Weltmarkt zu bedienen. Und mittendrin, zwischen den roten und gelben Leuchtstreifen, arbeitet Roberto Díaz.

Der Ingenieur überwacht an seinen Bildschirmen das Feuermeldesystem, die Belüftung und drei riesige unterirdische Zwischenlager für das Kupfererz. Von hier aus regelt er auch den Verkehr auf dem Bahnstreckennetz.

Kupfer ist nach Silber der beste Strom- und Wärmeleiter, ausserdem ist es ein weiches und dehnbares, fast unzerstörbares Metall. Es kann immer wieder recycelt werden, ohne an Qualität zu verlieren. Aus Kupfer sind die Drähte, Kabel und Schienen in elektronischen Geräten, die Heiz- und Kühlschlangen in Autos, Wohnungen oder Industriemaschinen. So sind die Aussichten für die Regierung Chiles hervorragend, denn die Mine El Teniente gehört dem Staat und erwirtschaftet jährlich 8,2 Milliarden US-Dollar.

Die Mine hat 14 Stockwerke, von oben nach unten durchnummeriert und jeweils etwa 15 Meter hoch. Das Kontrollzentrum von Roberto Díaz befindet sich in der Mitte. Noch mindestens bis zu 25 Stockwerke weiter unten im Berg ist reichlich Kupfer vorhanden. Je weiter man in die unteren, neueren Produktionsebenen kommt, desto weniger Menschen und umso mehr Maschinen sind zu sehen. Auf Niveau Sub-5 sitzen beispielsweise noch 24 Männer vor Computerbildschirmen und bedienen die Presslufthämmer, die in etwa einem Kilometer Entfernung stehen und grosse Gesteinsbrocken zerkleinern. Andere Männer befördern dann das Erz mit ihren Baggern zu den Eisenbahnen.

Beschäftigte El Teniente Mitte der 1970er-Jahre noch 18 000 Arbeiter, so sind es heute nur noch 9800. Die Arbeiter heute sind spezialisierte Arbeitskräfte, die einen vergleichsweise hohen Lohn bekommen. Während der Durchschnittslohn in Chile bei etwa 660 US-Dollar liegt, erhält Roberto Díaz 2000 US-Dollar im Monat. Ausserdem gibt es Vergünstigungen wie kostenlose Gesundheitsversorgung.

Die Kupferschmelze von El Teniente erkennt man schon von weitem an der grauen Dunstwolke, die wie ein Schleier über der im Tal gelegenen Anlage hängt. Das sind Schwefeldioxid und Staub, die beim Schmelzen des schwefelhaltigen Kupferkonzentrats freigesetzt werden. In einem Radius von etwa 50 Metern um die Schmelzerei bekommt man keine Luft. Die Arbeiter tragen Gasmasken. Früher war es noch schlimmer. Der Gasausstoss konnte durch moderne Aufbereitungs- und Weiterverarbeitungsanlagen um 80 Prozent reduziert werden. Geld genug für die Investitionen hat die Regierung von Chile, doch gleichzeitig beginnt das hohe Preisniveau des Kupfers auf dem Weltmarkt Sorgen zu bereiten. Viele Kupferrohre können mittlerweile durch PVC-Rohre ersetzt werden. Aluminium bietet in einigen Bereichen eine Alternative. Bei einem hohen Kupferpreis werden die Verarbeiter nach alternativen Produkten suchen und das Kupfer ersetzen.

(nach: www.zeit.de/2005/39/Chile_Kupfer_neu und www.zeit.de/2005/39/Chil_Kupfer_neu?page=2)

Aufgaben:

1. Der Kupferbergbau bringt Vor- und Nachteile für die Menschen im Abbaugebiet. Erkläre.

2. Erkläre, warum die Regierung Chiles über den hohen Kupferpreis nicht uneingeschränkt zufrieden ist.

3. Ordne den beschriebenen Sachverhalt begründend einer Syndromgruppe zu.

Diercke Geografie – Das Schweizer Geografiebuch für die Sekundarstufe I 211

Arbeitsblatt: Konsumieren auf Kosten der Umwelt? Schultest

Aufgabe:

Mit diesem Fragebogen kannst du herausfinden, ob deine Schule umweltfreundlich ist.
Jetzt darfst du einmal Noten geben und deiner Schule ein Umwelt-Zeugnis ausstellen.
Kreuze alle Antworten an, die zutreffen. Zähle die Zahlen in den angekreuzten Kästchen zusammen.
So erhältst du eine Punktzahl. In dem Kasten rechts unten findest du die entsprechenden Noten.

1 Achten deine Lehrerinnen und Lehrer darauf, ob du auf Recycling-Papier schreibst?
- [2] Ja, alle
- [1] Manche
- [0] Keiner

2 Werden in der Pause Getränke in Wegwerfverpackungen verkauft?
- [2] Nein, in Flaschen
- [1] Teilweise
- [0] Ja, alle Getränke

3 Wird in deiner Schule mit Recyclingpapier kopiert?
- [2] Ja
- [1] Manchmal
- [0] Nein

4 Was gibt es auf den Toiletten?
- [2] Toilettenpapier aus Recycling-Papier
- [1] Recycling-Papierhandtücher
- [0] ein elektrisches Trockengebläse
- [2] Handtücher aus Stoff

5 Wird im Klassenzimmer der Müll in verschiedene Abfallkörbe sortiert?
- [2] Ja
- [1] Teilweise
- [0] Nein

6 Gibt es in deiner Schule unterschiedliche Abfalltonnen?
- [2] Ja, für Papier, Glas, Plastik, Kompost, Sondermüll
- [1] Ja, für Papier und Glas
- [0] Nein

7 Wird im Unterricht das Thema Müll behandelt?
- [2] Ja, öfter
- [1] Manchmal
- [0] Noch nie

8 Wird im Kunstunterricht mit Filzstiften gemalt?
- [2] Nein, nie
- [1] Ja, manchmal
- [0] Ja, oft

9 Hast du von den Lehrerinnen oder Lehrern Hinweise bekommen, wo du umweltfreundliche Schulmaterialien kaufen kannst?
- [2] Ja
- [0] Nein

10 Gibt es in deiner Schule Klassen, die Müllsammelaktionen durchführen?
- [1] Ja, eine
- [2] Ja, mehrere
- [0] Nein, keine

Auswertung

17 und mehr Punkte = Note 1   *Gratulation!*
14–16 Punkte = Note 2
11–13 Punkte = Note 3   *Ihr solltet Verbesserungsvorschläge machen.*
8–10 Punkte = Note 4
5–7 Punkte = Note 5   *Ihr müsst Verbesserungsvorschläge machen.*
0–4 Punkte = Note 6

Lösungen zu den Arbeitsblättern

1. Kapitel: Planet Erde

Das Gradnetz der Erde (leicht)
1. Lückentext: Gradnetz, nördliche, südliche, Äquator, Längenkreise, Breitenkreise, Äquator, Längenkreise, westliche, östliche, Äquator, 360, 180.
2. Von oben nach unten: Nordpol, Nordhalbkugel, Äquator, Südhalbkugel, Breitenkreise, Längenhalbkreise, Südpol

Das Gradnetz der Erde (schwer)
1. Lückentext: 0°, Nord-, Süd-, parallel, nördlicher, südlicher, s.B., 90°, Äquator, Polen, kleiner, Punkte, Südpol, Meridiane, Nullmeridian, Greenwich, 180°, östlicher, westlicher, w.L., grössten, nummeriert, Längenhalbkreises, Breitenkreises, Ort.
2. Von oben nach unten: Nordpol, Nordhalbkugel, Äquator, Südhalbkugel, Breitenkreise, Längenhalbkreise, Südpol.

Wir basteln das Gradnetz der Erde
Individuelle Lösung

Mit Magellan auf Weltreise
1. Afrika, und danach Südamerika. Brasilien.
2. Rio de la Plata (Parana und Uruguay).
3. Magellanstrasse.
4. Kap der Guten Hoffnung.
5. Atlantik, Pazifik, Indik, Atlantik; nicht: Australien, Antarktis, Nordamerika.

2. Kapitel: Lebensraum Europa

Unterwegs in London (leicht)
1 Buckingham-Palace, 2 Themse, 3 Houses of Parliament, 4 Big Ben, 5 London Eye 6 Picadilly Circus, 7 St. Pauls Cathedral, 8 Tower of London, 9 Tower Bridge, 10 Millenium Dome

Unterwegs in London (schwer)
1 Buckingham-Palace, 2 Themse, 3 Houses of Parliament, 4 Big Ben, 5 London Eye 6 Trafalgar Square 7 Picadilly Circus, 8 Fleet Street, 9 City of London, 10 St. Pauls Cathedral, 11 Tower of London, 12 Tower Bridge, 13 Isle of Dogs, 14 Millenium Dome

Verkehrsverbindungen in Europa
1. Individuelle Lösung
2. Verbindung nach Köln: Anschluss an das ICE-Netz in Deutschland, Verbindung nach Calais: Anschluss an den Eurotunnel.
1 Stunde und 22 Minuten.
Vorteile: höhere Reisegeschwindigkeit, einheitliches Streckennetz, umweltfreundlicher als eine Reise mit dem Flugzeug.
Nachteile: hohe Kosten des Ausbaus, Lärmbelästigung der Anwohner, hoher Naturverbrauch.
3a) Von Hamburg bis Stockholm besteht eine ununterbrochene Autobahnverbindung. Zwischen Jütland und Seeland wurde ebenso eine Brückenverbindung geschaffen wie über den Öresund zwischen Seeland und Schweden.
3b) Die Insel Sprogö dient genau wie die künstliche Insel Pepperholm den Brücken als Untergrund für Stützpfeiler.
3c) Alle Bauteile für Tunnel und Brücken wurden vorgefertigt und mussten jeweils vor Ort passgenau zusammengebaut werden. Zusätzlich musste eine künstliche Insel aufgeschüttet werden. Insgesamt dauerten die Arbeiten 7 Jahre.
3d) Die Verbindung zweier Staaten auf dem Landweg erleichtert die wirtschaftliche Zusammenarbeit, Ressourcen können gemeinsam genutzt werden. Der Güterverkehr kann jetzt von Italien bis Skandinavien ohne Unterbrechung auf Strasse oder Schiene abgewickelt werden. Touristen, die nach Südschweden reisen, können den Flughafen Kopenhagen nutzen, Schweden ist nun auch ohne Umstände mit dem Auto erreichbar, das Vorausbuchen von Fährverbindungen entfällt.

Europa-Rätsel
1. England, Irland, Island, Finnland, Niederlande, Deutschland, Griechenland, Spanien, Albanien, Rumänien, Italien, Jugoslawien, Bulgarien, Ungarn, Dänemark, Portugal, Slowakei, Frankreich, Österreich, Polen, Norwegen, Schweden, Belgien, Luxemburg, Schweiz.
2. Gebirge Europas: Alpen, Ural, Pyrenaen, Karpaten, Kaukasus, Apenninen, Sudeten, Balkan. Lösungswort: Eurasien

3. Kapitel: Klima- und Vegetationszonen

Das Wetter – Einen Versuch wert 1
Versuch 1a) Beobachtung: Der Lichtkegel ist rund und klein, wenn die Taschenlampe senkrecht gehalten wird. Der Lichtkegel ist grösser und oval, wenn die Taschenlampe schräg gehalten wird. Erklärung: Die Taschenlampe stellt die Sonne dar, der Lichtkegel entspricht dem Strahlenbündel der Sonne, das auf die Erdoberfläche trifft. Fallen die Sonnenstrahlen senkrecht ein, wird eine kleine Fläche beschienen, d.h. die Energie konzentriert sich auf eine kleine Fläche. Fallen die Sonnenstrahlen schräg ein, wird eine grössere Fläche beschienen, d.h. die Energie verteilt sich auf eine grössere Fläche. Sie kann dann nicht mehr so intensiv sein. Es ist kühler.
Versuch 1b) Beobachtung: Die entsprechenden Werte werden eingetragen. Erklärung: Land (Sand) erwärmt sich schneller als Wasser, kühlt aber auch schneller wieder ab.
Versuch 2a) Beobachtung: Es bilden sich Wassertropfen am Topfdeckel. Erklärung: Das Wasser im Topf kocht, Wasserdampf steigt auf. Wird der gekühlte Topfdeckel darüber gehalten, bilden sich Tropfen, weil die Oberfläche des Topfdeckels kühl ist (es kommt zur Kondensation).
Versuch 2b) Beobachtung: In der Flasche bildet sich Dunst (eine „Wolke"). Erklärung: In der Flasche sind die Wasserteilchen, die sich in der Luft befinden, sichtbar gemacht worden. Der Eiswürfel hat die warme Luft in der Flasche abgekühlt. Kalte Luft kann aber weniger Wasserdampf aufnehmen als warme. Die unsichtbaren Wasserteilchen werden sichtbar, sobald die Luft die Wasserteilchen nicht mehr aufnehmen kann.

Das Wetter – Einen Versuch wert 2
Versuch 3) Beobachtung: Der Korken wird ins Wasser gedrückt. Erklärung: Die Luft im Glas hat den Korken nach unten gedrückt.
Versuch 4a) Beobachtung: Der Luftballon ist im Kühlschrank dünner geworden. Er wird aber wieder grösser, wenn man ihn längere Zeit in der Hand hält. Erklärung: Kalte Luft zieht sich zusammen, warme Luft dehnt sich aus. Im Kühlschrank ist die Luft im Luftballon kühler geworden, deshalb ist der Luftballon „geschrumpft". Nach längerer Zeit ausserhalb des Kühlschranks erwärmt sich die Luft im Luftballon wieder, der Luftballon wird grösser.

Versuch 4b) Beobachtung: Die Feder am Faden bewegt sich in Richtung des Zimmers. Erklärung: Es weht von draussen ein Wind ins Zimmer. Dieser Wind gleicht den Druckunterschied zwischen Zimmerluft und Aussenluft aus. Im Zimmer ist es wärmer, deshalb ist hier der Luft-druck geringer. Der Wind weht immer vom hohen Druck zum niedrigen Druck.

Wie wird das Wetter?
Individuelle Lösung

Pflanzen des Mittelmeerraumes
1. Der Reihe nach einzusetzen sind: Sommer, Herbst, Winter, Temperaturen, Hitze, Trockenheit, Hartlaubgewächse, Oberfläche, Dornen.
2. (links oben) Schutz vor starker Verdunstung; (links unten) Aufnahme von Wasser (Tau); (rechts oben) setzt die Verdunstung her-ab; (rechts Mitte) hoher Wasserspeicher; (rechst unten) verhindern bei Wassermangel das Umknicken.
3. 1 Italien, 2 Spanien, 3 Griechenland, 4 Türkei, 5 Portugal, 6 Marokko, 7 Algerien.

4. Kapitel: Lebensräume der Menschen

Der Naturraum des tropischen Regenwaldes (einfach)
1. Liane, Dschungel, Gorilla, Kakao, Orchidee, Äquator, Piranha, Python, Banane, Indianer. Es können auch Pilze und Ameise genannt werden.
2. Der tropische Regenwald hat einen typischen Aufbau. Er besteht aus fünf Schichten oder Stockwerken. Die unterste Schicht heisst Kraut- und Strauchschicht. Sie reicht bis 10 Meter Höhe. Dann folgt die untere Baumschicht. In dieser Schicht gibt es kleinere Bäume oder höhere Sträucher. In der mittleren Baumschicht gibt es Bäume mit schmalen Kronen, die bis 20 Meter hoch sind. Die obere Baumschicht bildet in 40 Meter Höhe das geschlossene Blätterdach des tropischen Regenwaldes. Über das Blätterdach hinaus ragen vereinzelte, bis 60 Meter hohe Urwaldriesen. Ihren Halt bekommen die Bäume nicht durch ein fest im Boden verankertes Wurzelwerk wie die Bäume bei uns, sondern durch spezielle Brettwurzeln.
3. Die höheren Bäume spenden Schatten. Dadurch wir die Verdunstung herabgesetzt. Die Baumkronen vermindern die Kraft der tropischen Regengüsse. Aus dem Laub entsteht neuer Humus. Unterstützt durch die Mikroorganismen entsteht ein Nährstoffkreislauf ähnlich wie im naturbelassenen tropischen Regenwald.

Der Naturraum des tropischen Regenwaldes (schwer)
1. Liane, Dschungel, Gorilla, Kakao, Orchidee, Äquator, Piranha, Python, Banane, Indianer. Es können auch Pilze und Ameise genannt werden.
2. (1) Stockwerken, (2) Baumwürger, (3) Strauchschicht, (4) 10, (5) untere Baumschicht, (6) mittleren Baumschicht, (7) geschlossene Blätterdach, (8) Epiphyten, (9) Urwaldriesen, (10) Brettwurzeln, (11) immergrün
3. Die höheren Bäume spenden Schatten. Dadurch wird die Verdunstung herabgesetzt. Die Baumkronen vermindern die Kraft der tropischen Regengüsse. Aus dem Laub entsteht neuer Humus. Unterstützt durch die Mikroorganismen entsteht ein Nährstoffkreislauf ähnlich wie im naturbelassenen tropischen Regenwald.

Ausbreitung der Wüste
1. Burkina Faso: Ouagadougou, Mali: Bamako, Mauretanien; Nouakschott, Elfenbeinküste: Yamoussoukro, Äthiopien: Addis Abeba

2. Jedes Jahr dehnt sich die Sahara um fünf bis zehn Kilometer nach Süden aus. Pro Jahr gehen bis zu 70 000km² Ackerland verloren, eine Fläche fast so gross wie Bayern (70 600km²). Mehr als ein Drittel der gesamten Nutzfläche in Afrika ist bedroht.
3. Der Mensch selbst hat die Katastrophe verursacht. Grosse Viehherden haben die Weiden ganz abgegrast (Überweidung). Bäume und Sträucher sind abgeholzt worden, um Brennmaterial zu gewinnen.
4. Bevölkerungsdichte Afrikas 1900: 4,4 Ew./km², 1990: 21,4 Ew. km², 2005: 29,3 Ew./km², Mitte des 21. Jh.: 59,5 Ew./km². Afrika gehört neben Asien zu den Kontinenten mit dem schnellsten Bevölkerungswachstum. Die Bewohner werden ärmer, 30 Mio. sind vom Hungertod bedroht.
5. Zunehmende Niederschläge in der Sahelzone – Grundwasserspiegel steigt und ausgetrocknete Flüsse führen wieder Wasser – Brunnen und Staudämme füllen sich – die Grenze des Regenfeldbaus verschiebt sich – Hackbauern wandern ins Nomadenland – Konflikte zwischen Hackbauern und Nomaden – Nomaden werden von Hackbauern verdrängt – Nomaden weichen nach Norden aus.

3. Vorlage für ein Quartett
Weitere Beispiele für Quartettkarten können sein:
Oasenbauern, Wasserwächter, Handwerker, Kaufleute.
Nomaden, Kamele, Wasserloch, Zelt.
Industrieoase, Erdöl, Fördertürme, Wohncontainer.
Hotels, Campingplätze, Touristen, Swimmingpools.
Fremdlingsfluss, Quellgebiet, Nilschwelle, Staudamm

5. Kapitel: Wandel durch Entwicklung

Arm und Reich – Ein Ländervergleich
1. Nahrung
2. Individuelle Lösung
3. Individuelle Lösung

Der neue chinesische Drache
1. Die Karikatur zeigt einen Drachen mit der Aufschrift „CHINA Wirtschaftswachstum". Auf seinem Rücken sieht man Schornsteine, Zapfhähne und Industrieanlagen, die die Umwelt mit Rauch, Gasen und anderen Bestandteilen verschmutzen. Der Drache macht einen zufriedenen Eindruck, aus seinem Maul tropft es, als ob er gerade etwas verspeist hat.
2. Der Drache symbolisiert das Wirtschaftswachstum Chinas. Der wirtschaftliche Aufschwung verschlingt zum Beispiel Energie und Rohstoffe (Maul). Durch das Wirtschaftswachstum wird eine ungeheure Umweltverschmutzung hervorgerufen („Dreckschleudern" auf dem Rücken).
3. Es wird die chinesische Wirtschaftspolitik kritisiert, die ihre Ziele ohne jede Verantwortung für die Umwelt verfolgt.

Leben in der Einen Welt (einfach)
1. Costa, Sierra, Selva.
2. Markt, Landflucht, Städtewachstum, Hütten, fliessendes Wasser, Toiletten, Krankheiten.
3. gesunken, gestiegen, weniger, terms of trade
4. (links): Nahrung, Unterkunft, ärztliche Versorgung; (Mitte): Arbeit; (rechts): Trinkwasser, Kleidung, Bildung.

Leben in der Einen Welt (schwer)
1. Costa, Sierra, Selva.
2. Markt, Landflucht, Städtewachstum, Hütten, fliessendes Wasser, Toiletten, Krankheiten.
3. Die Preise für Rohstoffe sind gesunken, die Preise für Industriewaren gestiegen. Das bedeutet für Peru, dass sich die Terms of Trade verschlechtern.
4. (links): Nahrung, Unterkunft, ärztliche Versorgung; (Mitte): Arbeit; (rechts): Trinkwasser, Kleidung, Bildung.
5. Kinder in den Ländern der Dritten Welt sind oft unter- oder mangel-ernährt. Viele müssen arbeiten, um zum Lebensunterhalt der Familien beizutragen. Deshalb können sie nicht zur Schule gehen. Ihre Grundbedürfnisse können in den meisten Fällen nicht befriedigt werden.

Kaffeehandel
1a) Brasilien, Kolumbien, Guatemala, Indonesien, Vietnam.
1b) Individuelle Lösung.
2. Exportländer: s.o. und Mexiko, Indien, Elfenbeinküste, Honduras, Peru, Philippinen, Malaysia, Madagaskar, Äthiopien u. a. Importländer: USA, Deutschland, Frankreich, Japan, Italien, Kanada, Belgien, Niederlande, Luxemburg, Dänemark, Schweden, Finnland, Norwegen, u.a.
3. 0,30 CHF; 0,50 CHF; 0,24 CHF; 1,10 CHF; 0,06 CHF; 0,50 CHF; 1,50 CHF; 0,42 CHF; 1,44 CHF
4. Plantagenbesitzer erlösen weniger Geld; Plantagenarbeiter verdienen daher weniger und können unter die Armutsgrenze rutschen; Arbeitslosigkeit kann drohen

6. Kapitel: Unruhige Erde

Wir bauen ein Vulkanmodell
Individuelle Lösung.

Wie sich ein Tsunami ausbreitet
1. ① An der Grenze zweier Erdplatten kommt es zu einem ruckartigen Lösen der aufgebauten Spannung. Die Erde bebt. Das Epizentrum des Bebens liegt unter dem Meeresboden. ② Der Meeresboden senkt sich plötzlich ab. Das Meerwasser macht diese Bewegung mit. ③ Diese Bewegung erzeugt eine Welle, die sich durch das Meer ausbreitet. Da die Wellenlänge sehr gross ist, wird sie auf hoher See nicht bemerkt. Die Wellenbewegung reicht aber bis auf den Meeresboden. Die Ausbreitungsgeschwindigkeit kann 800 km pro Stunde betragen. ④ Die Welle läuft auf eine Küste zu, dabei wird sie mit geringeren Wassertiefen immer höher, ihre Energie hat sich nur unwesentlich aufgebraucht. Mit enormer Kraft trifft sie auf die Küstenregionen und vernichtet alles, was sich im Weg befindet.
2. Auf hoher See ist die Welle flach. In Küstennähe und so auch in den Häfen wird sie sehr hoch. Deshalb haben Fischer sie „grosse Welle im Hafen" genannt.
3a) Ist die Küste flach, dann nehmen Wellenlänge und Wellenkamm des Tsunami ab. Die Wellen laufen aus. In spitz zulaufenden, flacher werdenden Buchten, werden die Wasserrnassen in die Höhe gezwungen. Es entstehen haushohe Wellen.
3b) Grossflächige Überschwemmungen und Zerstörungen an der japanischen Nordostküste, viele starke Nachbeben zerstörten weitere Gebäude, mehrere Tausend Tote, Hunderttausende Obdachlose, Kernschmelze im Atomkraftwerk Fukushima, Unbewohnbarkeit einer weiten Region um das Kernkraftwerk (Radius mindestens 30 km) für viele Jahrzehnte.

San Francisco bebte (einfach)
Nacheinander einzusetzen sind: Erdbeben, Hunderte, Milliardenhöhe, Erdbeben, 20, Richterskala, Epizentrum, San-An- dreas-Spalte, Erdbeben, leisen Grollen, Häuserwände, drei, Schnellstrasse, Strom, Fahrstühlen, U-Bahnzüge, Gasleitungen, Flammen, Kalifornien, San-Andreas-Spalte, Erdbeben, Erdbeben.

San Francisco bebte (schwer)
Nacheinander einzusetzen sind: Erdbeben, Hunderte, Milliardenhöhe, Erdbeben, 20, Richterskala, Epizentrum, San-An- dreas-Spalte, Erdbeben, leisen Grollen, Häuserwände, drei, Schnellstrasse, Strom, Fahrstühlen, U-Bahnzüge, Gasleitungen, Flammen, Kalifornien, San-Andreas-Spalte, Erdbeben, Erdbeben.

7. Kapitel: Globale Herausforderungen

Energiequellen und ihre Nutzung (einfach)
1. Von oben nach unten (jeweils waagerecht) sind einzusetzen:
Sonnenstrahlung, Wind, Wasserkraft, Kohle, Erdöl.
Biomasse, Gezeiten, Erdgas, Uran/Thorium
Wasserkraft, Erdwärme
Licht, Elektrochemie, Wärme, Bewegung
Elektronik, Kälte
2. Die erneuerbaren und nicht erneuerbaren Energiequellen werden zur Erzeugung von Elektrizität, als Brennstoff, Warmwasser und zur Wärmeerzeugung verwendet. In allen Lebensbereichen sind wir auf die Bereitstellung von Energie angewiesen. Ohne sie ist unser modernes Leben nicht denkbar.

Energiequellen und ihre Nutzung (schwer)
1. Von oben nach unten (jeweils waagerecht) sind einzusetzen:
Sonnenstrahlung, Wind, Wasserkraft, Kohle, Erdöl.
Biomasse, Gezeiten, Erdgas, Uran/Thorium
Wasserkraft, Erdwärme
Licht, Elektrochemie, Wärme, Bewegung
Elektronik, Kälte
2. Individuelle Lösung

Das Syndromkonzept
1a) Das Syndromkonzept ist ein Ansatz für die Erforschung der natürlichen und anthropogenen Prozesse, die den globalen Veränderungen zugrunde liegen. Es geht darum, „Krankheitsbilder" zu analysieren und typische Ursache-Wirkungs-Muster aufzuzeigen.
1b) Individuelle Lösungen.
2. Individuelle Lösungen.
3. Individuelle Lösungen. Hinweis: Informationen zu den Syndromen sind unter dem entsprechenden Suchbegriff im Internet zu finden

Kupferbergbau in Chile
1. Der Kupferbergbau bringt Arbeitsplätze, jedoch werden durch Maschinen Arbeitskräfte überflüssig. Auch benötigt man spezialisierte, gut ausgebildete Arbeiter. Diejenigen, die einen Arbeitsplatz im Kupferbergbau haben, geniessen viele Vorteile. Allerdings kommt es in der näheren Umgebung der Schmelzereien zu extremer Luftverschmutzung.
2. Ein hoher Preis auf dem Weltmarkt bedeutet zunächst einmal hohe Gewinne. Andererseits führt ein hoher Preis dazu, dass die Abnehmer von Kupfer auf Alternativen ausweichen. Damit sinkt möglicherweise die Nachfrage.

3. Der Kupferbergbau gehört zur Syndromgruppe „Nutzung", da hier die Natur sorglos ausgebeutet wird.

Konsumieren auf Kosten der Umwelt?
Schultest
Individuelle Lösung

Lösungen zu den Diercke Geografie Arbeitsheften 1–3

Arbeitsheft 1

Planet Erde: Die Erde im Sonnensystem (Seite 3)
1. 1 Merkur, 2 Venus, 3 Erde, 4 Mars, 5 Jupiter, 6 Saturn, 7 Uranus, 8 Neptun
2. Kugel, Stern, Planet, Trabant
3. Sonne – Stern; Mond – Trabant; Erde – Planet

Die Erde: Kontinente und Ozane (Seite 4)
1. Individuelle Lösung
2. 1 Pazifischer Ozean; 2 Atlantischer Ozean; 3 Indischer Ozean
3.a) Europa liegt nördlich von Afrika. Der Atlantische Ozean grenzt im Osten an den Doppelkontinent Amerika. Der Kontinent Australien befindet sich nordöstlich von Antarktika. Der Indische Ozean grenzt an Südasien.
Für Experten: Asien liegt im Westen von Südamerika (Weltkarte). Asien liegt im Osten von Südamerika (Globus).
3.b) Individuelle Lösung
Lösungsmöglichkeit: Asien liegt südlich des Nordpols. Afrika grenzt im Westen an den Atlantischen Ozean. Der Indische Ozean liegt nördlich der Antarktis.

Die Erde: Das Gradnetz (Seite 5)
1. Individuelle Lösung
2. Längenhalbkreise: verlaufen von Nord nach Süd, sind alle gleich lang, führen über beide Pole, haben nicht alle den gleichen Abstand
Breitenkreise: verlaufen von West nach Ost; sind unterschiedlich lang, verlaufen paralleößtl
Nordpol, Äquator, Südpol
3.a) Zürich: 47°N, 8° O; Sydney: 33°S, 151°O; Lima: 12°S, 77°W; Dublin: 53°N, 6°W; Los Angeles: 34°N, 118°W
b) Porto Alegre, Moskau, Kinshasa, Perth, Dallas

Planet Erde: Himmelsrichtungen (Seite 6)
1. (im Uhrzeigersinn): N, NO, O, SO, S, SW, W, NW
2. Osten, Süden, Westen, Norden
3. Gehäuse mit einer Windrose, über der eine Magnetnadel schwebt
4. a) N; b) S; c) NO; d) W; e) NW; f) SO
5. Die Schweiz liegt östlich von Frankreich und südlich von Deutschland. Wenn ein man von Österreich nach Westen fährt, erreicht man die Schweiz. Die Italiener müssen nach Norden fahren, um in die Schweiz zu gelangen. Der Bodensee liegt im Norden und der Neuenburgersee im Westen der Schweiz. Unsere Hauptstadt Bern liegt südlich von Basel und südwestlich von Zürich. Genf liegt (Individuelle Lösung) von deinem Heimatort.

Arbeit mit dem Atlas I (Seite 7)
1. Diercke Weltatlas Schweiz
2. Inhaltsverzeichnis S. 2–4; Thematischer Inhalt S. 5–7; Vom Bild zur Karte S. 8; Kartenteil S. 8–187; Register S. 189–209
3. Schweiz – Wirtschaft S. 11; Schweiz – Politik und Gesellschaft S. 28; Europa – Bevölkerungsentwicklung S. 51; Afrika – Niederschläge im Jahr S. 124; Südamerika – Wirtschaft S. 158/159; Erde physische Übersicht S. 164/165

4.

Ort	Angaben im Register	Es ist ein/e	Kontinent
Zürich	16, D1	Stadt	Europa
Neufundland	143, 1 J3	Insel	Nordamerika
Totes Meer	101, 1 B3	Binnenmeer	Asien
Brasilien	155, 2	Land	Südamerika
Kilimandscharo	128, D2	Berg	Afrika
Darling	118, E8	Fluss	Australien

5. Individuelle Lösung

Arbeit mit dem Atlas II (Seite 8)
1a) D7: Südamerika; J6: Australien; G5: Afrika
b) G6; C5; I2

2. 1 Suez; 2 Baikalsee; 3 Hawaii; 4 Himalaya; 5 Ural; 6 Amazonas

Gelände und Karte (Seite 9)
Individuelle Lösungen

Ein Höhenprofil zeichnen (Seite 10)
Individuelle Lösungen

Bewegungen der Erde I (Seite 11)
1. die eigene Achse (Rotation); um die Sonne (Revolution)
2. beide sind wahr, Begründung: Individuelle Lösung

Bewegungen der Erde II (Seite 12)
1. Rotation der Erde bezeichnet die Drehung der Erde um die eigene Achse. Dafür benötigt sie 24 Stunden.
2. Dauer: 365 Tage (366 Tage im Schaltjahr); Richtung: entgegen dem Uhrzeigersinn
3. Wenn die Sonne im Zenit steht, bedeutet das, dass sie senkrecht über einem Punkt auf der Erde steht.
4. 21.3.: Frühling, Herbst; 21.6.: Sommer, Winter; 23.09.: Herbst, Frühling; 21.12.: Winter, Sommer
5. Durch den Umlauf der Erde um die Sonnen und die Erdachsenneigung um 23.5°, wandert die Sonne „scheinbar" im Verlauf eines Jahres vom nördlichen zum südlichen Wendekreis. Diese unterschiedlichen Sonnenstände und Beleuchtungsverhältnisse in den gamässigten Breiten führen zu den Jahreszeiten.

Jahreszeiten (Seite 13)
1. Individuelle Lösung.
2. links: Nordhalbkugel Sommer, Südhalbkugel Winter; rechts: Nordhalbkugel Winter, Südhalbkugel Sommer Die Erde dreht sich auf einer Umlaufbahn um die Sonne. Dabei ist die Erdachse in einem Winkel von 23,5° gegenüber der Umlaufbahn geneigt. Deshalb wendet die Erde bei ihrem Umlauf während des Jahres der Sonne einmal die Nordhalbkugel, einmal die Südhalbkugel zu. Auf der Halbkugel, die sich zur Sonne neigt, fallen die Sonnenstrahlen bei der scheinbaren „Wende" der Sonne senkrecht auf den Wendekreis. Das ist alljährlich am 21.06. und am 21.12. der Fall. Wenn wir zur Weihnachtszeit eine Schneeballschlacht machen, haben die Kinder in Neuseeland, das auf der Südhalbkugel liegt, „Sommerferien". Und wenn wir nach dem Winter

den Frühling begrüssen, beginnt dort die Herbstzeit. In der Nähe des Äquators gibt es keine Jahreszeiten wie bei uns. Die Temperaturen sind das ganze Jahr über etwa gleich hoch. Jeden Tag ist es etwa 12 Stunden hell und 12 Stunden dunkel.

Sonneneinstrahlung auf der Erde (Seite 14)
1. Individuelle Lösung; Die Grösse der Flächen, die von den Sonnenstrahlen beschienen werden, sind abhängig von ihrer Lage auf der Erde. Am Äquator ist die die Fläche am kleinsten, d.h. die Sonneneinstrahlung am höchsten und die Temperaturen auch.
2. Individuelle Lösung
3. Je nördlicher man auf der Nordhalbkugel kommt, desto geringer ist die Intensität der Sonnenstrahlung.
4. Je südlicher man auf der Südhalbkugel kommt, desto geringer ist die Intensität der Sonnenstrahlung.

Zeitzonen der Erde (Seite 15)
1.

Stadt	Land	Gradnetz	Ortszeit (Bern 12 Uhr)
Innsbruck	Österreich	47°N; 11°O	12 Uhr
Kapstadt	Südafrika	34°S; 18°O	13 Uhr
Quito	Ecuador	0°; 78°W	6 Uhr
Sydney	Australien	34°S; 151°W	21 Uhr
Mumbai	Indien	19°N; 73°W	16.30 Uhr

2.

Mexiko Stadt	Bern	Moskau	Tokio
5 Uhr	12 Uhr	14 Uhr	20 Uhr
13 Uhr	20 Uhr	22 Uhr	7 Uhr
23 Uhr	6 Uhr	8 Uhr	14 Uhr
Ind. Lösung	Ind. Lösung	Ind. Lösung	Ind. Lösung

3. Jane aus New York, 10 Uhr MEZ; Paolo aus Rio de Janeiro, 15 Uhr; Kim aus Peking, 17 Uhr; Neil aus Neuseeland, 20 Uhr

Planet Erde (Seite 16)
Umlaufbahnen, Sonnensystems, Galaxis, Milchstrasse, Modell, Nordpol, Südpol, Achse, Nordhalbkugel, Südhalbkugel, Äquator, Ozeanen, blauer Planet, Kontinente, Mond, Umlaufbahn, Trabant, Rotation, Tag, Jahr, Jahreszeiten, Scheibe, Magellan, Gradnetz, Längengrade, Äquator, Kompass

Europa: Begrenzung und Gliederung (Seite 18)
1. Individuelle Lösung.
2. Meere/Meeresteile: A Atlantischer Ozean; B Nordsee; C Ostsee; D Europäisches Nordmeer; E Mittelmeer; F Schwarzes Meer; G Kaspisches Meer
Inseln/Halbinseln: 1 Britische Inseln; 2 Sizilien; 3 Kreta; 4 Island; 5 Skandinavische Halbinsel; 6 Iberische Halbinsel; 7 Apenninen; 8 Peloponnes
Flüsse/Seen: a Wolga; b Donau; c Rhein; d Elbe; e Rigaischer Meerbusen; f Bodensee
Gebirge: 1 Alpen; 2 Karpaten; 3 Ural; 4 Pyrenäen; 5 Kaukasus

Europa: Grossregionen und Staaten (Seite 19)
1. Individuelle Lösungen
2. Individuelle Lösungen
3. dicht besiedelte Gebiete: Poebene, Ruhrgebiet, Mittelengland, Rhônetal, NO-Küste Spanien, Südschweden; dünn besiedelte Gebiete: Ostpolen, Nordnorwegen, Rumänien, Süditalien, Ostukraine

Flusslandschaft Rhein (Seite 20)
1. Schweiz, Frankreich, Deutschland, Niederlande, Liechtenstein
2. A Deutschland, B Schweiz, C Liechtenstein, D Österreich, E Frankreich, F Niederlande; a Duisburg, b Konstanz, c Basel, e Koblenz, f Köln
3. grösster Hafen Europas: Rotterdam; Mündungsform Rhein: Delta; Verdichtungsraum: Ruhrgebiet (Steinkohle); Zuflüsse: Neckar, Main, Mosel, Ruhr; Oberrheinisches Tiefland, landwirtschaftliche Produkte: Wein, Obst, Gemüse; Rheinfall bei Schaffhausen; Bodensee; weitere: Genfer See, Zürichsee, Vierwaldstätter See

Das Ruhrgebiet: Wer kennt sich aus? (Seite 21)
1. B.: Bochum; Bo.: Bottrop; D.: Dortmund; Du.: Duisburg; Dü: Düsseldorf; E.: Essen; G.: Gelsenkirchen; Ge.: Geldern; H.: Hamm; Ha.: Hagen; Hal.: Haltern; He.: Herne; K.: Köln; M.: Mönchengladbach; Mü.: Mühlheim; O.: Oberhausen; R.: Recklinghausen; Sch.: Schwelm; Sp.: Sprockhövel; W.: Wesel; Wi.: Witten
a Rhein; b Niers; c Ruhr; d Emscher, e Lippe, f Dotmund-Ems-Kanal, g Lenne, h Weser-Detteln, i Rhein-Herne-Kanal
2. Zechen, Maschinen, Bergleuten, Arbeitsplätzen, Steinkohlenbergbau, Eisen- und Stahlindustrie, Wirtschaftsstruktur

Warenumschlag im Hafen (Seite 22)
1. I: Gemüse, Holz, Metall; II: Autos, Spielzeug, Elektronik; III: Saatgut, Sand, Getreide
2. durch den Containertransport können Waren optimal gestapelt werden, sie sind vor Beschädigung geschützt und mit Krane einfach zu bewegen, von Schiffen können sie schnell auf Lkw oder auf Güterwagons verladen werden
3. Elektronik, Textilien, Möbel, Lebensmittel, Begründung: Schutz vor Beschädigung, gut stapelbar

Unser Nachbarland: Italien (Seite 23)
1. Norditalien: Zentrum der industriellen Produktion, Modeindustrie, gute Infrastruktur, Forschungseinrichtungen, Ballungsgebiete
Süditalien: schlechte Infrastruktur, wenige Industriebetriebe, wenig Bevölkerung, Wirtschaftsstruktur von Landwirtschaft geprägt
2. Bozen, Mailand, Bologna, Venedig, Genua, Florentz, Pisa, Rimini, Rom, Neapel, Palermo, Cagliari
3. Hauptstadt: Rom, Einwohner: ca. 60 Mio, Fläche: 301336 km^2, Nationalfeiertag: 25.4., BNE 33490 US-Dollar, Amtssprachen: Italienisch, Deutsch, Französisch, Slowenisch

Der Alpenraum: Übungskarte (Seite 24)
4807 m Mont Blanc; 4634 m Dufourspitze
Flüsse/Seen: a Rhône, b Rhein, c Inn, d Donau, e Po, f Genfer See, g Bodensee, h Lago Maggiore, i Comer See, j Gardasee
Städte: M.: München, B.: Bern, Ma.: Marseille, N.: Nizza, T.: Turin, Ve.: Verona, Bo.: Bozen, I.: Innsbruck, S. Salzburg, W. Wien, L. Ljubljana, V.: Vaduz
Staaten: F Frankreich, Ch Schweiz, D Deutschland, I Italien, FL Fürstentum Liechtenstein, A Österreich, SLO Slowenien

Die Schweiz: Übungskarte (Seite 25)

Städte: A. Aarburg, Al. Altdorf, Ap. Appenzell, B. Basel, Be. Bern, Bi. Biel, C. Chur, D. Delémont, F. Freiburg, Fr. Frauenfeld, G. Genf, Gl. Glarus, H. Herisau, K. Köniz, L. Lausanne, La.C. La-Chaux-de-Fonds, Li. Listal, Lu. Luzern, Lug. Lugano, N. Neuenburg, S. Schaffhausen, Sa. Sarnen, Sch. Schwyz, Si. Sion, So. Solothurn, St. Stans, St.G. St. Gallen, T. Thun, U. Uster, V. Vernier, W. Winterthur, Z. Zürich, Zu. Zug

Flüsse/Seen: 1 Rhein, 2 Aare, 3 Rhône, 4 Reuss, 5 Linth, 6 Sarine, 7 Thur, 8 Inn, 9 Ticino, 10 Genfer See, 11 Neuenburger See, 12 Bodensee, 13 Lago Maggiore, 14 Vierwaldstätter See, 15 Zürichsee, 16 Luganer See, 17 Thunersee, 18 Bielersee, 19 Zuger See, 20 Brienzersee

Berge: a Jungfrau, b Weisshorn, c Dent Blanche, d Grand Combin, e Dom, f Matterhorn, g Dufourspitze

Europa: Stumme Karte (Seite 26)
Individuelle Lösung

Die Europäische Union (Seite 27)
1. Individuelle Lösung
2. Individuelle Lösung
3. Italien (Ölivenöl, Mozzarella, Serano Schinken), Deutschland (Bier, Mercedes) Frankreich (Wein, Camenbert), weitere Lösungen möglich

Europa: Eine Reise über den Kontinent (Seite 28/29)
Dinge, genannt werden können: historische Bauwerke (Louvre, Eiffelturm, Kolosseum, Petersdom, Tower of London, Akropolis, Brandenburger Tor), Landschaften (Auvergne, Alpen, Nordsee, Mittelmeerstrände, Karpaten, Dinarische Küste, Griechische Inselwelt, Fjorde Norwegens), vielfältige Sprachen und Traditionen
Steckbriefe: Individuelle Lösungen

Europa im Wandel (Seite 30)
Individuelle Lösungen

Arbeitsheft 2

Klimazonen der Erde: Überblick (Seite 3)
Individuelle Lösung (Lösungshinweis: Polare Klimazone, Subpolare Klimazone, gemässigte Klimazone, Subtropische Klimazone, Passatklimazone, Zone des tropischen Wechselklimas, Zone des Äquatorialklimas

Wetter und Klima (Seite 4)
1. Individuelle Lösung

Cumulonimbus (Gewitterwolken)	Regenwolke (Nimbostratus)	Federwolke (Cirrus)	Individuelle Lösung
Gewitter, Unwetter, Hagel	Langanhaltender Regen	Schönwetterwolken, kein Niederschlag	Individuelle Lösung

Arbeit mit der Wetterkarte (Seite 5)
Individuelle Lösung

Kreislauf des Wassers (Seite 6)
1. siehe unten
2. über dem Land und Meer verdunstet das Wasser und Wolken bilden sich, meist an Gebirgen kommt es zum Niederschlag, ein Teil davon versickert im Boden und wird zu Grundwasser, ein anderer Teil fliesst oberirdisch ab (Flüsse), der Abfluss (Grundwasser oder Flüsse) fliesst ins Meer – der Kreislauf beginnt von neuem
3. Wasser verdunstet (Übergang vom flüssigen in den gasförmigen Zustand), je höher der Wasserdampf in der Atmosphäre steigt, desto mehr kühlt er sich ab, und kondensiert – Wolken bilden sich, die Wolke kann keinen weiteren Wasserdampf mehr aufnehmen, es beginnt zu regnen (Übergang vom gasförmigen in den flüssigen/festen Zustand – wenn es kälter ist: Hagel oder Schnee)

Luftdruck und Winde (Seite 7)
1. gleichen, Isobaren, niedrigem, hohem, Tiefdruckgebiet, Hochdruckgebiet

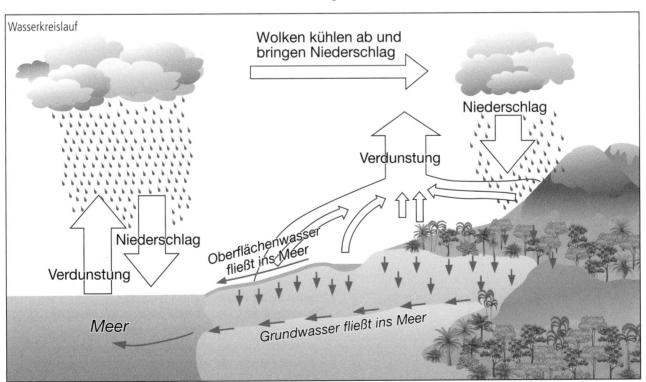

Lösungen zu den Diercke Geografie Arbeitsheften 1–3

2.

Station	A	B	C	P	Q	R	S
Luftdruck/hPA	1010	1010	1007	1023	1037	1028	1026
Windrichtung	SO	NO	SW	N	SW	S	N
Windstärke	6	4	4	2	4	5	2

3. bis zum führen Nachmittag erwärmt sich die Landmasse (30°C) schneller als die Wassermassen, über dem Land bildet sich in Bodennähe ein Tiefdruckgebiet und in der Höhe ein Hochdruckgebiet, es findet eine Ausgleichsströmung zum Hoch über der Wasserfläche statt, die Luft sinkt ab, denn über direkt über der Wasserfläche bildet sich ein Hochdruckgebiet, die Ausgleichsströmung vom Hoch (Wasser) zum Tief (Land) ist als Seewind spürbar

4. Der Luftdruck nimmt mit steigender Höhe ab, denn die Luftsäule über einer Messstelle auf einem Berg ist deutlich kleiner. Die Luftteilchen drücken mit einer geringer Last auf die Messstelle.

Klima- und Vegetationszonen (Seite 8)

1. polare Klimazone, subpolaren Klimazone, gemässigte Klimazone, tropische Regenwald, tropischen Klimazone, Wendekreisen, subtropische Klimazone

2. 1 polare Klimazone A Tundra, 2 subpolare Klimazone B Taiga (Borealer Nadelwald), 3 gemässigte Klimazone C Laub- und Mischwaldzone D Steppe und Hochgebirgsgrasland, 4 Subtropische Klimazone E Hartlaubgewächse F Halbwüste und Wüste 5 Tropisches Wechselklima G Savanne G1 Dornsavanne G2 Trockensavanne G3 Feuchtsavanne F Tropischer Regenwald

3. subpolare Klimazone, gemässigte Klimazone (ozeanisches Klima, Übergangsklima, Kontinentalklima) subtropisches Klima

Das System der Klima- und Vegetationszonen (Seite 9)

1. Assuan: Passatklima, Wüste/Halbwüste; Chejsa: polare Klimazone, Tundra; Adelaide: subtropische Klimazone, Hartlaubgewächse; Dresden: gemässigte Klimazone (Übergangsklima), Laub- und Mischwaldzone; Belém: Zone des Äquatorialklimas, tropischer Regenwald; Zugpsitze: gemässigte Klimazone (Übergangsklima), Laub- und Mischwaldzone, Bamako: Passatklimazone, Savanne/Wüste; Vostock: polare Klimazone: Eiswüste

2.

Klimazone	Vegetationszone	Wasserhaushalt	Pflanzendecke
Polare Klimazone	Tundra	Nival	Moose, Flechten, kleine Sträucher
Subpolare Klimazone	Borealer Nadelwald	humid	Nadelwald
Gemässigte Klimazone	Steppe	arid	Steppe
Subtropische Klimazone	Hartlaubgewächse	arid	Hartlaubgewächse
Äquatorialklimazone	Tropischer Regenwald	humid	Regenwald

Das Klima Europas (Seite 10)

1. Individuelle Lösung

2.

Klimastation	Vardo	Basel	Rom
Jahresmittel	2,7°C	9°C	15,6°C
Julitemperatur	9°C	18°C	25°C
Januartemperatur	-5°C	2°C	8°C

3. Vom Nordkap in Richtung Mittelmeerraum nehmen die Jahresdurchschnittstemperaturen zu.

In der tropischen Zone: Passatkreislauf (Seite 11)

1. siehe S. 221
2. Individuelle Lösung
3. Äquator, warme, steigt auf, abzukühlen, Wolken, Mittag, Tag, Zeit, Gewittern,
4. der Nordost –und Südwestpassat strömen am Äquator zusammen.

Treibhauseffekt und Ozonloch (Seite 12)

1. 1 Sonnenstrahlen erwärmen die Erdoberfläche; 2 Erwärmte Erde sendet Wärmestrahlung aus; 3 Spurengase, Wasserdampf und Staub werfen teilweise Wärmestrahlung zurück; 4 Dadurch erfolgt eine zusätzliche Erwärmung um 33°C (natürlicher Treibhauseffekt)
2. Die Ozonschicht filtert die für die Lebewesen der Erde gefährliche UV-Stahlung.
3. Vor allem FCKW hat die Ozonschicht zerstört. Für diesen chemischen Prozess sind niedrige Temperaturen förderlich. Deshalb befindet sich ein Ozonloch über der Antarktis.
4. Viehzüchter: Rinderzucht produziert zusätzliches Methan (Treibhausgas); Brandrodung: CO_2 wird freigesetzt, Wald bindet sonst auch CO_2; Verkehr: Abgase, Ausstoss von CO_2; Energieerzeugung: Verbrennen von fossilen Brennstoffen entsteht vermehrt CO_2

Die Polargebiete I (Seite 14)

1. Individuelle Lösung
2. + Südpol, I Pazifischer Ozean, II Atlantischer Ozean, III Indischer Ozean, IV Rossmeer, a Davis

	Arktis	Antarktis
	Nordpolargebiet	Südpolargebiet
Klima	Polare Klimazone	Polare Klimazone (kälteste Region der Erde)
Eis/Eisberge	mehrheitlich Inseln, Packeis, Treibeis	Festlandsbereich, mehrheitlich mit Eis bedeckt (Inlandeis)
Besiedlung	Grönland: Inuit	Nur Forschungsstationen, mitunter nicht das ganze Jahr über besetzt
Tierwelt	Eisbär	Pinguin
Nutzung	Schifffahrtswege durch das Nordpolargebiet, Jagdgebiet der Inuit, Abbau von Rohstoffen	Forschungszwecke, Tourismus
Entdeckung	Peary, Cook	Amundsen, Scott
Unterschiede/Gemeinsamkeiten	Individuelle Lösung	Individuelle Lösung

Die Polargebiete II (Seite 15)

1. oben: (von links nach rechts) Brookskette, Nordpolarregion, Packeis, Nordpol, Russland; unten: (von links nach rechts) Südpolarregion, Treibeis, Südpol, Gletscher, Indischer Ozean
2. Individuelle Lösung
3. Individuelle Lösung
4. Auf der Nordhalbkugel, nördlich des Polarkreises, herrscht Polarnacht, denn die Sonne befindet sich auf Höhe des südlichen Wendekreises (Nordwinter). Auf der Südhalbkugel, südlich des Polarkreises, herrscht deshalb Polartag.

Leben in den Polargebieten (Seite 16)

Nordpols, Südpols, Arktis, Antarktis, Grönland, Kontinent, Inseln, Polarnacht, Polartag, Inuit, Mensch, überleben, Landwirtschaft, Tieren, leben, Fleisch, Lampen, Aussterben, Zelten, Kajak, Wale, Tierknochen, Felle, Iglu, warme, Knochen, Sehnen, Fleisch, Beeren, roh, Vitamine, Öl, Fremdenführer, Lebensweise

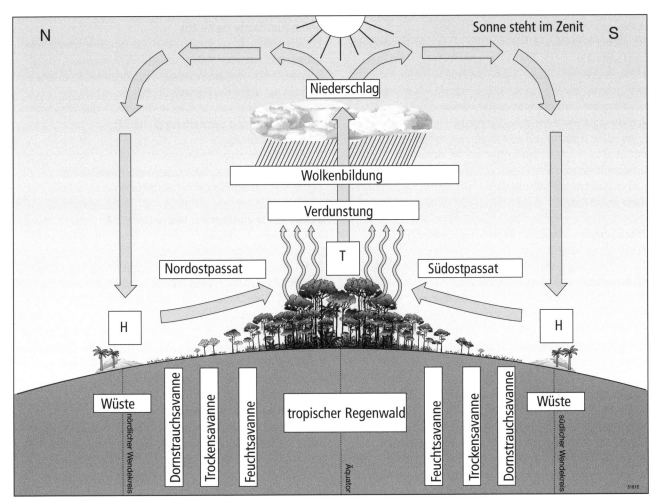

Passatzirkulation

Das Leben der Inuit (Seite 17)

1.

Lebensbedingungen der Inuit	Winter/Frühjahr	Sommer	Herbst/Winter
Temperatur	Unter -15°C	max. 5°C	-5 bis -15°C
Niederschlag	weniger als im Sommer	um 20 mm	weniger als im Sommer
Wohnverhältnisse auf Wanderungen	Iglu	Zelt	Iglu
Verkehrsverhältnisse (Transportmittel)	Hundeschlitten	Kajak	Hundeschlitten
Fischerei	Robben, Fisch	Robben, Wal, Fisch	Robben
Robbenfang	vom Eis aus	offenes Wasser	vom Eis aus
Jagd	Eisbär, Polarfuchs, Schneehase	Vögel, Rentier, Moschusochse	Vögel, Rentier, Moschusochse

2. Robbenteil: Fleisch – Nahrungsmittel; Felle/Häute – Kleidung, Schuhe, Zeltbespannung, Därme/Sehnen – Angelschnüre, Kleidung, Fäden; Knochen – Messer, Speerspitzen, Lampen; Fett – Tran (Lamoen); Reste: Hundefutter

Sibirien (Seite 18)

1. Individuelle Lösung
2. Individuelle Lösung
3. Individuelle Lösung
4. Individuelle Lösung

5. In der subpolaren Klimazone (Tundra) ist der Boden in eine Tiefe von bis zu 600 m gefroren. Im Sommer taut er nur oberflächlich auf.
6. Im Sommer taut der Boden oberflächlich auf. Es bilden sich Sümpfe und Moraste. Das Fundament von Häusern verliert so den Halt. Aus diesem Grund werden die Häuser in der subpolaren Klimazone auf Stelzen, die weit in den Boden hinein reichen (in die Schichten, die im Sommer nicht auftauen), gebaut.
7. Durch den Dauerfrostboden erschweren sich der Zugang und Abbau von Bodenschätzen.

Das Grab der Titanic (Seite 19)

1. Individuelle Lösung
2. Individuelle Lösung
3. Eisberge ragen nur zum Teil aus dem Wasser. Ein Grossteil des Eises befindet sich unter Wasser. Schiffe können so nur schwer abschätzen, in welchem Umkreis sie die Eisberge umfahren müssen. Die Gefahr einer Kollision ist gross. Ausserdem lassen sich Routen durch Gebiete mit Eisbergen nicht gut planen, denn die Bewegungsrichtungen sind nur schwer vorherzusehen.

Stockwerkbau im tropischen Regenwald (Seite 20)

60 m – Urwaldriesen
40 m – obere Baumschicht, geschlossenes Blätterdach
20 m – mittlere Baumschicht mit schmalen Kronen
10 m – untere Baumschicht mit kleineren Bäumen, anschliessend Strauch- und Krautschicht

Strauch- und Krautschicht

Tropischer Regenwald: Nährstoffkreislauf und Wanderfeldbau (Seite 21)
1. Pflanzen wachsen üppig – Laub, Äste, Früchte fallen herab – Pflanzenreste werden zersetzt – Humus entsteht – Nährstoffe werden gelöst – Wurzeln nehmen Nährstoffe auf
2. Bäume und Büsche werden abgeschlagen und dienen als Brennmaterial. Der restliche Wald wird abgebrannt. Asche dient als Dünger. Maniok, Bananen, Mais und Gemüse werden angepflanzt. Die Nährstoffe im Boden sind nach drei bis vier Jahren verbraucht. Das Feld wird aufgegeben. Wald wächst nach.
Lösungswort: Erosion

Schatzkammer tropischer Regenwald (Seite 22)
1. Individuelle Lösung
2. Durch den täglichen Niederschlag und die hohen Temperaturen ist der Wasseranteil in der Luft sehr hoch.
3. Nahrungsmittel: Maniok, Yams, Obst, Kakao, Kaffee; Rohstoff: Palmöl, Holz, Torf, Kautschuk, Bauxit; Grundstoffe: Chinarindenbaum (Chinin), Palmenlanzenotter (Gift als Wirkstoff für Medikamente); Lebensgrundlage Ureinwohner: Sielungsfläche, hohe Biodiversität, Lebensraum, Jagdgebiet

Grossprojekt im tropischen Regenwald (Seite 23)
1. Transamazônica: südlich des Amazonas, Serra dos Carajás: südlich der Transamazônica, Tucurui: nördlich der Transamazônica
2. Die Instandhaltung der Strasse ist zu aufwendig und teuer.
3. Vorteile: reiche Rohstoffvorkommen, Export würde das Einkommen Brasiliens stärken; Nachteile: der Abbau mitten im Regenwald schädigt die Umwelt, die abgelegene Lage verteuert den Abbau aufgrund hoher Transportkosten
4. Vorteile: eigenständige Stromversorgung; Nachteile: das abgezweigte Wasser wurden dem natürlichen Kreislauf entzogen, im Stausee lagern sich Sedimente ab
5. Individuelle Lösung

Die Savannen Afrikas (Seite 24)
1. Dornstrauchsavanne; 28,6°C; 22°C; 32°C; 208mm; 5 Monate; 7 Monate
Trockensavanne; 26,2°C; 22°C; 27°C; 841 mm; 8 Monate, 4 Monate
Feuchtsavanne; 26,7°C; 27°C; 25°C, 1210 mm; 12 Monate; 0 Monate
2. Pflanzen können Wasser besonders lange speichern (z. B. Dornbüsche mit kleinen Blättern); Tierherden wandern um Wasserstellen und Weideflächen zu finden, Wurzeln überleben lange Zeit im Boden – in der Regenzeit treiben sie neu aus
3. Nigeria – Abuja; Ghana – Accra; Kenia – Nairobi; Angola – Luanda
4. des tropischen Wechselklimas; Regenzeit; Trockenzeit

Leben in der Sahelzone (Seite 25)
1. 1 Maurrtanien, 2 Senegal, 3 Mail, 4 Niger, 5 Burkina Faso, 6 Nigeria, 7 Kamerun, 8 Tschad, 9 Sudan, 10 Eritrea, 11 Äthiopien
2. Nomaden: wandern mit ihren Herden, suchen Weideflächen je nach Regenzeit auf, Leben von ihren Tieren, Zelte sind mobile Behausungen; sesshafte Bauern in den Oasen: um die knapp bemessene Fläche in den Oasen optimal zu nutzen, wird im Stockwerkbau angebaut (Getreide, Gemüse – Obstbäume – Dattelpalmen), Kanalsysteme verteilen das Wasser auf die Felder
3. Transportmittel, Lastentier, Fleisch, Milch, Leder/Fell

Naturraum Wüste (Seite 26)
1. Niederschlag, Wasser, Regen, Sahara, Sandmeer, Felswüste, heiss, Spannungen, Kieswüste, Wind, Dünen, Wadi, Grundwasser, Wurzeln, Brunnen, Oasen, Siedlungen, bewässert, Dattelpalme, Brotbaum, Gräser, Sträucher, Viehzucht, Nomaden, Tuareg

Wüsten: Arten und Verbreitung (Seite 27)
1. Individuelle Lösung
2. Felswüste, Kieswüste, Sandwüste
3. trocken, Temperaturen, Felsen, Gesteinen, Niederschläge, Tagestemperaturen, rasant, Wind, Sandwüste

Oasen: Inseln im Meer der Wüste (Seite 28)
1. Die Fläche, auf der Anbau möglich ist, ist sehr knapp bemessen. Die Siedlung liegt deshalb ausserhalb.
2. die Oase wird ackerbaulich genutzt, Anbau erfolgt im Stockwerkbau, ein Kanalsystem (aus den Brunnen gespeist) bewässert die Felder und Gärten, früher waren Oasen oft Handelsplätze, in denen die Karawanen Halt machten
3. Der Brunnen wird an der Stelle angelegt, an der die wasserführende Schicht möglich oberflächennah auftritt. Durch die die wasserundurchlässig Schicht darüber und darunter entsteht ein Druck, sodass das Wasser im Brunnen nach oben steigt.

Die Nutzung der Dattelpalme (Seite 29)
1. alte Blätter: Matten, Körbe, Hüttendächer, Brennmaterial; Fasern der alten Blätter: Bürsten, Besen, Seile, Säcke, Polster; Datteln: Obst, Schnaps, Saft; Dattelkerne: Kaffee-Ersatz, Viehfutter; Saft des Stammes: Dattelwein; junge Blätter: Salat; Knospen, Blüten: Gemüse; Holz: Baumaterial, Möbel, Brennholz
2. Die Wurzeln der Dattelpalme reichen weit in die Tiefe und erreichen das Grundwasser. Da sie die höchste Pflanze in der Oasenwirtschaft ist, spendet sie vielen kleiner Pflanzen Schatten.

Ägypten: Ein Geschenk des Nils (Seite 30)
1. Individuelle Lösung
2. Alexandria, Kairo, Gizeh, Luxor, Assuan
3. Ackerbau ist im Niltal möglich, denn die an den Fluss angrenzenden Felder können so bewässert werden und werden regelmässig vom Hochwasser des Nils überflutet.
4. Vorteile: landwirtschaftliche Erträge steigern, ganzjährige Bewässerung möglich, Stromerzeugung durch Wasserkraftwerk, Ansiedlung von Industrie; Nachteile: Bodenversalzung, Umsiedlung von Menschen, Bedrohung wichtiger Kulturstätten, Sedimentablagerung im Stausee
5. Mündung, Schlamm, Sand, Flussarme, Schwemmfächer, Assuan-Stausee

Arbeitsheft 3

Doppelkontinent Amerika (Seite 3)
1. Individuelle Lösung; A Angloamerika: mehrheitlich britische Siedler siedelten hier; B Lateinamerika: mehrheitlich spanische und portugiesische Siedler (Sprachen sind mit dem Lateinischen verwandt) siedelten hier
2. Individuelle Lösung
3. 1 Kanada – Ottawa – Nordamerika; 2 USA – Washington, D.C. – Nordamerika; usw. Individuelle Lösung

Angloamerika: Orientierung (Seite 4)
1. 30°N-80°N; 55°W-165°W;
2. 8000–9000 km; 9000–10000 km
3. Individuelle Lösung
4. A USA, B Kanada, C Mexiko, a Washington, D.C., b Montreal, c New York, d Los Angeles, e San Francisco, f Chicago, g New Orleans, h Vancouver
5. Individuelle Lösung
6. New Orleans (30°N): Agadir (Marokko), Kairo (Ägypten), Basra (Irak), Lhasa (China); Anchorage (60°N): Ochotsk (Russland), St. Petersburg (Russland), Stockholm (Schweden), Oslo (Norwegen)

Lateinamerika: Grosslandschaften (Seite 5)
1. Individuelle Lösung
2. Individuelle Lösung
3. Individuelle Lösung, Lösungsmöglichkeit: Mexiko: Mittelamerika, Hochland von Mexiko (Mexiko City – Hauptstadt – liegt in diesem Hochland), ca. 113 Mio. Einw.; Wirtschaft: vor allem Export von landwirtschaftlichen Produkten und Rohstoffen, Tourismus ist wichtiger Wirtschaftssektor

Wetterkatastrophen in Nordamerika (Seite 6)
1. Tornado, Blizzard, Hurrikan
2. mittlerer Westen (Great Plains); Gebiet der Grossen Seen, Unterlauf Mississippi; Golf von Mexiko, Südstaaten
3. Frühjahr/Sommer; Winter; Spätsommer
4. (Uhrzeigersinn): A, G, E, F, D, C, B,

Wirtschaftsräume der USA (Seite 5)
1. altindustrielle Räume: 1/2 Manufacturing Belt (Chicago, Detroit, Pittsburgh, New York, Atlanta, Birmingham); moderne Industrieräume: 3-5 Sunbelt (Huston, Dallas, Los Angeles, San Francisco, Seattle)
2. gut ausgebildete Arbeitskräfte in den städtischen Zentren, viele Forschungseinrichtungen, Luft- und Raumfahrttechnik bietet einen Cluster für andere Branchen
3. 1 r; 2 r, 3 f (vorwiegend gemässigte Klimazone), 4 f (grosser Inlandsmarkt), 5 r, 6 r, 7 f (Marktwirtschaft), 8 r, 9 f (Zuwanderung von Arbeitskräften)

Würfelspiel Asien (Seite 8/9)
Individuelle Lösung

Asien: Topografischer Überblick (Seite 10)
1. Individuelle Lösung; Flüsse/Seen: 1 Lena, 2 Amur, 3 Huang He, 4 Jangtsekiang, 5 Mekong, 6 Ganges, 7 Aralsee; Länder: A Russland, B China, C Japan, D Indien, E Türkei, F Iran
2. Individuelle Lösung
3. 25°O-180°O; 80°N-10°S

Japan: Eine globale Wirtschaftsmacht (Seite 11)
1. Individuelle Lösung
2. 128°O-150°O; 45°N-30°N
3. A Hokkaido, B Honshu, C Shikoku, D Kyushu, I Ostmeer, II Ostchinesisches Meer, III Pazifischer Ozean, 1 Tokio, 2 Kawasaki, 3 Osaka, 4 Nagoya, 5 Sapporo, 6 Kyoto, 7 Kobe, 8 Fukuoka, 9 Hiroshima, 10 Kitakyushu
4. Export: Handelsgüter (Auto, Schiffe, Elektrotechnik), Regionen (Europa, USA, Südostasien); Import: Handelsgüter (Rohstoffe), Regionen (USA, Australien)

Raumanalyse I (Seite 12)
1. Individuelle Lösung
2. Individuelle Lösung
3. Individuelle Lösung

Raumanalyse II (Seite 13)
1. Individuelle Lösung
2. Individuelle Lösung

China: Das reich der Mitte (Seite 14)
1. und 2. Individuelle Lösung
3. A Mongolei, B Russland, C Kasachstan, D Indien, E Nepal, F Vietnam, G Nordkorea
4. Die traditionellen Wertvorstellung in der Gesellschaft messen Kindern eine grosse Bedeutung bei. Durch die seit den 1970er-Jahren existierende Familienpolitik und Geburtenkontrolle wurde mehrheitlich jeweils nur 1 Kind pro Familie geboren. Geschwisterkinder in einer Familie sind sehr selten in China.
5. Bevölkerungsverteilung: im Osten (Tiefland, entlang der Flüsse) ist China am dichtesten besiedelt; Gründe: die Region eignete sich am besten für die Landwirtschaft und Siedlungen entstanden

Bevölkerung Chinas (Seite 15)
1. Individuelle Lösung
2. Form: Pyramide bis zu den Jahrgängen im Alter ab 35, glockenähnlich in den Jahrgängen im Alter von 0 bis 30; Interpretation: in den 1970er-Jahren begann die Geburtenkontrolle, d.h. die Geburten gingen zurück; Schlussfolgerung: die Bevölkerung wächst langsamer, Überalterung der Gesellschaft setzt ein

Südasien: Monsun und Kultur (Seite 16)
1. …, der halbjährlich seine Richtung wechselt; Wintermonsun: November bis März, länger anhaltende Dürre, Reis und Hülsenfrüchte; Sommermonsun: Juni bis Oktober, Südwesten (vom Indischen Ozean her); Überschwemmungen
2. die Landwirtschaft ist von der Regenzeit abhängig, ein Anbaukalender bestimmt die Bestellung der Felder; in der Regenzeit kommt es täglich zu Niederschlag, die den Alltag der Menschen beeinflussen
3. 1 Ghandi, 2 Taj Mahal, 3 Neu-Delhi, 4 Bangladesch, 5 Brahmane 6 Kaste

Indien: Topographischer Überblick (Seite 17)
Flüsse/Meere: a Arabisches Meer, b Golf von Bengalen, c Indischer Ozean, d Indus, e Brahmaputra, f Ganges, g Chambal, h Narmada, i Mahanadi, j Godavari, k Krishna, l Gauvery
Städte: D. Neu-Delhi, J. Jaipur, L. Lucknow, Ka. Kolkata, A. Ahmadabad, B. Bombay (Mumbai), P. Pune, N. Nagpur, H. Hyderabad, Ba. Bangalore, M. Madras (Chennai), Kp. Kanpur
Staaten: A Indien, B Pakistan, C Nepal, D Bhutan, E Bangladesch, F Myanmar, G Sri Lanka, H China

Formen von Bevölkerungspyramiden (Seite 18)
Pyramide: Merkmale – breite Basis, jeder Geburtenjahrgang ist grösser als der vorherige, Bevölkerungswachstum; Probleme – hohe Sterberate, Versorgungsprobleme der Bevölkerung; Reaktion – Geburtenkontrolle, Gesundheitsaufklärung; Beispiel: Jemen
Glocke: Probleme – Bevölkerungsstagnation, Generationenvertrag beginnt zu wanken, Reaktion – Anreize schaffen um Kinder zu bekommen, alternative Möglichkeiten finden Renten- und Sicherungssystem zu finanzieren, Beispiel: China

Urne: Merkmale – jeder Geburtenjahrgang ist kleiner als der vorherige, Bevölkerungsrückgang; Reaktion: Anreize schaffen um Kinder zu bekommen, alternative Möglichkeiten finden Renten- und Sicherungssystem zu finanzieren, Anwerben ausländischer Fachkräfte, Beispiel: Schweiz

Bevölkerungswachstum und dessen Folgen (Seite 19)
1. a Individuelle Lösung; b. seit Mitte des 20. Jahrhunderts kam es zu einem rapiden Anstieg der Weltbevölkerung
2. und **3.** Jede erwerbstätige Person zahlt Steuern. Diese Steuern werden benötigt um soziale Sicherungssysteme (Renten/Pensionen, Kinderbetreuung etc.) zu finanzieren. Sinkt die Zahl der Erwerbstätigen durch geburtenschwache Jahrgänge, gerät diese System ins Wanken.

Verstädterung (Seite 20)
1. Individuelle Lösung
2. Ursachen Verstädterung: Arbeitslosigkeit, niedriges Einkommen; schlechte Infrastruktur; schlecht Ausbildungsmöglichkeiten, ungerechte Besitzverteilung, Krieg/Vertreibung; Folgen: nicht genügend Wohnraum, nicht genügend Arbeitsplätze (die Menschen arbeiten im informellen Sektor), Zersiedelung, hohes Verkehrsaufkommen

Plattentektonik: Eine kühne Idee (Seite 22)
1. Alfred Wegener
2. Die Erde besteht aus mehreren Platten.
3. Umrissformen Südamerikas und Afrika passen wie eine Art Puzzle zusammen. Die Gebirge haben ein gleiches Alter. Gleiche Gesteinsarten liessen sich finden. Gleiche Fossilien liessen sich finden. (D.h. die Oberflächenformen sind zur gleichen Zeit der Erdgeschichte entstanden). Gletscherspuren aus dem Erdaltertum weisen die gleich Richtung auf.

Die Bewegung der Platten: Ursachen und Folgen (Seite 23)
1. 1 Nordamerikanische Platte; 2 Pazifische Platte; 3 Kokos-Platte; 4 Karibische Platte; 5 Nazca-Platte; 6 Antarktische Platte; 7 Eurasische Platte; 8 Arabische Platte; 9 Afrikanische Platte; 10 Philippinische Platte; 11 Australische Platte
2. aufeinander zu – Afrikanische und Eurasische Platte – Faltengebirge – Erdbeben
voneinander weg – Afrikanische und Nordamerikanische Platte – Neubildung von Erdkruste (seafloor spreading) – Vulkanismus
aneinander vorbei – Nordamerikanische und Pazifische Platte – Grabenbruch – Erdbeben

Vorgänge an Plattengrenzen (Seite 24)
1. 1 Erdplatten, die sich aufeinander zu bewegen, die ozeanische taucht unter die kontinentale Platte, in der Kollisionszone wird ein Gebirge aufgefaltet; 2 Erdplatten, die sich aneinander vorbei bewegen, die Platten schrammen aneinander vorbei, verhacken sich, lösen sich die Spannungen kommt es zu Erdbeben, 3 Erdplatten, die sich voneinander weg bewegen, Konvektionsströme aus dem Erdinneren brechen die Erdplatte auf, sodass sich die Teile voneinander weg bewegen, dabei wird neuer Ozeanboden gebildet
2. Individuelle Lösung

Vulkane der Erde (Seite 25)
1. Vulkane befinden sich oftmals an Plattengrenzen. Dort, wo Platten aufeinander treffen, bilden sich Risse in der Erdkruste. Magma strömt nach oben und bildet Vulkane.

2. Individuelle Lösung
3. Ein Hot Spot ist eine ortsfeste Konvektionsströmung des Erdmantels. Magma tritt an dieser Stelle durch Risse in der Erdkruste an die Oberfläche – Vulkane entstehen. Bewegt sich die Platte weiter erlöschen die Vulkane und ein neuer Vulkan entsteht an der Stelle des Hot Spots.

Blockbild eine Schichtvulkans (Seite 26)
1. (Uhrzeigersinn): Asche, Staub, Rauch – Gesteinsbrocken – Gas – Seitenkrater – Lavastrom – Magma – Erdkruste – Asche, Lava – Schlot – Krater
2. Individuelle Lösung

Naturgefahren und Folgen (Seite 27)
1. endogen: 1, 2, 5, 8 exogen: 3, 4, 6, 7
2. Individuelle Lösung

Der Aralsee: Eine Naturkatastrophe von Menschenhand (Seite 28)
1. A Turkmenistan, B. Usbekistan, C Kasachstan, a Aralsee, b Kaspisches Meer, c Syrdarja, d Amudarja, e Karakumkanal, 1 Karakum Wüste, 2 Kysylkum, 3 Pamir, 4 Tian Shan
2. a) Baumwolle braucht ganzjährig warme Temperaturen und viel Wasser (Bewässerung)
b) Wasser aus den den Aralsee speisenden Flüssen wurde verwendet um die Baumwollfelder zu bewässern. In der extrem trockenen Region genügt der verringerte Zulauf nicht um die Wasserspiegel des Sees aufrechtzuerhalten.
3. Klima/Vegetation: Bodenversalzung, Monokultur (Schadstoffbelastung des Boden durch erhöhten Einsatz von Pestiziden und Dünger), Desertifikation, Störung des Wasserkreislauf, Fischsterben; Wirtschaft: Ausrichtung auf Monokultur erhöht Anfälligkeit bei Preisschwankungen für Baumwollen; Menschen: Gesundheitsgefährdung durch Umweltbelastung, Abwanderung

Nachhaltige Entwicklung (Seite 29)
1. Nachhaltig zu leben bedeutet, dass man darauf achtet nur so viel zu verbrauchen wie nachgebildet werden/nachwachsen kann. So ist das Leben zukünftiger Generationen gesichert.
2. Soziales: Bildung, Bevölkerungsentwicklung, Ernährungssicherung, Friedenssicherung, Entwicklungszusammenarbeit, Gleichberechtigung von Frauen; Ökonomie: Handelsbeziehungen, Arbeitsbeschaffung, Strukturwandel, Entschuldung, Beseitigung von Armut; Ökologie: Erhaltung von Wald, Gewässerschutz, Bodenerhaltung, Schutz der Atmosphäre, Artenschutz
3. Das Gleichgewicht von Sozialem, Ökologischem und Ökonomischem sichert gleiche Lebenschancen für gegenwärtige und zukünftige Generationen.

Globale Probleme: Aktuelle Ereignisse (Seite 30)
Individuelle Lösung

Notizen

Notizen

Notizen

Notizen